U0930736

中国发展研究基金会
China Development Research Foundation

Poverty Alleviation and Child Development in China

反贫困与中国儿童发展

李伟　主编

图书在版编目（CIP）数据

反贫困与中国儿童发展Ⅱ/李伟主编．—北京：中国发展出版社，2018.3

ISBN 978－7－5177－0801－8

Ⅰ.①反…　Ⅱ.①李…　Ⅲ.①贫困山区—农村—儿童教育—研究—中国　Ⅳ.①G61

中国版本图书馆CIP数据核字（2017）第278484号

书　　名：反贫困与中国儿童发展Ⅱ
主　　编：李　伟
出版发行：中国发展出版社
（北京市西城区百万庄大街16号8层　100037）
标准书号：ISBN 978－7－5177－0801－8
经 销 者：各地新华书店
印 刷 者：三河市东方印刷有限公司
开　　本：710mm×1000mm　1/16
印　　张：22.5　插页16
字　　数：360千字
版　　次：2018年3月第1版
印　　次：2018年3月第1次印刷
定　　价：68.00元

联系电话：（010）68990642　68990692
购书热线：（010）68990682　68990686
网络订购：http：//zgfzcbs.tmall.com//
网购电话：（010）68990639　88333349
本社网址：http：//www.develpress.com.cn
电子邮件：fazhanreader@163.com

2013 年，刘延东副总理在青海视察基金会儿童发展项目

1

1. 2007 年 4 月，广西都安

2. 2017 年 12 月，四川雷波

在中国中西部贫困地区仍有 4000 万儿童面临贫困、留守、看护人知识匮乏等一系列问题。自 2007 年以来，中国发展研究基金会以“社会试验+政策研究”的方式，从营养和教育两方面着手，致力于反贫困与儿童发展事业，项目覆盖从孕期到就业各个阶段，覆盖 24 个省 146 个县，直接影响到约 400 万儿童。

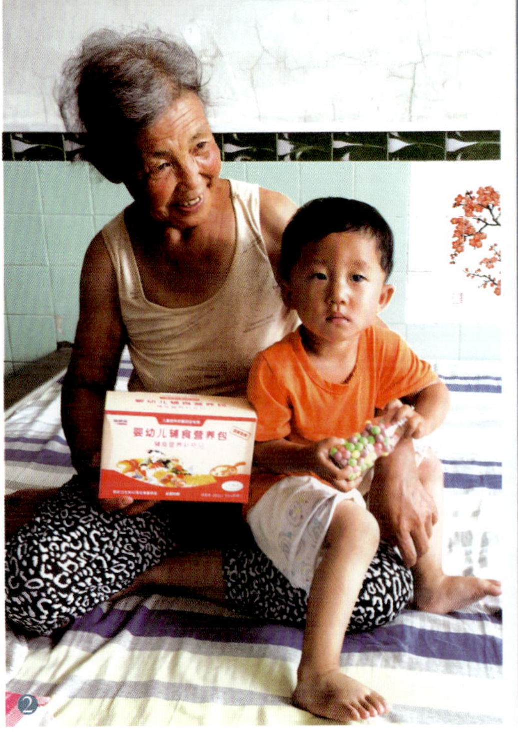

1. 2016 年 3 月，贵州织金
2. 2016 年 8 月，陕西榆林

6~24 个月营养包项目

2009 年，基金会在青海省乐都县启动贫困地区儿童早期发展项目，免费向 6~24 个月婴幼儿提供由中国疾病预防控制中心研制的营养包，旨在降低儿童的贫血和生长迟缓率。

2012 年起，营养包免费发放成为国家政策，项目覆盖全国 10 省 341 县 211 万婴幼儿。

1. 2015 年 8 月，云南南澜
2. 2017 年 6 月，贵州七星关

6~36 个月慧育中国早期养育

2015 年，基金会在甘肃华池县启动“慧育中国”项目，在每个村聘请 1~2 位有高中以上学历的女性作为家访员，每周到儿童家庭进行养育指导。评估结果表明，家访使幼儿发育正常率提升了 50%以上，有效促进了儿童语言和认知能力发展，改善了看护人养育行为和家庭养育环境。

1. 2017 年 6 月，青海乐都

2. 2017 年 4 月，云南大理

3~6 岁山村幼儿园计划

山村幼儿园计划项目开始于 2009 年，通过与地方教育部门合作，为 3~6 岁儿童提供全覆盖的早期教育，以提高中西部贫困及偏远地区的早期教育质量。目前山村幼儿园计划项目在 10 省 19 县设立山村幼儿园近 1800 所，在园幼儿 4 万~5 万人，受益地区学前三年教育普及率超过 90%。

1

2

1. 2012 年 4 月，贵州贵定
2. 2015 年 7 月，四川苍溪
3. 2016 年 9 月，贵州松桃

6~15 岁阳光校餐数据平台

2007 年，中国发展研究基金会在广西都安县和河北崇礼县开展了“农村寄宿制学校儿童营养改善”的试点项目，为 2000 名学生提供食堂午餐，改善学生营养状况。试验结果直接推动了 2011 年国家“农村义务教育阶段学生营养改善计划”的出台。2016 年，全国受益儿童 3430 万。

2015 年，基金会再次接受教育部、全国营养办委托，设立“阳光校餐数据平台”，通过互联网、大数据等技术，客观、科学地反映“农村义务教育学生营养改善计划”政策对贫困地区学生的营养补充所起到的作用，并提出政策建议。目前试点已扩展至 100 个县 9200 余所学校，387 余万学生受益。

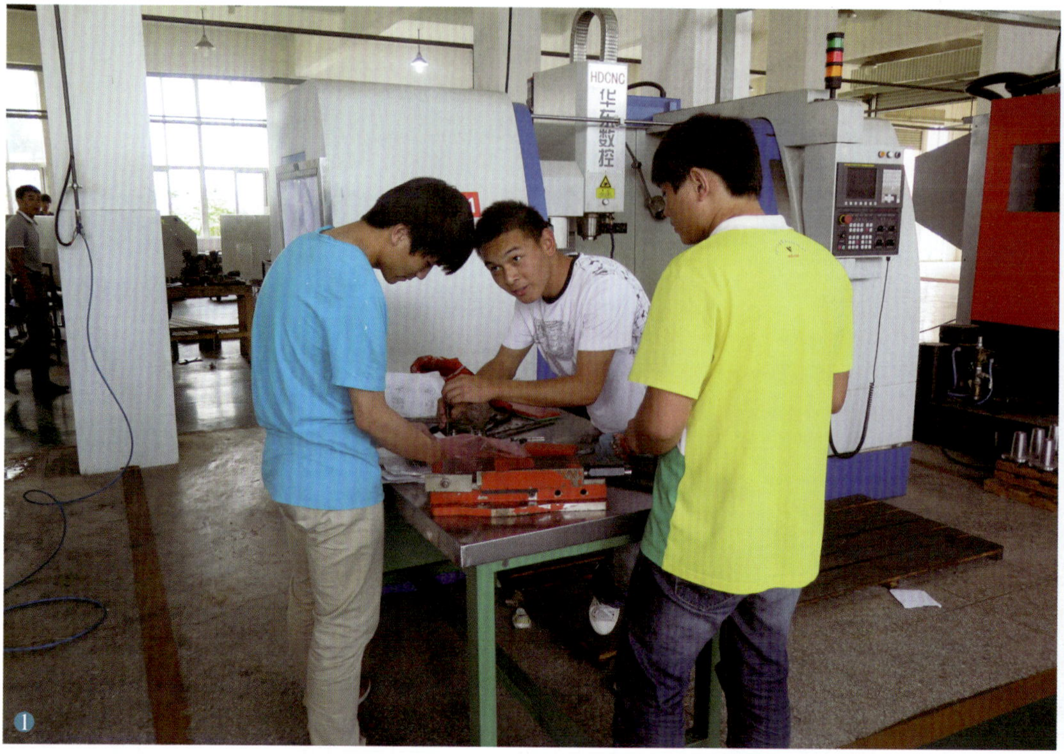

①

②

1. 2014 年 5 月，安徽滁州
2. 2014 年 5 月，甘肃榆中
3. 2017 年 9 月，贵州贵阳

15 岁 +：中等职业教育赢未来计划

2016 年 6 月，基金会启动了中等职业教育“赢未来”计划。与教育部合作，从“新航向”中等职业学校校长培训、高级技师进课堂、点亮校园文化软实力、“赢未来”奖学金和优秀园丁奖、“赢机遇”中职学生创业培训、建立赢未来网站等 7 个方面开展工作。广东、四川、贵州、河北等地区 6 个城市 31 所学校参与，约 13 万主要来自农村地区的中职学生从项目中受益。

1. 2013 年，基金会与美国布鲁金斯学会合作举办“中美儿童早期发展战略对话会”
2. 2010 年以来，中国发展研究基金会连续举办五届反贫困与儿童发展国际研讨会，并聘请诺贝尔经济学奖获得者詹姆斯·赫克曼为儿童发展中心高级顾问

序言

当前，世界各国政府和有关国际组织都在为反贫困和儿童发展而积极努力。各国大量的政策实践和最新科学研究表明：人力资本开发是消除贫困的重要途径，儿童早期发展是人力资本开发的重要突破口。对儿童发展投资越早，见效越早，回报越高。联合国《2030 年可持续发展议程》已将发展普惠有质量的学前教育列为重要内容，并首次提出到 2030 年，所有儿童都能获得优质幼儿发展、看护和学前教育，为接受初级教育做好准备。这意味着世界各国都要加大对儿童早期发展的投资，尤其要更多关注和帮助全球数千万最贫困儿童，使他们能够平等而又尊严地享受到有质量的学前教育，分享全球发展成果。

经过改革开放近 40 年的努力奋斗，我国已发展为世界第二大经济体，但仍是一个 13 亿多人口的发展中大国，人均 GDP 刚超过 8000 美元，排在世界第七十位左右。到 2017 年底，中国还有 3000 万左右贫困人口需要脱贫，这些人口普遍贫困程度深，内生发展动力和能力弱，不仅自身受教育程度和健康水平低，而且也不重视或者没有条件为下一代子女提供良好的教育、健康条件，具有明显的贫困代际传递趋势。

党的十八大以来，在以习近平同志为核心的党中央正确领导下，中国坚持“儿童优先”原则，加快法治建设，强化政府责任，儿童健康、营养、教育状况持续改善。但是，受各种因素的影响，儿童发展仍然面临着诸多问题与挑战，儿童事业发展还不平衡，城乡区域发展差距大的趋势没有根本扭转，特别是集中连片特殊困难地区的儿童，在健康、营养、教育等方面的发展水平明显低于全国平均水平，这些儿童由于家庭贫困、抚养人教育水平低、公共服务不完善而缺乏适当的营养、必要的养育和教育机会，陷入多维贫困，无法充分分享发展成果，这是让人十分担忧和揪心的事情。因此，加大对贫困地区儿童发展投入，保障贫困儿童基本发展需求的事情不能等。

从2007年开始，中国发展研究基金会在反贫困与儿童发展领域，积极组织开展相关研究和推动政策社会实践，做了大量卓有成效的工作。基金会先后在青海、云南、贵州、湖南、新疆、陕西等10省（区）的20个县（市）开展儿童发展试验，试验内容包括学前供餐、婴幼儿营养改善、学前教育、早期养育、学校营养餐、中等职业教育等多个领域，覆盖从孕期到就业各个阶段，并对儿童成长进行了全程跟踪研究。这些试验不仅使试验地区儿童直接受益，而且基于试验形成的关于义务教育阶段农村学校营养餐、营养包、山村幼儿园等多份政策建议报告，受到中央领导和有关部门的高度重视，部分建议已变成国家政策。

本书选编的主要是2015年以来由中国发展研究基金会主办的数次儿童发展与反贫困相关主题国际研讨会的代表发言、专题研究报告，以及中国发展研究基金会在儿童发展领域的部分研究成果。希望本书出版能够促进社会各界在反贫困和儿童发展领域的交流，为中国儿童发展问题研究和政策制定提供借鉴。

儿童发展事业是伟大、高尚的事业，是回报率最高的人力资本投资。投资一个孩子，会改变他的命运；投资一代人，会改变国家的未来。让我们携起手来，共同努力，为贫困地区儿童创造阳光的起点、美好的未来！

国务院发展研究中心主任

中国发展研究基金会理事长

目录

总论

教育提升篇

早期教育——

普及贫困地区学前教育，既是脱贫攻坚战的必然后续，又是中国落实《2030可持续发展议程》的必要行动。为此，要明确目标，即到2020年，将我国学前三年教育普及率提高到90%；学前教育必须进村；村级幼儿园建设要合理利用已有资源；就地招聘幼教志愿者解决师资问题；国家学前教育支出要惠及最需要的贫困农村家庭。

要实现到2020年让进城务工农民中的1亿人在城镇落户，需要大力投资儿童早期发展，提升人力资本，实现社会融合。中国发展研究基金会在北京市肖家河社区、昆明市船房社区两地"城中村"的试验表明，家访是提升流动儿童早期养育水平，促进人力资本积累，帮助流动人口落户和社区融合的有效途径。

"慧育中国：儿童早期养育项目"是中国发展研究基金会在国内开展的第一个评价营养包和家访综合干预效果的0~3岁儿童早期发展项目。该项目通过定期、系统地收集儿童和家庭等各个方面的数据，描绘儿童生长发育的趋势，评价儿童早期综合干预措施的效果。

中职教育——

在整个教育系统里面，中等职业教育承担着为劳动力大军补充来源的任务。我国有近1600万中职学生，只要有足够的机会去关心他们、爱护他们、帮助他们、改变他们，使他们能够健康地成长，将对我国未来发展有重要的意义。

中等职业教育作为我国不同类型人才分类培养的第一步，能够帮助学生更高质量、更稳定的就业，是培养现代化建设中高端技术人才的基础，为我国实现产业升级、经济繁荣、民生改革、社会公平等做出积极贡献，具有重要的经济和社会意义。发展中等职业教育是我国教育改革的重点之一，是对国家未来进行投资的关键。

总论

儿童早期发展至关重要，是消除贫困、打破贫困代际循环的重要社会干预手段。为解决贫困地区最贫困和弱势的20%多儿童的营养和教育问题，中国政府正在加大对儿童发展的投入和政策创新，积极与社会以及非政府组织开展良性互动与合作，探索儿童发展的中国式新路。

儿童发展与可持续的脱贫攻坚

■ 卢　迈

中国发展研究基金会副理事长兼秘书长

我国的脱贫攻坚进入决战阶段，在习近平总书记为核心的党中央坚强领导下，各地充分发挥制度优势，从中央到地方，精准覆盖，狠抓落实，取得了脱贫攻坚的重大进展，消除绝对贫困将会如期实现。下一步我们将面临如何巩固脱贫攻坚成果、促进底层贫困人口向上流动、实现缩小社会差别等可持续脱贫的任务。要解决这些问题，需要关注人力资本的积累和投资，关注人的发展，尤其是儿童早期发展。

“开发扶贫”试验区的扶贫故事

2015 年 6 月，在毕节七星关区张启刚兄妹自杀的悲剧发生之后，我曾和同事到当地了解相关情况，并写了文章。留守儿童恶性事件频发，让社会逐渐注意到这个脆弱且被边缘化的群体，相关政策、社会救助等也得到了不同程度的落实。毕节市七星关区是 20 世纪 80 年代由国务院批准成立的开发扶贫、生态建设试验区，当时我还在中央农研室试验区办公室工作。2016 年和 2017 年我和同事多次到七星关区调研，应该说在国家扶贫政策的支持和帮助下，当地经济发展，基础设施建设面貌一新，贫困家庭的物质生活条件有了很大的改善。

但是怎么能够帮助贫困农户彻底脱贫，怎么能够防止儿童死亡的恶性事件发生？这两年我多次到访七星关区的一个贫困户家庭，户主胡家贵今年 40 岁，与改革开放同龄。他只有小学二年级文化，妻子没上过学，家里老人没有受过任何教育。在精准扶贫相关政策的支持下，胡家盖了新房，政府给贷款买了鸭苗，村

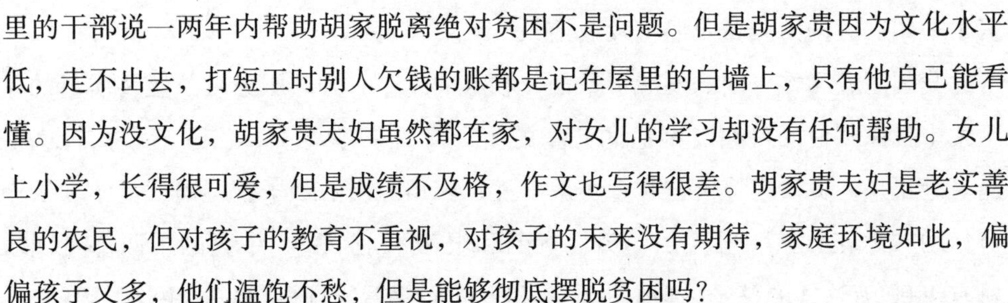

里的干部说一两年内帮助胡家脱离绝对贫困不是问题。但是胡家贵因为文化水平低，走不出去，打短工时别人欠钱的账都是记在屋里的白墙上，只有他自己能看懂。因为没文化，胡家贵夫妇虽然都在家，对女儿的学习却没有任何帮助。女儿上小学，长得很可爱，但是成绩不及格，作文也写得很差。胡家贵夫妇是老实善良的农民，但对孩子的教育不重视，对孩子的未来没有期待，家庭环境如此，偏偏孩子又多，他们温饱不愁，但是能够彻底摆脱贫困吗？

在这两年调研的过程中我们发现，农村父母离异、家庭暴力、儿童缺乏早期养育、营养不良等情况仍然大量存在，这些都是影响脱贫攻坚可持续的重要因素，必须引起重视。要使脱贫成果持续、稳固，贫困人口产生发展的内生动力，须以儿童发展，尤其是儿童早期发展为切入点，重视人力资本的投资，从根源上阻断贫困的代际传递。

为什么要重视儿童发展

我国贫困地区儿童发展面临基数大、发展水平低、城乡差距和区域差距大等一系列问题。国家统计局最新数据显示，2017 年末，全国农村贫困人口为 3046 万，这其中约有 20% 是 0 ~ 15 岁的儿童，他们大多生活在资源条件相对匮乏的地区。儿童营养不良、养育缺失、学前教育短缺等严重现象在这类地区十分普遍。基金会 2007 年在广西调研时发现，广西农村 13 岁男孩身高相当于城市 10 岁男孩身高；2009 年，基金会委托北京大学在青海乐都进行儿童发展能力的调查显示，贫困地区农村 3 ~ 6 岁儿童认知发展水平不足城市儿童的 60%，语言发展水平只相当于城市同龄儿童的 40%；2017 年，基金会通过丹佛儿童发育筛查量表对甘肃、新疆、贵州三地贫困地区 0 ~ 3 岁农村儿童进行认知能力筛查，儿童发展可疑率与异常率是城市地区的 3 ~ 5.5 倍。

近年来，国际上大量的研究证明，儿童生命的最初 1000 天，神经突触连接在稳定且积极的刺激下发育迅速，能够形成密集的神经元网络。如果在这段时期营养摄入不充分、养育环境缺失或者长期生活在贫困和不利的环境中，儿童的发育将错失黄金窗口期，对其一生的健康发展造成影响，并将影响整个国家的人力资本积累、劳动力质量及经济发展前景。

我国区域和城乡间的发展不平衡，收入的差距、公共服务可及性及质量的差距集中且深刻地反映在贫困地区儿童的生存和发展境况上，已逐渐成为社会之痛。近年来，贵州毕节留守儿童自杀事件、四川凉山的孩子攀爬钢索上学、云南鲁甸的“冰花男孩”等层出不穷。贫困和艰辛不是个案，中国的中西部贫困农村有 4000 万这样的孩子，他们的生存和发展需要系统且长期的关注及干预。

诺贝尔经济学奖获得者、美国芝加哥大学教授詹姆士·赫克曼的研究表明，在解决社会不公平的途径中，“预分配”比“再分配”具有更高的投资回报效益。其中，预分配的主要途径就是投资儿童，对越小的孩子进行投资，能够产生的投资回报率也越高。全球多个儿童发展干预项目的跟踪研究显示，儿童早期发展阶段每投入 1 美元，将获得 4.1 ~ 9.2 美元的回报。习近平总书记 2017 年 2 月在中共中央政治局第三十九次集体学习中强调，切断贫困代际传递，困境儿童是重中之重。扶贫要真金白银的“硬投入”，还要重视公平正义的“软环境”建设。

中国发展研究基金会十年探索取得可喜成效

自 2006 年开展农村寄宿制学校学生营养改善项目以来，中国发展研究基金会在贫困地区儿童发展上耕耘十数载，先后开展了阳光校餐、山村幼儿园、营养包、中等职业教育赢未来以及智能村小等一系列社会试验项目。十年来，基金会的社会政策试验瞄准中西部国家集中连片贫困地区，采取创新性的试验方法，从母亲孕期到孩子就业（0 ~ 15 岁），覆盖贫困地区儿童全生命周期，多个项目经过严格评估和积极倡导，已成为国家或地方政策。

十年来，基金会贫困地区儿童全生命周期干预项目共惠及直接受益人 36 万人，通过政策倡导撬动国家财政资金对贫困地区儿童的投入达到 334 亿元，惠及间接受益人 3840 万人。

1. 农村学生营养改善

2007 年，基金会与地方政府合作，分别在广西都安和河北崇礼开展了学生营养改善项目试点工作。项目组帮助地方筹建食堂、采购原料、聘请做饭师傅，为两地2000余名在校生每天提供一顿完整的午餐。一年后，试验效果显著，学生上课注意力更加集中，饥饿感减少，身体素质提高，成绩也有了进步。基金会根据试验形成报告呈送中央，得到了中央领导及相关部门的重视。国家从提高农村寄宿生生活补助标准入手，逐渐加大对农村学生营养改善的帮扶和支持力度。2011年底，农村义务教育学生营养改善计划正式实施。截至2017年，中央财政已经累计支出1591亿元资金为贫困地区农村义务教育阶段的学生提供膳食补助，每天受益的学生为3430万。

2015年，基金会成立阳光校餐数据平台，对全国100个营养改善试点县进行实时监测，并与地方政府合作，收集并分析贫困地区儿童体质改善情况，为国家政策的可持续实施提供依据。根据63个国家营养改善计划试点县报送的192万受益学生2012～2017年身高数据进行分析，计划实施至今，贫困地区农村学生的体质有了明显改善。2012～2017年间，学生7岁入学身高没有明显差异，而2017年的11岁学生身高比2012年高了6cm左右。贫困农村儿童7～12岁矮小与偏矮比例逐年下降，偏矮比例由2012年的44.6%下降到2016年的19.6%，矮小比例由2012年的11.7%下降到2016年的4.8%（见图1）。由此可见，短短五六年系统的营养干预，已经使中西部地区儿童的体质状况有了极大的改善。

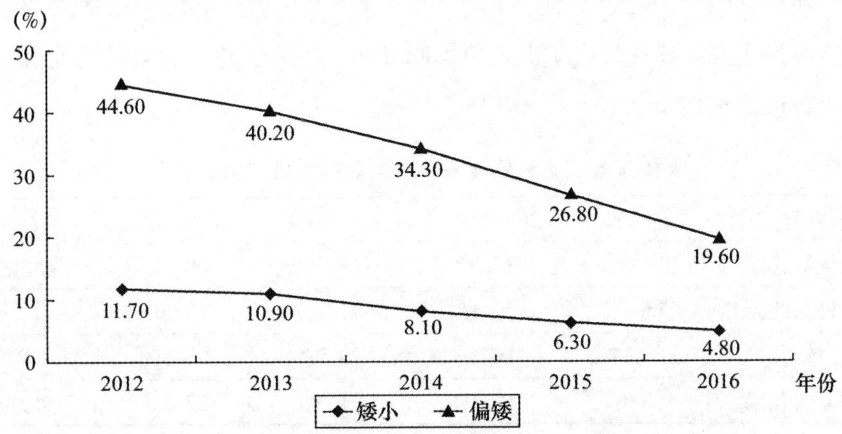

图1　贫困地区农村儿童7～12岁矮小与偏矮比例逐年降低

2. 贫困地区学前教育

针对贫困地区儿童学前教育缺失、师资水平落后等状况，基金会自2009年开始在贫困地区率先启动山村幼儿园计划。山村幼儿园计划结合政府部门和社会资源，招聘幼教志愿者，利用闲置的校舍为偏远山区的孩子提供早期教育。2009年至今，已经建成了1800多所山村幼儿园，覆盖全国9省17县，累计超过16万儿童受益。2014年贵州省铜仁市全部采用山村幼儿园模式，共建成2005所幼儿园，从100所到2005所的经验逐渐在贵州省推广；2016年云南省教育厅提出“一村一幼”的学前教育普及目标；2017年，新疆阿勒泰地区采取山村幼儿园模式，实施“雏鹰工程”，实现地区全覆盖。山村幼儿园模式满足了最困难也是最需要服务的20%的在村儿童的学前教育，符合“广覆盖、保基本、兜底线”的原则，借鉴了国际经验，又有鲜明的中国特色，有进一步推广的价值。

华东师范大学团队对山村幼儿园进行的第三方评估显示，山村幼儿园儿童在语言、动作、认知、社会性和情绪控制等方面的发展水平已接近县城幼儿，相较未接受任何学前教育的幼儿有明显优势。基金会收集和分析的山村幼儿园儿童追踪评估数据显示，山村幼儿园对于贫困地区的儿童发展有持续、积极的影响。我们追踪了2009年首批加入山村幼儿园计划的青海省乐都区山村幼儿园受益儿童8500名，发现他们在学（义务教育阶段学习成绩）表现突出，有65.2%的受益儿童成绩排位稳定在前40%，而未上幼儿园的孩子在学习成绩表现方面落后于有过学前教育经历的儿童（见表1）。2012年开展山村幼儿园项目的贵州省松桃县儿童在学表现同样优异（追踪儿童18000名），有62.2%的山村幼儿园受益儿童成绩排位稳定在40%。

表1　　青海乐都区山村幼儿园受益儿童在学成绩排名分布

学前教育类型	前20%	20%～40%	40%～60%	60%～80%	后20%
县城幼儿园	30.5%	37.9%	17.5%	10.2%	4.1%
山村幼儿园	25.1%	40.1%	21.2%	10.5%	3.1%
其他幼儿园	18.1%	19.1%	29.2%	28.5%	12%
未上幼儿园	7%	10.1%	31.3%	27.1%	25.3%

数据来源：乐都区山村幼儿园花名册（2009－2017），乐都区义务教育阶段学生学籍信息。

3. 贫困地区儿童营养改善（营养包）项目

2009 年基金会在青海乐都试点营养包项目，对贫困地区 6 ~ 24 个月的婴儿进行营养干预，以减少贫血和生长发育迟缓的发生率。2012 年，在中国疾病预防控制中心陈春明院长团队的带领下，营养包的试点成果转化为国家的政策，由卫计委牵头实施，目前已覆盖 341 个县，每年有 150 万儿童受益，中央财政资金支出每年为 5 亿元。

持续的营养干预能够改善贫困地区儿童的体质。2009 ~ 2011 年，青海省乐都区 6 ~ 24 个月婴幼儿营养干预降低生长迟缓率 28. 8%。2009 ~ 2016 年，乐都区 6 ~ 24 个月儿童贫血率持续下降，由 54. 3% 下降到 24. 6%，取得了显著的改善。2016 年，基金会再次对营养包项目进行评估，发现其对低收入家庭的幼儿降低贫血率作用最为明显。在低收入家庭中，服用营养包的幼儿贫血率比未服用的幼儿低 5 个百分点。

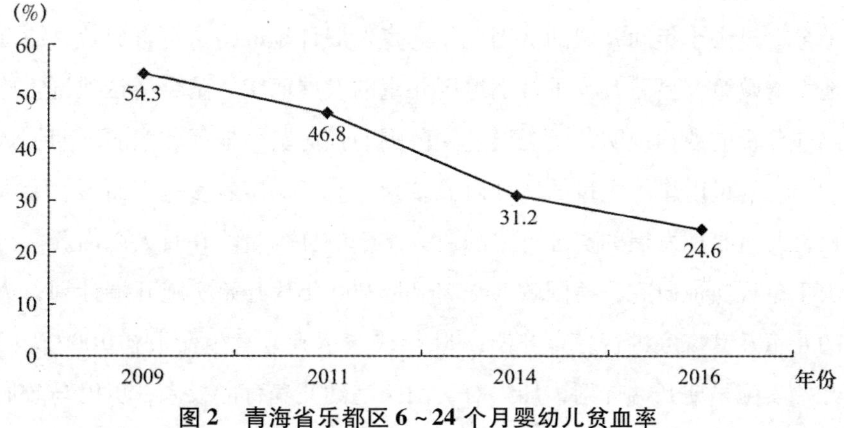

图 2　青海省乐都区 6 ~ 24 个月婴幼儿贫血率

4. 贫困地区儿童早期养育

基金会于 2015 年起在甘肃省华池县开展“慧育中国”早期养育的随机对照试验，目的在于改善农村儿童照料人和儿童之间的互动质量，提高农村家庭的养育水平，从而促进贫困地区 0 ~ 3 岁儿童的认知能力发展。项目采用家访的形式，在每个村聘请 1 ~ 2 位有高中文化的女性作为家访员，在接受县级和乡镇督导员的培训后，每周到儿童家中对主要看护人进行养育指导，并与幼儿进行互动游戏。华池县的56个村为干预组，55个村为对照组。共有2000多名6～36个月的儿童从项目中受益。

经过三年的试验，“慧育中国”在终期评估中交出了满意的答卷。丹佛发育筛查显示，干预组儿童在家庭养育指导的帮助下，生长发育的异常和可疑率均显著下降。终期调查中，控制儿童年龄、性别、出生顺序、母亲教育年限后，家访提高儿童筛查正常的概率为51.4%。同时，家访也显著改善了贫困家庭的养育环境、丰富了家庭学习材料；干预组家长更愿意花时间与孩子交流，提高了贫困地区家长参与养育行为的积极性。

基于实证研究、精准帮扶贫困地区儿童的国家政策是阻断贫困代际传递的有效途径，应当成为十九大以后脱贫攻坚的重要举措

基金会过去十年间开展的贫困地区儿童发展计划取得了可喜成效，撬动了中央和地方的政策，显著改善了贫困地区儿童的发展面貌。基金会在项目实施过程中积累并分析的数据说明，大规模、大范围的针对贫困地区儿童的早期干预措施是可行的，且可以得出大量的实证研究结果供政策制定者参考。而国际上大量的关于投资儿童早期发展的实证、追踪研究基于的样本量均在百人以内。

由于重视实证研究，美国政府在20世纪60年代开始实施开端计划，为处境不利的儿童及其家庭进行教育补偿；90年代意识到儿童生命最初1000天的重要性，开始实施早期开端计划，加强对贫困家庭幼儿养育的投入；奥巴马政府曾许诺投资100亿美元进行针对低收入家庭及其儿童的干预项目。但尽管如此，美国仍然有50%左右的低收入家庭儿童无法进入开端计划或早期开端计划。且针对开端计划和早期开端计划的多个研究均未完全证明此类计划对美国贫困儿童的认知、健康、在学表现和未来发展有显著改善。究其原因，美国社会根深蒂固的种族问题、社会政策宏观管理问题以及松散的地方政府体系是造成大规模干预项目覆盖率提高困难和效果不甚显著的主要原因。

同样在南美国家巴西，政府也意识到早期儿童发展的重要性，先后实施了家

庭补助金计划和“快乐儿童”早期家访项目，为贫困人口提供健康和教育服务。2017 年基金会团队赴巴西和墨西哥考察，对此类项目进行了深入了解。巴西的宏观经济政策不稳定，政府的意识和想法虽然到位，但缺乏实际的执行能力，且国家经济并不能为实施大规模的儿童干预项目提供充足资金和政策支持，一旦政府重组，政策将很难维系。因此也不难理解为何巴西的家庭补助金计划实施多年，依照世界银行的标准，巴西仍然有 4000 多万人口生活在贫困线下，占到全国人口的 20% 多。

中国人口基数庞大，贫困地区的地理环境和社会环境比美国和巴西更为复杂，但是我国政策制定的上下联动能力强，有强大的组织优势；政府动员能力及实施能力均有目共睹。且我国的宏观经济形势稳中有升，能够为社会政策的制定和实施提供非常稳定的环境。从这一方面说，我国实施儿童发展国家战略有得天独厚的优势。儿童发展具有很大的外溢性，社会回报远远大于私人回报，在此种情况下，政府有责任和义务进行投入，保障儿童早期基本的公共卫生和教育服务。

诚然，我国仍是发展中国家，目前还没有能力将所有儿童的早期教育和养育纳入义务教育和公共卫生服务支出。但是贫困地区儿童的早期发展因其特殊和紧迫性，需要特别的关注和投入，以避免因缺少政策和资金支持造成大量的贫困地区儿童错失宝贵的早期教育和营养干预，对社会和未来经济持续发展产生影响。

要确保到 2020 年我国现行标准下农村贫困人口实现脱贫，贫困地区的儿童发展应当成为政府政策及财政支出的优先项。支持贫困地区儿童发展是建立在国内外实证研究基础之上、对国家经济的可持续发展及人力资本的质量提升有深远意义的举措，应当尽快提上议事日程，由中央政府统筹安排并发挥主导作用，建立起全程干预、全面保障的贫困地区儿童早期发展服务体系，让每一个贫困地区的孩子都拥有一个阳光起点。

“新”扶贫故事

胡家贵家的情况一直牵动着我和同事的心。盖了新房、养了鸭子之后，他们需要能够支撑生活越来越好的希望。而希望，通常被寄托在孩子身上。这两年基金会在毕节七星关区先后开展了山村幼儿园、早期养育和营养包的政策试验。虽然胡家的大女儿因为年龄错过了早期干预，但是胡家最小的孩子已经吃上了营养包，老三去年开始接受我们“慧育中国”项目的家访服务，老二已经到村里的山村幼儿园就近接受学前教育。家庭养育、教育环境的逐渐改变，家长对教育的理解不断加深，给这个家庭带来了对未来美好生活的憧憬和期盼。我们相信，这些人力资本的不断积累，对胡家未来经济状况的改变将是可持续的。

2018 年第 2 期《中国改革》署名文章

中国发展研究基金会史丽佳对本文亦有贡献。

探索儿童发展的中国式新路

——为了中国最贫困和弱势20%多儿童的中国梦

■ 中国发展研究基金会反贫困与儿童发展项目组

中国正处在全面建成小康社会的关键时期，儿童是国家和社会的未来和希望。儿童早期发展至关重要，是消除贫困、打破贫困代际循环的重要社会干预手段。在国家竞争力日益取决于人力资本积累的今天，儿童早期发展应该成为中国经济和社会发展的一项长远战略方针。改革开放以来，中国在儿童发展中取得了显著成就，有力地促进了儿童的健康成长。但与此同时，儿童发展中不全面、不平衡的问题仍然存在，且在贫困地区表现得尤其突出。贫困地区最贫困和弱势的20%多儿童仍然由于缺乏适当的营养和教育机会，陷入贫困，无法分享发展成果。中国政府正在加大对儿童发展的投入和政策创新，积极与社会以及非政府组织开展良性互动与合作，探索儿童发展的中国式新路。中国政府已经制定了《国家贫困地区儿童发展规划（2014－2020年）》，对集中连片的特困地区680个县的0～15岁儿童健康和教育实施全程保证和干预。该《规划》如能尽早全面落实，将确保贫困和弱势儿童拥有公平发展机会，尽早改善他们的健康和教育状况，早日实现他们的中国梦。

一、投资儿童发展，确保机会公平

1. 儿童早期发展的重要性

儿童早期发展是一个综合性学科，各国科学家从发展神经学、发展心理学和人力资本形成经济学等不同领域出发，通过大量长期的跟踪研究和学科对话，形成了对人类发展富有指导意义的儿童早期发展理论。

国际研究表明，大脑发展有敏感期，分娩前的 4 个月到分娩后 40 个月，是婴幼儿视觉听觉能力、语言能力、对符号和数字的认知能力、情感控制能力发展的敏感期，约 80% 的相关能力在此期间发展形成。从出生到 2 岁的时候，在人脑重量不断增加的同时，每秒钟有 700 个神经细胞突触连接发生。2～3 岁婴幼儿大脑突触数量是新生儿的 20 倍，3 岁幼儿的神经细胞突触连接是成人的 2 倍。这些早期的突触连接形成了神经可塑性的基础，继而影响到孩子的身体和心理健康、终生的学习和适应变化能力。美国心理学家布鲁姆有一个形象的说法，如果把一个人长到 17 岁时达到了普通智力水平计为 100% 的话，那么从出生到 4 岁时他已经获得了 50% 的智力，4～8 岁又获得 30% 的智力，8～17 岁只获得 20% 的智力。中国人平常说“3 岁看大，7 岁看老”，与国外学者的分析应该说是非常一致的。

由于儿童在婴幼儿阶段大脑发育的敏感性，其遗传基因容易受不利社会环境因素的影响，这使得贫困和不平等的代际传递变得更加持久和牢固。国际研究还表明，社会经济地位的差距对儿童早期发展水平有重要影响。在婴幼儿时期，不同社会群体就会在词汇积累方面出现显著的差异。来自美国的研究数据表明，职业家庭里长大的孩子平均每小时听到 2153 个词汇，工人家庭的孩子平均每小时接触 1251 个词汇，生活在领取救济金家庭的孩子是 616 个词汇，由此导致到 3 岁时他们在语言技能方面的差异持续扩大。人的大脑在 4 岁前有敏感期，“用进废退”，而家庭贫困则让婴幼儿处于不利的地位。中国的“留守儿童”就突出呈现出这种状况。儿童发展水平差异的持续会造成代际不平等现象。丹麦的父子两代人之间的收入一致性为 0.15，美国为 0.47，中国这一数字高达 0.6，反映出更顽固的代际不平等传递。

大脑发育敏感期的存在表明存在机会之窗。早期经验能为终身的学习、行为能力和生理、心理健康创造良好的基础。对 0～3 岁婴幼儿进行早期的学习训练和经验积累，将加强并维持大脑神经元细胞的突触联系，促进大脑结构和功能发育，为以后的学习、应对挑战、社会交往和情感发展奠定良好基础。儿童发展投入越早，其成本越低、回报越高。如果儿童在生命早期没有形成良好的能力，那

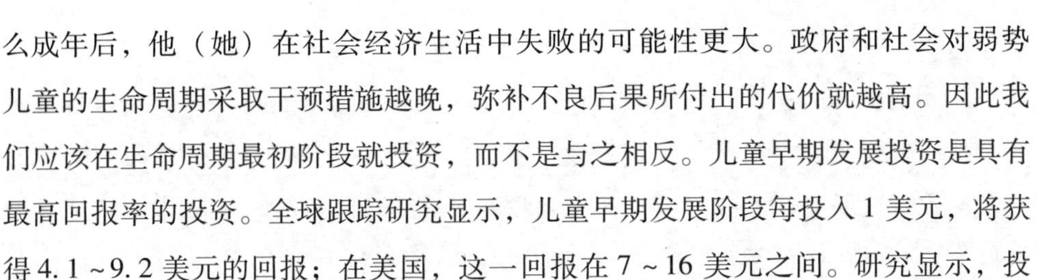

么成年后，他（她）在社会经济生活中失败的可能性更大。政府和社会对弱势儿童的生命周期采取干预措施越晚，弥补不良后果所付出的代价就越高。因此我们应该在生命周期最初阶段就投资，而不是与之相反。儿童早期发展投资是具有最高回报率的投资。全球跟踪研究显示，儿童早期发展阶段每投入 1 美元，将获得 4.1 ~9.2 美元的回报；在美国，这一回报在 7 ~ 16 美元之间。研究显示，投资儿童发展也比投资青年和成人教育培训更有效，学校教育阶段和成人继续教育阶段的投资回报分别只有2∶1和3∶1。

从世界许多国家实践来看，投资于儿童早期发展也收到了显著的成效。澳大利亚的“学前教育普及计划”、古巴的“教育你的孩子计划”、巴西的“亲爱的巴西”婴幼儿扶贫计划、英国的“确保开端计划”、美国的“开端计划”与“早期开端计划”等，都是此类典型项目。相关评估分析表明，参加早期发展干预的儿童在智力能力测试中得分更高，学校出勤率、学业成绩和总体行为相比未参加儿童更胜一筹。

2. 将儿童发展投资作为可持续发展的基础

2015 年 9 月 25 ~27 日，联合国召开发展问题特别峰会，制定了未来 15 年的全球发展目标——《2030 年可持续发展议程》（以下简称《议程》）。《议程》涵盖了 17 个可持续发展目标，以及 169 个子目标。《议程》首次将儿童早期发展列入其中，包括：到 2030 年，在世界所有人口中消除极端贫困，使得生活贫困的各年龄段的男女和儿童比例减半，消除一切形式的营养不良，包括到 2025 年实现解决 5 岁以下儿童发育障碍和体重不足问题，消除新生儿和 5 岁以下可预防的死亡率；提供包容和公平的优质教育，让全民终身享有学习机会，到 2030 年时，所有男女儿童都能获得优质幼儿发展教育、看护和学前教育，为他们接受初级教育做好准备。从中可以看出，《议程》在强调消除贫困概念的同时，更突出了可持续发展的理念。它抛弃了传统的片面追求经济增长的模式，转向实现一种“不落下任何一个人”的包容性发展。这意味着要加大儿童发展投资，给予全球数千万仍然生活在贫困中的儿童以公平发展机会，让他们能够从全球发展的成果中受益。为此，需要将儿童发展投资作为可持续发展的基础。

3. 确保最贫困和弱势20%多儿童的机会公平

随着经济的高速发展，中国已在多项与儿童有关的发展指标方面取得显著进展，并已提前实现多项千年发展目标，但是显著的地区间差异和日益加剧的人口流动给农村及弱势儿童的生存、保护和发展带来了较大挑战。中国集中连片贫困地区人口超过2亿，儿童超过4000万，约占贫困地区人口的20%。虽然他们总数只占全国同龄儿童的16%，但绝对数是很大的，比世界上许多国家全国的人口还要多。这4000万贫困地区儿童的营养健康状况和教育水平与全国平均水平有很大差距，身体和认知上都出现发育不良的状况。未来如果中国政府不大力投资儿童发展，解决上述问题，则每年新生儿中将有数百万落入同样贫困、缺乏机会的恶性循环。这种状况必须得到切实改变，才能缩小区域城乡之间儿童发展的鸿沟，从起点上维护和促进社会公平。

贫困地区的4000万儿童主要是留守、贫困及单亲家庭的儿童。他们和他们的家庭由于营养和教育机会缺乏，有一些共同的特点。

第一，他们得不到应有的照顾和关爱，缺乏早期养育和学前教育的机会。贫困农村地区的家长缺乏基本的早期养育和看护照料的认识和技巧。由于缺乏这方面的知识，这些父母往往忽视儿童的基本需求，缺乏和他们的沟通，使得婴幼儿的发育受到影响。我们经常看到农村来的学生，他们在情感发育、社交的能力方面受到限制。例如，一位青海省副省长感慨，“现在公务员招聘70%笔试、30%口试对于农村学生不公平，农村学生只要往那儿一站，马上就看出来，手也不知道往哪儿放，也不知道该如何同考官交流，一下就输了”。他指出，社会交往技巧缺乏是农村孩子的劣势。这种劣势不是在大学里没学会，而是从他儿童时期就产生了。

贫困农村地区的儿童同样缺乏接受早教的机会。由于首个三年行动计划主要是在县城和乡镇建园而不进村，使得农村贫困地区的儿童还缺乏早期教育机会。新的三年行动计划将经济欠发达的农村地区学前三年毛入园率定为65%，但却没提解决另外35%的急需学前教育的农村儿童的具体措施。中国集中连片贫困地区的680个县，多是山区或高原地区，生活着我国70%的贫困人口，有大约900万4~6岁的适龄儿童，他们是最需要学前教育帮助的群体。如在贫困农村地区也采取在县城和乡镇建正规幼儿园的办法，投入大、普及慢，贫困农民家庭无力送子女入园。根据中国发展研究基金会的调查，一所200名儿童的正规幼儿园建设成本为400万元，即每名儿童建园成本2万元，如果让680个贫困县剩下的1/3即300多万儿童都上正规幼儿园，需要中央和地方财政再投入600亿元。此外，幼儿园的运行也是地方财政一笔不小的开支。送孩子到城镇上幼儿园更是农民家庭极大的负担，在贫困地区很难实行。以革命老区甘肃省的华池县为例，公办园设在城镇，民办园为利润也不进村，家长只能带孩子到城镇入园，租房陪读。一年的成本，包括房租、生活费以及幼儿园的费用，高达8000～10000元，贫困家庭只能“望园兴叹”。

第二，营养不良，中国贫困地区5岁以下儿童生长迟缓率高达20%，学龄儿童的比例高达17%，而有调查显示，留守儿童的生长迟缓率高于非留守儿童约2个百分点。由于收入和知识水平所限，贫困农村地区家长对于孩子很难做到科学喂养，通常都是“大人吃什么，小孩儿吃什么”的情况，除了菜糊糊，有的就是给孩子煮个面片，很少用鸡蛋来喂养孩子，其结果就是贫血高发。贫血直接影响大脑发育。

第三，心理问题突出，有研究反映50%以上的留守儿童存在程度不同的心理问题，主要表现为冷漠、内向、孤独，不愿意与别人交流。超过10%的留守儿童患有不同程度的忧郁情绪，在14～16岁留守儿童中这种忧郁情绪也会转化为自杀的倾向。

第四，贫困儿童往往早期认知能力发展不足，入学后他们与其他正常儿童在学习成绩、健康和心理发展方面差距持续扩大，进而影响到成年后的就业状况和创造收入和财富的能力。如果孩子对学习越来越有兴趣，将会演变成一个良性循环。但是贫困地区的孩子没有接受过早期教育，上学的第一步是要学普通话，要听懂老师说的是什么，要用两三年时间才能赶上其他孩子，这就很难让他们在班里有优秀的学习成绩。早期发展的落后使他一生在各方面都受到严重影响。

第五，贫困儿童的父母受教育程度较低，家庭经济状况较差，增加了儿童死亡、营养不良和患各种疾病的风险，造成贫困的代际传递。

为这些集中连片贫困农村地区20%多儿童提供营养和教育机会，构筑向上流动的渠道，防止贫困的代际传递，应是中国未来发展战略和扶贫政策的重点。

二、精心规划、全力落实

贫困本质上是一种多维现象。集中连片贫困地区的儿童，不单单从收入衡量，从健康、营养、教育、安全、情感等维度考察，他们都属于贫困儿童之列。贫困的这些维度相互联系紧密，如果只考虑解决其中一面而忽视其余，往往事倍功半。对于贫困农村地区儿童，仅靠增长式扶贫或保障式扶贫都不能完全奏效。收入的增长和保障是必要的，但并不充分。研究表明，（人力）投资手段而非再分配手段才是从长远来看促进社会流动的最有效反贫困政策。仅仅依靠收入转移支付手段无法解决代际流动的社会问题。美国在50年前就开始尝试收入再分配政策，结果以失败告终。中国不应仿效美国的失败做法。促进培养儿童的能力、动力和健康发展才是有效的战略手段，这是着眼于解决生命起点状况的预分配措施。如果政府和社会尽早以可持续的方式帮助贫困和弱势儿童，确保他们的营养和教育公平机会，将促进他们的认知、性格发展和健康状况，而这些能力将提高工作效率，增加发展机会，并充实儿童的生命历程。从这个意义上说，2014年11月通过的中国《国家贫困地区儿童发展规划》，出台了一系列“全程干预、全面保障”的政策措施，为贫困地区的孩子筑牢了兜底的安全网，送去更多关爱，让每一个孩子健康成长。

1.《国家贫困地区儿童发展规划（2014－2020年）》

中国发展研究基金会自2007年以来，本着“儿童优先、确保社会公平”的理念，开展了“农村义务教育学生营养改善研究与评估项目”“山村幼儿园”“贫困地区儿童早期发展项目”等一批与贫困儿童密切相关的项目，进行了儿童早期发展与反贫困的中国模式探索。这些实验表明，儿童早期发展是投入回报率最高的人力资本投资，是从根本上切断贫困代际传递的途径，对贫困地区儿童必须早投入、多投入和全程干预。在此基础上，基金会通过国务院发展研究中心上报了《设立国家农村贫困地区儿童发展规划》的择要，并获得中央领导同志的批示。习近平主席批示，“看了这份关于农村贫困地区儿童发展规划的材料，感到所提建议颇有价值，做好这项工作意义重大，影响深远。有关方面已作有益探索，投入不大，成效明显，关键是要加大统筹协调和政策扶持力度，有效整合各方资源。教育部、卫生部、国家人口计生委等部门要在现有经验基础上，采取针对性、可操作性强的措施，抓紧实施，扎实推进，促进农村贫困地区儿童发展”。根据习主席的指示，2014 年在刘延东副总理的主持下，教育部、国家卫生和计划生育委员会等 9 部门参与制定了《国家贫困地区儿童发展规划（2014 – 2020 年)》(以下简称《规划》)，并于 2014 年 11 月 15 日由国务院通过实施。

《规划》指出，中国儿童事业发展还不平衡，特别是集中连片特殊困难地区的 4000 万儿童，在健康和教育等方面的发展水平明显低于全国平均水平。进一步采取措施，促进贫困地区儿童发展对于切断贫困代际传递、提升基本公共服务水平、实现全面建成小康社会目标具有重要意义。实施范围是集中连片特殊困难地区 680 个县从出生到义务教育阶段结束的农村儿童。总体目标是到 2020 年，集中连片特殊困难地区儿童发展整体水平基本达到或接近全国平均水平。

——保障母婴安全。孕产妇死亡率下降到 30/10 万，婴儿和 5 岁以下儿童死亡率分别下降到 12‰和 15‰。出生人口素质显著提高。

——保障儿童健康。5 岁以下儿童生长迟缓率降低到 10% 以下，低体重率降低到 5% 以下，贫血患病率降低到 12% 以下。以乡镇为单位适龄儿童国家免疫规划疫苗接种率达到并保持在 90% 以上。中小学生体质基本达到《国家学生体质健康标准》。特殊困难儿童的福利、关爱体系更加健全。

——保障儿童教育。学前三年毛入园率达到 75%，义务教育巩固率达到 93%，教育总体质量、均衡发展水平显著提高。视力、听力、智力残疾儿童少年义务教育入学率达到 90%。

《规划》提出，本着“全程干预、全面保障”的原则，将集中连片特殊困难地区从出生开始到义务教育阶段结束的农村儿童作为实施范围，以营养和教育为重点，对新生儿出生健康、儿童营养改善、儿童卫生医疗保健、儿童教育保障、特殊困难儿童教育和关爱进行全面的促进和保障。国际上早已对儿童早期发展是反贫困的最有效途径形成了共识并付诸实践，但以往在中国制定的一些重要发展规划和扶贫纲要中还缺乏相关的内容，此次“全程干预、全面保障”原则的提出则弥补了此类空白，实现了与国际的接轨。

《规划》还提出，要落实相关保障措施，加强整体规划和资源整合，落实经费投入和管理，创新公共服务提供方式，充分发挥社会力量作用。各地区、各部门要明确责任分工，采取有力措施，加快形成对贫困地区儿童发展的全过程关注、全领域参与和全方面服务的政策体系。

2.《规划》的落实和方法探索

目标明确、精心规划之余还要有具体的措施，从而全面落实。中国现在城乡差距还非常大，在集中连片贫困农村落后的地方需要探索中国式的儿童发展项目办法。本着“方法简便、服务可及、成本合理、质量保证”的原则，基金会在贫困农村地区开展了几项儿童发展试验项目，结果证明，依靠中国科技人员的智慧，依靠地方政府强大的执行能力，农民家长的热烈拥护和支持，这些中国式的儿童发展模式完全是可行的。

第一个是农村寄宿制学校学生营养改善项目。2007 年，在广西省都安县和河北省崇礼县进行，通过学校为农村寄宿制学生提供营养餐，增加学生营养。具体做法是，实验校每天给学生提供 2.5～5 元的午餐补贴，由中国疾控中心提供食谱，在企业的支持下，改造和配备了学校食堂。学生由过去只吃米饭、黄豆改成了有一顿正餐，有菜有汤。基金会做了项目测试，结果显示孩子的平均身高一年后增加了 1.4 公分。更重要的变化是体质变化，包括体重的变化、50 米跑的变化，还有肺活量，都是试点学校学生要明显好于对照学校。项目得到时任总理温家宝批示，在政府采取行动以后基金会做了评估，和媒体一起合作，促进了项目在全国的普及。现在全国有 680 个贫困县，2300 万的学生能够享受到国家的学生营养改善补助，学生每餐的补贴标准从 3 元增加到 4 元，项目得到了社会各界的高度关注。

2015 年，基金会受全国营养办委托，建立了“阳光校餐网”。该网络平台的作用旨在通过互联网和大数据平台，综合、公开政策执行信息，及时展示农村义务教育学生就餐情况，监测地方物价和食品采购，分析学校供餐营养量达标情况，宣传贫困地区学生营养改善政策措施，交换国际和国内学生营养改善的经验，搭建学生营养健康教育和公众慈善捐赠平台，从而将这一民生工程打造为

“放心工程”“阳光工程”“民心工程”。阳光校餐网于2015年5月开始试运行，共有分布于5省区20个县为首批试点县。这20个县的近1800所学校参与阳光校餐试点工作，共覆盖约70万农村学生。在总结经验的基础上，基金会于2015年10月将阳光校餐试点工作扩展至100个县，并于2016年3月扩展至680个县。

第二个是“营养包”项目。基金会于2009年在青海省乐都县、2010年4月在云南省寻甸县开展了“贫困地区儿童早期发展试验”。项目的目标是让新生儿出生健康，婴幼儿营养正常，学前教育基本覆盖。在贫困农村地区，家庭为婴幼儿提供的辅食往往种类单一、缺乏营养，不能满足婴幼儿对矿物质和维生素的需要。为此，项目针对年满6月龄以上的婴幼儿免费发放辅食补充剂——“营养包”，每天一包，每包7毛钱，添加到家庭制作的辅食里，直至婴幼儿满24个月。营养包是以全黄豆粉为基础、添加了多种营养素的辅食喂养补充食品，包括钙、铁、锌、维生素A、维生素D、叶酸等9种微量元素。村级卫生室具体负责营养包的发放，以及指导督促婴幼儿家庭正确地为婴幼儿添加营养包。

除了实物的营养干预，项目还针对贫困山区营养知识欠缺的突出问题，面向孕妇和婴幼儿家长（主要是母亲）开展营养知识培训。在乡镇卫生院和村卫生室设立“妈妈学校”，每月组织1～2次培训，由县、乡妇幼专干提供包括孕期营养保健、婴幼儿母乳喂养及辅食添加，以及营养包使用等实用知识培训和示范指导。项目采用有条件现金转移的方式，对参加妈妈学校培训的妇女给予10～30元现金补助。

第三个是山村幼儿园项目。2009年9月基金会先后在青海省乐都县和云南省寻甸县启动儿童早期发展项目，向3～6岁幼儿提供学前教育内容。学前教育部分是通过“走教”方式对山区适龄幼儿进行早期启蒙教育。通过招募满足一定条件的幼教志愿者，利用村里闲置房舍资源为幼儿提供学前教育服务，保障贫困农村幼儿就近享受免费的入园机会。2012年，基金会把学前教育部分正式更名为“山村幼儿园计划”，面向社会募款并在中西部更多省（区）推广项目模式，扩大项目覆盖范围。

山村幼儿园的主要做法是送教到村、就近入园。按照“条件具备、相对集中、方便集散”的原则，在幼儿人数超过10名的村、屯开设“山村幼儿园”。

根据基金会的统计，70% 以上的山村幼儿园（其中，洪雅县属于“山村幼儿园提升计划”，不包含在山村幼儿园相关统计范围）设置在农村小学撤点并校后的富裕校舍，剩下的山村幼儿园主要使用村委会或民居。把山村幼儿园设在村里，保证山区多数幼儿能就近享受学前教育，方便年迈的祖辈送幼儿入园，同时也减少了孩子在路途上的安全隐患。

注重培训、保证质量。山村幼儿园按照1∶20的师幼比例招募幼教志愿者。适龄幼儿超过 30 人的幼儿园，根据幼儿年龄分班并补充志愿者。幼教志愿者以项目县大中专毕业学生为主，采取自愿报名，笔试加专家考核的招募方式。超过 60% 的幼教志愿者持有教师资格证书，98% 的幼教志愿者为大中专或同等学历。为保障山村幼儿园质量，志愿者定期参加多种形式的培训活动。

营养和教育并重。考虑到农村幼儿饮食结构单一、微量营养元素缺乏的问题，项目借鉴国际经验，向山村幼儿园幼儿提供每人每天 1 元的课间点心。课间点心以含 10 多种微量元素的幼儿营养包为主，由中国疾控中心营养专家结合地方饮食习惯给予食用指导。同时，对依托在小学、具备做饭条件的山村幼儿园，项目鼓励学校适当收取费用，为幼儿园孩子提供一顿营养午餐。

截至 2015 年 8 月，基金会和地方政府合作，共在青海、贵州、湖南等 8 个省（区）的 10 个县，设立山村幼儿园 711 所，招聘幼教志愿者 780 人，在园幼儿 18000 余人。应部分地区对山村幼儿园的强烈需求，基金会结合筹资情况拟于 2015 年在新疆、云南、贵州陆续增加 4 个项目县（区）。山村幼儿园覆盖范围详细情况见表 1。

第四个是慧育中国项目。2015 年 9 月，基金会在甘肃省华池县开展了慧育中国项目。慧育中国是一个开创性的儿童早期干预项目。该项目试验了一种结合牙买加家访项目以及营养干预的早期干预方式，在华池县实施，共覆盖 2000 名 6 ~ 24 个月龄的儿童。牙买加家访课程主要是对 6 ~ 36 个月婴幼儿的母亲或主要看护人提供入户家访，提供亲子互动、阅读、游戏、唱歌等多种形式的养育指导。每周家访一次。家访服务内容以国际先进方法本地化为主，提高幼儿家长的养育水平，促进幼儿的健康成长。项目还对营养改善、牙买加家访以及心理刺激的效果进行跟踪评估。项目旨在促进影响农村婴幼儿学习以及一生成就的语言、

表 1　　“山村幼儿园计划”覆盖范围统计表（2015.8）

已有山村幼儿园			
县　名	幼儿园数	志愿者数	幼儿人数
青海乐都县	156	172	2763
云南寻甸县	29	31	527
贵州松桃县	100	100	2095
贵州织金县	72	72	2068
四川洪雅县	76	88	6000
湖南古丈县	72	78	924
山西兴县	100	100	2223
新疆吉木乃县	16	34	408
青海海晏县	10	25	204
甘肃省华池县	80	80	900
合计	711	780	18112
即将启动的山村幼儿园			
县　名	幼儿园数	志愿者数	预计幼儿人数
新疆阿勒泰农村	56	60	1510
新疆青河县	31	34	706
云南南涧县	50	50	1300
贵州毕节七星关区	50	50	1300
合计	187	194	4816

注：基金会与四川省洪雅县、云南省寻甸县的项目合作分别于 2015 年 6 月、2015 年 8 月到期。

认知能力以及社会情感的发展，项目的成果将会对中国政府开展综合性的儿童养育政策产生影响。

三、人力资本投资的回报

投资儿童发展，对于消除贫困与不平等、巩固全面建成小康社会的成果具有两重意义：一是在当期有助于减少儿童疾病、营养不良和抚育的成本，提高现有贫困家庭（包括儿童在内）的净收入，从而提高贫困家庭的综合福祉；二是有助于提高儿童长远的能力发展，改善个人健康、心理和生理表现，提升劳动生产率奠定，也有助于减少甚至预防包括青少年犯罪、社会暴力在内的一系列经济与社会问题。中国目前在开展的儿童发展项目的效果评估也有力地支持和印证了上述观点，表明人力资本投资有着效率和公平、短期和长期兼顾的回报。

首先，农村义务教育学生营养改善计划实施 3 年多来，在中国政府有关部门、试点地区和社会力量的共同努力下，取得了显著成效，全国超过 1/3 的县实施营养改善计划，超过 1/4 的农村义务教育学生享受营养改善计划补助政策，实施规模位居世界第三。截至 2015 年 4 月底，连片特困地区 699 个县（包括兵团 19 个团场）全部开展营养改善计划国家试点工作，9.14 万所农村义务教育学校全部纳入实施范围，2132.12 万名农村义务教育学生全部享受营养膳食补助。2014 年，中国疾病预防控制中心营养与健康所发布第三方监测报告，认为营养改善计划试点取得了三个方面成效：一是学生一日三餐的比例升高，反映“吃不饱”的学生减少；二是学生营养状况有所改善，贫血率下降；三是学生健康状况有所改善，中小学生发生感冒等疾病减少，出勤率增加。贫困地区 6～15 岁男、女生各年龄段平均身高同比增加 0.4 和 0.6 厘米，体重均增加了 0.3 公斤；西部小学男、女生的贫血率分别下降了 3.3 和 3.9 个百分点。

其次，所实施的“贫困地区儿童营养改善项目”和“消除婴幼儿贫血行动”，免费发放营养包，分别使 300 个特殊贫困县和 73 个国家级贫困县约 80 万婴幼儿受益。一是营养包的投入产出比可以达到1∶11，非常高。2009～2012 年，基金会和中国疾病预防控制中心合作，在青海乐都县 20 个乡进行了营养干预实验，历时 3 年，覆盖了 6～24 个月儿童 3800 人及孕妇 2156 人。定期的监测和评估结果表明，营养包干预一是对儿童贫血率的降低是有效的，干预 12 个月后，贫血率较干预前下降了 42%，如果以同年龄儿童比下降了 20%。二是大幅度降低了生长迟缓率。有发放营养包的小孩，3 年以后，生长迟缓率达到 26%，而干预组的儿童，3 年后生长迟缓率只有 7.7%，在 10% 以下，这是非常明显的差别。三是干预明显降低了两周腹泻和发热发生率。从开始干预的 9 月份到第二个 9 月份，腹泻儿童占比在不同年龄段下降非常快，9 月龄孩子原来是 30% 的（儿童）腹泻，一年以后只剩 10% 了，6 月龄本来有 30% 的（儿童）腹泻，干预后也只有 10%，12 月龄也是从 18% 降到 9%。发热儿童占比的情况类似。可见营养包对于发热和腹泻的改善大有益处。腹泻和发热率、平均天数的降低有效减轻了经济负担和人力资源消耗。以 2009 年数据为基线，9 月份用于两周腹泻和发热的钱，腹泻是 4.4 天，花费 173 元；一年以后，营养包组生病的天数不到 4 天，花费只有 34 元，下降了 70% 以上。发热的情况相同，干预以前，两周的花费是 288 元，经过 12 个月干预，花费下降为 77 元。四是营养干预显著提高儿童发育。参加营养包干预组的儿童在精细动作和适应能力方面要高于对照儿童，差别有显著性（$P < 0.05$）。

再次，山村幼儿园在基金会试点的基础上，在不同地方层面得到了大范围推广，效果显著。例如，2011 年底，青海省在全省 15 个县推广乐都试点模式，共设置走教点 911 个（2012 年以前，山村幼儿园被叫做“走教点”“幼教点”），在园幼儿 1.8 万余人。2014 年，铜仁市人民政府印发《铜仁市山村幼儿园建设两年行动计划（2014—2015 年）》，提出用两年时间建成 2060 所山村幼儿园，预计受益儿童约 53720 人，实现全市行政村幼儿园全覆盖。而上述项目的推广是建基于山村幼儿园的科学评估之上的。2015 年 7 月，基金会委托华东师范大学周念丽团队，选取青海省乐都县、山西省大兴县、贵州省松桃县 3 个试点对山村幼儿园进行了独立第三方评估。评估结果表明，山村幼儿组在社会性、情绪表达和控制以及动作发展方面优于县城幼儿组，但认知和语言的发展尚均略逊于县城幼儿组。松桃地区数据表明，山村幼儿在动作、语言、认知、情绪和社会性发展方面均极大优于散居幼儿组。山村幼儿组在游戏过程中，体现了良好的社会性发展，比县城幼儿组有更多的积极情绪和行为、有更强的规则意识和即刻进入表演游戏状态的心理准备，但比起县城幼儿组，主动发起行为、玩具功能正确认知以及对他人的关注都略为欠缺，但这三类行为远高于散居幼儿组。村幼儿组在绘画中共同表现出心理阳光和具有独特个性的特点，但在绘画的技艺水平上比县城幼儿组都略为逊色，尤其是在绘画中凸显的缺乏由父母、同伴等人际关系引起的自己悲喜之情的人际感知令人扼腕。

此外，基金会课题组于 2012 年 9 月对青海乐都县山村幼儿园儿童的在学表现进行了评估。评估结果表明，获得学前教育的儿童在课程成绩、身体健康、社会性发展等多方面优于未接受过学前教育的儿童，获得二年级及以上学前教育的儿童表现尤其突出。具体表现如下。

课业成绩方面，相比于无学前教育组，二年级学前教育组语文成绩高出15.6分，提高了32.2%；数学成绩高出23分，提升了48.5%。无学前教育和二年级学前教育组、1年和2年学前教育组在课程成绩方面具有显著差异。

身体健康方面，相比于无学前教育组，2年学前教育组身体健康水平更好，因病请假的几率降低近一半。

社会性发展方面，相比于无学前教育组，2年学前教育组社会适应水平较好的几率是前者的1.6倍，也即群体的社会适应水平提升了60%；情绪稳定水平较好的几率是前者的1.8倍，也即群体的情绪稳定水平提升了80%。

投资一个孩子，会改变他的命运；投资一代人，会改变国家的未来。在快速城市化和社会转型夹缝中艰难生存的贫困地区儿童，他们承受的苦难是时代性的，每个享受时代进步成果的人，对此都不应熟视无睹。确立“儿童优先、贫困儿童优先”的原则，把贫困地区儿童发展作为扶贫战略的重要组成部分，是现在可以采取的现实的措施。中国政府和社会应把儿童发展置于优先的战略位置，积极借鉴各国有益经验，探索一条符合国情的儿童发展之路，努力切断贫困代际传递，为未来积累丰厚的人才和人力资本。切实保障儿童发展公平机会，增进儿童福祉，促进健康发展，让每一个孩子都有机会实现个人梦想，拥有更加美好的未来！

执笔人：杜智鑫　卢　迈

2016年6月

中国扶贫战略需要更加重视儿童早期发展

■ 中国发展研究基金会反贫困与儿童发展项目组

经国务院批准，在国务院发展研究中心、教育部、国家卫生和计划生育委员会的指导下，中国发展研究基金会于2015年10月21～24日在京举办“第四届反贫困与儿童发展国际研讨会”。会议主题为“阳光起点——为了每个儿童”。来自34个国家的800多名政府部门代表参与了研讨会，包括澳大利亚前总理茱莉娅·吉拉德和亚太地区11个国家的政府部长，以及国际组织、社会组织、学者、企业界人士等，就反贫困与儿童发展等相关议题深入探讨、广泛交流。刘延东副总理出席会议并致辞。

一、儿童早期发展对消除绝对贫困和全面建成小康社会具有重要意义

脑神经科学证据表明，婴幼儿时期的营养、教育、关爱等刺激塑造大脑发育结构，为认知能力和非认知能力（即智商和情商）的发展奠定基础。0～3岁是大脑发育最敏感的时期，大脑神经元以每秒700～1000个的速度建立新联结，形成神经可塑性的基础，继而影响儿童的身体和心理健康、终生的学习和适应变化能力。人在3岁时，87%的脑重都已形成，到7岁时，神经可塑性直接降到生命早期水平的50%左右。贫困地区儿童，尤其是留守儿童，往往得不到充分的营养、早期教育和关爱，在认知、语言、情绪、行为等方面发展落后，更容易陷入贫困的恶性循环。

投资儿童早期发展具有很高的投资回报。诺贝尔经济学奖获得者赫克曼教授的长期研究表明，通过计算儿童成年后创造的价值与可能减少的疾病、犯罪等社

会成本因素，儿童早期每投入 1 美元可以获得未来 7 ~ 16 美元的回报。而之后学校阶段和成人教育阶段每投入 1 美元，最高只有 2 ~ 3 美元的回报。投资儿童早期发展是最重要的人力资本投资。

投资儿童发展对于中国消除贫困和全面建成小康社会具有重要意义：一是在当前有助于减少 4000 万贫困地区儿童的疾病、营养不良和养育的成本，提高贫困家庭的净收入，从而改善贫困家庭的综合福祉；二是有助于提高贫困地区儿童长远的能力发展，积累人力资本，提升劳动生产率，减少和预防包括青少年犯罪、失业救济在内的一系列经济与社会问题。

二、中国儿童发展的成就和面临的挑战

改革开放以来，中国走出了一条中国特色的儿童发展道路，儿童减贫与发展事业取得显著成绩。中国提前完成贫困人口减半、普及初等教育、降低儿童死亡率等千年发展目标。儿童营养和健康状况持续改善，5 岁以下儿童低体重率和贫血率均比 19 世纪 90 年代降低了 70% 以上。3200 万农村义务教育阶段学生享受到免费的学校营养餐。儿童受教育的机会更加平等，城乡全部儿童免费接受义务教育，学前三年毛入园率达到 70%。2014 年，中国政府通过和颁布了《国家贫困地区儿童发展规划（2014—2020）》，出台了一系列“全程干预、全面保障”的政策措施，为贫困地区的孩子筑牢“兜底的安全网”。

中国的实践获得了与会外方代表的高度肯定。联合国秘书长潘基文在书面致辞中说，中国很好地完成了千年发展目标，还通过南南合作关爱其他发展中国家的妇女和儿童。澳大利亚前总理朱莉娅·吉拉德表示，中国现在已经是实现全球教育目标的关键领军者。中国已经通过《国家贫困地区儿童发展规划》，贫困地区的 4000 万儿童到 2020 年都可以获得较好的儿童早期教育，是其他国家的范例。巴基斯坦、孟加拉、老挝、不丹等国部长也纷纷表示，当前很多儿童发展的方案和办法都是由中国来引领的，中国的相关经验有助于克服反贫困与儿童早期发展的挑战，是全世界应当进行学习的典范。

同时，我国的儿童发展也面临巨大挑战。集中连片贫困地区儿童超过 4000

万，约占贫困地区2亿人口的20%。这4000万儿童主要是留守、贫困及单亲家庭的儿童，他们由于营养和教育机会缺乏，处境堪忧，呈现贫困代际传递的趋势。他们的家长普遍缺乏早期养育的知识和技巧。中国发展研究基金会2012年在青海省乐都县和贵州省松桃县调查发现，82%的被访家长不了解孩子营养健康状况，半数以上被访家长认为打骂孩子是正常的教育方法。儿童营养不良状况非常普遍。根据国家卫生和计划生育委员会的数据，留守儿童生长迟缓和低体重为非留守儿童的1.5倍。缺乏接受早教的机会，贫困农村地区的学前三年毛入园率不足50%。

贫困地区儿童在早期营养、养育和教育方面得不到保障，每年有数百万贫困儿童在“没有准备好”的状态下进入下一个阶段，一步差、步步差。未来进入劳动力市场会处在极其不利的状态，对我国经济增长和社会发展会造成巨大的不利影响。

三、投资儿童早期发展已成国际发展新趋势

联合国通过的《2015后发展议程》首次将儿童早期发展纳入其中并提出4项重要目标，各国竞相投资儿童早期发展。国际经验表明，建立良好的制度比投入更多的资金更为持续有效。尽量扩大公共服务的受益人群（尤其是儿童），能有效减缓贫困和不平等现象。澳大利亚的学前教育普及计划、古巴的“教育你的孩子计划”、巴西的“亲爱的巴西”婴幼儿扶贫计划、英国的“确保开端计划”、美国的“开端计划”与“早期开端计划”等，都是此类典型项目。评估表明，接受早期发展干预的儿童在生病频率、学校出勤率、学业成绩、社会交往等方面的表现明显优于未接受干预的儿童。

一些发展中国家也积极推进儿童发展和反贫困，近年来不断有新措施出台，进展很快。例如，巴基斯坦努力使儿童早期发展的资金达到GDP的4%～6%；印尼在贫困地区的农村设立了5万个学前教育中心，已完成了总目标的1/5；越南力争在2011～2015年实现学前教育普及；蒙古国在2015年投入儿童教育的资金达到过去3年的资金总和；柬埔寨通过《国家儿童早期发展行动规划》，成立

国家儿童早期发展委员会；菲律宾在全国建设国家儿童发展中心和地方儿童早期发展委员会，加强对地方官员和工作人员的培训；尼泊尔在第13个发展规划（2014～2016年）中特别强调，加强和扩大儿童早期发展中心的建设。

四、政策建议

一是扶贫战略要更加重视儿童早期发展，积极落实《国家贫困地区儿童发展规划（2014—2020）》，将其作为实现2020年消除绝对贫困和《2015后发展议程》的重要政策抓手。

二是将儿童早期发展纳入“南南合作基金”，设立专项资金，主要用于在“一带一路”各国开展儿童早期发展项目合作，介绍和推广中国的经验和做法，并进行评估、培训和推介工作。

三是交流研讨。举办不同层次的国际研讨会，甚至可以考虑举办各国领导人出席的高层峰会，会后发出倡议。中国在这个过程中可以发挥影响和引导性作用。

执笔人：杜智鑫　郝志荣

2015年12月

将儿童发展作为新时期扶贫战略的核心支柱

■ 中国发展研究基金会反贫困与儿童发展项目组

改革开放以来，我国在农村减贫上取得了举世瞩目的成就，并且有望在“十三五”期末经过综合努力消除农村绝对收入贫困（按现有扶贫标准），实现全面建成小康社会的宏伟目标。但是，考虑到当前剩余贫困人口人力资本不足的突出特征，考虑到贫困的动态性和相对性，特别是考虑到贫困在代际间传递的特性，我国扶贫成果仍将相当脆弱。在“十三五”期间，迅速、普遍地扩大对儿童发展的投资，是推进和巩固扶贫成果和全面建设小康社会的战略性手段，需要将之纳入我国新时期扶贫战略的基本框架中。

一、投资儿童发展是消除贫困代际传递的根本手段

投资儿童发展，对于消除贫困与不平等、巩固全面建成小康社会的成果具有两重意义：一是在当期有助于减少儿童疾病、营养不良和抚育的成本，提高现有贫困家庭（包括儿童在内）的净收入，从而提高贫困家庭的综合福祉；二是有助于提高儿童长远的能力发展，改善个人健康、心理和生理表现，提升劳动生产率奠定，也有助于减少甚至预防包括青少年犯罪、社会暴力在内的一系列经济与社会问题。

国际上，行为遗传学、神经生物学以及社会和认知发展等领域的最新研究表明，儿童早期是大脑和个人能力发展的机会窗口。儿童早期大脑发育迅速，新生儿有 140 亿脑细胞，神经触突不断发展，彼此紧密连接，大脑重量不断增加。新生儿脑重约 390 克，3 岁小孩的脑重大概是 1100 克，7 岁达到 1280 克，接近成

人脑重。在这一阶段，营养和教育能否跟上，对孩子大脑形成至关重要。美国心理学家布鲁姆有个说法，如果把一个人 17 岁时所达到的智力水平计为 100%，那么从出生到 4 岁时他已经获得了 50% 的智力。我们平常说“3 岁看大，7 岁看老”，与国外学者的科学分析结论应该说是非常一致的。如果小的时候没有给他应有的营养干预和启蒙教育，未来能达到的个人发展水平实际上就受到了严重限制。

由于儿童在婴幼儿阶段大脑发育的敏感性，其遗传基因容易受不利社会环境因素的影响，这使得贫困和不平等的代际传递变得更加持久和牢固。国际研究还表明，社会经济地位的差距对儿童早期发展水平有重要影响。在婴幼儿时期，不同社会群体就会在词汇积累方面出现显著的差异。来自美国的研究数据表明，职业家庭里长大的孩子平均每小时听到 2153 个词汇，工人家庭的孩子平均每小时接触 1251 个词汇，而生活在领取救济金家庭的孩子平均每小时听到 616 个词汇，由此导致到 3 岁时他们在语言技能方面的差异持续扩大。人的大脑在 4 岁前有敏感期，“用进废退”，而家庭贫困则让婴幼儿处于不利的地位。我国的留守儿童就呈现出这种状况。儿童发展水平差异的持续会造成代际不平等现象。丹麦的父子两代人之间的收入一致性为 0. 15，美国为 0. 47，我国这一数字高达 0. 6，反映出更顽固的代际不平等传递。

儿童发展投入越早，其成本越低、回报越高。如果儿童在生命早期没有形成良好的能力，那么成年后，他（她）在社会经济生活中失败的可能性更大。政府和社会对弱势儿童的生命周期采取干预措施越晚，弥补不良后果所付出的代价就越高。因此我们应该在生命周期最初阶段就投资，而不是与之相反。儿童早期发展投资是具有最高回报率的投资。全球跟踪研究显示，儿童早期发展阶段每投入 1 美元，将获得 4. 1 ~ 9. 2 美元的回报；在美国，这一回报在 7 ~ 16 美元之间。研究显示，投资儿童发展也比投资青年和成人教育培训更有效，学校教育阶段和成人继续教育阶段的投资回报分别只有2∶1和3∶1。

从世界许多国家的实践来看，投资于儿童早期发展也收到了显著的成效。澳大利亚的“学前教育普及计划”、古巴的“教育你的孩子计划”、巴西的“亲爱的巴西”婴幼儿扶贫计划、英国的“确保开端计划”、美国的“开端计划”与

“早期开端计划”等，都是此类典型项目。相关评估分析表明，参加早期发展干预的儿童在智力能力测试中得分更高，学校出勤率、学业成绩和总体行为相比未参加儿童更胜一筹。

二、对农村贫困地区儿童进行针对性发展干预不仅必要而且可行

我国改革开放以来经济的快速发展和卓有成效的扶贫工作，为农村贫困地区的儿童进行针对性的发展干预提供了有利的条件和基础。目前我国在儿童学前教育普及、义务教育、儿童接种免疫、营养不良率、5 岁以下儿童死亡率等相关指标上，居于相近收入的发展中国家的前列。

但是，从巩固扶贫成果、促进公平发展以及推动中长期发展方式转变的需求来看，我国儿童发展（主要是在贫困地区）还存在显著的薄弱环节，城乡和地区差距悬殊，突出表现在儿童早期和义务教育阶段营养不良率偏高，早期的教育、保健与养育重视不够和投入不足上。2010 年，全国 5 岁以下儿童的生长迟缓率在城市为 3.4%，在农村地区为 13%，而在贫困农村地区这一数字高达 20.3%。在中国贫困农村，6～24 个月患有贫血症婴儿超过 50%。从学前教育看，即使贫困地区能够完成第二个“学前 3 年行动计划”，仍有超过 25% 的（主要是贫困家庭）3～5 岁儿童没有幼儿园可上。在城镇化大潮下，许多贫困农村的父母外出务工，文化程度不高的爷爷奶奶根本无法给予孩子高质量的感官刺激、认知技能和语言发展，也不能给予孩子必要的、合格的保育服务和情感支持。毕节 4 位儿童自杀的悲剧就是留守儿童发展困境的集中折射。下一阶段的扶贫战略设计，亟须在这些方面予以针对性的补充和加强。

在经济新常态的背景下，财政紧约束亦将成为常态，必须更集约、高效、创新地利用有限的公共财政资源，将之投入到具有最高长远回报的领域，儿童发展就是其中之一。政府目前在这方面已经做了大量的工作，并取得了很好的效果。国家已实施的“农村义务教育学生营养改善计划”，每年投入 180 亿元，覆盖 2132 万学生，每天提供 4 元的营养膳食补助，取得了良好效果。学生一日三餐比例升高，营养状况改善，贫血率下降，健康状况改善，疾病减少。另一个是

“贫困地区儿童营养改善项目”。中央财政出资4亿元向贫困地区婴幼儿发放“营养包”，进行儿童营养改善。该项目范围已扩大到21个省的300个县，40万贫困地区儿童受益，有效降低了贫血率，增进了婴幼儿认知、记忆和社会情感发展。目前，在儿童发展方面所需要做的就是加大投入，实现三年学前教育的基本普及和扩大儿童早期养育的服务提供。

三、实现对贫困地区儿童健康成长的全程关怀和全面保障

从儿童的生长发育特点和需求看，对贫困地区儿童应是全程关注，即从胎儿期开始，直至义务教育阶段结束。政府应及早出台一系列以营养和教育为重点的“全程干预、全面保障”的政策措施，形成保障贫困地区儿童发展的基础性政策体系。为儿童的全面成长“兜底”，使贫困地区儿童公平地获得发展机会，促进社会公平，也是为国家的未来“筑底”。不仅如此，这些举措还将有助于我国率先实现联合国可持续发展目标（SDG）的关键目标，提升我国对全球发展事务的影响力。

贫困地区儿童发展的总体目标应设定为：到2020年，集中连片特殊困难地区儿童发展整体水平基本达到或接近全国平均水平。具体如下。

——保障母婴安全。降低孕产妇死亡率，降低出生人口缺陷。

——保障儿童健康。0～15岁儿童生长迟缓率降低到10%以下。

——保障儿童学前教育和早期养育。学前三年毛入园率达到90%。婴幼儿养育服务覆盖率达到50%。

为此，有以下七点建议。

第一，完善扶贫战略，投资于人力资本，将儿童发展作为扶贫战略的核心支柱之一，重点关注0～15岁儿童发展，从根本上阻断贫困代际传递。

第二，加紧落实《国家贫困地区儿童发展规划（2014—2020年）》，对儿童早期发展全程关怀、全程干预。

第三，鉴于儿童投资的显著正外部性和地方能力差异，国家和政府需要加大投入力度，中央政府在保障儿童发展的支出方面要承担主要的责任。

第四，明确目标，分解责任，加强协同，形成合力。教育部、国家卫生和计划生育委员会、国家发展和改革委员会、财政部、扶贫办、民政部、农业部要统筹协调，促进农村贫困地区儿童发展。

第五，积极倡导和鼓励企业、社会组织、家庭和媒体积极参与到贫困地区儿童的发展事业中，与国家和政府一起形成关爱儿童、促进儿童健康成长的合力和氛围。

第六，加强儿童发展和贫困研究和评估，让好的政策能有好的效果。

第七，加强扶贫制度和技术手段创新，完善扶贫的瞄准机制，推进精准扶贫，提高济贫服务的传递效率，为相关政策的评估与监测提供有效支撑。

如果上述目标能够得到顺利实施，不仅有助于全面建成小康社会目标的实现，而且有利于中国在国际做出对 2030 年消除贫困和实现可持续发展日标的承诺，为其他发展中国家做出示范。

执笔人：杜智鑫　俞建拖　卢　迈

2015 年 10 月

贫困地区儿童发展现状和政策建议

■ 中国发展研究基金会反贫困与儿童发展项目组

随着经济的发展，中国儿童的发展水平也在迅速提高。然而，在中西部集中连片贫困地区，仍生活着4000万儿童，他们多有营养不良、养育缺失、学前教育短缺等严重现象。中国发展研究基金会在2016年做了两项调查，结果显示城乡儿童发展差距巨大，采取干预措施刻不容缓。

一、贫困地区儿童发展现状

第一项调查是在甘肃省华池县进行的对0~3岁幼儿发育能力的筛查。该调查使用的是由国际通用儿童发育能力筛查量表Denver II改编的上海市小儿发育筛查量表。此次筛查发现，华池县0~3岁幼儿中发育能力可疑率和异常率总比率为42.9%，其中23.9%为可疑，19%为异常。而在对上海城市儿童的筛查中，可疑率和异常率总和不到10%。

第二项调查是对3~5岁儿童的测试。基金会采用测量语言交流、数字概念、阅读、书写、社交情绪等10个指标的“儿童发展能力指数”，在上海市、河南省叶县、青海省乐都区和云南省寻甸县对3~5岁儿童做能力测试。结果显示，上海市儿童能力指数的平均得分是0.73，云南省寻甸县只有0.33，仅为上海市儿童的45%，寻甸县5岁儿童的能力水平仅相当于上海市3岁儿童。

上述调查结果与国内其他机构的几项研究结果相一致。如果贫困地区儿童发展的现状不改变，每年会有几百万的孩子错过接受干预的最佳窗口期，由此造成的后果将难以弥补。

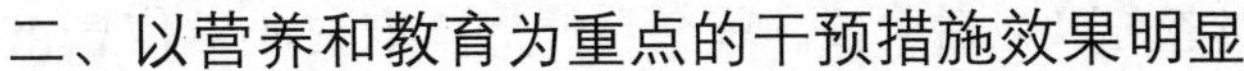

二、以营养和教育为重点的干预措施效果明显

中国发展研究基金会近年来开展了多项以儿童教育和营养为重点的社会试验，一些试验已经见到明显的效果。

（一）儿童早期养育

第一，在孕期阶段。基金会在青海省乐都区开展“妈妈学校”项目，依托乡镇和村卫生院/室，为孕妇和6个月以下婴儿母亲或主要看护人提供母婴营养保健和养育知识培训。每次家长们来“妈妈学校”上课或体检，都会得到30元的交通补助，通过转移支付的方式提高家长参与的积极性。

第二，幼儿0~3岁阶段。基金会于2015年起在甘肃省华池县开展“慧育中国”早期养育的随机对照试验，目的在于改善农村儿童照料人和儿童之间的互动质量，提高农村家庭的养育水平。项目采用家访的形式，在每个村聘请1~2位有高中文化的女性作为家访员，在接受县级和乡镇督导员的培训后，每周到儿童家中对主要看护人进行养育指导，并与幼儿进行互动游戏。华池县的56个村为干预组，55个村为对照组。在刚刚结束的中期调查中，干预组的幼儿发育正常率明显提高，达到了66.4%，而对照组是57.1%，差异有统计学意义，证明干预对儿童发育情况产生了积极的效果。项目的成本为平均一个幼儿一年3000元。

第三，幼儿4~6岁阶段。基金会开展“山村幼儿园”项目，结合政府部门和社会资源，招聘幼教志愿者，利用闲置的校舍为偏远山区的孩子提供早期教育。2009年至今，已经建成了1100多所山村幼儿园，覆盖全国8省12县，在园儿童38000余名。华东师范大学团队对山村幼儿园进行的第三方评估显示，山村幼儿园儿童在语言、动作、认知、社会性和情绪控制等方面的发展水平已接近县城幼儿，相较未接受任何学前教育的幼儿有明显优势。山村幼儿园的成本大约也是每个孩子每年3000元。青海的东部地区、贵州的铜仁市和新疆阿勒泰地区，采用山村幼儿园模式满足了最困难也是最需要服务的20%的农村儿童的学前教育，学前三年教育的普及率都达到90%以上。

第四，义务教育及以后阶段。基金会开展“农村小学信息化教育”和“赢未来”中等职业教育项目。前者利用远程教育技术，让农村小学的学生实时分享县城优质的教学资源，缩小城乡教学质量差距。后者以培养健康阳光、积极向上的新型技能人才为目标，在中等职业学校中开展教学及职业技能培训活动。这两个项目还在试验中，效果有待进一步检验。

（二）儿童营养干预

在上述“妈妈学校”项目中，基金会为孕妇提供每日营养素片直至分娩，有效降低了新生儿出生低体重率。在6～24月龄阶段，2009年9月基金会和中国疾控中心陈春明院长一起在青海省乐都区启动了幼儿营养干预的试验，为幼儿每日提供辅食营养包。试验结果报送国家卫计委，现在营养包项目在全国覆盖341个贫困县，受益儿童211万。基金会早年的评估显示，2009～2011年，青海省乐都区6～24个月婴幼儿营养干预降低生长迟缓率28.8%。2016年，基金会再次对营养包项目进行评估，发现其对低收入家庭的幼儿降低贫血率作用最为明显。在低收入家庭中，服用营养包的幼儿贫血率比未服用的幼儿低5个百分点。

对义务教育阶段的贫困地区学生，国家实施了营养改善计划，收到明显效果。基金会建立了“阳光校餐”数据平台，公众可以实时上网查询到贫困地区农村义务教育学生营养改善计划在9000多所学校实施的情况。数据分析显示，各试点学校学生能量、脂肪和蛋白质等摄入都有明显的增加，体质都有明显的改善。

家访、山村幼儿园、营养包、营养餐都是针对中国农村底层的20%的儿童的政府干预项目，符合广覆盖、保基本、兜底线的原则，借鉴了国际经验，又有着鲜明的中国特色，效果良好，有进一步推广价值。

三、建　议

目标。到2020年，集中连片贫困地区儿童的健康与教育水平要达到全国农村平均水平，接近全国平均水平，实现全面小康。具体目标应包括：0～5岁儿童生长迟缓率降低到10%以下；婴幼儿养育服务覆盖率达到50%；学前三年毛入园率达到90%；义务教育阶段教育质量明显提升，学生生长迟缓率下降到全国农村平均水平；提升贫困地区青少年中等职业技能水平，确保就业。

措施。学前教育和早期养育要进村，除了靠近县城和乡镇的行政村，其他行政村都应提供服务，建立起县、乡、村三级养育和教育体系。这意味着在80000个贫困村设立山村幼儿园，同时要在这些村提供多种形式的早期养育服务。

投入。每年中央财政增加投入100亿元，设立国家“阳光起点”大型儿童发展项目，对贫困地区的儿童进行营养干预和早期教育。大型儿童发展项目在国外有成功经验，我国也应当有一个明确体现政策意图、与脱贫攻坚相适应的综合性项目。

考核。将《国家贫困地区儿童发展规划（2014—2020年）》的落实纳入地方扶贫工作绩效考核体系之中。地方政府的重视和支持是做好此项工作的基础。

研究。加强脑神经科学、营养、教育方面的基础研究，提高中国在儿童早期发展方面的研究水平，力争进入国际前列。加强贫困地区儿童发展政策评估，提高政策制定和执行的水平。

组织。成立中央妇女儿童工作领导小组，有效地调动各方资源，真正落实各项政策，保障贫困地区儿童健康成长。

执笔人：卢　迈　杜智鑫　史丽佳

2016年11月

将儿童早期发展作为对外人文交流的重要内容

■ 中国发展研究基金会反贫困与儿童发展项目组

2017年9月1日，在第九届2017金砖国家峰会召开前夕，中国发展研究基金会（以下简称“基金会”）与巴西社会与农业发展部在北京成功举办“中国—巴西儿童早期发展对话会”，巴西总统夫人马塞拉通过视频方式致开幕词，巴西社会与农业发展部部长奥斯玛·特拉，国会议员达西西奥·保罗·佩隆迪出席会议并发言。会后，双方签署谅解备忘录，就中巴两国在儿童早期发展领域开展更深入的交流与合作达成共识。早在2013年11月，基金会曾与美国布鲁金斯学会在华盛顿举办过“中美儿童发展对话会”，刘延东副总理和美国前国务卿希拉里·克林顿出席，取得了很好的效果。考虑到关注儿童早期发展已经成为国际社会的共识，我们建议将这一领域作为中国今后开展对外人文交流的重要内容。

一、投资儿童早期发展已成为国际社会共识

20世纪90年代以来，发育心理学、认知科学、神经科学、人类学、经济学等领域的最新研究表明，儿童早期是大脑发育和能力形成的敏感期，需要足够的营养和养育刺激。个体87%的脑重和80%的能力形成于生命前1000天。为早期儿童提供充分全面的营养、学习刺激和经验积累，将促进大脑结构和功能发育，为以后的学习、应对挑战、社会交往和情感发展奠定良好基础。儿童发展投入越早，其成本越低、回报越高。全球跟踪研究显示，儿童早期发展阶段每投入1美元，将获得4.1~9.2美元的回报。各国实践表明，投资儿童发展尤其是早期综

合干预是全球减贫十分有效和具有根本性的重大举措。

自2000年起，每个国际发展机构都开始基于各自的视角和机构任务明确承认儿童早期发展的重要性。2015年联合国制定并通过了《2030年可持续发展议程》，指出至2030年消除极端贫困，消除一切形式的营养不良，确保所有男女童获得优质幼儿发展、看护和学前教育，为接受初级教育做好准备。这是首次将儿童早期发展纳入发展目标。许多国家也都先后采取了综合性的儿童早期发展措施，取得了一定效果。儿童早期发展已经成为国际社会的共识，就这一领域开展中外交流与合作具有广泛的基础。

二、我国儿童早期发展成绩显著，经验值得总结和推广

改革开放以来，中国在反贫困与儿童发展方面取得了显著成就，提前完成联合国千年发展目标，贫困发生率大幅度下降，儿童营养状况持续改善，受教育机会更加平等。总结中国的成功经验如下。

一是政府高度重视。2010年以来，中国政府先后制定实施《中国儿童发展纲要（2011—2020年）》《国家贫困地区儿童发展规划（2014—2020年）》《“十三五”脱贫攻坚规划》《“健康中国2030”规划纲要》等，将国家保护与关爱儿童的意志上升为国家战略与发展规划。《中国儿童发展纲要（2011—2020年）》指出，促进0~3岁儿童早期综合发展，积极开展0~3岁儿童科学育儿指导，积极发展公益性、普惠性的儿童综合发展指导机构。《国家贫困地区儿童发展规划（2014—2020年）》指出，开展婴幼儿早期保教，为3岁以下儿童及其家庭提供早期保育和教育指导机构。

二是政策执行力强。如2012年底国务院启动实施的农村学生营养改善计划，至2013年初就已在集中连片贫困地区全面铺开。上下联动、部际协作的机制有力地保障了计划的顺利实施。世界银行等国际组织对此高度赞赏。

三是勇于探索和创新。例如，我国贫困农村地区婴幼儿营养不良问题较为严重，包括基金会在内的研究机构和公益组织经过试点，采用每天为幼儿提供一袋营养包的方式，创造性地解决了这一问题。目前“营养包”已成为国家试点项

目，由国家卫生计生委牵头在341个国家级贫困县实施，这在全世界也是首创。巴西总统夫人马塞拉对此项政策高度评价并提出要将一手经验带到巴西。

虽然我国在儿童早期营养与健康方面取得了丰硕的成果，但贫困地区的儿童发展问题依然突出，呈现出总量大、城乡和区域分布不均的特点。贫困地区农村的儿童早期发展服务极其匮乏，导致贫困地区3岁以下婴幼儿在健康与能力发展方面远落后于城市。中国政府提出到2020年消除绝对贫困，应该能够按期完成，但是要在深度贫困地区彻底脱贫，还需要做好“教育扶贫”，而且要从生命的早期开始。

同时，我们也要看到，一些发达国家和发展中国家立足于本国国情，在儿童早期发展领域也做出了许多有益探索，其中一些经验值得我们借鉴。如2016年巴西政府开始实施的“幸福儿童”计划，通过每周进行家访的形式记录并指导有0~4岁儿童的贫困家庭如何更好地刺激孩子在认知、情感和社会心理方面的发展。现在，该计划已覆盖巴西各州的2547个城市，100万家庭受益。

巴西社会与农业发展部部长奥斯玛·特拉在甘肃省华池县考察基金会“慧育中国”贫困地区儿童早期养育计划后指出，中国在世界发展中至关重要，世界很关注中国在面对一些问题时怎么做的。中国政府的执行力和效率很高，在学前教育、不同阶段的儿童营养改善方面取得了瞩目的成就。在儿童早期养育方面，其他国家的实践已经充分证明其有效性。“慧育中国”计划是一项系统的社会实验和工作，展现了地方政府的组织建设能力和家访员良好的工作能力。特拉部长建议中国尽快将相关试点转化为国家政策。巴西希望中国能够为世界进步贡献更多的中国方案，不仅是经济发展方面，更多的应该是社会发展、人文关怀等方面。

三、建议将儿童早期发展作为对外人文交流的重要内容

一是普及“儿童早期发展”，尤其是“儿童头1000天”的理念。儿童早期发展的理念得到国际社会的广泛认可与重视，并在联合国《2030年可持续发展议程》中首次被提出。普及这一理念并采取行动有助于我国实现可持续发展目

标，实现社会公平。

二是加快儿童早期养育的顶层设计。“营养包”的成功经验在发展中国家反响热烈，在此基础上应尽快实现“营养与养育”双管齐下的公共政策服务体系，尤其应向贫困地区农村倾斜。基金会的试点与国际经验证明，农村地区儿童早期养育应由卫生部门牵头，建立多部门联席工作制度，以每周家访为主要工作形式开展。

三是加强儿童早期发展领域的国际交流与合作，将该领域作为对外人文交流的重要内容。谋求儿童发展是各国发展的最大公约数。中国在儿童早期发展领域取得了举世瞩目的成就，其中的经验值得总结和推广，但我们也同样可以从其他国家的成功经验中获益。将儿童早期发展作为人文交流的重要内容，建立儿童早期发展对话机制，求同存异，相互借鉴，共同创造儿童的美好未来，是实现民心相通、构建人类命运共同体的重要基础。

交流机制可以是双边、区域或多边。除了“中国—巴西儿童早期发展对话会”之外，基金会还曾经举办过“中美儿童发展对话会”，未来还可以根据需要再次举办，或是将其纳入中美人文交流对话机制。儿童早期发展的国际交流与合作也完全可以在金砖国家和“一带一路”框架下开展。

执笔人：方　晋　赵　晨　刘　鹏

2017 年 9 月

把儿童早期发展作为中美合作重要议题

■ 中国发展研究基金会反贫困与儿童发展项目组

2013 年 11 月 20 日，中国发展研究基金会与美国布鲁金斯学会合作举办了“中美儿童早期发展战略对话会”，中国国务院副总理刘延东和美国前国务卿希拉里·克林顿出席会议并演讲。会后，中方与会者又和美方政府部门、学者、公益机构进行了交流。

美国在儿童早期发展方面的科研基础好，各届政府持续实施了多个项目，积累了大量经验和数据。中国对儿童发展一贯重视，近年来在儿童早期发展和反贫困方面有创新性尝试，在发展中国家中走在前列。中美加强交流，优势互补，这将是一个中美之间有竞争但没有冲突的领域，是中方应主动抓住的议题。

一、美国儿童早期发展方面的政策及效果

1. 政治领导人高度重视

希拉里演讲中强调为了提高一国长期经济增长和生产率，对儿童早期发展的投资是回报率最高的投资，每投入 1 美元，回报可以超过 7 美元。大脑的最新研究表明，出生后头 5 年对儿童发展至关重要。目前联合国呼吁为了推动人类发展和反贫困建立新的发展目标，儿童早期发展应包括在内。希拉里对中国所取得的儿童早期发展成就表示赞赏，并认为中美在儿童早期发展方面合作是未来的大趋势。

2. 研究领先

美国早在 1962 年就开展了佩里学前教育长效研究计划。参加该计划的孩子

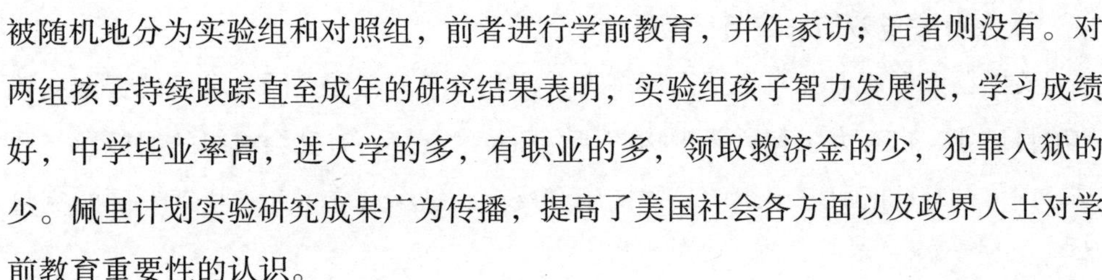

被随机地分为实验组和对照组，前者进行学前教育，并作家访；后者则没有。对两组孩子持续跟踪直至成年的研究结果表明，实验组孩子智力发展快，学习成绩好，中学毕业率高，进大学的多，有职业的多，领取救济金的少，犯罪入狱的少。佩里计划实验研究成果广为传播，提高了美国社会各方面以及政界人士对学前教育重要性的认识。

3. 政府投入大且持续

美国从 1965 年起推行“开端计划”（Project Head Start），财政拨款从 1965 年的 9640 万美元，增长到 2009 年的 71.1 亿美元，是 1965 年的 70 多倍。即使是在经济危机中，奥巴马政府仍然另外投资 50 亿美元发展“开端计划”和“早期开端计划”。奥巴马政府还投资 150 亿美元进行家访项目。此外，美国妇女儿童特别营养补充计划项目实施近 40 年，拨款总额从 200 万美元达到 2013 年的 65.2 亿美元。

4. 项目众多，帮助贫困家庭孩子

目前，美国共有 100 多个母亲和儿童发展项目，项目可以分为营养、早教和家访、家庭托儿中心等。营养方面，妇女儿童特别营养补充计划除了提供食物外，还关注营养教育和母乳喂养等。项目主要针对妇女儿童和低收入家庭。早教方面，美国的幼儿教育除了机构照顾外还有家庭照顾。家庭照顾是在社区孩子数量不足以设立幼儿园的情况下，采用家庭托儿方式对儿童进行照顾。家庭照顾主要以家庭困难的全职家长为对象。全美有 20 万幼儿接受家庭模式照顾。此外，家访在美国儿童早期发展项目中作用突出。家访员定期家访能够连接早期发展和医疗保健，连接家庭和社区，连接不同的项目；通过家访能够了解孩子和家庭的特殊需求，并由相应的机构或项目来提供服务。美国目前许多的儿童营养和早期项目都将家访作为其重要工作。

5. 部门协调较为顺畅

美国儿童早期发展项目众多，涉及不同的部门，已建立起运转顺利的部门和项目协调机制。比如在涉及教育部和卫生与公共服务部的项目中，两个部门的副部长定期会商，签署备忘录，指导各部门项目的协调实施。

6. 全社会多方的关注与参与

美国已经形成对儿童早期发展多方关注和参与的氛围，既有政府的资金支持和项目运作，也有大学和科研机构的研究和技术支持，有社会组织的积极参与和倡导宣传，有社区服务组织的具体实施和反馈，已经形成了儿童早期发展的完整体系。

尽管美国的儿童早期发展已经相当发达，但也存在一些缺点。一是成本高，每个受助儿童学前教育政府要支出近 8000 美元；二是覆盖率不足，符合受助标准人群的覆盖率仅为 1/4；三是国会预算斗争的政治干扰等问题，影响了实施效果。

二、中国的政策实践

在演讲中，刘延东副总理表示，中国政府正积极借鉴各国有益经验，探索一条符合国情的儿童发展之路，努力切断贫困代际传递，为未来积累人才和人力资本。这是中国政府领导人第一次就儿童早期发展作政策阐述，引起美国与会者热烈反响。

1. 儿童发展和反贫困政策成效显著

中国政府在集中连片贫困地区 680 个县实施营养改善计划，实施了“贫困地区儿童营养改善项目”和“消除婴幼儿贫血行动”等项目，推动中国儿童发展事业取得了显著成就，得到世界银行和联合国粮食开发署的高度评价。颁布的《国家贫困地区儿童发展规划（2014－2020 年）》出台一系列“全程干预、全面保障”的政策措施，为贫困地区儿童健康发展编制“安全网”。

2. “营养包”式的中国儿童营养干预

中国疾控中心以豆粉添加微量元素制成的“营养包”，成本低廉，可以有效降低农村贫困地区婴幼儿的低体重、生长迟缓率和贫血率等问题，同时对婴幼儿的智商发展和社会认知也有显著影响。营养包的投入产出比可以达到1:11。中国卫生和计划生育委员会已在 100 个国家贫困县开展“营养包”项目，而未来将扩展到全国 680 个贫困县。

3. 山村幼儿园式的中国儿童早期教育

中国发展研究基金会最早在青海省乐都县和云南省寻甸县开展试点，目前已推广到贵州、湖南、四川、新疆和山西等省区。“山村幼儿园”项目针对3~5岁孩子，利用村小的闲置校舍或公共场所，设置村级“早教点”，在当地招募和培训早教志愿者，提供免费学前教育。项目监测评估表明，项目儿童在语言、认知、记忆等心理发展以及营养方面都有明显改善。教育部也在20个县开展了农村巡回支教的试点项目。

目前尽管中国的儿童早期发展已经走在发展中国家的前列，但与美国等发达国家相比，仍然存在全社会尚未普遍意识其重要性，贫困地区普及率低，投入水平低等问题。

三、中美交流

一是做好中国的事是交流的基础。为了不错过每年贫困地区数百万婴幼儿发育的关键时期，应尽早出台《国家贫困地区儿童发展规划》，突出“儿童早期发展”这一重点，挤出财政经费也要优先做好这件关系国家长远的大事。

二是中美合作，设立研究基金。政府少量投入，邀请中美慈善组织加入；设立理事会，将资金主要用于在中国的评估、培训和推介上，同时将双方共同的研究成果用于帮助其他发展中国家。

三是研讨。前世界银行行长沃尔芬森建议，举办国际研讨会，邀请国际女性领导人出席并举行领导人峰会，会后发倡议。他认为中国在这个过程中可以发挥领导性作用。

执笔人：卢　迈　杜智鑫

2013年12月

理论前沿

各国的政策实践和最新科学研究表明：可以把人力资本开发作为反贫困的一种重要手段，把儿童早期发展作为一个重要突破口。儿童发展投资越早，收益越早，回报越高。联合国《2030年可持续发展议程》首次将发展普惠有质量的儿童早期发展列为重要内容，并提出到2030年消除贫困。这意味着世界各国都要加大对儿童早期发展的投资。

揭示脑智规律　变革未来学习

■ 董　奇

北京师范大学校长

我们生活在一个全新的科技时代，大数据、人工智能正在深刻地改变我们的生活和工作，同样也将深刻影响着我们的教育，尤其是未来的教育。

联合国教科文组织的教育 2030 框架以及世界各国制定的教育教学框架都高度关注科技发展引发的未来教育形态变革。为了更好地适应变革，大家都在积极探索怎样适应和利用新的教育生态促进儿童青少年更健康全面发展，提高教育质量。美国的“教学 2030”高度重视认知科学的研究成果对于教师教学、学生学习的影响，并将脑研究的新发现和前沿技术应用于教学，基于学生的学习风格和需求定制个性化的学习方案。在刚刚结束的“十九大”上，习近平总书记明确指出建设教育强国是中华民族的基础性工程，努力让每一个孩子都能享有公平而有质量的教育。为此，需强调培养学生面向未来的认知能力、创新能力、合作能力、职业能力。纵观包括中国在内的世界各国有关面向未来的教育计划、学习计划，都非常强调学生学习的个性化、教育与学习方式的信息化、基于大数据的学习过程到学习结果的多元化评价，强调线上线下学习，学校和校外学习的有机结合。

在构建未来教育、变革未来学习的过程中，各国尤其注重对脑智规律的理解及应用。伴随近 20 年脑科学技术手段的飞速发展，对于脑智规律的研究已经成为世界各国新的战略关注点。20 世纪末 21 世纪初以来，欧美发达国家启动了一系列针对儿童学习身心健康、脑智科学的重大项目。美国将脑科学与学习科学的交叉研究纳入国家发展战略；英国启动了“提升国家精神财富”的前瞻性研究，聚焦开发青少年、老年人的脑功能，为早期教育、精神疾病预防提供重要的科学基础。中国自 21 世纪初建立了一系列的国家平台，比如“中国脑计划”聚焦认知障碍相关重大脑疾病诊治、儿童青少年脑智的开发、类脑计算和脑机智能技术。2017 年 10 月，在多年研究活动的基础上，北京师范大学牵头，联合北京大学、清华大学、中科院等 18 所高级研究机构成立了中国儿童青少年脑智研究全国联盟，聚焦探讨揭示中国儿童青少年脑发育与学习规律、研发脑智发育评估工具和方法、脑智提升新型技术和示范推广。

怎样利用脑智科学研究的成果推动未来的学习变革?

第一，儿童脑智发育和学习。人类大脑经历着从出生一直到死亡的终身发展变化过程。我所在的实验室也研制了中国儿童青少年心理发育特征多级指标体系，像对孩子进行身高、体重、血液等指标检测一样，对儿童大脑发育状况进行评价。精确地描述不同年龄阶段儿童、青少年脑认知功能的变化非常重要。目前我们已经精确地描出了整个中国不同地区、不同社会经济条件下全国儿童认知心理发展规律。有了这样一些标准，我们就能够更好地描述儿童发展的水平、存在的问题以及原因，更好地评估教育质量。

第二，脑认知功能与学习。大脑不同区域存在功能分工，基于脑认知功能研究，研究人员可以提升各类认知障碍和学习困难诊断的有效性。目前基于脑科学初步的成果，我们已经能够根据脑功能客观检测，开发更有针对性的学习能力评价系统，更好地对上亿儿童脑功能的发展状况、认知障碍、学习困难进行更准确的分析、判断。

第三，脑记忆规律与学习。大家都知道人类脑的记忆就是学习的基础，没有记忆就没有学习。真正的学会不是体现在学习过程中的表现，而是记忆的长期保持和迁移。现在脑科学的技术能够帮助我们测量孩子在进行学习时的脑活动、推断学习效果。由此可以通过基于神经反馈学习优化系统，帮助学习者更好地知道大脑的学习状态，调整学习的心理状态，调整学习策略和方法，提高学习效率。

第四，脑与语言学习。我们都知道大脑具有独特的语言功能，语言的学习涉及听、说、读、写，涉及耳朵、眼睛、手等不同的感觉系统、知觉系统，听或者说一个单词涉及大脑的区域及其相应的神经网络很不一样。根据这些，我们可以很清楚地了解到学习规律，更好地帮助对学习困难进行科学的诊断，利用大脑语言学习规律促进儿童语言学习效率。

第五，脑与数学学习。人脑具有数学学习功能，人类建立了自己独特的数学符号体系。试验表明，通过测量同一组大学生在进行乘法计算时不同的脑力活动特点，就可以判断同一组的学生在港澳地区还是内地长大并接受小学教育。因为在港澳上小学和内地小学生学习的九九乘法表是不同的，当在进行乘法运算的时候，大脑活动模式是非常的不一样。所以，早期不同学习经验影响成年时脑相应认知加工的模式。

同样，计算障碍学生也会存在异常的脑结构与功能活动。简单的计算障碍、分数学习的障碍、空间学习的障碍等不同学习的障碍相对应的神经系统和网络是不一样的。有研究表明，计算障碍的孩子与正常的孩子相比，在一些大脑的结构和功能活动上有所差异。随着科学研究的大量积累，我们可以把这些成果归结起来，应用于人工智能系统，优化学习系统，为相关的机构、学校、政府了解学生学习的困难、帮助那些有学习困难的学生提供有力的工具。

概括而言，未来的教育必须关注未来的学习，科学技术的重大进展改变了学生学习的生态环境，学生学习生态环境的变化、学习方式的变化倒逼教育生态必须发展和变化。而关注未来的学习，就必然关注未来的学习者、关注研究未来学习者大脑的科学，就是脑智科学。构建基于脑、适于脑、促进脑的未来教育，要加强大学与政府、企业合作，加强国际合作，加强脑智研究成果普及和应用，推动脑智科学发展和学习变革。

2017 年 11 月 27 日

在未来教育大会上的演讲　根据速记稿整理

儿童早期发展与经济发展、人的发展的联系

■ 杨一鸣

中国发展研究基金会儿童发展中心主任

贫困不仅仅是收入的问题，它在人生的早期就已经完成了传递。通过母亲的教养，人类在婴儿期和孩童阶段就已经树立了自尊与家庭团结的观念。丁伯根（Tinbergen）、舒尔茨（Schultz）、福格尔（Fogel）、阿玛蒂亚·森（Sen）和詹姆斯·赫克曼（Heckman）等诺贝尔经济学奖得主的著作推动了此类新近发展模式的成型，强调投资于（年轻）人作为推动经济发展核心手段的重要性。

福格尔（1993年诺贝尔经济学奖获得者）等人的著作使我们进一步了解到，人群的能力和应对技能对经济发展具有重要影响。福格尔总结称，儿童早期发展的质量显著影响人口质量，这种影响是长期而深远的，关系到其成年后的健康状况。

阿玛蒂亚·森（1998年诺贝尔经济学奖获得者）强调指出，成年人所具备的各方面能力，与其童年经历深刻相关。投资教育和其他丰富童年体验的机遇，可多方位提升成年之后的各种能力。原因在于这种投资能助力优化人们的技能，有利于增强自信，且可提高成年后的生存能力和创造经济收益的能力。

赫克曼（2000年诺贝尔经济学奖得主）给出了极具说服力的论证，说明儿童早期教育对各项技能和能力的形成至关重要，且与人一生的成就也有着重要的因果关系。他指（1999）出，人力资本的积累是一个贯穿整个生命历程的动态过程，一个人掌握的技能越多，他就越容易通过协同作用，学会更多的技能；而且认知能力与非认知能力均是多种多样的，是通过多种学习情境培养而得的，而早期形成的能力有助于促进随后的学习。

因此，对人进行投资——投资人的各项能力——目前已被认为是经济发展的驱动力之一。如今，一个国家的经济地位，取决于该国受教育人口数。很多顶尖经济学家和发展机构都在敦促各国以及国际社会关注儿童这一人力资本成形第一环。儿童在 5 岁以前极易受到各种不利因素的影响，贫困处境给他们带来的伤害远远大于其他人，因为这种影响会持续一生，而且需要付出极大的努力才能弥补。通过改善儿童的早期发展，一个国家能够成功地累积人力资本，提升其未来经济竞争力。

儿童所处的环境和早期学习经历会影响他一生的发展轨迹，他的学习能力、行为、健康状况，并最终决定他的生产力。围绕经历开发大脑，能够为形成真正意义上的人力资本所需各项关键技能的发展奠定基础。高质量的儿童早期发展项目针对 0 ~5 岁儿童，将优质的养育、照护（包括健康和营养方面）、教育和刺激活动相结合。此类项目与个体发展之间的联系将遵循四条关键路径，每条均将个人发展直接融入经济增长。第一条路径是教育——儿童早期发展项目能够更好地确保未来对教育的投入（如，提升按时进入小学就读的人数，增加升入更高级别学校接受教育的可能性等）。第二条路径是健康——早期对健康和营养的投入能够为人的发展带来长期、持续的好处。第三条路径是社会资本——儿童早期教育项目会培养儿童更好的社交行为。第四条路径是平等——儿童早期教育项目有可能缓解社会和经济方面的不平等现象。

诺贝尔奖获得者詹姆斯·赫克曼清楚地表示，早期学习比后期补救学习更有效，儿童幼儿园或小学入学之后再进行干预可能已为时过晚，且早期教育的收益也远比后期补救性培训更为可观。

儿童早期发展为何会带来巨大收益？其中的道理显而易见：神经科学和追踪式的儿童早期发展研究都证明了这一点。神经科学研究者的报告指出，养育（环境）因素的确是自然（遗传）因素的一种补充，从孩子出生时甚至更早开始的童年早期的经历，会影响大脑发育的架构，而这与人力资本的形成紧密相关。每个国家均需了解如下信息。

- 儿童大脑网络的 85% 是在生命最初的 5 年里发育形成的。虽然大脑回路何时形成是由基因决定的，但经历决定着大脑回路如何进一步发展（即神经元之间如何相连)。

• 大脑的发育是持续性的，发育的每个阶段都对下一阶段构成影响。大脑的构造和儿童的发展能力是按照自下而上的、分层级的序列逐渐形成的——最先形成的是简单回路和简单技能，为高级回路和高级技能的形成奠定基础。

• 同样，与经历相关的大脑发育顺序（即依次对视觉、听觉、触觉、嗅觉和味觉传到路径的刺激）也是分层次、分阶段发生的。这些感觉传导路径的发展有特定的关键机遇期（大多为0～3岁），而又与其他的生物路径相联系，从而影响儿童的学习、行为和健康状况（包括生理和心理两方面）。

• 不良的经历（如贫困、营养不良、虐待、忽视等）会影响大脑的神经回路系统，也会影响促进生长发育的激素和免疫系统，当然，良好的经历同样也会对这些系统产生影响（方向自然不同）。这种影响也会波及个人社交和情感技能。

儿童生命早期几年中的经历对社会而言具有乘数效应。在这一时期受到良好教养的儿童，上学期间的表现通常更为出色，也更有可能习得全球化经济竞争所需技能。因此，投资儿童早期发展对个人成长与经济发展而言均不可或缺。

目前，儿童早期神经生物学研究认为，生命早期大脑的结构和功能发展情况会对人的健康、学习和行为产生终生影响。这就意味着，在儿童早期，我们的所为或不为，对个人及社会都将产生深远影响。显然，较之后期亡羊补牢，耗力挽回本可避免的损失，对可挖掘儿童潜力的儿童早期发展项目进行投资，是更为公平也更具经济效益的举措。“年难留，时易损”，孩子们无法等到强有力的机制和适当的政策全部到位以后再长大。所以，我们要做得更好，这是为了孩子们，也是为了我们自己。

提高儿童早期营养水平的经验与挑战

■ 哈罗德·奥尔德曼（Harold Alderman）

美国华盛顿特区国际食物政策研究所（IFPRI）高级研究员

儿童的身体发育与其认知和社会情绪发展存在本质联系，而且它们面临许多相同的风险性因素，需要采取同样的保护措施来加以应对（布莱克等人，2016）。知名的联合国儿童基金会（UNICEF）营养状况概念框架将保育（care）问题列入营养不良的三大原因之一。2013 年关于营养方面的《柳叶刀》（*Lancet*）系列杂志对这个概念模型做出了调整并指出，要判断胎儿和儿童的营养是否处于最佳状况，应将学习能力和情绪发展以及身高和超重或肥胖这几个因素考虑在内。最近几期关于儿童早期发展的《柳叶刀》杂志进一步扩展了这一概念，将营养保育（nurturing care）列为影响儿童身体和心理发展的主要决定性因素（布里托等人，2016）。随着因营养问题导致的儿童死亡率的下降（近期全球范围内表现出下滑趋势），认知和情绪发展与营养干预之间的联系已变得更加紧密，前者成为营养干预的主要对象和目标。

生命周期理论（life cycle approach）认为，儿童时期存在对正常发育具有关键意义的几个阶段，而且还存在着其他一些阶段，这些阶段则对儿童巩固早期发展成果或减轻早期生活不幸带来的负面影响具有重要意义（见图 1）。如图 1 所示，关键阶段出现的时间因图中所研究的发育领域不同而有所差别。了解这些关键阶段，对于集中利用资源、实现代际公平都具有重要意义。大量收集研究这些营养发育以及神经发育和社会情绪能力发展关键阶段的材料证据，可以在实施项目时用于指导重点工作。关于前一点，平均来看，除东南亚地区以外（outside of South East Asia），其他地区婴儿的出生体重都处于正常水平。但是，中低收入国家的儿童的年龄别平均身高（stature）在出生之后不久母乳喂养期间即开始下降。在2岁左右，这一下降趋势才会趋于平缓。但是，身高体重比并无年龄模式，年龄别体重的年龄模式则介于二者之间。

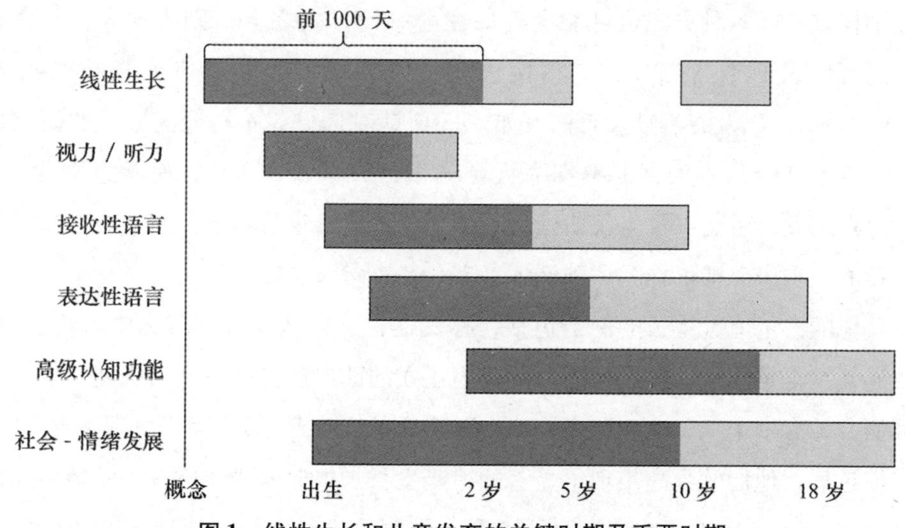

图1　线性生长和儿童发育的关键时期及重要时期

注：深色阴影代表发育之关键时期；浅色阴影代表重要时期。

资料来源：奥尔德曼和弗纳尔德（2017年）。

年龄别身高下降模式以及2岁之后趋缓模式出现的规律性促使世界各国开始关注“1000天窗口期”（涵盖孕期以及婴儿出生后头24个月）这一概念。维多利亚（Victora）等人（2008）阐述了一种比较流行的看法：“胎儿发育不良或在生命的头2年里发育不良会导致不可逆的损伤，包括成年身高较矮、受教育水平较低、成年收入减少，以及后代出生体重下降。”

但是，即使有关方面重视为1000天窗口期进行投资，我们还需要研究一下1000天窗口期是否是可以通过投资有效地解决营养不良问题的唯一时期，这同样具有重要意义。也就是说，2岁之前出现的营养不良具有不可逆性，亦或是存在着追赶生长这一现象？追赶生长定义为，营养不良现象发生后的一段恢复性生长时期，其特征为年龄别生长速度远超预期。追赶生长与发育不良之后的恢复生长尤其相关；营养不良还是导致婴儿和儿童死亡的一大风险性因素——这种事例大多发生在1000天窗口期——而且，死亡无疑是不可逆的。

一些新数据表明，实现恢复性生长有两种不同的方式，这也对追赶生长现象不存在的这种观点提出了质疑。一种恢复性生长方式是，在1000天窗口期之后的数年中，发育不良的儿童生长速度或生长速率可能会更高。另外一种不同的恢复性生长方式（这种方式也可能会叠加在前一种方式之上）则表现为，儿童的生长期可能会延长。例如，有事例表明，营养不良会延迟青春期生长突增（growth spurt）以及青春期发育的开始。一项针对肯尼亚农村地区进行的研究表明，营养不良的儿童发育成熟期大大延迟了，男童为3.0年，而女童则为2.1年。青春期发育后延以及生长期延长能够部分抵消早年营养不良的影响，在冈比亚进行的一项研究即可作为一则例证（普伦蒂斯等人，2013）。

其他的关于追赶生长的例子包括，移民通常可以从发育不良之中恢复过来，被收养儿童也是一样。比这样的事例更为正式的证据还包括一系列研究，如出生队列研究，有一个项目追踪研究了5个群体（从出生开始），而且发现在1000天窗口期过后，他们的身高出现了显著的追赶生长。类似的研究还有，年轻生命研究（Young Lives Project）对4种环境下（埃塞俄比亚阿姆哈拉地区、印度安得拉邦、秘鲁和越南）成长的孩子进行了跟踪研究（直至其青春期），而且也发现了营养状况的显著改变。玛尼（Mani）（2012）发现，在印度尼西亚，儿童在幼龄时期的营养不良后来导致了一些人身高发育延缓（但并不严重），这意味着部分人经历慢性营养不良之后又得以恢复；低龄儿童以及生活在设有6个或6个以上卫生室的社区的儿童恢复得更好一些。希尔沃宁（Hirvonen）（2014）在坦桑尼亚进行了一项定组跟踪研究，研究表明，干预组从童年早期的 -1.86 提高到成年的 -1.20。值得注意的是，这一追赶生长大多出现在青春期。欧特斯（Outes）和波特（Porter）（2013）对定组进行了年龄跨度较小的研究，而且发现2~5岁期间，追赶生长现象十分明显，但5~8岁期间则鲜有追赶生长现象出现。

图1中，2~5岁以及青少年时期线性生长的浅色阴影部分旨在标明发育不良可能会出现或者相反的——可能会得到改善的次级关键时期（secondary periods）。但是，虽然多种研究数据都显示有追赶生长现象的出现，但这不一定就意味着，目前存在着能够大规模促进追赶生长的有效项目或干预措施。如果说有的

话，现在确实是存在极为少数的可用作在1000天窗口期之后应对发育不良问题的推荐项目。与此不同的是，目前有多种可以补充微量营养元素的推荐做法（例如，维他命A项目以及补铁项目，这些项目在1000天窗口期之后仍然具有重要意义）。

此外，对于身材较小的儿童来说，2岁以后试图通过补充食物来解决发育不良问题也有提高患上肥胖症和非传染性疾病几率之风险。例如，墨西哥营养不良的儿童体重低于其年龄别建议体重，但是其身体质量指数（BMI）仍然呈现出超重或肥胖的特征。这些儿童既可以被认为是营养不良，也可以认为是营养“过剩”。

但是，如果生命周期投资政策的目标是儿童发展而不是身体发育的话，那么我们可能需要综合考虑其他方面之后再对图1所示的刺激儿童发育、促进儿童发展的项目进行研究。认知以及社会－情绪能力发展从本质上即与身体发育存在着联系，而且二者具有很多相同的风险性因素和保护性措施，儿童早期年龄段期间尤其如此（奥尔德曼和弗纳尔德，2017）。很多被普遍认为是与具体营养素相关的干预措施确实可以被称作是儿童早期发展（ECD）措施，其首要目标为促进儿童认知能力发展，而不是体重或身高发育。此外，一些干预措施，比如预防低出生体重，或应对产妇抑郁，都可以改善营养和认知能力发展水平的人体测量数据。

再思考一下其他的事例，比如，孕妇补碘及其对孩子智商的影响，或者产前补铁及其对孩子学习成绩的影响。这两种干预措施均是旨在提高儿童认知能力发育水平而非提高儿童身高的建议措施。与此类似，荟萃分析表明，纯母乳喂养虽然不会影响身高，但是能够降低死亡率并且提高智商。推广纯母乳喂养已成为最重要的营养干预措施之一，而且几乎所有的综合性项目都将其包括在内。观察性研究表明，在中低收入国家，正确的母乳喂养平均能够将孩子的智商提高2.6个百分点以上。就其影响大小而言，母乳喂养的作用似乎比较微弱。然而，母乳喂养存在着广泛的可行性，这意味着，如果缩短母乳喂养的时间，就会带来巨大的经济损失总额；2012年总损失额估计为3020亿美元（罗林斯等人，2016）。

对营养投资的经济回报（除去降低儿童死亡率的内在价值）进行估算并且以生产率来表述估算结果是指导投资时所采用的一种惯用方法。身高对生产率也会产生积极影响，但是与发育不良或预防发育不良对儿童学龄段的影响相比，身高对生产率的影响相对有限。此外，在受教育数量一定的情况下，发育不良还与学生能够掌握多少知识相关。身高发育、发育之后儿童的学习成绩、完成学业后就业时的生产率三者之间的关系促使有关方面采取措施，实施刺激发育以及与营养相关的综合性项目。

对儿童早期发展和营养干预进行的一项较为全面的综合性研究表明，综合性项目具有加成性（additive）：综合性项目所产生的效果与将项目独立实施所产生的效果并无二致（格兰瑟姆－麦格雷戈等人，2014）。同时，这项研究还发现，并没有证据能够表明综合性项目在促进身体发育或认知能力发展方面的效果会被削弱。因此，如果综合实施及管理有关项目可以节省成本的话，那么综合性项目确实是可以成为有效的实施平台。但是，实施综合性项目不仅需要各部分之间的协调配合，还需要实施方将眼光放在1000天之后，因为很多儿童早期发展干预项目针对的年龄层都稍稍大于1000天。这其中涉及的追赶生长概念的内涵要稍大于普通营养学研究的追赶生长。从营养保育的角度看，追赶生长可以被看作是缩小任何发展领域差距（导致差距产生的原因是风险性因素压倒保护性因素）的方法（见图2）。追赶生长应包括身体生长，但不应成为营养保育的唯一重心。

总体来看，在关于儿童发展的研究资料中并没有大量证据能够证实，补充营养与刺激发育在预防小于24个月的儿童出现发育不良这一方面会产生协同增效作用（synergy），但是依然存在一些令人鼓舞的积极的事例。例如，在巴基斯坦，健康女员工（Lady Health Worker，LHW）项目就纳入了一个针对2～5个月大的儿童的项目，并且发现采取有针对性的刺激措施能够在儿童2岁时大幅提升儿童的认知、语言和运动发展水平（优萨福扎伊等人，2014）。虽然该项目没有表明会对儿童的营养水平产生加成效应，但是与单独实施的项目相比，该项目没有产生额外成本，因此具有预算优势。印度的奥里萨邦也收获了与此类似的项目成果（目前为初步的成果）。这些项目的效应令人鼓舞，因为从成本上看，它们

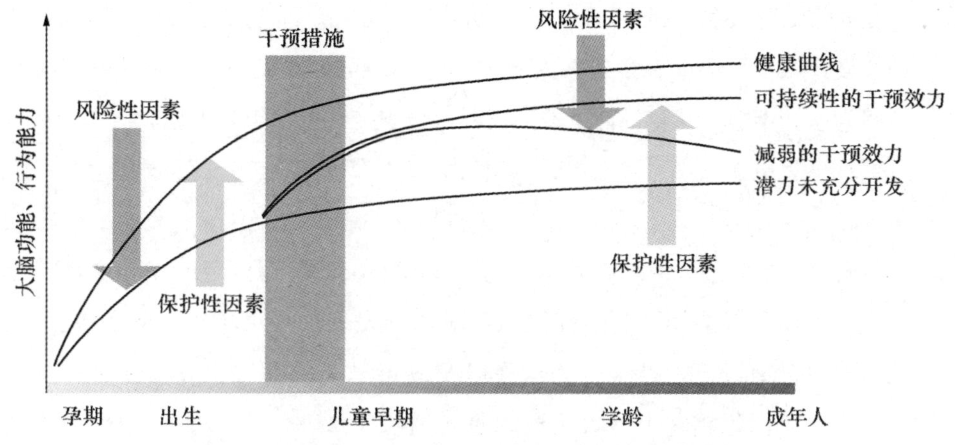

图 2　生命历程中影响发展的风险性因素和保护性因素

资料来源：奥尔德曼和弗纳尔德（2017 年）。

具备可持续性。这一点与其他成功的但费用高昂的综合性项目（例如，在玻利维亚和哥伦比亚实施的以看护中心为基础的日间看护项目或是在牙买加实施的著名的家访试点项目）形成了对比。

玻利维亚实施的项目在语言和听力发育、社会心理技能、粗大运动（gross motor）发育和精细运动（fine motor）发育方面取得了成绩，但是在身高或体重方面则无效果。这些成绩带来的收益估计已经超过了项目本身的成本。但是，由于项目预算被认为是不可持续的，因此该项目已经停止了。玻利维亚的项目是以哥伦比亚的社区福利院项目为模型而建立的，后者为由哥伦比亚公共财政提供资金的日间看护项目。虽然参加哥伦比亚项目的孩子们在认知能力发展和社会情绪技能发展方面都取得了进步，但是在营养状况方面还是没有得到改善（伯纳尔等人，2014）。

后来，我们发现了一种常见模式，一些针对 2 岁以上儿童的儿童早期发展干预措施在其他方面都较为成功，但是营养方面的人体测量数据却显示其在实现营养状况可持续性改善方面的收效较为有限。刺激发育措施则与之不同。虽然还存在着一些问题，例如，其产生的初步效果是否具有可持续性，但是刺激发育措施在 1000 天窗口期之后似乎仍然能够发挥促进儿童其他方面得以发展的作用（奥尔德曼和弗纳尔德，2017 年）。从政策角度看，这一点具有重要意义。原因是，虽然有证据表明，在儿童预防接种（或1000天窗口期之后）之后、上幼儿园（preschool）之前，精心设计的项目可以刺激处在这一关键年龄段的儿童的发展，但是在很多地方，专门为这一年龄段儿童设计打造的营养保育支持性项目十分少见。

牙买加项目虽然只是一种效力试点项目而且没有进行推广，但是却在全球范围内产生了较大的影响。该项目为发育不良的儿童的看护人提供家访服务，并且表明，针对营养不良儿童采取的刺激性措施能够弥补由营养不良导致的部分差距。

长期的跟踪研究表明，刺激性措施会对认知发展产生可持续性的积极影响，并且会提升受教育程度、社会行为水平以及成年早期的收入。采取干预措施20年之后，接受刺激性措施干预的儿童的收入增加了25%，足以赶上对照组中发育良好的儿童的收入水平。值得注意的是，干预措施虽然对收入和社会地位产生了影响，但是接受干预措施的儿童在身高上并未出现追赶生长现象，智商方面也只是得到了部分提升。

牙买加采取的方法之意义主要在于，它向世人展示了一种可实施可借鉴的方案。哥伦比亚和秘鲁等国家后来也学习了牙买加试点的方法。现在，互联网上有大量可以下载的训练材料，各地可以根据自身实际情况对其进行改编。如上文所述，事实证明，家访这一方法花费较高。但是，采用小组讨论会（group sessions）的方法可能会降低成本并解决人力物力有限的问题。印度已经开始试点在地方招录工作人员开展小组讨论会，以便对贯彻该措施的可能性进行评估。

此外，牙买加模式还展示了一种实现追赶性生长的方法：经验告诉我们，2岁以上处于发育不良状态的儿童（尽管已尽最大努力），仍然可以获得认知能力与社会情绪能力，而且不会落后。无论是从未来就业队伍的生产力来看，还是从公平角度而言，这一结论都具有十分重要的意义。经常有研究表明，贫困家庭与其富裕的邻居家庭的子女的认知能力发展和社会情绪能力发展差距在幼儿早年就形成了，并且大多在幼儿园时期进一步拉大。与之类似，出现发育不良的几率与财务状况息息相关。发展水平差距的确会产生深远的影响。在牙买加，在教育、父母社会经济地位以及家庭环境条件相差无几的情况下，发育不良的父母所生的孩子发展水平确实处于较低水平（沃克等人，2015）。

为发育不良几率较高的孩子实施相关项目，以及为在关键的早期发展阶段落后于同龄人的儿童优先分配资源而实施有关项目都有助于实现代际公平（奥尔德曼，2011）。大量事实证明，越早为预防营养不良或早发性有害压力（preempt toxic stress）进行投资，投资越多，可期待的回报就越大，即使是上述之更为广义的实现追赶性生长的战略也不会与此冲突。相反的，追赶性生长满足的恰恰是一种社会需求和人们对于权益的需求，即通过设计实施相关项目，保证发展的窗户不会早早地就在低收入家庭或边缘化家庭孩子的眼前关闭。

有些家庭只能为孩子提供有限的发展机会，对于生长在这样的家庭环境中的孩子而言，他们从日间看护服务和幼儿园那里可能会获得更多的收益（奥尔德曼，2011）。因此，这些服务项目可以部分地代替家庭所能做的有限投资。这一生命历程理论框架还有助于我们理解短期健康冲击会如何影响未来发展结果。在特定目标干预措施缺位的情况下，儿童在早年受到中等程度的健康冲击可能会导致儿童入学后在学习成绩上与他人出现较大差距。此外，在某一时期对技能发展进行成功投资可能会为后来的项目取得成绩搭建一个平台。相反的，中止对从孕期到学龄这一段生命历程的适宜投资也可能会削弱早期投资之成效。比如，在美国，有一个较为成功的项目——学前启蒙项目（Abecedarian Program）。从该项目中受益的女童后来又被随机挑选至学校教育项目之中，这些女童在学校的发展水平明显提高了。而作为学前启蒙项目对照组的那组女童则没有提高（考茨等人，2014）。如果从更为宏观的角度来审视这一生命历程投资战略的话，我们就会发现，相关项目具备提升早期投资价值的潜力。在健康冲击发生之后，有关项目也具备提高逆转或减轻负面影响几率之潜能。目前，关于如何最为恰当地设计这样的项目的经验相对较少。因此，该领域的研究将具有格外重要的参考价值。

在1000天窗口期之后，甚至是日间看护之后，至少还存在着一个营养与儿童早期发展之间存在关联的时间段，那就是在校学习阶段。学校供餐有可能会解决与儿童营养不良以及能力发展的有关问题。学校供餐项目可以算是一种实物支持，而且在全球范围内，学校供餐项目费用每年估计达750亿美元，在转移支出中占据首位（dominate the expenditures on transfers at a cost of US $75 billion annually）。在有些没有实行全民教育的地区，学校供餐项目通常会对出勤率和在校注册率产生影响，但是其在营养方面的影响则没有这么明显（奥尔德曼和邦迪，2012）。学校供餐能够改善家庭饮食安全水平；有些学生家里还有弟弟妹妹，他们更为幼小体弱。而一些研究表明，学校供餐对于在校学生的弟弟妹妹们的营养状况也会产生间接影响。另外还经常有研究结果显示，学校供餐还能增加学生体重，尤其是在幼儿园期间。但是，由于学校供餐项目并非针对处于最脆弱年龄段的儿童，因此，对于大一些的儿童来说，此类项目偶尔还存在推高肥胖率的风险。如果学校供餐还添加了铁元素或者是学校计划为学生添加铁补充剂，那么学校膳食环境还有可能会为减少贫血症贡献力量。学校供餐项目在这一领域的优势能够提高学生的学习水平（罗等人，2012），并能提高成人的总体健康水平，但并非所有项目都具有上述特殊设计。

总结：在中低收入国家，成长于贫困家庭的儿童可能无法接受适当的看护、发育刺激或者没有足够的营养来满足全面挖掘儿童发展潜能的需要。通过让儿童拥有良好的营养条件和适宜的看护以及高质量的健康护理来提高营养保育水平，则能够提高儿童发展水平。此外，针对脆弱家庭而设立的项目还可以降低贫困对这些家庭的影响。如果错失儿童发展之良机，则可能会因为生产力潜能未得到充分发掘以及影响社会公平而造成损失。

虽然越来越多的证据表明，这种儿童发展项目能够提高 2 岁以上儿童的认知和社会情绪发展水平，但是儿童 2 岁之后的干预措施对线性生长会产生何种影响，与此相关的证据或经验还十分稀少。然而，儿童发展生命周期理论判断，卫生营养部门与教育部门进行协调，并对 3 岁以下儿童提供此类服务能够带来收益。针对不同年龄段的一系列旨在提高儿童认知和社会情绪发展水平的项目之效力已经得到证实。鉴于服务提供方在服务能力方面可能处于超负荷状态，而且受益者接受服务的时间有限，因此，目前的挑战在于，要为推广此类项目和相关项目研究制定花费少效力高的办法，并且要更为具体地研究综合性项目能够产生哪些单独性的、加成性的以及可能是协同增效性的效力。

2016 年 10 月 27 日

根据第五届反贫困与儿童发展研讨会上的发言以及会议速记稿整理

幼儿经历的深远影响——脑发育科学

■ 盖瑞·L·达姆施塔特

斯坦福大学医学院儿科系副院长

非洲裔美国人弗雷德里克·道格拉斯是著名的社会改革家和政治家，他曾在150多年前写道："培养一个健康的孩子，比修复一个破损的成人容易得多。"这句话不但听起来有道理，而且在生物学上是正确的，从经济的角度也是明智的。杰克·肖可夫（2012）提醒我们，"在人生早期为健康发展打下坚实基础是终生幸福，群体成功，经济高效和社会和谐的重要前提。简单来讲，光明的未来属于那些明智地投资于年纪最小的公民的民族"。

在神经科学、分子生物学、基因组学、心理学、社会学等领域取得的重大进步帮助我们了解在幼儿期开始经历终生健康和发展的重要性。这种了解对所有与儿童和家庭相关的行业都很重要。虽然没有任何一个行业是专门负责儿童发展的，但医疗行业发挥了重要作用，因为它是第一个与母婴相关的行业。在医疗专业人员中，不仅儿科医生，所有学科的医生护士都可以帮助家长和护理人员为婴幼儿提供最好的照顾和养育。这些专业人员的行动对儿童乃至全民的健康发展都至关重要。

一、脑发育有效期

关于健康大脑发展关键时期的信息与从事儿童和家庭工作的医疗专业人员密切相关。图1描绘了不同时期大脑结构和功能的发展，展现了大脑神经突触的形成具有经验依赖性，并且在婴儿出生前就开始了。

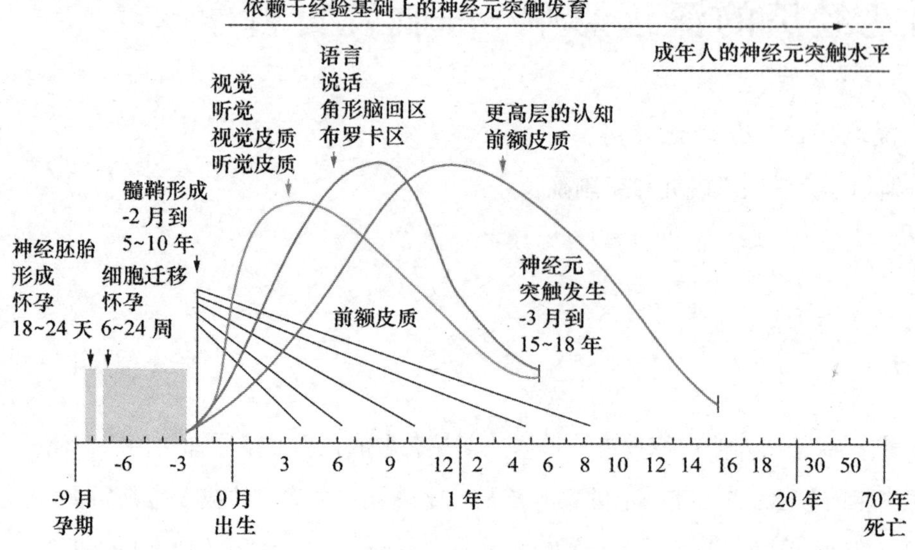

图 1　大脑结构和功能的发育

资料来源：汤普森和尼尔森汤普森和尼尔森（2001）。

一旦大部分神经元在妊娠末 3 个月形成，大脑就会自我连接，通过突触形成的过程在神经元之间建立连接。这些连接成为我们的感觉、学习、记忆和情感与行为发展的基础，而且它们会以惊人的速度形成（每秒高达 1000 个连接），在 2 ~3 岁间的形成速度尤其迅猛。在这期间儿童的大脑就如同海绵，它会感知周围的所有事物，渴望刺激和经历。在支持性和安全的环境下会完成越来越多的连接，数量达到成千上万亿。因为重要经历会反复发生，这些连接就变得更强韧，学习和记忆都得到强化，而因稀少的经历形成的连接会被淘汰，将这些细胞腾出来供未来的学习使用。

我们目前对大脑发育的了解可以总结为以下几点。

• 神经通路的发育和技能的掌握都按照“从低到高”的等级顺序进行，后期的提高建立在前期的基础之上。

• 认知、社会、情感和语言能力是相互依赖的，由神经回路塑造，而神经回路是从基因和早期生活环境和经历的动态互动中形成的。

• 适应的过程持续一生。能力是在敏感期以可预见的顺序形成的，这一时期特定神经回路的发展最具可塑性且最易受到环境的影响。

• 危害人类发展的社会和自然环境（例如匮乏、压力和不稳定）会在短期内引发适应即时生存的生理和心理调整，但这在学习、行为、健康和寿命的长期结果方面的代价是巨大的。

二、经验依赖性大脑

了解大脑发育的部分工作是围绕认识早期经历如何影响脑结构而展开的，这为未来的所有学习、行为和健康奠定了基础。“地基不稳，房子就不坚固，同样，人生早期的不良经历会损害脑结构，其负面影响会持续到成年后”。神经元连接是在儿童幼年时期高速形成的，这些连接的质量受儿童身处的环境的影响，其中包括营养状况、与看护人的互动、逆境和毒性压力。

儿童在幼年时期的经历和环境会产生终身影响。这些经历对脑结构的发育有着重要的塑造作用，影响基因在不同时期的表达。这个动态的过程关系到儿童能否成长为健康、有作为的社会成员。这并不是说早年的欠缺在日后无法扭转。的确，儿童的确有着强大的恢复力，在保护因素的作用下，特别是当与支持的家长、护理人员或其他成年人建立的稳定关系大于其他风险时（2007 届美国国家儿童发展科学委员会）。

大脑发育的神经生物学清楚地表明培育牢固的开端比在后期进行修复更容易、更高效、更具成本效益，因为后期脑结构的可塑性较低（见图 2）。

三、表观遗传学——塑造大脑结构

科学家通过对发育遗传学和分子生物学的研究，在早期经历与基因表达和功能的相互影响方面取得了重大发现。他们也在表观遗传学和基因改造领域进行着有趣的研究。

表观遗传学研究重点关注在应对环境因素时基因是如何开启和关闭的，也就是说，经历是如何在不改变基因本身的情况下改变基因表达（表型结果）的（博伊文和赫茨曼，2012；格鲁克曼、比德尔和汉森，2009；麦凯恩、马斯塔德

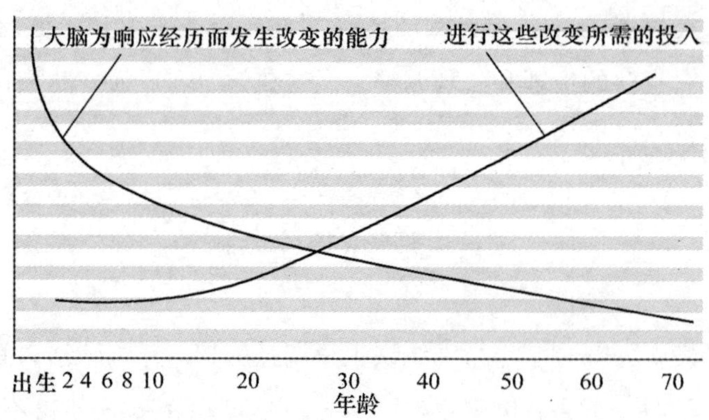

图2　影响大脑发育的能力会随时间的推移而减弱

资料来源：莱维特（2009）。

和麦克凯戈，2011）。认识到表观遗传变异能够在怀孕后发生并能被环境改变对幼儿是十分重要的，因为这一点说明他们的早期护理环境能够改变他们的表型。

迈克尔·米尼和他的同事用老鼠做了开创性的试验，证明了早期经历如何塑造应激反应和应对过程中的神经回路结构（米尼和西夫，2005）。米尼和他的同事们发现大鼠仔鼠受到的舔舐和理毛的强度影响它们释放的皮质醇的水平，也就是说，受到的舔舐和梳理较少（碰触较少）会增加鼠仔大脑发育过程中的皮质醇水平。他们和其他的科学家都总结出幼时的母体照顾会通过改造神经系统应对来“启动”后代的应激反应［即，边缘系统－下丘脑－垂体－肾上腺（L－HPA）轴］。正是这些应对途径使个体能够在一生中适应环境（麦凯恩、马斯塔德和尚卡尔，2007）。

四、微生物组集合

科学家也同样关注微生物及其所需的一切。换言之，人体包含的细菌遗传物质是基因的100多倍（尤其在内脏、皮肤和泌尿生殖道中），这些细菌与我们共同进化并已经完全融入到我们的机体作用当中，包括我们的大脑和免疫功能。婴儿微生物组的集合是由婴儿和环境，尤其是和母亲的微生物群之间的相互交换所决定的（米勒等，2015）。

一个重要的例子就是母乳喂养，它会引入新的微生物群，被认为对新生儿肠道微生物群的形成至关重要。人类母乳还包含生命前的人乳低聚糖，会促进防止有害致病性生物体定植的细菌菌群的形成。就这一点而言，利用婴儿配方奶粉而非母乳喂养已经被证明对新生儿的免疫系统有负面影响，也会改变日后的新陈代谢。

新数据显示营养不良会损害儿童肠道微生物群的发展，降低吸收营养物质的能力。此外，抗生素会深刻影响孕产妇和婴儿体内的微生物群，增加儿童哮喘和肥胖的风险，而且小鼠模型显示，抗生素还会损害认知功能，加重焦虑并影响肠脑沟通。受损的微生物群可能不仅会对儿童的成长和发展产生负面影响，还会降低营养干预的有效性。利用益生菌和粪便移植来“修复”微生物群的做法正在逐渐引起人们的关注，可能是未来干预措施的一个重要目标（佩特斯福等，2013）。

五、逆境对大脑的终生影响

特别是在童年时期在贫困和匮乏的环境中大量接触逆境，会改变大脑回路和神经通路的结构和功能，对一生的健康、学习和行为造成不利影响。幼年时期的营养不良具有破坏性的效果，因为它会导致生长迟缓，这种情况被定义为年龄别身高低于参考生长曲线 2 个标准差。

生长迟缓被用作衡量营养状况的标准，并作为长期营养不良的一个重要指标。造成生长迟缓的因素包括母亲的健康状况不佳，怀孕前、怀孕中和怀孕后的营养不良，以及不当的婴儿喂养方法，特别是从怀孕到孩子的第二个生日这 1000 天内。幼年时期生长迟缓会严重影响大脑功能，会造成永久性的认知障碍（科德罗，1993）。因此，它被与生活过程中威胁平等的后果联系起来，其中包括健康衰退、学习成绩差和辍学、工作能力和未来收入潜力减弱（霍迪诺特等，2013）。营养不良为原已经济负担沉重的国家增添了惊人的医疗成本（世界卫生组织，1997）。

幼年生长迟缓和贫困一同被作为指标，用来估算未达到发展潜能的儿童的数量。目前全球5岁以下儿童有接近1/4生长迟缓。这个巨大的负担对个人和社会的健康、稳定和生产能力构成严重威胁。在亚洲和非洲的1.59亿5岁以下儿童中，大多数生长迟缓。好消息是自1990年以来，全球生长迟缓的发生率从40%降低到了2013年的25%（鄂尼斯和布兰卡，2016）。据《柳叶刀》新系列“促进儿童早期发展：从科学理论到推广普及”（布莱克等，2017）估计，如果把贫困和生长迟缓作为一种次佳发展风险，那么2010年在全部5岁以下儿童中，有43%（2.5亿）处于风险之中。

利用了基因、分子生物学、基因组、脑成像工具的研究证明了大量接触逆境，特别是在幼儿时期贫困和匮乏的环境下，会以不利于健康、学习和生活行为的方式改变大脑回路和神经通路的结构和功能。逆境和恢复力的生物学证明重大的压力源始于出生前并且会持续到幼年时期，会造成持久的影响。儿童的大脑在生物学上就准备好从经验中学习，而儿童早期成长环境会影响他或她的大脑结构发育。对儿童发展造成不利影响的不良童年经历不仅包括长期的营养不良，还包括教育不当和母亲的健康状况和压力（肖可夫等，2012）。

儿童期不良经历（ACE）研究表明遭遇创伤或虐待儿童事件的幼儿在成年后容易产生健康问题，其中包括冠心病、高血压、二型糖尿病、肥胖、癌症、抑郁症、酗酒、吸烟和药物滥用（安达等，2006；弗里蒂等，1998；赫茨曼和博伊斯，2010）。研究人员开发了儿童期不良经历量表，衡量能够导致极端压力的风险因素的发生率。他们发现在童年经历一两种这样的事件通常不会与成年后的不良结果相关，但随着不良经历的增加，终身不良后果的几率也会增加（安达等，2006）。十种极端压力的风险因素为：

（1）家中成年人对你进行过身体上的羞辱或威胁；

（2）家中成年人殴打或伤害过你；

（3）成人性侵你；

（4）感觉没有家人爱你或支持你；

（5）父母分居或离异；

（6）缺少食物或衣服，或者父母酗酒或吸毒无法照顾你；

（7）母亲或继母遭受身体虐待；

（8）与酗酒或吸毒的人一起生活；

（9）家庭成员抑郁或有自杀倾向；

（10）家庭成员入狱。

暴力和忽视也会干扰大脑发育。过去的几十年里积累了有关暴力和忽视如何打破规范性儿童发展的知识，特别是在这些危害反复或长期出现的情况下。科学证明在幼年时遭受虐待会破坏健康发展而且造成终生影响。研究还显示，对妇女儿童的暴力通常会同时出现而且具有相同的风险因素。受到父母暴力的妇女更容易患抑郁症，而且能够谋生并为他们的子女提供持续的和培养性关爱的可能性更低。幸运的是，预防对妇女儿童暴力的有效策略愈发得到充分的理解和应用。

对儿童的虐待包括暴力管束、目睹亲密伴侣被施暴和被看护人忽视。看护人员未能给予保证儿童的环境和活动具有响应性、培育性和安全性的充足和适当的营养、衣服、住所、睡眠或医疗护理，都属于忽视儿童的范畴，随着时间的推移，会导致更严重的匮乏。研究证明，健康的儿童发展不仅会受到身体或性虐待的影响，也会受到缺乏足够质量的经历、养育和学习机会的影响，而且在幼年时期更是如此。虽然忽视是一种非常普遍的虐待儿童的方式，但公众对它的关注远低于身体和性虐待。

当看护者或其他成人对孩子的反应是暴力的、不稳定的、不适当的，或者根本就没有回应，大脑回路的发育会受到干扰，这会影响儿童学习、解决问题和与他人交往的方式。这些经历，特别是在幼儿时期的敏感期的经历，会导致持久的身体、精神和情感伤害，产生长期效应（儿童发展中心，2012；马戈林和伊拉纳，2004）。受影响的儿童更容易产生情感障碍、退缩或攻击性行为、抑郁和焦虑，这会影响直接和长期的健康、认知功能和社会情感质量。可悲的是，暴力和忽视往往会在几代人中循环，在许多年间对个体和集体的生产力和健康机会产生负面影响。

遭受严重忽视或虐待的幼儿的脑成像与未经历过这些遭遇的儿童的脑成像有显著差异。在齐奥塞斯库政府跟踪那些遭受罗马尼亚孤儿院虐待和忽视的儿童的发展过程中，尼尔森和他的同事们（谢丽丹等，2012）发现在对接收感觉输入和调节情绪的颞叶的脑成像中，受虐待儿童的脑成像不活跃，而健康儿童的脑成像高度活跃。受虐儿童未受到幼年敏感期大脑所需的经历和刺激，在他们长大后会出现情感和认知问题。然而值得注意的是，如果这些儿童在人生早期受到照顾（当大脑仍在自我连接时），与留在孤儿院的儿童相比，大脑功能的欠缺会得到部分修复。

动物研究清楚地表明，怀孕前3个月的压力可能会降低胎脑发育（哈克曼、法拉和米尼，2010）。在对猕猴的试验中，胎儿接触的皮质醇的水平升高，会降低海马容积，而承担压力的母亲生出来的幼崽产重较轻，神经运动发育受损，患有终生注意力缺陷和情感失调。大鼠的试验表明，刚出生时的母体照顾（舔舐、梳理）会通过对应神经系统的改造来“启动”鼠仔的应激反应（L－HPA轴）。

神经科学家们正在识别受社会经济地位（SES）影响的情感和认知系统（哈克曼、法拉和米尼，2010）。研究利用磁共振成像（MRI）展现了随着社会经济地位的变化大脑发育的不同（汉森等，2013）。米切尔和同事（2014）利用一项出生世代研究的数据表明在贫困社会环境中长大的男孩的端粒较短（慢性压力的生物标记）。这项研究证明端粒长度和低收入、母亲教育低、家庭结构不稳定和家教严厉之间有很强的联系。

一旦更好地了解了影响机制，研究人员就可能设计出特定的干预措施来预防和修复童年社会经济地位低造成的影响（哈克曼、法拉和米尼，2010；肖可夫、博伊斯和麦克尤恩，2009）。例如，儿童早期发展干预措施可能以家长日益严重的抑郁程度和他们与儿童之间不良的互动为目标，这两个变量与出生后社会经济地位低有关联。

有证据表明，在贫困的环境中长大甚至在儿童出生前就会损害其大脑发育，而且即便是很小的家庭收入差异也会对孩子的大脑产生重大影响（汉森等，2013）。造成这些影响的可能因素包括紧张的家庭环境、营养不良、暴露于工业化工产品之下和家庭缺乏良好的教育。同样，与富裕家庭的儿童相比，生活在贫困中的儿童一般会经历较少的认知刺激和改进（埃文斯，2004）。低收入家庭的父母与中等收入的父母相比说话更少，对待孩子的方式不够成熟，而且不大可能参与到孩子的文化活动当中，如大声朗读或去图书馆。此外，低收入家庭倾向于为年幼的孩子设立更小的游戏空间，家中的学习资源（例如适龄的玩具和书籍）

更少。因此在贫困家庭和社区中长大的孩子在学习、行为、心理健康和身体健康方面存在问题的几率更高，而且这些问题会延续到成年（帕特南，2015）。

六、养育照护的关键作用

个人的特点使他们在逆境中变得格外脆弱，也让他们有可能从支持性的环境中受益（埃利斯和博伊斯，2008；埃利斯等，2011）。为了大脑的健康发育，婴儿必须与不断照护他的成年人在一起。儿童通过与成年人的前语言、反复（即"发球和接球"）互动来建立大脑（2004 届美国国家儿童发展科学委员会）。认知和非认知技能及社会情感技能都是在幼儿时期形成的。非认知技能（例如，"勇气"、社会情感、乐观主义、自制力、责任心和情绪稳定性）对人生成功至关重要。在对成功的预测中它们与认知技能同等重要，尤其在后工业化的知识经济中（赫克曼、史迪勒和乌尔苏亚，2006）。

对儿童早期发展干预措施的纵向跟踪研究和动物研究清楚地显示幼儿时期的积极家教（即成年人与儿童之间优质的互动）是对大脑发育必不可少的刺激。这些互动包括与照顾者的反复沟通、发声、手势、表情和肢体动作。他们可能是母亲的温暖表达、身体接触和游戏，视觉共鸣和/或口头交流和照顾者对婴儿及时、适当的回应（伯恩斯坦等，2008）。

家长与孩子的交流和对孩子情感需求的敏感度对社会经济地位低对认知和社会情感发展的影响有调节作用（国家儿童健康和人类发展研究所，2006）。伯恩斯坦和普特尼克特（2012）强调了积极护理的两个具体领域：认知（例如阅读、讲故事、命名、计数和画画）和社会情绪（例如与人玩耍和唱歌）。

达娜·萨斯金德、MD·贝丝·萨斯金德和莱斯利·勒万特·萨斯金德（2015）在他们所著的《父母的语言：3000 万词汇塑造更强大的学习型大脑》一书中，描绘了一位外科医生如何理解到父母在决定医疗程序是否成功方面所起的作用。他们引用了两个婴儿的故事，两个婴儿都因失聪而接受人工耳蜗植入。手术后，其中一个婴儿从父母那里得到了丰富而密集的信息输入（母亲充分的交谈），在术后恢复得很好，达到了三年级水平（一种衡量孩子发展轨迹的方法）。

而另一对父母没有为孩子提供丰富的语言环境，那个婴儿仍然听力受损，无法沟通。

娜·萨斯金德、MD·贝丝·萨斯金德和莱斯利·勒万特·萨斯金德（2015）总结道："语言发展不只在于听力，学习听到的声音所具有意义是至关重要的。基于这一点，幼儿必须生活在充满了词汇的世界里。"他们还强调："人工耳蜗植入虽然不可思议，但并不是最重要的环节，它只是一个管道，一个通向最重要环节的通道——父母谈话的神奇力量，不管孩子是利用天生的听觉还是通过人工耳蜗获得听觉，这种力量都一样强大。如果没有语言环境，听力这种天赋就被荒废了。没有语言环境，孩子不太可能达到最佳的效果。"

我们再回到母乳喂养，这是养育护理的一个关键方面。它对儿童和母亲的健康益处都有明确记载（艾德蒙等，2006；维克托劳等，2016）。对儿童来说，母乳喂养与降低传染性疾病（痢疾、呼吸道感染）和降低死亡率有关，而且会提高成年后的认知、学业成绩和收入潜力。对目前而言，母乳喂养与降低母亲的癌症密切相关（例如，乳腺癌、卵巢癌）。据估计，不采用母乳喂养每年在全球造成的经济损失达3020亿美元（占国家国民总收入的0～49%）。

在中国，在2003～2008年间，接受12个月母乳喂养的儿童比例下降了5个百分点。中国的《母乳代用品销售守则》自1995年以来就未曾修订过。2012年，40%的新生儿母亲获得免费的婴儿奶粉，作为世界上婴儿配方奶粉的最大市场，预计中国2014年的178亿美元支出到2019年将会翻倍。

七、优化儿童发展投资

对儿童健康和福利的投资是富有成效的成年人和强健的社区及社会的基石。推动儿童的健康和整体发展是对国家未来的劳动力和经济繁荣能力进行投资。确保所有的儿童，包括生活在社会边缘最弱势的儿童群体都能获得最佳的人生机会是实现可持续发展目标的核心（里克特等，2017）。

影响儿童健康发展的风险因素十分复杂而且是多方面的，其中包括营养不良、毒性压力、无法获得拯救生命的疫苗、养育照护、防护和学习机会。美国国际援助项目通常专注于单一风险或几类隐患，例如响应 HIV/AIDS、疟疾、自然灾害或人为冲突、暴力危害、剥削或侵犯人权的事件（如童婚）。虽然孤立的方法得到的回应寥寥，但这些支持和保护儿童的努力产生了巨大的效益。孤立的干预措施产生了孤立的结果，只关注单一的风险负担的因素，对结果的影响就减弱了。科学证明了协调、多层面的和基于证据的行动可以帮助确保逆境中的儿童充分地从政策中受益，让服务在长期内取得更好的效果（布思比等，2012）。

在可能的地方提供共管服务，让家访项目在最大程度上解决与健康、营养和亲子沟通相关的问题，创建有效的转诊机制，缩小为确保弱势儿童和家庭获得成功所需的支持而发挥巨大作用的部门干预和供应商之间的差距。

为了优化对儿童早期发展的投资，我们必须：

- 及早投资。
- 投资养育照护。
- 投资父母、家庭、社区和制度。
- 投资健康、营养、教育、社会和儿童保护领域的方法。

2016 年 10 月 27 日

根据第五届反贫困与儿童发展研讨会上的发言以及会议速记稿整理

投入于儿童和青少年的健康和发展

■ 唐纳德·邦迪

比尔及梅琳达·盖茨基金会全球营养研究部执行主任

健康怎样转换成人力资本

詹姆斯·赫克曼教授认为，儿童早期投资回报率很高，但随着孩子逐渐长大，投资回报率会逐步降低。然而，我们认为人类的生长是可塑的，实现人类发展潜力需要在整个童年和青春期的8000天持续进行针对性投入，并且这种投入也有很高的投资回报率。

在童年中期和青春期大脑发生了一系列质的变化，大脑的不同部分以不同的速率发展。与运动有关的大脑区域会在青春期早期收缩，因为它们的效率会随着功能的成熟而提高；与记忆、决策和情绪反应有关的区域会在个体与社会、文化和教育环境的相互作用中继续生长发育。

研究发现，在5~9岁的童年中期，儿童一旦感染或营养不良，会对儿童未来发育产生明显抑制作用，而且此阶段儿童死亡率比此前认识要高；10~14岁是青少年青春期发育的高峰阶段，身心快速发育对良好的饮食和健康有较高需求，在青春期发育高峰时期，女孩的生长率与2岁时的相似，而男孩的生长率则超过2岁；15~19岁的青春期巩固阶段，需要足够营养支持大脑快速的成熟，以应对密集的社交活动和较好地进行情绪控制。

总之，对8000天进行持续投入，为整个生命周期关键阶段提供支持，不仅可以确保对前1000天的投入收益的巩固，还可以弥补儿童早期生长发育不足的情况。

对 8000 天进行投入有两个基本方案：第一种方案是通过学校进行干预，即借助目前各国对教育的大量投入，通过教育计划的改进推行，以改善学生健康状况。学校供餐就是一种重要手段。第二种重点关注年龄较大的青少年群体（15 ~ 19 岁），可通过社区、媒体和卫生体系进行综合干预，而且应同时关注青少年的身体健康和心理健康。

健康和教育不可分割，正如一枚硬币的两面

有观点认为教育与健康在人类发展进程中是孤立的，也有观点认为儿童成长过程中既需要健康，也需要教育。研究证明，不管是投资健康还是投资教育，对于儿童教育本身都会有很大的影响。

在高收入国家中，尤其是美国，健康干预措施对教育成果的影响已经得到充分证实。在低收入和中等收入国家中，也已经有一些试验能反映出这种影响。例如，菲律宾的一项研究发现，饮食良好的幼儿能够较早地进入学校学习，相比起他们饮食较差的兄弟姐妹，他们的学习成效会更好。缺乏微量营养素，尤其是碘和铁，在认知测验中会对得分有不利的影响。

有大量的文献记录了高水平的教育和低死亡率、疾病、健康风险之间的关联性。一个跨国专家小组对特定国家成人死亡率变化水平及变化率分析显示，教育对成人死亡率的影响几乎与对儿童死亡率的影响相当。每增加一年的教育年限，死亡率随之减少 2% ~3% 。如果考虑到死亡率下降的估值来重新计算教育投资的回报率，则教育的回报率会大幅增加。在中低收入国家，如果把教育对死亡率的影响纳入考虑范围，则每增加一年的教育，内部回报率会增加 7% ~9. 3% 。

结　论

把投资重点放在人的发展的头 1000 天是非常必要的，然而这一投入不够充分。这种狭隘的观点会使儿童和青少年在前 20 年的其他关键阶段得不到充分的支持，并且不能保障早期投入的成果。

出生头1000天很重要，但接下来的7000天也同样重要。以成本效益分析为基础，我们提出了两个重要的干预方案，帮助解决童年中期和青春期的健康和发展需求。一是学龄方案，该计划主要建立在学校基础上实现；二是青少年期的方案，该计划围绕中学时期建立，主要满足青春期发育高峰时期的需求以及青春期后期的特殊需求。

目前，健康和教育之间的协同作用尚未得到充分利用。但学校和教育部门应该是促进健康的关键参与者。学校可以提供健康基础设施和基本生活技能，这些技能的获得使得孕期死亡率大幅下降。相反，适龄儿童和青少年的健康，尤其是在低收入和中低收入国家中，是教育取得成果的一个重要决定性因素，学生营养状况会对知识的获取和学习能力有明显影响。也就是说，对健康的投资可提升教育成效，对教育的投资也提升健康水平。

现在人们普遍认为教育优先，千年发展目标推动免费的初级教育几乎在全球得到普及，到2030年实现中等教育普及也成为一项重要的可持续发展目标；同时，人们也逐渐认识到在生命的前1000天，孕产妇、新生儿和儿童的健康需求应当视为优先问题。但我们也呼吁，不断增加投入以满足童年中期和青春期的健康和发展需求也应当视为重要优先问题。

研究表明，我们提出8000天干预基本方案，即便对于低收入和中低收入国家也是可行的，是可负担得起的投资。少量增加儿童早期和教育的投资，能确保下一代获得健康和发展，这将有利于下一代的公平、个人潜能的实现和机会的最大化。

2017年11月17日

根据儿童与青少年健康发展圆桌研讨会上的发言整理

营养改善篇

婴幼儿营养干预——

2009 年，基金会在青海省乐都县启动贫困地区儿童早期发展项目，免费向 6~24 个月婴幼儿提供由中国疾病预防控制中心研制的营养包，旨在降低儿童的贫血和生长迟缓率。

2012 年起，营养包免费发放成为国家政策，项目覆盖全国 10 省 341 县 211 万婴幼儿。

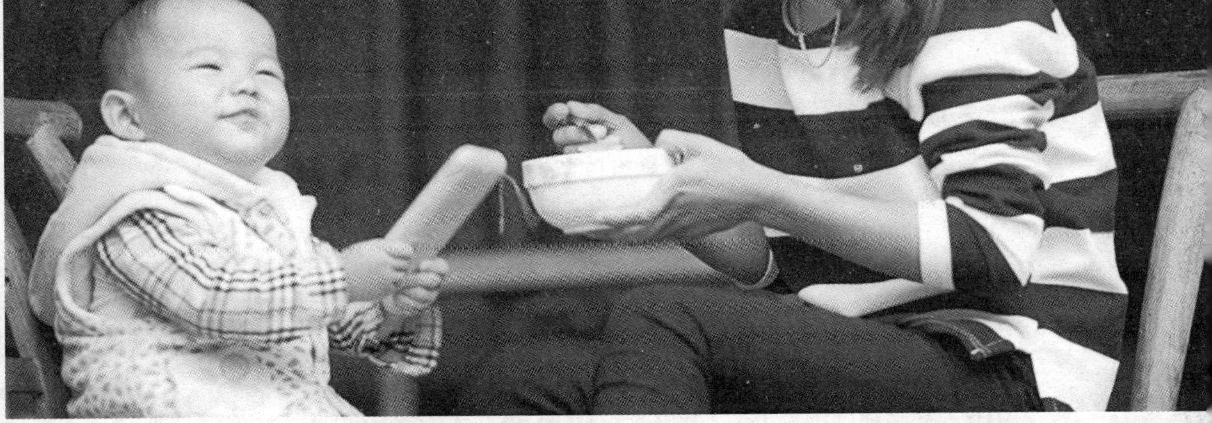

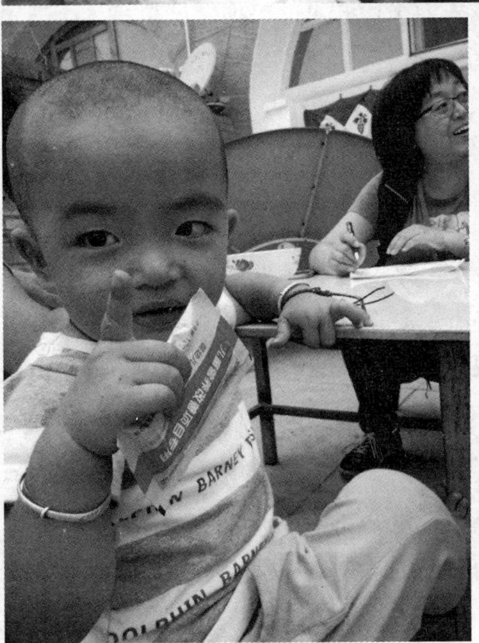

壹元营养包
YING YANG BAO

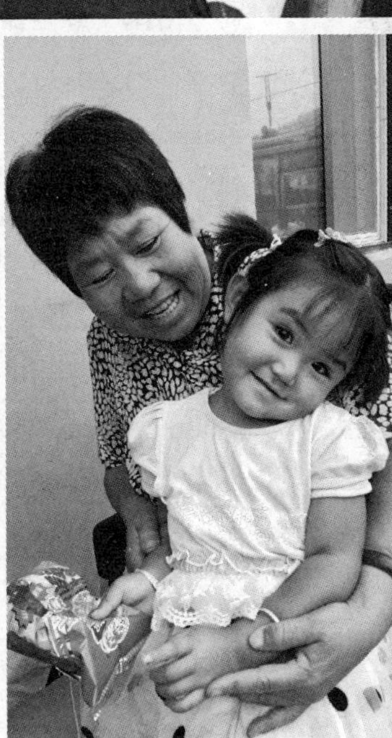

贫困地区儿童营养改善项目第三方评估报告

■ 中国发展研究基金会反贫困与儿童发展项目组

总报告　贫困地区婴幼儿营养干预 奠定大健康战略的基石

——贫困地区儿童营养改善项目效果评估及建议

贫困地区儿童营养改善项目（“营养包”项目）自2012年启动，覆盖面逐年扩大。受国家卫生和计划生育委员会妇幼健康服务司委托，中国发展研究基金会（以下称基金会）对此项政策开展第三方评估①。结果表明，项目取得显著成效，改善了贫困地区婴幼儿营养健康状况，促进了农村贫困儿童的早期发展机会公平，但项目执行中也存在一些问题和亟待防范的风险，需尽早改进和完善，以发挥政策最大效果。

（一）项目实施现状

4年来，项目先行试点，逐步推进，惠及面逐年拓宽，受益儿童数量不断增加。从2012年10个省100个县，扩展至2015年21个省份341个贫困县，累计267万名6~24月龄婴幼儿受益。中央财政资金投入逐渐增加，从1亿元增到5亿元，累计投入14亿元，少数项目省份提供了配套资金。2015年85%的省份完成国家任务，各省份营养包目标儿童覆盖率平均为85%。各省份营养包平均有效服用率达到83%，原定标准为60%。问卷调查的43867个项目村中，80%的村可以做到目标儿童适时进入（满6月龄）和退出项目（满24月龄）。各地执

① 评估基于21份省级、308份县级、43867份村级问卷，以及对7个省份21个县4998户农村家庭的实地调研，省、县、乡相关部门的座谈和营养包生产企业的考察。

行情况有差异。

依托已有三级医疗卫生服务体系，形成了比较规范有效的工作机制。各级卫生计生部门成立项目领导小组和技术指导小组，分工协作，从项目方案制定、招标采购、宣传培训、发放统计、督导考核、信息报送等方面做到有效沟通。营养包项目丰富了该体系的服务内容。各省的培训覆盖率超过80%，平均2个月培训1次，培训内容涵盖营养包发放管理、婴幼儿喂养及营养知识、健康教育方法、体检监测方法等，83%的基层人员认为培训有实效。一半的项目县在2015年开展过4次以上的宣传动员工作。根据308个项目县的反馈，70%的县接受过省级督导考核，70%的县建立了村级工作人员管理档案，50%的县建立村级工作人员入户管理档案。国家卫计委委托中国疾病预防控制中心（以下称中国疾控中心）对营养包服用效果进行持续的跟踪监测及阶段性效果评价。

项目整合了各方资源。中央出政策、给资金；各级卫生计生部门组织实施管理；中国疾控中心研发营养包，提供技术支持和咨询；基金会等社会组织试点，开展实证研究，为政府决策提供依据。物流企业配送营养包，保证产品及时安全地运输至目的地。

营养包采购按照招标法实施，企业参与积极性高。2015年70%的省份按照《政府采购法实施条例》和《贫困地区儿童营养改善项目招标采购要求》完成招标。参与竞标的企业逐年增多，从2012年的2家增加到目前的7家以上。营养包生产企业的总产能已达到每年30亿包，超过目前每年总计5亿包的采购量，其中，最大的一家企业日产能达到400万包，一年15亿包。

（二）执行效果显著

基于中国农村贫困地区家庭经济困难和家长营养、养育知识普遍缺乏的现状，营养包作为一项科学简便、投资小收益大的干预手段，有效缓解了贫困地区婴幼儿营养元素摄入不足、种类单一的问题，奠定了儿童脑神经发育关键期的营养基础，一定程度上减少了贫困地区儿童因营养不良导致的生长发育障碍等问题。

评估发现，项目在以下三个方面成效显著。

第一，营养包有效改善了贫困地区婴幼儿的营养健康状况，其中降低贫血率效果最明显。12~24月龄的项目县儿童比对照县儿童的贫血率低4.4个百分点，相对下降幅度为15%。对比中国疾控中心2012年基线数据，2016年项目县婴幼儿贫血率下降了8.2个百分点，相对下降幅度为25%。控制其他变量，考察营养包对不同收入家庭婴幼儿贫血率的影响，结果显示，营养包对低收入家庭儿童贫血率的改善效果更加明显，项目儿童家庭占农村低保家庭的11%、留守儿童家庭的41%，精准对焦贫困人群，很好地起到了“保基本、兜底线”的作用。

项目启动越早，执行时间越长，有效服用率越高，效果也越明显。对青海省乐都区（2009年启动）、互助县（2012年启动）、西宁市（2015年启动）三地婴幼儿营养健康状况的评估发现，乐都区的婴幼儿营养包有效服用率为90%，显著高于互助县的70%和西宁市的30%，贫血率乐都区为25%，显著低于另外两地的44%和35%，且较2009年乐都区基线调查54%的贫血率降低了近30个百分点。进一步跟踪发现，乐都区服用营养包的儿童进入小学后学业成绩优良率高于未服用过营养包的儿童，不及格率低于未服用营养包的儿童，其中语文成绩表现更好。

第二，项目改善了婴幼儿家长营养知识和喂养理念。83%的项目县家长从村医、项目手册和乡镇妇幼专干处获得营养包等喂养相关知识。项目家庭对“微量营养元素作用和重要性的认识”“因缺某种微量元素对孩子有何种危害”等知识的知晓率比非项目家庭平均高出15个百分点。项目家庭主动喂食婴幼儿富含钙、铁、蛋白质等营养元素食物的比率和频率也更高。走访中了解到，以前有的农村家庭认为鸡蛋为发物，不宜食用，项目开展之后，观念逐渐转变，现在每日为婴幼儿添加一颗鸡蛋。

第三，政策满意度高。97%的项目家长评价营养包政策“好”，认为孩子吃了营养包后，“生病少、长得壮、更活泼”。87%的项目家长愿意主动推荐营养包给亲戚或朋友，反映了家长对营养包政策的信任和认可。43867份村级问卷中，90%的村医对该项政策前景有信心，愿意继续从事该项工作。

（三）存在的问题和亟待防范的风险

项目成绩显著，各地在实施过程中积累了重要经验，因项目涉及方面广、环节多，在执行和推广过程中，不可避免地产生一些问题，累积了一定风险，地方官员很担心，需要及时重视和解决。

第一，目前项目覆盖的深度和广度有限。一方面，现有项目县尚有部分贫困儿童未被覆盖。这些儿童的家庭因各种原因生活往往更加困难，居住更加偏僻，更难被顾及，孩子更容易营养不良，营养包对其健康发育的重要性也更大。另一方面，目前只覆盖832个国家级贫困县中不到50%的贫困县，仍有491个县尚未实施，与扶贫攻坚战略目标有差距，还有相当数量的贫困农村适龄婴幼儿未享受到政策实惠。

第二，营养包有效服用率有待巩固提高。影响营养包有效服用的因素很多，有营养包本身质量和口感的原因，也有执行的原因。从村医发放营养包、看护人喂服到婴幼儿服用等环节，各项目地区执行效果参差不齐，有效服用率为46%～90%多，高的需要巩固，低的需要进一步提高。

第三，资金剩余和工作经费不足并存。这在一定程度上说明资金结构不尽合理，使用效率需进一步提高。因营养包中标价低于采购预算价或因项目实际启动晚，招标时间延期，一半的项目省份存在资金剩余的情况，这些剩余资金多数情况下闲置于财政专户。同时因项目未单列工作经费，营养包的配送、储存、宣传、培训等环节缺乏经费支持。承担项目“最后一公里”传递的村医缺少激励，调查的43867个项目村中，将近3/4的村医发放营养包没有相应补助，影响其工作积极性，进而影响项目的执行效果。另外1/4的村医虽有部分经费补助，但其费用来源不一且不稳定，有的从省县其他行政经费里拨出一部分，有的来自企业资助，以上方式，均不具备可持续性。

第四，招标采购成为突出难点。这表现在两方面，一方面招标频率过高。目前在实际执行“一年一招”过程中，一半的项目省份出现招标延期，两次招标间隔时间最长的达到20个月，个别地区因此出现营养包供应不及时，影响项目婴幼儿稳定有效服用，削弱了项目效果。从省级座谈和企业走访了解到，招标采购消耗各方大量的精力和时间，是让招标方和投标方都头疼的事情。另一方面，招标评分设置不尽合理。现有的方法中价格分权重偏高，产品质量和配套服务评分偏低，导致低价竞标，个别地区甚至出现以0.25元/包价格中标，低于营养包生产成本价，意味着企业亏损运营，既要继续支付直接生产成本还要分摊项目管理等费用，营养包产品质量堪忧。个别地区多次出现营养包变味的严重食品质量事件，有损政府公信力。

第五，现有招标要求对竞标企业技术、资质等方面的要求比较笼统宽泛，企业准入门槛过低。根据《贫困地区儿童营养改善招标采购要求》规定，“为所有有资格的供货方提供竞争的机会”，因对资格的技术和资质要求缺少统一准入标准，现在的营养包生产企业良莠不齐、规模不一，在资金投入、厂房设施设备、人员构成、检验能力、企业资质、营养包的研发生产质量管理、配套服务能力、企业信誉等方面差别很大。

第六，发放到户的营养包成为“监测盲区”。现有中标企业营养包配方不一，口感多样，产品稳定性和保质期各异，加上因各地交通、气候等条件影响，发放到户的产品与中标样品品质出现不一致，难于统一检测和评判，存在质量事故风险。营养包配方中包含富含脂肪的豆粉和微量营养素，普通生产工艺无法有效控制营养包的残氧量。营养包存放过程中，钙、锌、铁等微量营养元素会加速豆奶粉中的脂肪发生氧化，导致哈喇味的出现。这种风险在偏远山区农村和少数民族地区更易出现，由于交通不便，营养包配送周期常为半年甚至更长，在家庭存放时间长，营养包发放和更换不易，一旦出问题，将成为重大新闻事件，严重损害项目的形象，已有的所有工作和努力便前功尽弃。现有的营养包质量监管模式很难分散或化解风险，该模式在项目初期为了推动项目是有必要的，但在项目进一步推广到更大范围，政策影响越来越大的情况下，需要及时调整完善，引入相关部门监管是个比较好的选择。

（四）可持续发展政策建议

习近平总书记在全国卫生与健康大会上强调，要把人民健康放在优先发展战略地位，预防为主，努力为人民群众提供全生命周期的卫生与健康服务。重视少年儿童健康，要有针对性地实施贫困地区学生营养餐或营养包行动。营养包虽小，体现了党中央和国务院对贫困地区儿童的关爱，意义重大，有效改善了婴幼儿营养健康状况，为国家的大健康战略奠定了坚实基础。根据国际经验，项目从试点到大规模推广过程中，必然伴随一些问题和挑战，及时全面总结经验问题，积极应对、防范风险，可以为项目的进一步推广和可持续发展奠定基础。

其一，实现项目全覆盖。首先，仔细摸底排查，确保现有项目县所有适龄婴幼儿全覆盖。其次，逐渐从已有的341个县扩至全部832个国家贫困县。

其二，优化项目资金支出结构，按照一定比例安排工作经费，重点对村医进行补贴，保证营养包及时顺利地发放到项目家庭。建议在营养包1元/包的预算金额内，明确规定营养包采购、工作经费、村医补贴的比例，并可进一步细化各部分用途。明确工作经费中配送、宣传、培训、督导等支出项。着重强调对村医的补贴激励，保证落实到位。一方面为项目执行提供了经费保障，另一方面释放了企业的部分精力，可以更专注于营养包生产和提升售后服务。

其三，加强宣传与培训，探索有效的工作方式。传统宣传办法和现代新媒体传播手段并用。各地应结合当地的风土人情、生活习惯等探索适合当地群众的有效宣传方式，用老百姓喜闻乐见的横幅标语、曲艺形式、路演活动，以及手机微信平台、QQ群等。培训需要更重实效，及时更新内容和形式，重点培训乡村两级基层人员，如通过编制通识教材、定期组织现场会等方式切实提升基层项目人员相关知识水平和业务能力。

其四，对于参加招标的企业，设定行业资质限制，加强监管。营养包招标采购在1元/包的预算内，以产品质量和服务为主要评标依据，避免低价低质。建议由国家卫计委依据财政部第18号令第52条规定①商请财政部合理变通营养包招标评标标准，由国家卫计委修订现有的招标采购要求，或由中央统一招标，延长招标周期至两年一招。如果项目扩大覆盖面，新加的采购部分按新规定执行，

---

① 财政部第18号令第52条规定：执行统一价格标准并还有配套的“服务项目”，其价格不列为评分因素，有特殊情况需要调整的，应当经同级财政部的批准。

已有的项目县采购方式可按照实际情况适当宽限时间做调整，逐渐采用新的采购方式。

强化企业履约责任，加强监管，定期抽检营养包生产企业，将贫困县家长满意度反馈作为招标加分的一项内容，而对发生过重大产品事故的企业，采取分级惩罚制度，根据严重程度采取公开曝光、停止招标一次、停业整顿、退出行业等措施。

其五，国家应建立统一的营养包生产标准（包括配方、包装等）；参照国家婴幼儿配方奶粉生产许可证管理办法建立婴幼儿配方营养包的行业准入统一标准。实行统一配方和包装标准，比如可规定统一的原料和营养元素添加要求，使用充氮气竖条包装，以便于检测和管理。确保营养包产品质量，在大规模推广时非常必要，是从源头上保证营养包的质量安全。国家配方和统一标识由国家授权，实行知识产权注册保护，并可酌情按袋收取企业使用费作为营养包专项持续科研补助经费。营养包配方统一标准，并非说一成不变，可根据时间推移，结合婴幼儿生长发育特点和实际需要组织专家研究改进，真正做到与时俱进和对“症”下“药”。

其六，建立项目全程监测跟踪系统及大数据管理机制，实现项目阳光运行。借助现代互联网信息技术，将其运用到营养包生产、配送、发放各个环节，提升项目管理效率。从生产企业的营养包可追溯质量管理环节、三级卫生服务体系的分发入户及服务环节，到婴幼儿实际服用及其效果环节，实现全程跟踪、精准监测。每个项目婴幼儿生成一条二维码，只需在婴幼儿首次进入项目时录入幼儿及家庭基本信息，之后领取领养包只需扫二维码，既节约人财物力，又可保障项目的阳光持续运行。

分报告一　项目总体进展良好，各地执行有差异

（一）项目的覆盖范围不断扩大

营养包项目自 2012 年实施以来，从最初的 100 个项目县，扩大至现在 21 个

省份的341个项目县，受益儿童数量累计达到267万人。

2015年各省份营养包项目覆盖目标儿童的比率（即覆盖率）平均为85%。有5个省份的覆盖率在100%及以上。85%的省份表示能完成国家分配的任务数。

（二）项目儿童的家庭特征及营养包的领取、服用状况

1. 项目儿童的家庭特征

根据调查，在项目家庭中，10.98%的家庭是农村低保家庭（见图1）；40.72%的家庭中父母有一方在外地打工孩子，属于留守儿童（见图2）。

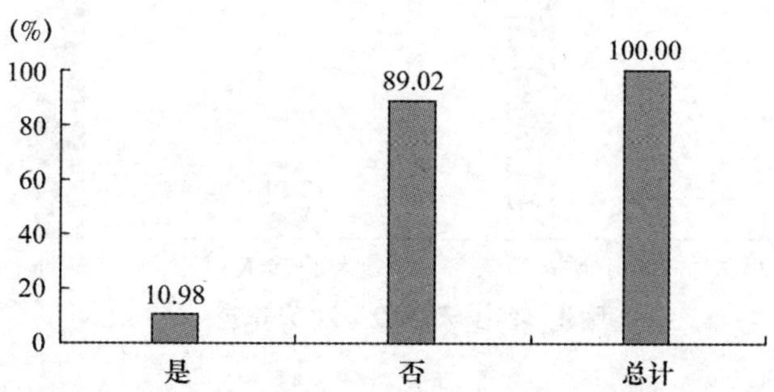

图1　项目组孩子所在家户是否享受过农村低保补贴

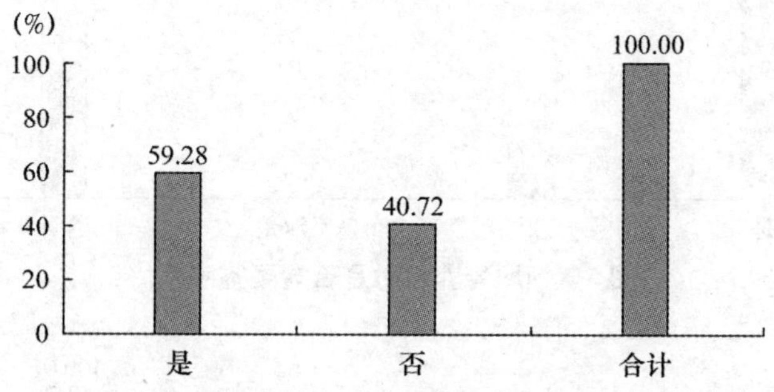

图2　项目组6~24月龄孩子的父亲目前是否在家

2. 营养包的领取和服用

根据调查，目前80.35%的项目家庭领取营养包的主要方式是“自己或家人去村卫生室”，11.58%是“由别人送到家里”（见图3）。86.65%的家庭是每月领取一次，每次领取一盒（30袋）（见图4）。86.08%的家庭在领取营养包时会被邀请签字（见图5）。79.46%的家庭在领取营养包时会看生产日期（见图6）。

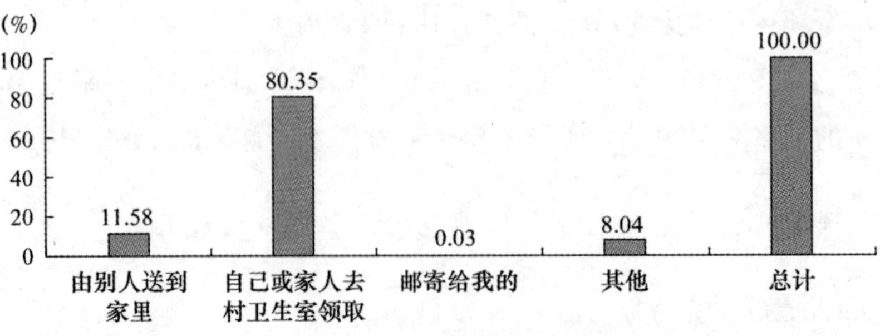

图 3　领取营养包的方式

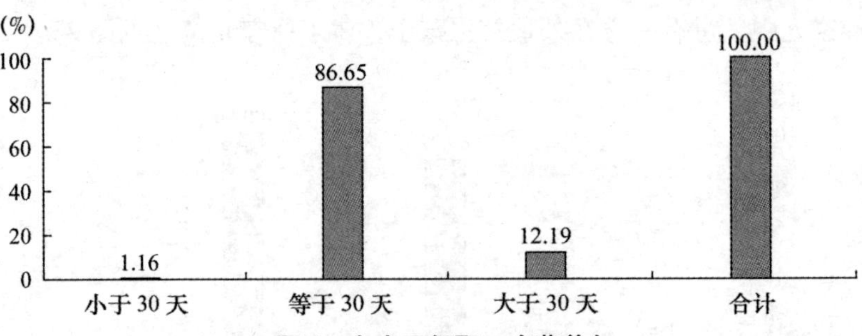

图 4　多少天领取一次营养包

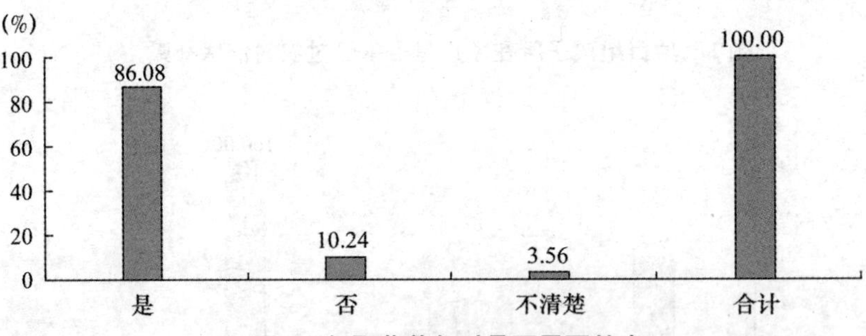

图 5　领取营养包时是否需要签字

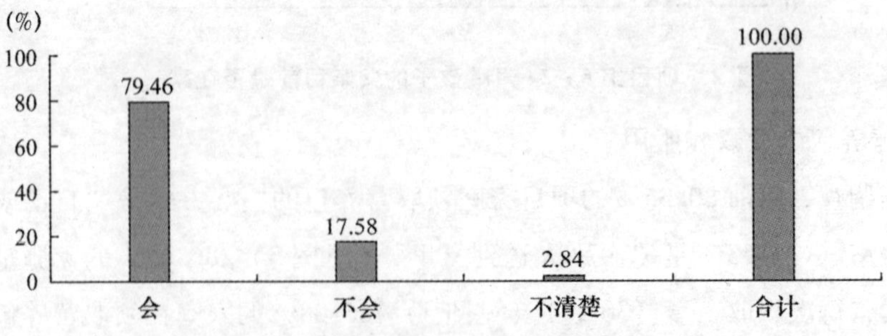

图 6　领取营养包时是否会检查生产日期

在领取营养包所要走的路程方面，68.61%的项目家庭在1公里及以下，25.83%的家庭在1~5公里之间，5公里以上的有5.55%。

领到营养包后，79.18%的家庭能够遵照营养包的食用要求，每次给婴幼儿食用一包营养包；少部分儿童，约15%的儿童不能一次食用完一包营养包（见图7）。关于剩余营养包的处理方式，56.71%的家长选择不还回，下一次少领营养包；20.72%的家长选择将剩余营养包分给亲戚家孩子（见图8）。

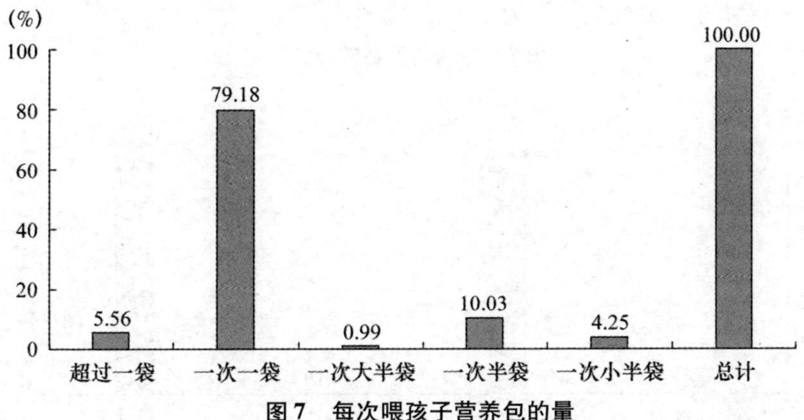

图7　每次喂孩子营养包的量

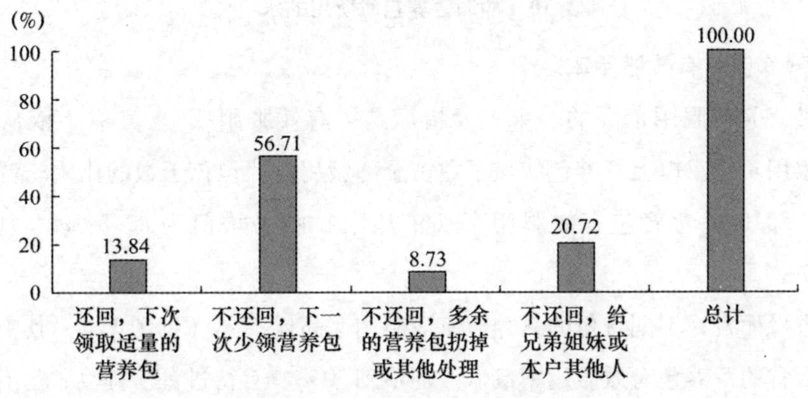

图8　对剩余营养包的处理方式

关于营养包的食用方法，单独调成糊状吃的占49.08%，单独放在奶瓶里冲着喝的占22.07%，和奶粉一起冲着喝的占14.97%，拌到食物里吃的占12.33%（见图9）。绝大多数看护人会使用温度适中的温水冲泡，比例为89.48%，用开水的家庭比例为10.33%，用凉水冲泡的极少，仅占0.19%（见图10）。

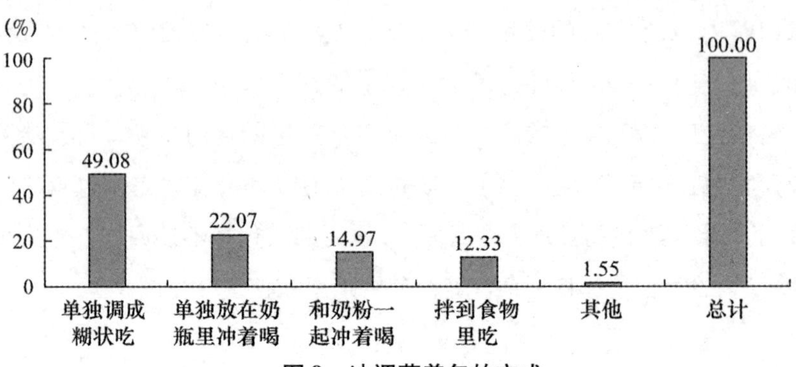

图 9　冲调营养包的方式

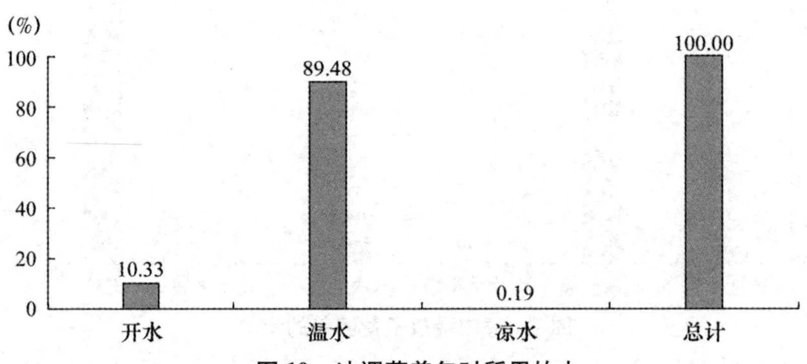

图 10　冲调营养包时所用的水

3. 营养包的有效服用率

衡量营养包服用情况的一个主要指标是“有效服用率”，又称“依从率”，即每周服用4袋及以上营养包的孩子数占全部服用营养包孩子数的比重。调查结果显示，2015年营养包有效服用率（依从率）的平均值为82.89%，中位数为85.7%。

分省份而言，不同省份的营养包有效服用率高低不同（见图11）。其中湖南省、山西省的营养包有效服用率最低，还不到50%，有待进一步提高；另有8个省份的有效服用率在90%及以上。可见不同省份的项目执行力度参差不齐。

在项目开始年份越早的县区，营养包有效服用率（依从率）越高；而在项目开始年份越晚的县区，营养包有效服用率（依从率）越低。这也说明，儿童家长接受营养包有一个过程，在项目开展时间越久的地方，随着宣传和培训逐渐深入人心，人们才逐渐接受营养包，也才会按时给孩子服用。

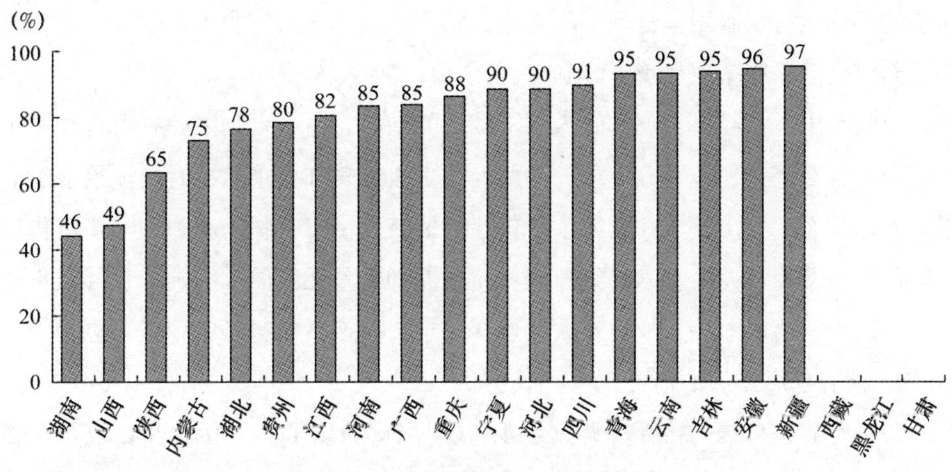

图 11　2015 年各省营养包的有效服用率（依从率）

注：由于西藏自治区、黑龙江省、甘肃省的省级问卷里未填写此信息，因此本图中无法展示具体数值。

分不同收入水平而言，随着人们收入水平的提高，营养包的有效服用率（依从率）呈现下降的趋势。如图 12 所示，随着乡镇的户人均收入水平提高，

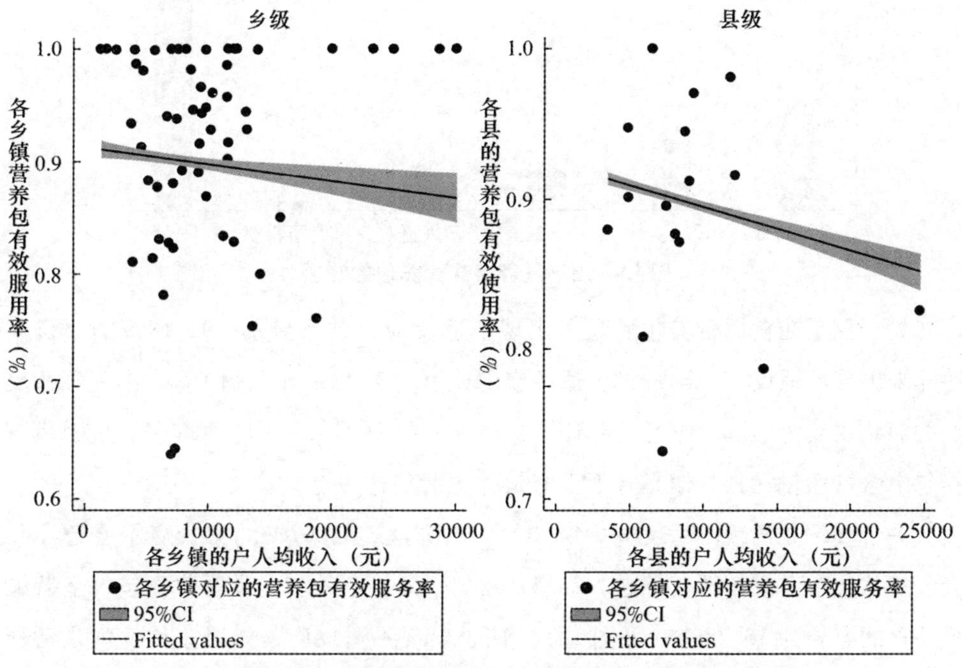

图 12　各乡镇、县的营养包有效服用率与户人均收入的关系

乡镇的营养包有效服用率呈现下降趋势；随着县级的户人均收入水平提高，县级的营养包有效服用率也呈现下降趋势。

由此看出，在经济发展和收入水平较低的地区，由于食物来源有限且种类单一，家长越看重营养包对孩子成长的好处，也更加遵守要求、按时按量给孩子服用营养包；而在经济发展和收入水平较高的地区，由于食物来源和种类多样化且足质足量，营养包并不是家长给孩子补充营养和微量元素的唯一选择，甚至不是最好的选择，所以一些家长也不太会遵守要求按时按量给孩子服用营养包。

4. 营养包服用后的情况

关于营养包口味的接受度调查发现，66.46%的孩子非常喜欢和比较喜欢目前的口味，有33.53%的孩子一般、不太喜欢或非常不喜欢（见图13）。因各地营养包供应商不尽相同，说明部分品牌营养包仍需要改进配方及口味，吸引更多孩子食用，以免影响执行效果。

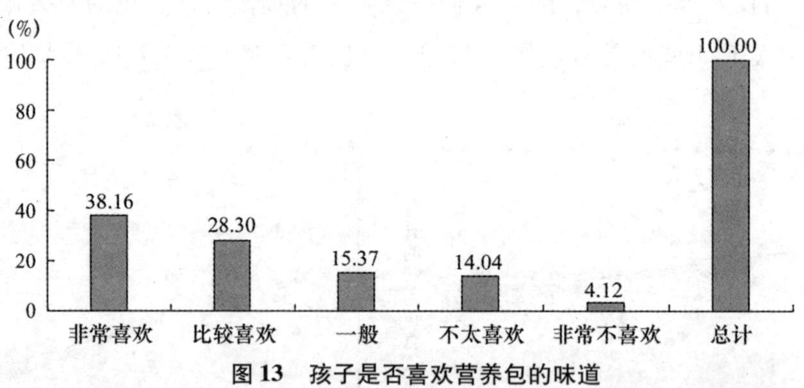

图13　孩子是否喜欢营养包的味道

关于孩子在食用营养包后是否出现不适反应，结果显示，92.18%的项目婴幼儿未出现不适反应，出现过不适反应的比例为7.82%（见图14）。出现不适反映的症状主要为腹泻、呕吐、起疹子、黑便等（见图15）。黑便事实上是因为营养包中含铁微量元素，但是有不少家长并不清楚这一点。

关于婴幼儿出现不适反应后家长的应对方法，44.97%的家长表示会暂停几天，症状缓解后继续喂营养包，26.51%的家长会完全停止喂食营养包，坚持继续喂食的家长为16.78%（见图16）。孩子出现不适反应，如果家长认为是营养包的原因，这会直接影响营养包的继续有效服用。

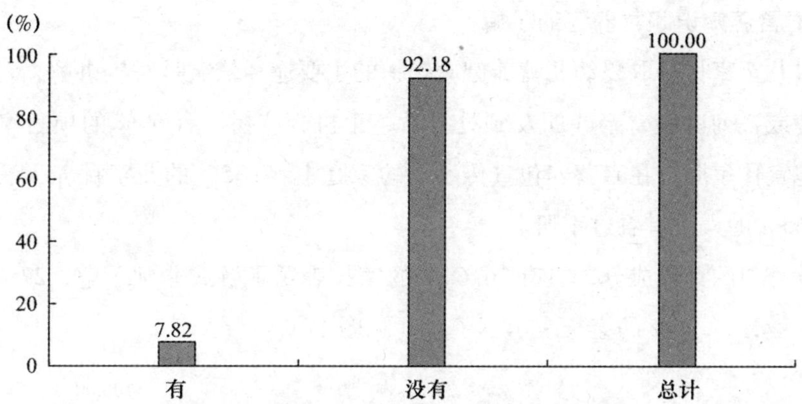

图 14　服用营养包后孩子是否有不良反应

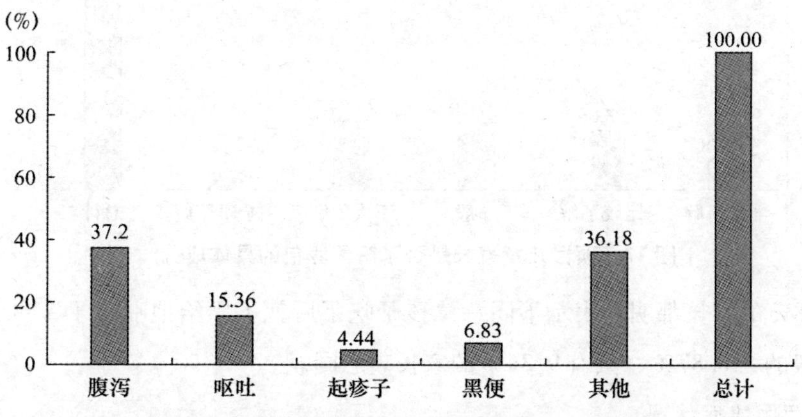

图 15　食用营养包后若有不适反应的具体症状表现

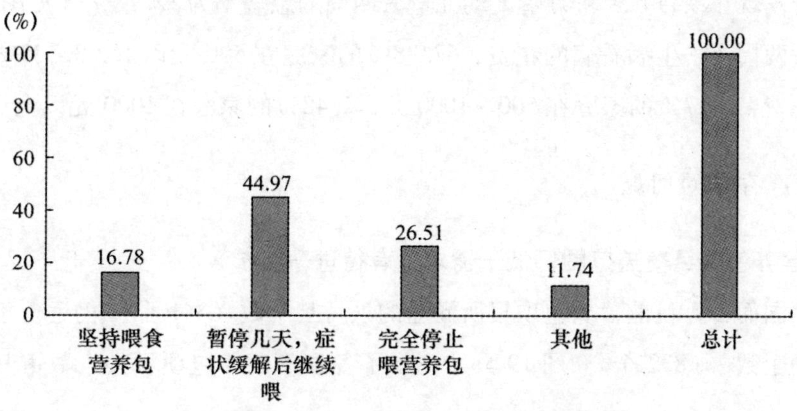

图 16　若有不适反应家长是如何对待的

5. 对营养知识和营养包的了解

项目儿童家长获取婴幼儿营养健康知识的主要途径依次是医生讲解，村、乡镇的宣传或咨询讲座，亲戚朋友到处打听，手机，广播。有69%的项目家庭里有营养包宣传手册。在有营养包宣传手册的家庭中62.35%的儿童抚养人看过手册，37.65%的人没有看过手册。

对营养包的具体成分，只有36.64%的家长表示了解或非常了解，27.4%的人表示一般，35.96%的家长表示不了解（见图17）。

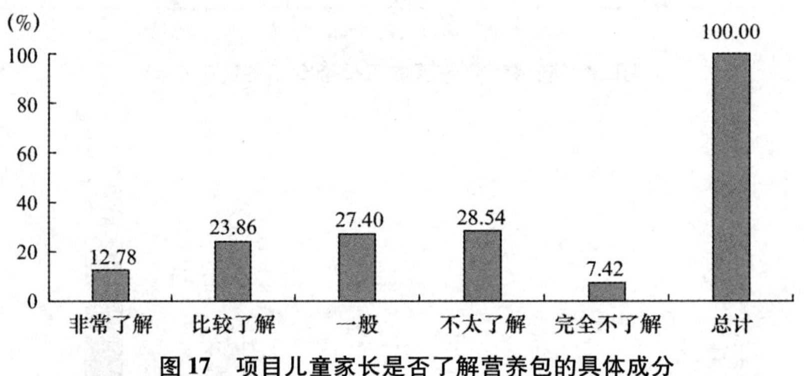

图17 项目儿童家长是否了解营养包的具体成分

81.8%的家长都明确表示不同意“孩子吃了后就不用给他喂食了”的说法，表示一般的为8.87%，只有9.34%的家长表示同意。

6. 两周患病状况

调查发现，项目6~24月龄婴幼儿过去两周的患病率为32.18%（见图18）。关于过去两周孩子生病看病的花费，57.98%的家庭在500元以下，36.37%的家庭没有花费，3.17%的家庭在500~1000元，2.48%的家庭在1000元以上。

（三）存在的问题

1. 营养包项目覆盖范围仍低于需求，有待进一步扩大

就全国而言，目前营养包项目所涵盖的项目县个数（341个）仍远低于我国贫困县的个数①（832个）。图19具体列出了各省份营养包项目县个数占其贫困

① 指国家连片贫困县和国家扶贫开发工作重点县的总个数。

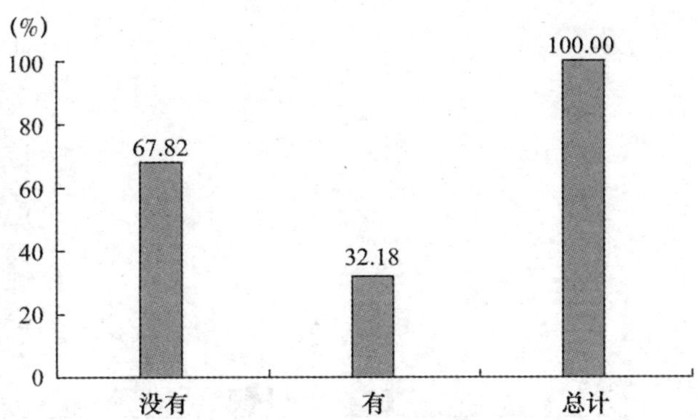

图 18　项目组里 6～24 月龄孩子过去两周是否生过病

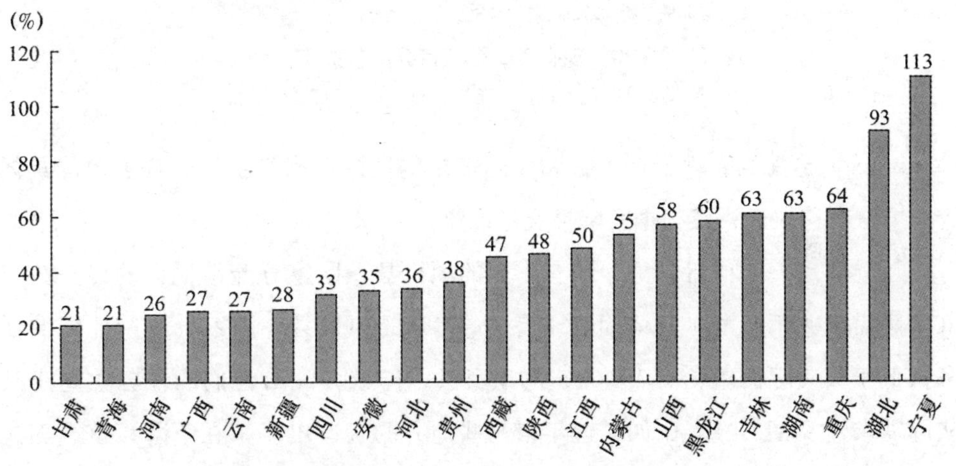

图 19　各省份项目县个数占其贫困县个数的比重

县个数的比重。从中可以看出，有 7 个省份的项目县个数不到其贫困县个数的 1/3，有 13 个省份的项目县个数不到其贫困县个数的 1/2，有 19 个省份的项目县个数不到其贫困县个数的 2/3。

2. 现有项目县目标儿童的覆盖率仍有待提高

根据政策要求，一旦一个县被确定为项目县，则这个县的目标儿童（指 6～24 月龄孩子）应被全覆盖。目前，在现有的 341 个项目县里，已有 42. 33% 的项目县能真正做到 100% 的全覆盖，有 35. 81% 的项目县，其覆盖率介于 70%～99%之间，但仍有 16. 28% 的项目县，其覆盖率低于 50%，有待进一步提高（见图 20）。

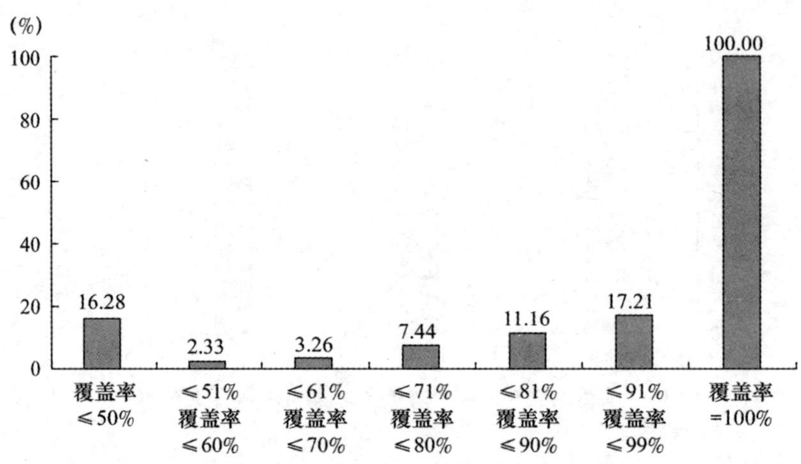

图 20　现有 341 个项目县的覆盖率

注：各县的覆盖率指各县项目覆盖的目标儿童数占总目标儿童数的比重。

3. 国家分配给各地的任务数和实际需求的匹配度有待提高，任务数的具体计算方法有待改进，应根据实际情况做调整

在全部 341 个项目县里，约有 1/3 的项目县，国家分配给他们的任务数与其实际需求并不匹配。具体而言，有 16. 28% 的项目县，国家分配给他们的任务数低于其实际需求；有 14. 62% 的项目县，国家分配给他们的任务数高于其实际需求（见图 21）。比如，近年来一些地方的人口出生率在下降，孩子随父母外出流动的数量在增加或人口流动频繁，但是国家分配的任务数却没有随之做调整。

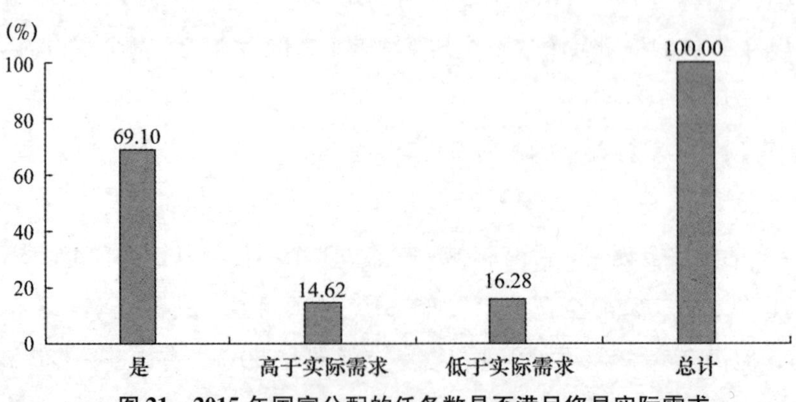

图 21　2015 年国家分配的任务数是否满足您县实际需求

分报告二　项目效果显著，政策满意度高

（一）促进了贫困农村儿童早期发展机会公平

营养包成为项目中11%的农村低保家庭、41%的留守儿童家庭中婴幼儿的主要营养尤其是微量元素补充来源。营养包政策在一定程度上提供了营养补充的公平机会，缩小了城乡之间的差距。

（二）项目婴幼儿贫血率显著降低

在没有控制其他因素的情况下，对于12～24月龄之间的儿童，正在吃营养包的项目组儿童的贫血率为24.7%，比对照组儿童的贫血率低4.4个百分点，相对下降幅度为15.12%。在控制其他因素的情况下，孩子吃营养包能使其贫血的概率下降6.38%，并在1%的显著性水平下显著。

对比中国疾病预防控制中心2012年基线数据，婴幼儿贫血率下降了8.2个百分点，相对下降幅度为$24.92\% = \frac{32.9\% - 24.7\%}{32.9\%}$（见图22）。

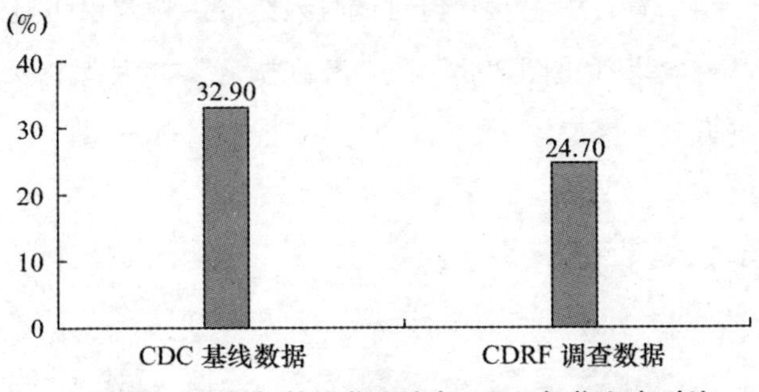

图22　2012年基线贫血率与2016年贫血率对比

分性别来看，男孩、女孩项目组的贫血率分别低于对照组的贫血率（见图23）。

分民族来看，汉族、少数民族项目组的贫血率分别低于其对照组的贫血率，少数民族贫血率高于汉族的贫血率（见图24）。

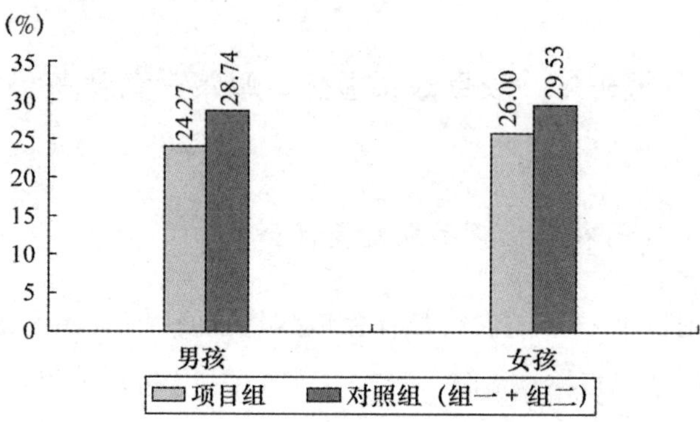

图23　项目组和对照组的贫血率比较——分性别

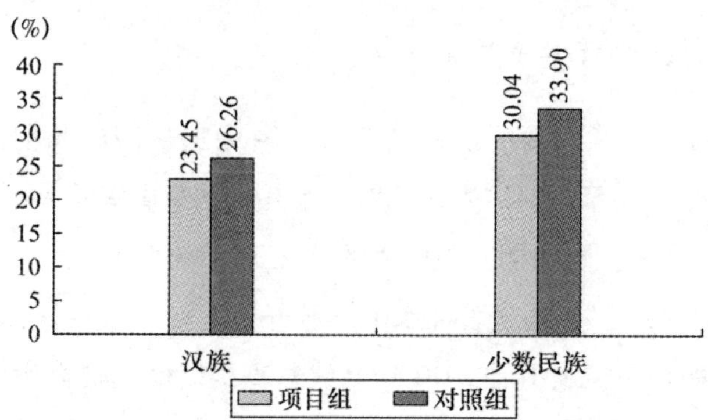

图24　项目组和对照组的贫血率比较——分民族

分不同的收入组来看，服用营养包对低收入组的影响效果明显好于对中收入组、高收入组的影响效果（见图25）。在“精准扶贫”的大背景下，营养包项目也应该更多地瞄准低收入家庭。

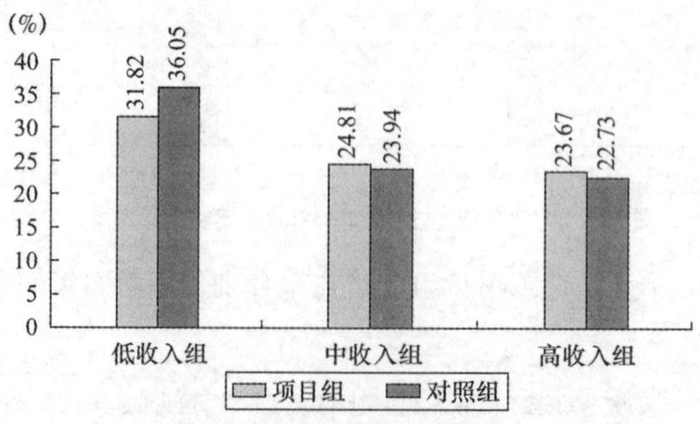

图25　项目组和对照组的贫血率比较——分收入组

另外，随着每周吃营养包袋数的增多，儿童的贫血率呈现下降的趋势（见图26）。这也可说明，营养包对降低儿童的贫血率有效果。

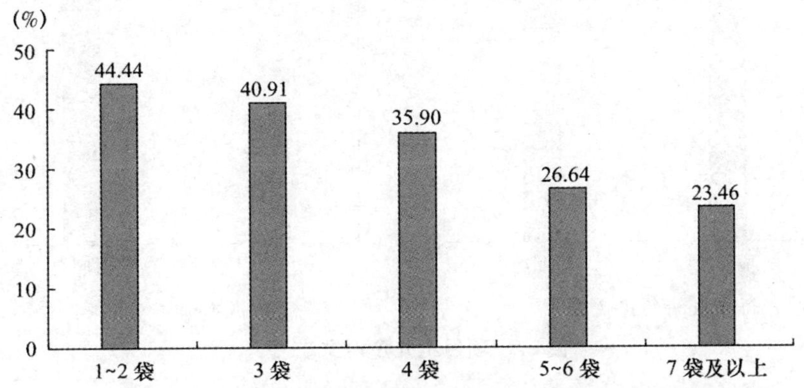

图26　每周食用不同袋数营养包的项目孩子的贫血率（仅项目组）

课题组还对2009年开始开展项目的青海省乐都区及随后开展项目的青海省互助县、未开展项目的西宁市三地婴幼儿进行了追踪评估。结果表明，开展时间最长的乐都区6~23月龄儿童贫血患病率为24.6%，显著低于其他两个地区（见表1）。

表1　　青海省三地区6~23月龄儿童营养不良状况

	西宁市（288）		乐都区（313）		互助县（281）		*P*值
	例数（n）	百分比（%）	例数（n）	百分比（%）	例数（n）	百分比（%）	
贫血患病率	102	35.4	77	24.6	123	43.8	<0.0001

注：1. 各地区间两两比较时，P<0.0125具有统计学差异。

2. 西宁市、乐都区和互助县分别有282、312、232名儿童测量的身长。

3. 西宁市、乐都区和互助县分别有287、313、278名儿童测量的体重。

（三）项目儿童的在学成绩表现更好

评估组在青海省乐都区的追踪调查表明，6~24月龄婴幼儿服用营养包不仅有助于孩子健康成长，对其进入小学后的在学成绩表现也有显著作用。图27显示，项目组儿童语文成绩的优良率高于对照组，项目组儿童语文成绩的不及格率低于对照组。

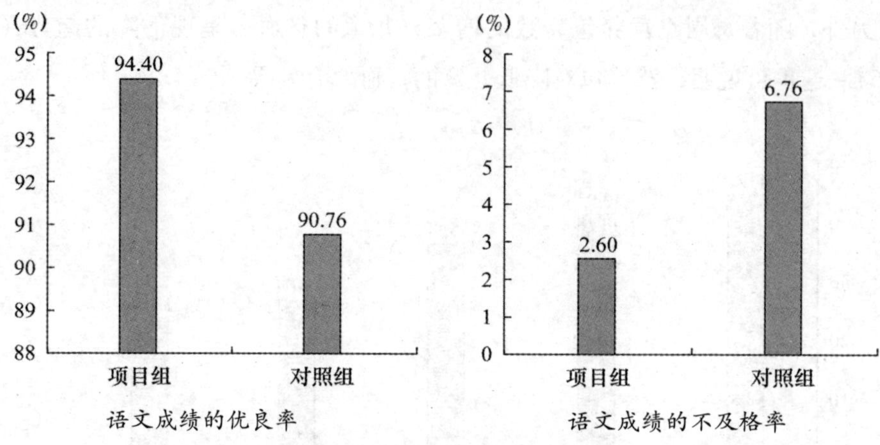

图27　项目组儿童语文成绩

（四）项目改善了婴幼儿家长营养知识和健康理念

营养包项目改善了家长的营养知识和健康理念。与对照县相比，项目县家长对营养知识有更多的了解。能正确回答“贫血与哪种营养元素缺乏”的项目家庭比非项目家庭多19个百分点，了解“锌、硒、钙等微量元素缺乏对健康有危害”的项目家庭比非项目家庭多12个百分点，知道“缺钙会引起哪种疾病”的项目家庭比非项目家庭多14个百分点（见图28）。

（五）项目家长满意度高

家长对免费发放营养包政策有着积极正面的肯定，满意度高。97.31%的项目婴幼儿家长觉得国家免费发放营养包的政策“比较好”和“非常好”，只有不到0.1%的家长觉得“不好”（见图29）。

家长的满意度还表现在，有87.18%的项目婴幼儿家长愿意将营养包推荐给亲戚或朋友的孩子吃，只有约3.4%的家长不愿意（见图30）。

（六）项目从业人员对项目认可度高

根据返回的43867份村级问卷的调查结果，有90.41%的村级工作人员表示愿意继续从事这项工作。

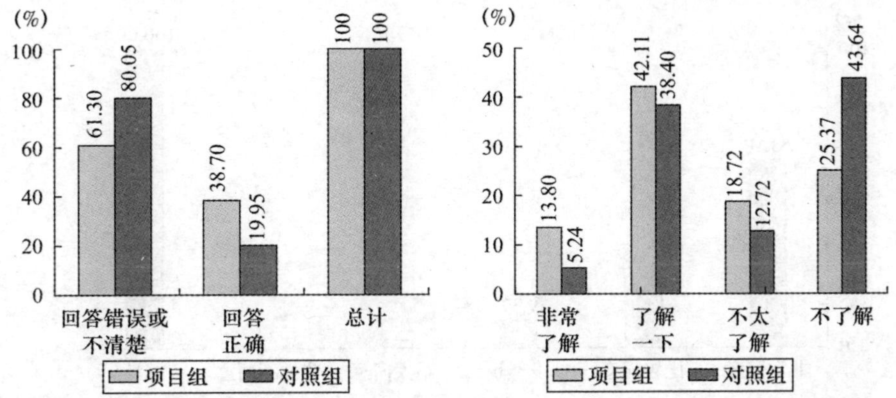

是否知道贫血与哪种营养元素缺乏有关　是否了解锌、硒、钙等微量元素对健康有危害

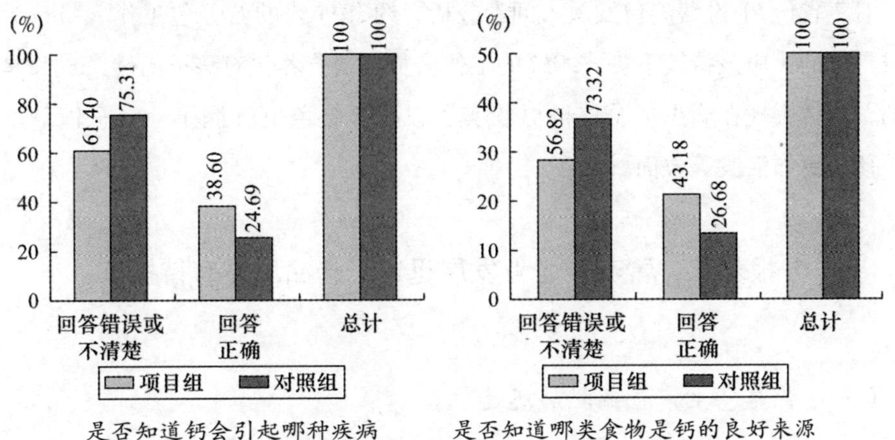

是否知道钙会引起哪种疾病　是否知道哪类食物是钙的良好来源

图 28　营养包项目改善婴幼儿家长营养知识情况

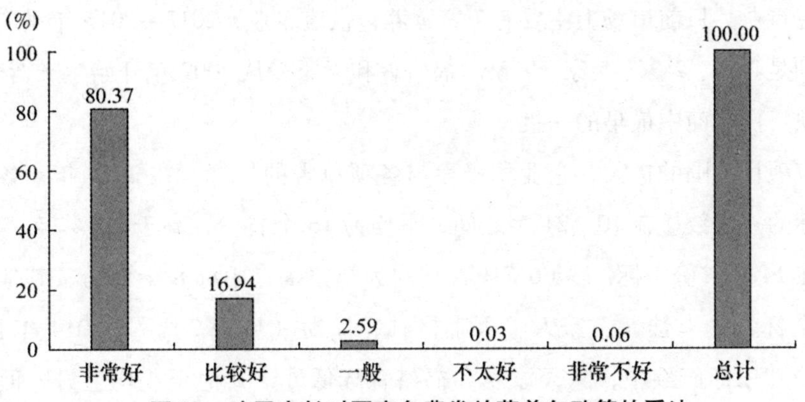

图 29　孩子家长对国家免费发放营养包政策的看法

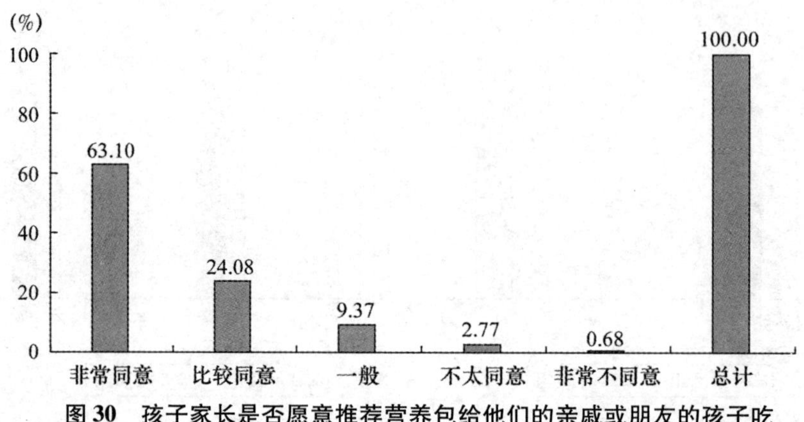

图 30　孩子家长是否愿意推荐营养包给他们的亲戚或朋友的孩子吃

对 7 省份 51 份营养包发放人问卷分析，约有 96% 的营养包工作人员认为该项目是好的，应该持续下去；90% 的工作人员反映营养包对孩子的健康成长是有用的，具体表现在病少了、长得更壮实了、孩子脸色更红润了、孩子饭量增加了、孩子更加活泼等方面。

分报告三　营养包企业发展迅速，产品质量有待提高

（一）营养包生产企业扩展迅速

营养包项目在贫困地区的稳步推广吸引了很多企业积极进入或转入营养包生产和供应行业。目前市场上主要有 7 家营养包供应企业，2012～2015 年供应企业数量分别是 2 家、2 家、5 家、7 家。福格森和天添爱从 2009 年开始生产营养包，是目前项目供应商中最早的一批。

随着项目范围的扩大，企业积极参与各项目省的投标。在 2015 年，各企业参与投标的省份数量在 10～21 个之间，平均为 16 个省份，高于 2014 年。其中，天添爱在 14 个省份中标，占 66.7%，其次为福格森，中标 8 个省份，其他企业依次为全标、美天佳、一家人、永康格林、优幼（见表 2）。与 2014 年相比，2015 年企业中标份额中，除天添爱和福格森降低外，其他企业均上升，但因为项目县数量大量增加，两家企业的产品供应绝对数增加（见表 3）。

表 2　2014～2015 年各营养包生产企业参加招标及中标情况

企业名称	2015 年参加招标省份（个数）	2015 年中标省份（个数）	2015 年中标概率（%）	2014 年中标省份（个数）	2015 比 2014 增加省份（个数）
一家人	19	5	26.3	未进入市场	5
天添爱	21	14	66.7	17	-3
优幼	10	2	20.0	1	2
全标	17	6	35.3	2	4
永康格林	16	4	25.0	2	3
福格森	17	8	47.1	9	-1
美天佳	10	3	30.0	未进入市场	3

表 3　各企业 2013～2015 年中标的金额　单位：万元

年份	一家人	天添爱	优幼	全标	永康格林	福格森	美天佳
2013	0	4401.87	0	0	0	2889	0
2014	0	8608.84	54	1345	853.26438	6152	0
2015	627.2379	11916.86	214	2992	4194.578	8070	616

企业数量增多，竞争日趋激烈，有的企业加大投入力度，扩大产能，在人才管理、生产工艺、研发能力、质量监控、售后服务等方面有所改进；有的改良包装材料和形状；有的通过引进全自动和可追溯生产线、转基因检测设备等硬件，建立全面质量管理体系。目前有 3 家企业的营养包日产量能够达到 160 万包以上，其中最大达 500 万包/天，一年约 20 亿包。营养包企业年总产能已经超过 30 亿包，远大于采购量。

有的企业逐步完善售后服务，注重履行社会责任，为国家反贫困和健康公益项目提供支持，使更多的贫困儿童受益。

关于营养包的配方，包括原料和微量营养素等。原料目前按照辅食营养补充品标准使用非转基因 I 类速溶豆粉。除来源于食物基质的蛋白质、脂肪、碳水化合物、钠以外，按项目技术要求添加营养强化剂，包括钙、铁、锌、维生素 A、维生素 D、维生素 B_1、维生素 B_2、叶酸、维生素 B_{12}。微量元素的添加种类，各企业略有不同。此外，一些企业在营养包配方中加入奶粉，如新西兰恒天然全脂奶粉，一方面缓解营养包产生黑色沉淀的富马酸亚铁的情况，另一方面改变营养包口感，具有奶香味。各地调研中，幼儿家长反馈，加入奶粉的营养包口感好，更受婴幼儿欢迎。

（二）存在的问题

第一，营养包质量问题。主要包括两方面，一是原料和营养元素添加多样，口感不一；二是包装材质和形状各异。部分企业生产营养包缺乏稳定性检验，普通生产工艺在营养包加工过程中无法有效地控制残氧量，无法阻止营养包中脂肪的氧化酸败，在营养包运输、储存过程中，空气中氧气与豆奶粉中的脂肪发生氧化，随着时间的推移，特别是在钙、锌、铁等微量营养素的影响下，脂肪的氧化反应速度加快，从而加速出现营养包的哈喇味，属于严重的食品安全事故，威胁婴幼儿身体健康，对项目形象造成很大的负面影响，有损国家政策的公信力。走访中一个小企业的厂长说“我产品出厂时是合格的”，没有营养包适应实际温度的条件。贫困山区的贫困家庭保存营养包的客观条件就是常温保存，中标的合格营养包必须适合这个客观条件，而不是让这个条件适合营养包生产企业的主观期望存放条件。所以，这对营养包本身的质量就会有更高的要求。

第二，营养包行业的准入门槛过低。根据《贫困地区儿童营养改善项目招标采购要求》规定，营养包项目招标“为所有有资格的供货方提供竞争的机会”。而对资格的技术、资质等方面的要求比较笼统宽泛，缺乏统一的标准（营养包的统一配方、统一包装材质等）。许多企业在争抢市场过程中，未将重心停留在营养包研发创新和管理改进，而是普遍采用低价竞争的方法参与招标，导致对产品研发和质量监控投入不够。出现质量问题是严重事故，仅仅采用换货的补救做法是不够的。问题大多出在山高路远的地方，在这些地区营养包的发放都已经很难，换货更是很困难。这会让企业滋生侥幸心理，认为出了问题换货即可。这在表面上是一个营养包质量的小问题，背后是一个企业合格或不合格的大问题。已经中标的企业规模大小差异很大，有的是在村庄街道的小企业，有的是在城镇街道的小企业，有的是国家级大工业园区的企业。有的企业达到了保健食品的生产标准，有的企业是在敞开空间生产。

而目前关于营养包生产和质量的监督缺少详细明确规定，监管不到位，缺乏对出现营养包食品质量事故的相关惩罚制度，不利于项目进一步推广和可持续发展。

（三）建议

国家应建立统一的营养包生产标准（包括配方、包装标识等），并由国家授权；参照国家《婴幼儿配方奶粉生产许可证管理办法》建立婴幼儿配方营养包的行业准入统一标准。实行统一配方和包装标准，比如可规定统一的营养元素添加要求，鼓励添加一定比例的奶粉，以改善口感，使用充氮气①竖条包装，以便于检测和管理，确保营养包产品质量，在大规模推广时是非常必要的，从源头上保证营养包的质量安全。在婴幼儿配方奶粉普遍使用充氮包装技术来防止豆粉脂肪氧化，避免哈喇味。

国家配方和统一标识由国家授权，实行知识产权注册保护，并可酌情按袋收取企业使用费作为营养包专项持续科研补助经费。营养包配方统一标准，并非说一成不变，根据时间推移，结合婴幼儿生长发育特点和实际需要组织专家研究改进，真正做到与时俱进和对“症”下“药”。

在质量技术监管方面，建议引入有关部门监管，例如食品药品监督管理局、质量技术监督局等。在营养包实施的初期有效的办法，要随着项目覆盖地区的增加、覆盖人数的增加，奖惩的力度应该是趋于严厉和严格的，相应的监督、管理应该不断的提升，以确保不再出现营养包的质量问题。对任何营养包质量问题，建立分级制度，一经发现，根据严重程度分别进行公开曝光、停止招标一次、停业整顿、退出行业等处理方式，加大惩罚力度。营养包虽是非卖品，但是体现了政府的公信力，更应该高标准、严要求。

---

① 中华人民共和国国家标准《奶粉定量充填包装机 GB/T 26993—2011》第 5. 2. 3 规定，包装件残氧量应不大于 3%。充氮气包装是有效防止哈喇味的方式。

分报告四　营养包发放、配送和储存　总体符合要求，可继续完善

（一）关于发放

各地都在积极探索有效的营养包发放模式。大部分地区采取的是村医模式：村医每月到乡卫生院领取后再发放给项目家庭。该模式的优势是村医更了解儿童情况，尤其是偏远山村更便利一些，儿童有什么问题也便于反映。但问题也突出：村医工作量大，没有补助，工作积极性不高，村医务室储存条件差等。例如四川平昌，从县城到最远的乡镇需要3个半小时。在领取营养包所要走的路程方面，68.61%的项目家庭在1公里及以下，25.83%的家庭在1~5公里之间，5公里以上的有5.55%。

另一种模式是乡镇与村医发放相结合。其优势在于项目家庭一个月到乡镇医院一次，接种、体检、领取营养包可以有秩序地完成，形成固定习惯；同时，体检可以监测儿童营养状况，乡镇卫生院有营养包储存条件，乡镇卫生院人员更专业，可以更详细地解答儿童所发生的不良反应和问题。

对于流动儿童，很多项目县尝试采取寄送、代领、拓展领取点的办法，有的家庭会选择一次性领几个月的营养包。有的县借助网络化、信息化手段通知和组织幼儿看护人前来领取。对于多数流动儿童，基本上属于放任自流的，有些地方虽然有管理，但是不规范，不可持续。

及时足量发放和领取营养包是确保有效服用率的基础。根据问卷分析，有88.96%的项目县的营养包发放频率是每月一次。76.95%的项目县反映营养包存货可以满足实际领取的数量。88.96%的家长能够按时领取营养包。89.97%的家长每次领取营养包的数量为1盒。79.18%的家庭能够遵照营养包的食用要求，每次给婴幼儿食用一包营养包。

（二）关于配送

根据项目国家招标采购要求，营养包供应商负责将营养包运送至各项目县

指定地点。营养包是一种特殊辅食营养补充品，在整个配送过程中，要经过长途周转，受外界天气变化和温湿度变化的影响，易造成外包装的损坏和成分变质，目前各企业提供的营养包几乎没有封塑料膜。营养包本身具有蛋白质等丰富的营养成分，包装损坏后，与空气、细菌等接触，易变质，威胁婴幼儿健康。

根据调研数据，76.30%的项目县表示营养包直接运输到县卫计委或县妇幼保健院，19.81%的项目县反映直接运输到乡镇，0.32%的项目县反映直接运输到村。配送周期各地不同，从营养包生产到发货的间隔为15天~3个月，平均为1个月。在深山区和少数民族等偏僻的地区，配送周期为6个月甚至更长的时间。

运输到县城的情况是，由厂家运至县城后，在县卫计委或妇幼保健院短暂停留，周转期一般是7~10天，由县里继续转到乡镇。一般有以下方式：一种是由县卫计委或妇幼保健院主动联系车辆运送到各乡镇；另一种是乡镇卫生院接到通知后自行联系交通工具到县里取货。这些方式的运输都有潜在的风险，运输条件不规范，遇到高温或雨雪天，不利于营养包的安全保存，并且容易造成挤压破损。部分乡镇利用救护车到县城领取营养包，一定意义上挤占了其他公共服务资源。

运输成本费用主要由企业承担，从厂房运出到目的地的成本，根据物流公司成本及配送距离远近等方面核算，介于0.009~0.135元/包。运送到偏远农村的成本最高，据了解，湖南、云南、湖北需要企业提供运至村的经费。

安全高效的配送体系非常重要，项目对营养包企业配送物流提出要求，作为售后服务的重要考核部分。企业根据实际与物流公司签订合同，在运输时限、温度控制、车辆环境卫生、运输过程记录、装卸等方面做出明确约定。建议未来可以继续借助现代物流体系，重点选择全国性的物流配送公司或项目地区的物流配送公司，做到将营养包从厂家直接送到乡镇，减少中转环节，提高效率，同时监控配送进度和实时情况，确保配送及时、规范、安全。

（三）关于储存

关于营养包储存和保藏，绝大多数项目县主要储存地点为乡镇卫生院。保藏环境和条件各地根据经费情况和乡镇卫生院条件有较大差异，条件较好的存储环境配备空调、隔墙离地货架、防虫防鼠挡板、温度计、湿度计等设施。村医务室的储存条件根据项目要求由企业提供塑料储存容器等设备，这一点基本都可实现。目前，部分项目地区，由企业提供支持，配备了储藏设施和体检仪器。未来建议在工作经费中，列出一部分，提供一次性支持，解决硬件短板，按营养包储存最低标准，为各项目乡镇配置设备仪器。鼓励地方提供配套经费，加强对项目的支持。

分报告五　资金投入不断增大，资金结构需优化

（一）资金投入不断加大

项目实施以来，中央专项补助经费逐年扩大，从 2012 年的 1 亿元增加到 2013 年的 3 亿元，再到 2014 年、2015 年的 5 亿元，累计投入 14 亿元，惠及了更多的贫困县儿童。每年中央专项补助经费能够按时拨付，其中，湖北、湖南、新疆、河南、云南、陕西、江西等省份因贫困儿童数量大，每年接收专项经费额度达到 2900 万元以上。各省区落实中央经费情况整体比较理想，多数省份能够保证按任务和目标要求采购营养包。部分省份积极提供了配套资金，如青海、云南、西藏、吉林，配套比例从 5% ~55% 。配套资金主要用于拓展项目覆盖面和加强工作经费支持，保障了项目有效开展。

（二）资金剩余问题突出

资金的使用效率是项目评估的重要指标。目前在 21 个项目省份中有 10 个省份有资金剩余，分别是山西、甘肃、江西、广西、宁夏、河南、重庆、吉林、新疆、湖南。这 10 个省份的平均剩余资金为 821 万元，最多的湖南省达到了 2541

万元，最少的江西省为9.49万元（见表4）。

表4　2015年项目资金额度和剩余情况

	省　份	中央资金（万元）	配套资金（万元）	配套比例（中央资金：配套资金）	资金总额（万元）	结余数量（万元）
资金有剩余	山西省	2373	0		2373	2373
	甘肃省	1825	0		1825	327
	江西省	2920	0		2920	9.49
	广西壮族自治区	1825	0		1825	922.11
	宁夏回族自治区	1022	0		1022	283
	河南省	3285			3285	317
	重庆市	2008	0		2008	258.5
	吉林省	584	162.4	100%:27.81%	746.4	581.5
	新疆维吾尔自治区	3650	0		3650	600
	湖南省	5694	0		5694	2541
资金无剩余	四川省	2435.28	0		2435.28	0
	西藏自治区	1095	175.5	100%:16.03%	1270.5	0
	贵州省	633	0		633	0
	安徽省	2007.5	0		2007.5	0
	陕西省	2920			2920	0
	河北省	1825			1825	0
	云南省	2920	142	100%:4.86%	3062	0
	湖北省	11028	0		11028	0
信息缺失	内蒙古自治区	913	0		913	0
	青海省	1460	800	100%:54.79%	2260	0
	黑龙江省	1095	0		1095	0

存在项目资金剩余的主要原因：一是中标价格低于招标预算价格，出现资金结余，这是资金结余的主要原因；二是项目实际启动时间晚、招标采购晚，该年度资金未使用。

出现剩余资金后，各省份采用的处理方式有：留在财政专户，由财政统筹，多数省份采取此种方式；部分省份追加采购，通过扩点和继续购买营养包消化剩余资金；部分省份会用作工作经费，支持项目相关活动，如宣传、培训、督导等。比如广西将部分结余资金用于医疗卫生计生事业，还有省份用来购置体检设备等。

（三）工作经费不足，村医等基层人员缺乏激励

目前中央财政提供的项目经费主要用于省级的营养包采购。

各省县普遍反映缺乏工作经费，宣传、培训、督导评估等费用不足，而且基层工作人员没有补贴激励。对43867份村级问卷的统计发现，72%的村医发放营养包没有相应补助，另外1/4的村医有部分补贴，来源不一且不稳定。

而在县、乡、村三级，为落实营养包的发放，需要投入大量的人力、物力，需专门腾出房间存储营养包，统一制作防潮隔板以及宣传横幅和专栏等。儿童营养包转运过程中，派专车逐级运送，乡级逐村派送，村级逐户发放。村医等一线工作人员是营养包项目的核心环节，缺乏补贴影响其工作积极性，严重影响营养包的发放和效果。

上述的这些项目经费往往需要各级地方政府配套，少数地方会有一点配套，较为贫困的地方就没有配套，经常是“挪用”部分其他妇幼卫生经费，或者减少开展相应活动。陕西省清涧县从中央专项资金中划拨一部分作为工作经费，按一个孩子5元的标准补贴村医，一个孩子从进入项目到退出项目需要发放18盒540包营养包，平均补贴0.92分/包。云南则采取省级配套经费以0.07元/包和企业以0.04分/包的额度各出一部分补贴村医，发一盒约有3.3元补助。

（四）建议

第一，加大项目的投入。未来将贫困地区儿童营养改善项目从现有的341个县扩至全部832个国家贫困县。据测算，实现全覆盖大约需要新增10亿元资金，约占2015年政府卫生支出12533.0亿元的0.1%。这也是目前政府财力所能承担的。

第二，优化项目资金支出结构，按照一定比例安排工作经费，重点对村医进行补贴，保证营养包及时顺利地发放到项目家庭。建议在营养包1元预算金额内，明确规定营养包采购、工作经费、村医补贴的比例，各部分用途可进一步细化，明确工作经费中配送、宣传、培训、督导等支出项。着重强调对村医的补贴激励，保证落实到位。这为项目执行提供了经费保障，同时释放了企业的部分精力，可以更专注于营养包生产和提升售后服务。

分报告六　营养包采购公开，招标采购制度需更完善

（一）营养包采购公开招标

各省份营养包采购按照《招标法》，公开进行。在实际招标过程中，各省份负责招标的单位主要有三类：一类是省卫计委，如河南省、重庆市、贵州省、安徽省、河北省、青海省；另一类是委托政府采购平台，如山西省、甘肃省、四川省、广西壮族自治区、宁夏回族自治区、吉林省、新疆维吾尔自治区、湖南省、内蒙古自治区；第三类是由所属市县自己招标，如江西省、黑龙江省。

各省基本上按照一年一招频率进行，但也存在一定的波动，招标间隔时间最长的达到20个月，如湖南省2014~2015年招标间隔时间为20个月；招标时间短的只有2个月，如甘肃省2014~2015年招标的间隔时间即为2个月。大部分省份中标的企业为1~2个，云南省2015年中标的企业是4个。

在2015年的招标采购中，七成项目省份完成招标，三成项目省份因招标有问题而导致营养包供应不及时。各省参与竞标的企业数量2~7家不等，平均为4家；中标企业数量为1~4家不等，平均为2家。各企业投标的省份数量在10~21个之间，平均为16个省份，中标比例介于20%~66.7%（具体见表5）。

各省招标过程中供应商中标的原因中，多数省份是依照评标的综合分，价格分实际占比较高，排名第1、第2的厂商即中标。除此之外，有部分省份除价格

表5　各省份营养包招标时间、合同周期、竞标和中标企业数量

省　份	2015年招标时间（年/月）	2014年招标时间（年/月）	2013年招标时间（年/月）	2014～2015年招标间隔时间（月数）	合同周期（月）	2015年中标企业数量（个）
山西省	2015/11	2014/07	2013/01	16	12	2
甘肃省	2015/12	2015/10	2014/03	2	12	2
江西省	2015/12	2014/06		18	12	1
四川省	2015/08	2015/02	2014/10	6	12	2
广西壮族自治区	2015/08	2014/02		18	12	1
宁夏回族自治区	2015/11	2015/01	2014/02	10	12	2
河南省	2015/03	2014/04		11	12	1
重庆市	2015/06	2014/06	2013/05	12	12	2
吉林省	2015/07	2014/06		13	12	1
新疆维吾尔自治区	2014/12	2013/11	2012/10	13	12	
湖南省	2015/12	2014/04	2013/05	20	12	2
西藏自治区	2015/02	2013/12		14	12	
贵州省	2015/09	2014/03	2013/12	18	12	2
安徽省	2015/04	2014			12	1
陕西省	2016/05	2015/11	2014/07	6	12	
河北省	2015/07	2014/06		13	12	2
云南省	2015/04	2014/02		14	12	4
湖北省	2015/10	2014/11	2013/08	11	12	1
内蒙古自治区	2015/01	2014/05		8	12	2
青海省	2015/06	2014/06	2013/05	12	12	2
黑龙江省						

注：黑龙江省提交的省级问卷里没有填此信息。

之外，通过查看招标文件和现场品尝，结合考虑企业实力、有无项目经验、售后服务等因素来判定。

（二）招标采购中的问题

低价竞标及产品质量问题。多数省份能够依照国家《政府采购实施办法》

和《贫困地区儿童营养改善项目招标采购要求》进行，做到公开。其中，各省份也会根据实际情况制订具体评分标准，有的省份采取盲审，有的省份则加入售后服务情况、项目对象评价、履行社会责任情况、企业信誉等要求。但在实际操作中，招标中价格分的比重过高，一般占到了30%～35%，个别省份甚至达到了50%。产品质量和配套服务评分偏低，导致企业低价恶性竞争，生产成本甚至降到0.25元/袋。调研了解到营养包的相关成本涵盖很多方面，生产成本在0.30～0.45元/包之间，包括直接生产成本和项目管理等其他成本。低价导致产品以次充好或降低配料标准，严重影响质量。部分地区的营养包曾出现过哈喇味的问题。同时低价竞争也使得市场企业失去了进一步通过科学研究来提高产品质量的动力。具体见表6。

表6　2015年各省份营养包的中标价格　　单位：元

省　份	企业1	企业2	企业3
山西省	0.55	0.57	
甘肃省	0.35	0.35	0.35
江西省	0.845		
四川省	0.45	0.51	
广西壮族自治区	0.45		
宁夏回族自治区	0.4	0.35	
河南省	0.65		
重庆市	0.53	0.49	
吉林省	0.5		
新疆维吾尔自治区			
湖南省	0.35	0.39	
西藏自治区		0.68	0.62
贵州省	0.22	0.2	
安徽省	0.47		
陕西省	0.55	0.54	
河北省			

续表

省 份	企业 1	企业 2	企业 3
云南省	0.57	0.61	0.53
湖北省	0.88		
内蒙古自治区	0.45	0.35	
青海省	0.55	0.55	
黑龙江省	0.58		

注：1. 新疆和河北的信息缺失。

2. 根据省级座谈，湖北省当年度招标评分标准进行调整，价格分从60%降到30%，质量分从30%升到60%，综合评比得分较高但投标价格较高的一家企业中标。

一年一招，频率过高，既不利于厂家对项目地区的服务，也不利于儿童口味、生理习惯的需求。目前，各省招标开始时间差异很大，而且招标困难，普遍出现当年招标工作严重拖期的现象。按照规定，营养包招标采购合同周期应按照12个月执行，有不少省份存在跨一年甚至跨两年招标的现象，同一年招两年标的情况也存在。这一方面是由于各省份开始实施营养包的时间不同，另一方面也是由于各投标企业反复质疑中标结果导致招标工作无法按期完成。访谈中招标方和企业皆反映因为招投标耗费了过多的时间和精力，不停的流标废标后重新招标，非常影响工作效率和执行效果。往往是今年的招标工作刚完成，马上又得投入到下一年招标工作的准备中。不仅如此，由招标周期长导致的断货缺货，在一定程度上会造成依从率降低，影响项目执行效果。频繁的招标也影响到生产企业的积极性，因为无法保证来年中标成功，企业也难以保证所提供产品的稳定性和售后的技术服务与安全。因变更厂家，营养包口感、包装形式也会出现变化，婴幼儿刚适应了上个产品，又不得不适应新产品，家长往往会因此提出质疑，需要项目工作人员做大量的解释和说服工作。

（三）建议

改进营养包招标制度。对于参加招标的企业，设定行业资质限制，加强监管。营养包招标采购在1元/包的预算金额内，以产品质量和服务为主要评标依据，避免低价低质。建议由国家卫计委依据财政部第18号令第52条规定[①]商请财政部合理变通营养包招标评标标准，由国家卫计委修订现有的招标采购要求，或由中央统一招标，延长招标周期至两年一招。如项目扩大覆盖面，新加的采购部分按新规定执行，已有的项目县采购方式可按照实际情况适当宽限时间做调整，逐渐归并到新的采购方式中。

强化企业履约责任，引入相关部门加强监管，定期抽检营养包生产企业，对厂房设备、原料辅料、人员各方面进行检查监督。重点考察企业的业绩、售后服务评价函、售后服务方案及经验等综合反映企业的产品质量及服务水平的方面。

实行严格的顾客反馈评分机制，将贫困县家长满意度作为招标加分的一项内容，而对发生过重大产品事故的企业，采取分级惩罚制度，根据严重程度采取公开曝光、停止招标一次、停业整顿、退出行业等措施。

分报告七　加大宣传和培训力度，重点向基层倾斜

（一）宣传动员情况

项目省为开展项目都进行了积极的宣传和动员工作。工作方式主要是通过广播电视、报纸、分发宣传材料、以村为单位进行动员、入户，方式较为多元和多层次。在此基础上，部分省份还结合自身情况进行了创新，如河北省广泛张贴各类项目宣传海报；山西省建立了大型项目宣传屏；内蒙古自治区利用手机短信宣传项目；陕西省和河南省利用微信、QQ群和网络来宣传项目；河南省制作了项目专题片；青海省在少数民族聚居的地区请阿訇或者活佛来帮助宣传动员。

在经费来源上，主要以中央财政项目经费、妇幼健康宣传经费和中标企业提

---

① 财政部第18号令第52条规定：执行统一价格标准并还有配套的“服务项目”，其价格不列为评分因素，有特殊情况需要调整的，应当经同级财政部的批准。

供为主。

（二）培训情况

人员培训是落实和提高贫困地区儿童营养改善项目的重要内容和手段。项目地区县、乡、村相关人员培训覆盖率达到80%以上。2015年各地各级积极开展培训工作，据统计，开展过培训工作的项目县比重超九成，其中培训累计次数达两次以上的为66.81%。有超过六成的项目县参加过国家级培训，近七成的项目县开展过省级培训，近九成的项目县开展过县级培训。从省级执行层面看，21个项目省份中，除了广西、西藏、陕西数据缺失外，其他18个省份的项目人员培训覆盖率都在80%以上，其中13个省份的覆盖率在100%及以上，河北省的覆盖率甚至达到了218%。各省份培训的次数平均为5.5次，最高的河南省达到39次。各省份所开展培训的总天数平均为6天，最高的山西省达到了30天。具体见图31。

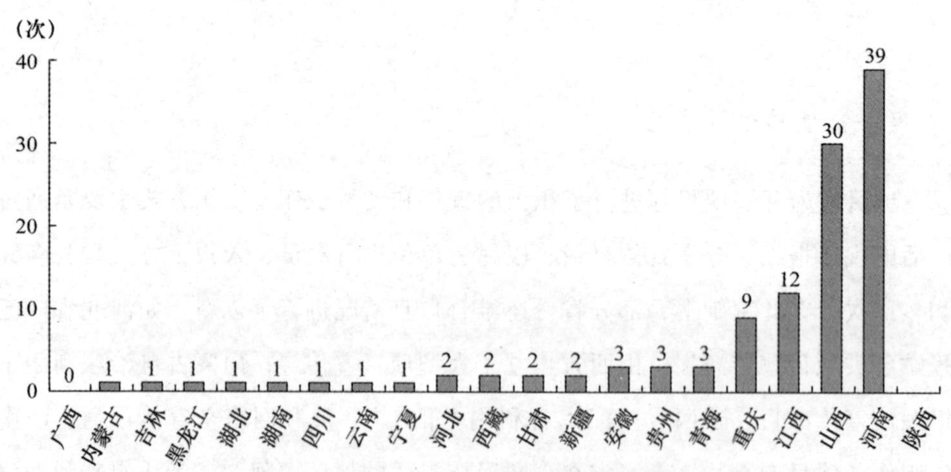

图31　2015年各省份开展培训的次数

培训内容主要涉及营养包发放管理、婴幼儿喂养及营养知识、健康教育方法。各省份培训稍有不同，有的选择测试信息填报，有的采取基线测试和评估方法、体检方法。各级培训对象和内容有差别。国家培训，主要由各省市县项目人员参加，频次总体来说比较低，很多省县历年参加培训的人员都是同一批人。省级培训由省疾控或者妇保院人员进行，一般参加对象为市县级卫生计生人员，有时会有乡镇人员参加。关于村医的培训，常见的方式是借每月乡镇卫生院例会，村医领取营养包时，顺便提及营养包发放中的问题和其他需要讨论的方面。村医很少有机会参加由国家或省级专家提供的培训。培训方式更多采取宣讲式，通过座谈了解，小组讨论和互动开放式的方式是比较受欢迎的方式。

培训效果方面，82.73%的村级项目工作人员认为培训内容对其工作有帮助（见表7）。

表7　　村级工作人员对培训内容效果的反馈

	村的个数	比重（%）
很有帮助	36289	82.73
有一点帮助	4908	11.19
没有帮助	41	0.09
不知道	133	0.3
信息缺失	2496	5.69
总计	43867	100

（三）存在的问题

宣传培训覆盖对象范围有限。乡村医生与项目家庭联系最为密切，是开展营养包项目关键的一环，但是对于乡村医生的宣传培训力度和效果不佳。参加国家级培训的工作人员主要是省级营养包负责人，参加省级培训的主要是县级营养包负责人，每次参加活动的都是同一批人员，乡镇工作人员和乡村医生等直接参与国家级和省级培训的机会不多。虽然乡村医生和妇女专干由省级县级的营养包负责人培训，但是培训内容重复性高，未能听取并采纳培训对象的意见，对于宣传培训活动缺乏一定的考核和评价。所以，乡村医生和妇女专干参与宣传培训活动的积极性不高，效果也不够理想。

问卷数据分析也反映了项目县家庭参与营养包宣传培训活动的参与度及效

果。宣传培训次数少、形式较为单一、缺乏对家长的广泛宣传和引导是普遍存在的问题，工作人员及家长认为采取生动灵活的方式，会更有利于营养包知识的宣传，也有利于家长们丰富营养健康知识和提升科学喂养意识。

在对照县的调查过程中发现，对照县对营养包政策的了解非常少，一定意义上说明项目宣传影响面有限。10.01%的家长表示听说过营养包政策，89.99%的家长表示没有听说过；4.57%的家长表示孩子吃过营养包，95.43%的家长反映孩子没有吃过。

根据对村营养包发放人的调查，获取婴幼儿喂养方面信息的渠道比较分散，按比例由高到低为计生人员，书籍、手机或电脑上网、其他，最高比例也只是刚过30%。

另外，宣传培训方面的经费比较少，没有专门的经费支持，多是从其他公共卫生服务项目经费中挤出。多数县在组织其他项目活动时，顺带宣传和培训营养包知识，效果大打折扣。

（四）建议

一是重视宣传与培训，探索有效的工作方式。传统宣传办法和现代新媒体传播手段并用。各地结合当地的风土人情、生活习惯等探索适合当地群众的有效宣传方式，如用老百姓喜闻乐见的横幅标语、曲艺形式、路演活动，以及手机微信平台、QQ群等。

二是培训内容和形式需结合培训对象的建议，培训内容除营养知识之外，可以考虑沟通能力和技巧等方面。例如各层级信息沟通和与家长沟通技巧，提供实践指导和督导。还应对记录营养包项目执行情况进行信息系统培训。需加强培训效果的考核。

三是培训需要增加对乡镇工作人员和村医的培训，通过定期组织工作会、现场会，邀请全县各乡镇妇幼专干和村医参加，由基层工作人员分享执行经验和遇到的挑战，并实地观摩实施较好的村。通过实地交流和考察，切实提升基层工作人员营养相关知识水平和项目执行能力。

四是可以编制通识培训教材，规定所有基层人员在项目开始前必须接受一周或30个小时的培训才能承担该项工作。

分报告八　建立科学高效的项目全程监测评估机制

（一）监测评估机制

目前监督考核体系主要由省级对县级督导、县级对下一级督导、村级工作人员考核三部分组成。

省级督导组由儿童保健专家、儿童营养专家、健康教育专家组成，主要对营养包发放、服用执行情况和效果、健康教育和随访的效果进行督导。通过报表，省级到现场进行质控并随机访谈，每年1～2次，个别地方可以达到每月1次。按照要求，村医需要每个月将营养包领取食用信息上报，然后逐级上报至省卫生计生委项目办公室。2015年中，有近七成的项目县接受了省级项目领导小组的督导。

本次问卷统计了19个省份对项目监测和管理的情况。结果显示，各省份为监测村级工作人员对看护人进行健康教育的实施效果，主要采取了问卷调查、逐级督导、入户走访、电话回访等方式，其中采取问卷调查的省份最多，有山西等10个省份。

各省份监测营养包发放的方式主要有发放登记表并要求定期上报、定期检查、逐级督导等，其中采用发放登记表并要求定期上报的方式最多，有河北等16个省份。各省份对营养包发放的监测周期不尽相同，时长分别为1个月、1季度、半年、1年、2年、随机等，其中采取每月检测的最多，有安徽等9个省份。各省份检查营养包服用情况的方式有入户走访、电话回访、登记调查等，其中采取登记调查方式的最多，有河北等8个省份。各省份营养包服用情况的监测周期各不相同，周期分别为 1 个月、1 季度、半年、1 年、2 年、随机等，其中采取每月监测的最多，有河北等 9 个省份。

在 2015 年各县接受省级项目领导小组督导统计中，累计次数为 2 次以下的项目县比重为 64.61%，2 次及以上的为 20.78%。关于省级项目领导小组督导的内容，有 70.13% 的项目县包含督导本县营养包发放机制，69.81% 包含督导本县营养包食用的依从性，66.56% 包含督导本县的乡村医生对婴幼儿营养和健康知识的掌握情况，66.56% 包含督导本县的儿童家长对喂养知识的掌握及行为改变的情况，仅有 8.77% 包含督导与项目相关的其他方面的情况。

从结果统计来看，在 2015 年，有近 90% 的项目县至少对乡村级项目小组进行一次督导评估（见图 32）。督导评估内容与省级督导类似，主要包括营养包发放机制、营养包食用的依从性、督导乡村医生对婴幼儿营养和喂养知识的掌握情况、儿童家长对喂养知识的掌握和行为改变的情况等。

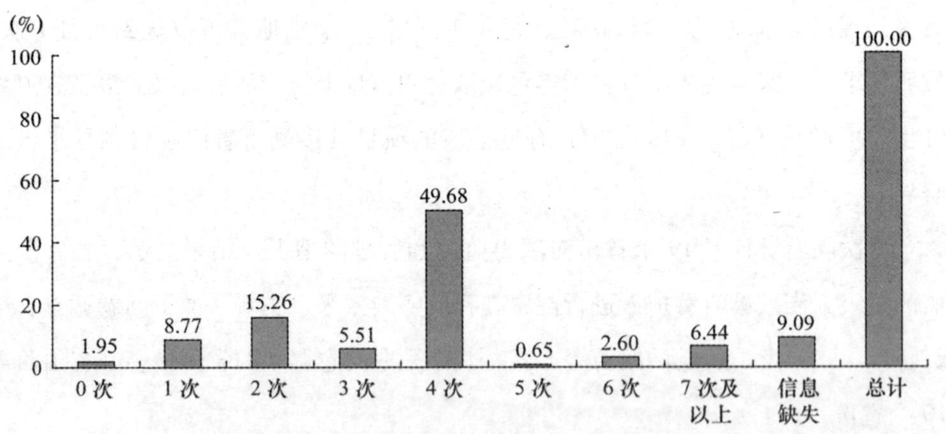

图 32　2015 年县里对下一级项目小组的督导评估

除常态化的月报和季报制度外，有近一半的省份表示有设立村级入户管理档案。村级工作人员管理档案和入户管理档案是监督考核工作的重要基础资料，也能直观展示村级工作人员的工作成果。目前，已有 70.13% 的项目县表示已经建有村级工作人员管理档案，50% 的项目县已经建有村级工作人员入户管理档案。

86%的省份表示对婴幼儿开展定期体检，频率从一年一次到一年数次，并依据“421体检原则”以及国家公共卫生0~6岁儿童管理要求执行。

国家卫计委委托疾控中心对营养包进行持续的跟踪监测。中国疾病预防控制中心营养与健康所在基线调研的基础上，分别于2014年对3个省份6个县、2015年对16个省份98个县进行的6~24月龄营养包发放和食用、儿童生长发育状况、儿童贫血状况及改善效果进行了评估。

（二）监测评估问题

营养包项目的科学评估监测机制仍需进一步完善，各省份具体工作差异性较大。根据各县反馈意见，项目推广和政策实施主要存在营养包生产环节和组织工作两方面的问题。生产环节与组织工作缺乏连贯性，导致监督管理以及问责机制力度不足，在一定程度上营养包质量以及组织工作效率都受到影响。营养包项目面向的对象是6~24个月的婴幼儿，质量最为关键。但是，对于生产厂家的监督工作尚未成熟。目前项目缺乏对营养包生产及组织工作全流程的监测。营养包从原料、生产、检测、出厂、运输、接受、发放、统计各个环节都需要连续性监督管理，而不是分别的或者隔断独立的环节。

现阶段监管工作主要集中在省级对县乡村级培训和营养包发放情况的监督及考核，且监管对象仅限于县乡级营养包工作人员发放数量，并没有对发放以及婴幼儿食用营养包的实际情况进行访谈等更深入的调查。据各县乡村级工作人员反映，营养包发放登记上报程序过于复杂，具有一定的时滞性，降低工作效率，甚至会影响其工作考核。个别项目县营养包工作重视程度不够，工作人员积极性不高，导致营养包发放及监管考核工作缺乏科学性和真实性，例如发放工作表设计不合理，直接降低了数据有效性，缺失村医打分和用户打分等有效监督工作。

项目婴幼儿营养状况结果准确测量是反映效果的重要参考指标，是项目改进的重要依据。目前大多数项目县缺乏必要的、标准的体检仪器，如血红蛋白仪，缺乏对婴幼儿项目实施前后的营养状况对比数据，许多项目家庭无法及时获知营养包对于孩子身体健康的作用，这成为限制营养包项目推广的困难之一。

缺乏对发放到户的营养包监测。现有中标企业营养包配方不一，口感多样，产品稳定性和保质期各异，加上因各地交通、气候等条件影响，发放到户的产品与中标样品品质出现不一致，难于统一检测和评判，存在质量事故风险。这种风险在偏远山区农村更易出现，由于交通不便，营养包配送周期常为半年甚至更长，在家庭存放时间长，营养包发放和更换不易，一旦出问题，将成为重大新闻事件，严重损害项目的形象，已有的所有工作和努力便前功尽弃。

监测评估的范围和群体有待扩大。目前，卫计委委托中国疾控中心所进行的项目监测只纳入了河北、山西、吉林、黑龙江、安徽、江西、河南、湖北、湖南、云南、重庆、贵州、陕西、宁夏、新疆、内蒙古16个省份，还有5个省份没有纳入监测。另外，目前监测的98个营养包覆盖县，每个县只抽取了300个样本。此外，目前的监测工作是以项目效果评估为主，还缺乏对项目执行的客观评估。

项目监测效果缺乏广泛的传播和宣传。目前基层项目人员在开展工作时，对于营养包的好处和效果只有一些简单感性的说法，对项目家庭及家长传递的信息不科学、不准确。一些评估结果没有很好地传递给项目家长。

（三）建议

做到全过程监督，保证项目阳光运行。按照“统一领导，分级负责”的原则，实行“逐级检测，逐级上报”，省、县、乡和村卫生项目部门和人员，各司其职，履行好自己的责任，对营养包项目效果实时监测，发现问题及时解决。

各省卫生厅和疾控部门不定期组织产品抽查，随机抽取营养包产品，对其进行营养素、污染物、真菌毒素、微生物等 7 类 18 项指标检测，旨在评估贫困地区儿童营养改善项目营养包的食品安全状况，为项目实施提供食品安全保障。

引进全程可追溯电子信息系统，精确记录每一次营养包发放人、发放时间、发放地点、使用对象、领用人、发放数量、批号、生产日期、保质期等信息。为每个幼儿生成一条二维码记录，只需在幼儿首次进入项目时录入幼儿及家庭基本信息，之后营养包领取和体检等情况通过手机扫二维码记录幼儿领取营养包情况。

执笔人：杜智鑫　郝志荣　杨修娜

2017 年 11 月

附录1

评估工作概况

基金会高度重视贫困地区儿童营养改善项目评估工作，专门成立评估课题组，工作总体分为三个阶段。

第一阶段，评估方案设计和专家研讨论证。为保证评估方案科学严谨，项目组查阅相关文件资料，了解国外有关营养补充添加的实践，多次组织专家就评估方案、抽样方法、问卷及提纲设计等方面深入讨论。期间，基金会派人员参加贵州营养改善项目会议，实地考察项目点，根据前期考察进一步完善调研问卷和工具。

第二阶段，数据和资料搜集。此阶段分为两步。

第一步，大规模问卷调查。调查对象涉及项目各省、县、村以及营养包生产企业。问卷重点了解项目在各省、县实施总体情况，如资金使用、招标采购、营养包生产、运输配送、储存、发放及食用、宣传、培训、督导考核等。在各地卫生计生等部门配合下，基金会共收回21份省级问卷、308份县级问卷、43867份村级问卷和7家营养包生产企业问卷。

第二步，实地调研和入户访谈。在问卷调查基础上，通过座谈及现场调研，深入全面的探究营养包的执行情况和效果，实地考察项目各级部门及项目对象对营养包的看法、评价和建议。基金会组织人员科学抽样，抽取全国7个省份、21个县50多个乡镇的100余个村进行实地调研。其中，每个省份抽取2个项目县，1个对照县（名单见附录3）。为保证调研质量，项目组编制了详细的调研手册，对所有调研人员开展2天集中培训和演练。实地调研阶段通过以下工作获得丰富的一手资料。

省级座谈会，7场，与调研省的卫生计生部门、财政部门、妇联等机构开展座谈。

县乡级座谈会，14 场，与调研项目县的卫生计生部门、财政部门、妇联、乡镇妇幼专干座谈。

培训问卷调查员，21 场，覆盖 380 余人次，对象为各调研县卫生计生部门人员及大学生，内容为问卷访谈和调研培训。

婴幼儿体检，4998 人。测量身长（高）、体重、血红蛋白值（使用 Hemocue301 型血红蛋白便携式分析仪）。测试幼儿年龄在 6 个月至 5 岁半之间（即出生时间在 2011 年 2 月 1 日至 2016 年 2 月 1 日之间），主要集中在 6～24 月龄婴幼儿，男女比例为 52.30% 和 47.7%，每县保证 225 名儿童样本。

幼儿看护人问卷访谈，4998 份，项目县 3695 份，对照县 1303 份。考察家长喂养和营养知识、养育情况、营养包领取和食用、政策满意度评价等方面。

入户家访，750 余户家庭。实地了解家庭养育环境、营养包储存和食用情况。

村级营养包发放人问卷访谈，51 份，主要是村医，个别地区是村保健员，了解营养包发放情况、相关知识了解情况、对项目的评价和建议。

企业走访及座谈，4 家，考察厂房设备人员。座谈研讨招投标，营养包研发、生产质量管理、运输、在中标省执行情况和成本核算等方面。

营养包取样，近 800 包。从各县乡、企业近年多批次产品中取样。

第三阶段，数据分析和报告撰写。此阶段也分两步。一是问卷复核、数据录入清理和分析。数据由专业数据机构录入，保证数据准确。二是报告撰写、讨论修订。组成报告写作小组，基于评估调查搜集的定量和定性数据，多次讨论，反复推敲。本报告即为本次评估工作成果。

附录 2

评估框架
国家贫困地区儿童营养改善项目
独立第三方评估
中国发展研究基金会
项目领导小组
(全国卫生计生委 全国妇联)
技术支持
国家级专家技术指导组
省级技术指导组
技术支持
信息报送
国家级项目管理办公室
(中国疾病预防控制中心妇幼保健中心)
省级卫生计生部门等
(省级项目管理办公室)
招标采购
营养包生产企业
培训、督导、考核
信息报送
配送至县
县级卫生计生部门等
(县级项目管理办公室)
配送至乡镇
培训、督导、考核
信息报送
乡镇卫生院等
营养包储存
培训、督导、考核
信息报送
村营养包发放人
健康教育、知识宣传
发放
领取
体检
幼儿看护人
入户随访
喂服
6~24月龄婴幼儿
执行情况
项目资金情况
项目组织管理机制
营养包招标采购
营养包生产、研发、质量管理
营养包配送、储存
营养包发放、食用
营养包培训、宣传
营养包督导、考核
效果评估
村营养包发放人
相关知识掌握程度
发放登记考核等
追访情况
项目评价
幼儿看护人
营养包知晓率
科学喂养、营养知识掌握情况
满意度评价
6~24月龄婴幼儿
营养状况
生长迟缓率
低体重率
血红蛋白值
两周患病率、看病花费

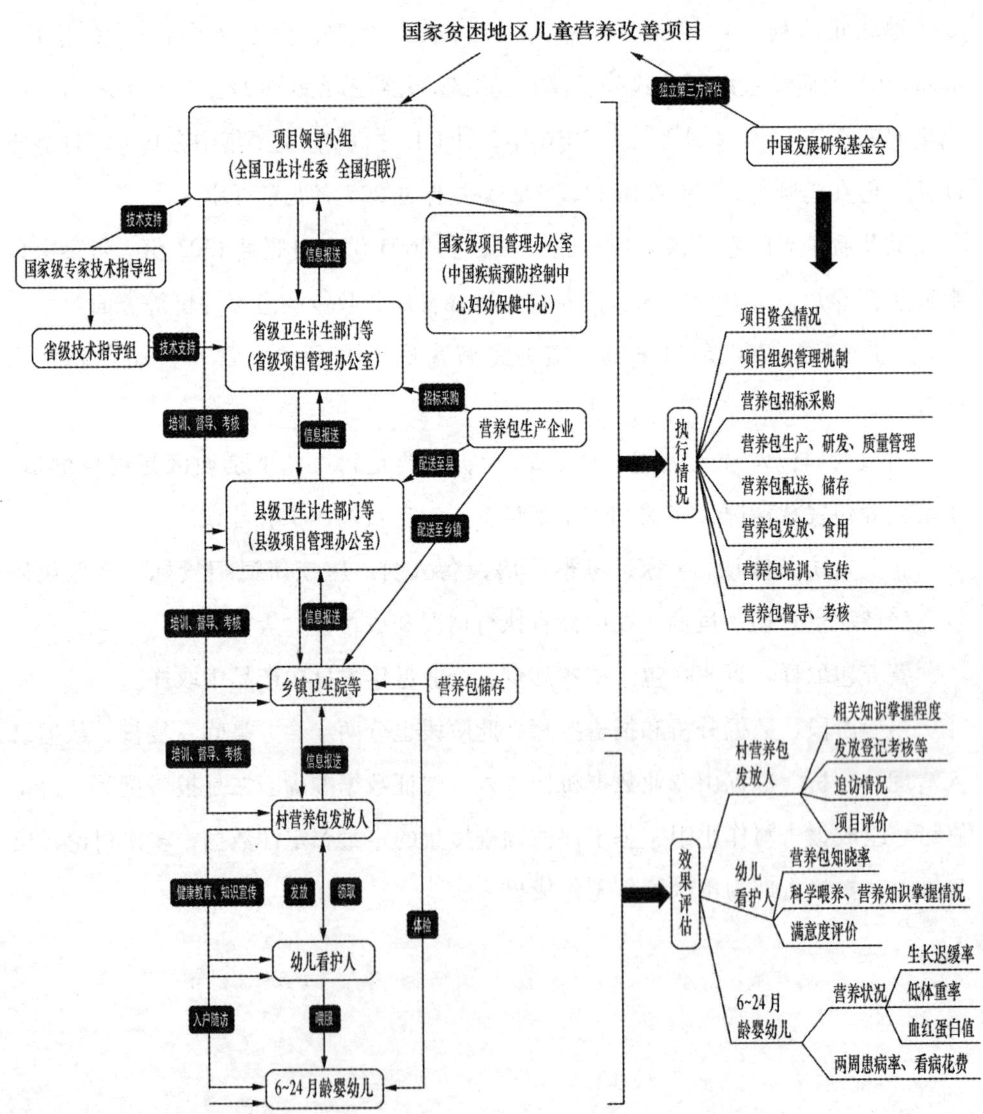

附录3

实地调研地点名单

省 份		市—县	乡 镇
湖南省	项目县	邵阳市—洞口县	山门
			毓兰
			高沙
		株洲市—炎陵县	鹿原
			霞阳
			中村
	对照县	邵阳市—武冈县	马坪乡
			荆竹铺镇
			湾头桥镇
贵州省	项目县	铜仁地区—江口县	官和
			坝盘
			德旺
		安顺市—平坝区	乐平
			齐伯
			白云
	对照县	黔东南苗族侗族自治州—岑巩县	凯本乡
			天马镇
			羊桥土家族乡
四川省	项目县	南充市—仪陇县	度门
			柳垭
			土门
		巴中市—平昌县	驷马
			镇龙
			白衣

续表

省　份		市—县	乡　镇
四川省	对照县	南充市—南部县	长坪镇
			石河镇
			碾盘镇
陕西省	项目县	榆林市—绥德县	四十铺
			吉镇
			白家硷
		榆林市—清涧县	店则沟
			石盘
			乐堂堡
	对照县	延安市—子长县	马家砭镇
			马家砭镇
			史家畔乡
湖北省	项目县	恩施土家族苗族自治州—鹤峰县	容美
			走马
			太平
		宜昌市—长阳土家族自治县	都湾
			磨市
			贺家坪
	对照县	宜昌市—宜都市	五眼泉乡
			五眼泉乡
			高坝州镇
云南省	项目县	德宏州—（潞西市）芒市	风平
			西山乡
			五岔路乡
		临沧市—永德县	大山
			小勐统镇
			永康镇
	对照县	德宏州—瑞丽县	勐卯镇
			户育乡
			勐秀乡

续表

省　份		市—县	乡　镇
青海省	项目县	海东市—乐都区	高庙
			亲仁
			曲坛
		海东市—互助县	威远
			五峰
	对照县	西宁市	城北区
			城东区
			城西区
7 个省	21 个县（14 个项目县、7 个对照县）		51 个乡镇

分类施策提高我国母乳喂养率

■ 中国发展研究基金会反贫困与儿童发展项目组

母乳喂养对儿童的健康成长具有奠基性作用，对母亲的身心健康也大有益处，是一件利民利国的好事。中国政府在促进母乳喂养方面做了大量的工作，但根据多个组织和机构的调查，我国目前的母乳喂养率仅为 27.6%。这与我国《中国儿童发展纲要（2011—2020 年）》提出的 2020 年母乳喂养率达到 50%，《国民营养计划（2017—2030 年）》提出 2030 年在 2020 年基础上再提高 10% 的目标相比，还有很大的差距，原因在于母乳喂养面临多方面障碍，需要我们有针对性地实施不同的对策。

一、母乳喂养的重要性

母乳里含有丰富的营养物质和免疫活性物质，是任何配方奶粉都无法比拟的。母乳喂养对儿童的健康成长具有奠基性作用，对母亲的身心健康也大有益处。权威医学杂志《柳叶刀》的研究表明，母乳喂养的儿童可以提高 7% 的智力水平，从而提高学习成绩，增加成年后的收入，同时降低成年后的超重、肥胖和糖尿病发病率。在中低收入国家，通过提高母乳喂养率可以减少 1/2 以上腹泻病例和 1/3 的呼吸道感染。改善母乳喂养行为每年可以在全球挽救 82 万人的生命。母乳喂养对母亲也有很多好处，可以降低乳腺癌、卵巢癌患病率，还可以降低抑郁程度。此外，母乳喂养对全球公共健康和经济发展具有巨大促进作用，可以避免每年因未母乳喂养所导致的较低认知能力所造成的 3000 亿美元损伤（占全球国民收入的 0.49%）。联合国儿童基金会的最新数据表明，母乳喂养每投入 1 美元会有 35 美元的回报。

世界卫生组织和联合国儿童基金会倡导科学的母乳喂养方法，即纯母乳喂养至 6 个月，6 个月后添加营养丰富的辅食并坚持母乳喂养至 2 岁或者更多。世界卫生组织于 1981 年通过了《母乳代用品管理守则》，1990 年联合国儿童基金会及世界卫生组织召集各国政府签署了《伊诺森蒂宣言》，要求各国加强对《守则》的执行和国家政策层面上对母乳喂养的支持。

2012 年 5 月由世界卫生组织会员国批准的《孕产妇、婴儿和幼儿营养全面实施计划》提出到 2025 年将生命最初 6 个月的纯母乳喂养率提高到至少 50%，而目前全球只有不到 37% 的婴儿得到 6 个月的纯母乳喂养。

二、中国的母乳喂养现状

中国政府高度重视母乳喂养，制定相关法律法规，开展以接生健康和健全的婴儿和保障妇女哺乳为宗旨的爱婴医院行动，推动母婴设施建设，在促进母乳喂养方面做了大量富有成效的工作。但中国提高母乳喂养率和喂养质量仍然面临巨大挑战。

关于我国 6 个月内纯母乳喂养率的具体数字，存在不同说法。2008 年第四次全国卫生服务调查的母乳喂养率和世界银行 2008 年关于中国母乳喂养率都是 27.6%。而 2013 年开展的第五次全国卫生服务调查中，6 个月内纯母乳喂养率为 58.5%。之所以有这么大的差异，主要有两个原因。第一，国际社会以前都是提倡 4 个月的纯母乳喂养，2008 年以后才开始提倡 6 个月，所以到 2008 年时母乳喂养率下降到了 27.6%。第二，调查方法不一致。第四次全国卫生服务调查和世界银行调查都是使用过去 24 小时进食调查，第五次全国卫生服务调查则是询问抚养人“孩子纯母乳到几个月的”，因为记忆的不准确性，这种追溯方法下的数据有一定的误差。如果高估了实际的母乳喂养率，将对国民健康素质的提升和经济社会的可持续发展带来不利影响。

提升母乳喂养率对扶贫攻坚也有一定的积极作用，但中国农村贫困地区的母乳喂养状况不容乐观。中国发展研究基金会于 2016 年 9 月对国家“贫困地区儿童营养改善项目”进行了评估调查，涉及湖南等7个省21个县的近5000名6个月到6岁的儿童，其中也调查了母乳喂养状况。调查发现，在所有样本中，接受纯母乳喂养持续时间满足6个月及以上的占比仅为30.6%。其中需要高度关注的是，有高达35.5%的孩子接受纯母乳喂养持续时间不足1个月。

造成母乳喂养率偏低的原因有以下方面。在城市，我们有着世界上最高的女性劳动参与率，原来所规定的4个月产假已无法适应经济社会发展和二孩放开后的新形势，严重影响到许多母亲坚持纯母乳喂养的信心和行动。纯母乳喂养的科学知识宣传还不够，许多城市的母亲都不知道纯母乳是连水都不能喂的。在多数公共场所，仍然缺少能够允许母亲安静舒适地进行母乳喂养的设施。在农村贫困地区，由于接受信息渠道有限，缺乏科学的母乳喂养知识。基金会在贵州省毕节市七星关区所做的小范围调查发现，许多妈妈普遍存在以下错误观念：如果产后前三天没有母乳，出乳不好，就用奶粉；认为孩子4个月时要加入辅食，因为母乳不足会影响孩子的营养需求；有些富裕点的家庭，担心母乳喂养会导致身材变形，所以选择打回奶针，然后给孩子用配方奶粉。总之，无论城市还是农村，母乳代用品行业开展的涉嫌违规的营销活动层出不穷，对母乳喂养产生了误导和负面影响，许多人因此放弃母乳喂养，转而选择母乳代用品。

三、政策建议

目前世界上只有约1/3的国家达到了母乳喂养率50%的目标。中国人在传统上对母乳喂养非常重视，有居世界前列的住院分娩率、有完善的妇幼保健体系，随着政府支持母乳喂养政策力度的不断增强，这项工作完全可以做好，并走在世界前列。提升母乳喂养，需要针对当前存在的问题，多方面着手。具体建议如下。

（1）广泛传播母乳喂养的科学信息，宣传母乳喂养的价值，将其作为促进“健康中国2030”的有力措施。在农村地区可以依托卫生计生系统建立“妈妈学校”开展上述活动，并对参加学习培训的妈妈发放一定的补助以资鼓励。

（2）将产假由原来的4个月延长至6个月，并给予男方护理假15天。对女

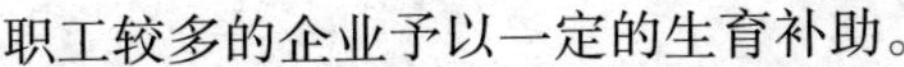

职工较多的企业予以一定的生育补助。

（3）进一步推动爱婴医院的建设。加强爱婴医院管理、服务和培训建设，加强监督考核。

（4）政府、企业和社会组织在公共场所及工作场所提供舒适方便的哺乳空间，鼓励哺乳母亲继续母乳喂养。

（5）加强和规范母乳代用品行业，更严厉实施、监督和执行母乳代用品销售相关法规和行政措施。

执笔人：杜智鑫　高山俊健　李绍平

2017 年 10 月

农村学生营养改善——

农村义务教育阶段学生营养改善计划是中国脱贫攻坚战略的重要组成部分，让数千万学生在学校吃上热饭菜，从而保障学生的基本营养需求，是一项实实在在的惠民工程。项目自 2011 年底实施至 2017 年，中央财政累计安排资金 1591 亿元，全国共有 29 个省份（京、津、鲁单独开展了学生供餐项目）1590 个县实施了营养改善计划，覆盖学校 13.4 万所，受益学生总数达到 3600 多万人。这对促进教育公平，对实现“全民健康、全民小康”有积极促进作用。

贫困地区农村学生营养改善进展

■ 中国发展研究基金会反贫困与儿童发展项目组

摘　要

国家于2011年底启动农村义务教育学生营养改善计划（以下简称“营养改善计划”）。至今，中央财政累计安排资金1591亿元用于实施营养改善计划。全国共有29个省份（京、津、鲁单独开展了学生供餐项目）1590个县实施了营养改善计划。其中，699个县开展了国家试点，891个县开展了地方试点，覆盖学校13.4万所，受益学生总数达到3600多万人。学生营养改善计划是中央扶贫战略部署的组成部分，对促进教育公平，对实现“全民健康、全民小康”有积极促进作用。

中国发展研究基金会（以下简称“基金会”）自2007年起对贫困地区农村学生营养状况进行政策研究，并通过社会试验推动贫困农村学生营养改善。2015年，教育部全国学生营养办委托基金会建立阳光校餐数据平台。利用数据平台开展营养改善计划第三方大数据监测与评估，在实行学校供餐的世界各国中是首次。数据平台的宗旨是创新民生政策监管方式、用数据技术规范政策执行、用实证研究提高政策效果。数据平台现已覆盖全国13个省份100个县，有9200余所学校上报数据，覆盖学生383万人。两年来已获取并分析1020万余条关于营养改善计划的实施数据。

数据平台监测结果显示，学生营养改善计划实施5年来，成效显著，贫困地区农村学生的体质有了明显改善，但要彻底改变贫困地区农村学生营养不良状况仍需持续努力。

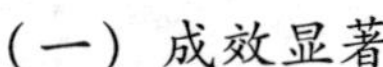

（一）成效显著

学生营养改善计划让贫困地区农村学生从没饭吃到吃上饭进而吃好饭，是中央政府科学谋划和统筹安排的结果。作为一项重大民生工程，各级政府特别是教育部门执行有力，效果显著。

1. 有效帮扶贫困地区农村学生

营养改善计划精准帮助了农村贫困儿童，使他们不再饿着肚子上学。监测数据显示，受益学生中，16%来自精准扶贫对象家庭，20%为父母双方均外出务工的留守儿童，63%为父母一方外出务工。营养改善计划是改善学生营养状况、关爱贫困儿童的有效措施。

2. 认真贯彻落实“资金安全、食品安全”

学生营养膳食补助资金由中央财政支付，每生每天4元。由于中央要求明确，社会高度关注，管理比较严格，少有挤占挪用的丑闻发生。计划实施至今，全国没有发生重大食品安全事故。

各地都建立了食材采购、食堂管理、食品留样等制度。食堂供餐学校采购统一询价、定点且公示。

3. 食堂供餐是主要供餐模式

目前，供餐模式主要有食堂供餐和课间加餐两种。在中央财政专项资金的支持下，贫困地区98%的农村学校完成了食堂建设、改造，并投入使用。截至2017年4月，95%的监测学校采用食堂供早餐或午餐，半数以上试点县全部实现了食堂供应午餐。食堂供应午餐是保障学生在校期间营养需求的最有效途径。

4. 有效保障大部分学生的基本营养需求

每餐4元补助标准，能不能保证学生的基本营养需求?① 监测结果显示是可能的。2017年5月，监测学校中有52%的学校营养餐的能量、蛋白质、脂肪以

---

① 中国营养学会制定了包括能量、蛋白质、脂肪三种主要营养元素和钙、铁、钠、锌、维生素A、维生素B_1、维生素B_2、维生素C等八种微量元素的推荐标准，我们定义满足三种主要营养量和两种微量元素的国家推荐量即为营养基本达标。

及两种微量元素能够达到国家推荐标准。

各省均有学校做到基本达标，其中宁夏、贵州、四川、云南达标学校数量最多。宁夏同心县、贵州松桃县、四川苍溪县、云南凤庆县等做到所有学校每顿营养餐基本达标。有51%的学校能够做到每餐有一个肉菜。评估访谈时，绝大多数学生反映，学校的菜有油有肉，比家里的饭菜好吃。学生们的饭碗大，盛得多，但学校泔水桶里少有剩饭菜。

5. 学生体质显著改善

多数实施计划的省份学生体质改善明显。对62个实施计划县的192万名学生（7~15周岁每个年龄段的样本量约为20万）的监测数据显示，2012~2016年，每年7岁新入学学生的身高无明显差别，而受益于营养改善计划的8~12岁学生平均身高均有增长（如表1），其中11岁男、女生平均身高从2012年的137.8厘米、138.7厘米增长至2016年的143.5厘米、144.3厘米，分别增长了5.7厘米、5.6厘米。贫困地区学生营养不良、生长迟缓的状况正在发生重要转变。营养改善计划为他们的身体健康、学习能力和未来劳动生产率的提高奠定了基础，这是一项了不起的成绩。

表1　监测县2012~2016年7~12岁男、女学生平均身高　单位：厘米

年份	7岁		8岁		9岁		10岁		11岁		12岁	
	男	女	男	女	男	女	男	女	男	女	男	女
2012	120.8	119.9	124.8	124.5	129.2	128.9	133.9	134.0	137.8	138.7	142.2	142.3
2013	120.8	120.2	125.3	125.4	128.9	128.9	134.5	133.5	140.2	140.1	143.7	143.6
2014	120.7	119.9	125.7	125.7	130.2	130.1	135.3	135.8	142.2	140.1	144.8	145.1
2015	121.3	120.4	126.7	126.6	131.5	131.4	137.2	137.5	142.3	142.4	146.4	146.8
2016	121.0	120.6	127.5	127.3	132.8	132.3	138.1	138.7	143.5	144.3	147.8	147.2

6. 大数据精准监督、精准指导

阳光校餐数据平台从学校直接收集学生营养改善计划执行信息，对信息进行分析研究，将评估结果每天反馈给县和学校，同时通报省有关部门。县与学校根据反馈中的不足进行整改、完善。执行信息通过数据平台向全社会发布，接受社会监督。有的县食材采购价格偏高，经平台告知并公布，再无发生。数据平台对政策执

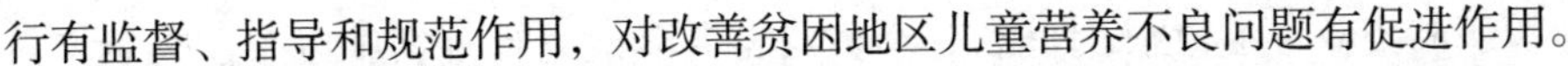
行有监督、指导和规范作用，对改善贫困地区儿童营养不良问题有促进作用。

（二）任重道远

学生营养改善计划取得了伟大的成绩，但与中央的要求相比仍有差距。落实营养改善计划，提高校餐质量，仍需付出艰苦努力。

1. 切实提高认识

习近平总书记指出：“没有全民健康就没有全面小康。”2015 年，联合国可持续发展目标要求在 2030 年消除一切形式的营养不良。学生的营养状况关系其一生的健康，也关系到国家未来的经济发展和社会进步。

虽然监测各县学生营养不良率已由 2012 年的 18.5% 降到 2016 年的 15.4%，但仍高于 2012 年全国 6~15 岁儿童营养不良率 12% 的平均水平。2012 年贫困地区 15 岁男女生平均身高与全国同龄儿童相比，相差 5.2 厘米和 4.7 厘米，2016 年差距虽明显缩小，但仍差 3.7 厘米和 3.6 厘米。一年 365 天，学生在校 200 天，这是集中解决营养不良问题的最佳途径，学校食堂供餐是行之有效的方法，必须办好。

2. 实施过程中的突出问题仍需解决

为降低食堂运行成本和减少工作量，甘肃、湖北、湖南等省的不少学校仍在采用课间加餐模式。课间加餐主要是采购包装加工食品分发给学生食用，单价高、营养价值低，其营养含量不足食堂供午餐的 1/3。应尽快将课间加餐转变为食堂供餐。

提高质量，满足学生基本营养需求是工作重点。目前仍有近半数学校的营养餐没有做到基本达标，含有丰富的蛋白质、钙、维生素 A 的食物供给不足。钙摄入量符合国家推荐标准的学校仅占全部学校的 14%，维生素 A 达标学校也仅占 40%，63% 的监测学校盐的摄入量明显高于国家推荐量。油脂过多、微量元素缺乏、盐过量对人的大脑、身体机能发育是长期慢性损害，急需改变。

3. 执行好不好，关键看领导

营养改善计划是否有显著成效，关键在地方领导是否关心儿童健康发展。数据平台对执行比较好的 20 个县的主要领导基本情况和工作行为进行分析后发现，他们有以下特点：一是在任时间长，半数县自营养改善计划实施以来没有更换过主要领导；二是多数地方主要领导有乡镇以下基层工作经验，其中半数做过农村学校教师；三是有较好的教育经历，这些县的主要领导都是本科以上学历。这样的工作与教育经历对他们理解贫困和扶贫重要性有帮助。将县委县政府是否召开过以营养改善计划为主要内容的会议，是否做过专题讲话，是否亲自考察、调研过营养改善计划，是否亲自到营养改善计划实施学校吃饭、陪餐，作为领导重视程度考量指标进行分析发现，执行较好的 20 个县的主要领导基本都有过以上执政行为。

（三）建议

第一，提高认识，加强考核。应将营养改善计划落实效果、贫困家庭受益情况纳入扶贫开发工作整体部署并进行考核。

第二，全面实现食堂供餐。国家膳食补助应统一用于为学生提供午餐。食堂供午餐是在校学习生活最有效的营养保障途径。向家长收费可用于早餐或以加强营养为目的的课间加餐。

第三，落实出资责任。营养改善计划是教育扶贫的重要组成部分，中央财政要确保膳食补助标准与农产品价格上涨的联动，省、市、县政府须分担食堂运行经费及人工成本。

第四，加快学生营养立法。立法是政策持久稳定运行、建立完善工作体系的基础，国际上已有很多成功经验。立法应将规范与标准、出资责任、问责制度、信息公开等作出明确规定。

第五，加强监督指导。充分利用阳光校餐数据平台，将其监测范围扩大到所有实施营养改善计划的县。规范整合扶贫、卫生、教育、营养等方面的数据信息，及时公开，开展更深入、更全面的绩效评估。

第六，加强国际交流。全世界有 170 多个国家实施了学校供餐计划。中国的营养改善计划受到国际组织的重视和赞赏。要继续改进我们的工作，需要加强国际交流，学习其他国家好的做法，并分享“中国方案”。

国家启动实施的农村义务教育学生营养改善计划对脱贫攻坚、教育公平、实现“全民小康”有积极促进作用。基金会一直关注贫困地区儿童发展，尤其是儿童营养健康和教育领域。2007 年开始，基金会对贫困地区农村学生营养改善措施做了有益探索。2010～2013 年，基金会对国家政策的实施进行了多次评估。阳光校餐数据平台正式启动以来，基金会通过数据技术直接观察贫困农村学校营养改善计划执行情况，对政策执行和效果有了更全面、更真实的了解与评估。要彻底改变贫困地区农村学生营养不良状况，持续实施农村学生营养改善计划是行之有效的方案。

一、儿童营养改善的新挑战、新机遇

营养不良是国际社会面临的严峻问题。世界银行研究指出，在发展中国家由于营养不良造成的劳动力损失占该国国内生产总值（GDP）的 3%～5%。《全球营养报告 2016》指出，全球有 1/3 的人口营养不良。儿童营养不良是人类可持续发展的最大挑战。微量元素缺乏造成的经济损失远高于经济危机的影响。但是，全球尚未走上实现营养目标的正轨，地区之间差异明显，一些国家尤其是中低收入和低收入国家，还未开展有效的政策干预与研究。

我国营养不良问题及其对社会发展的消极影响值得注意。《中国居民营养与慢性病状况报告 2015》指出，居民营养是国家经济社会发展和人口健康素质的重要指标。10 年间，我国居民健康营养状况有了很大改善，但仍存在突出矛盾。2012 年儿童营养不良率为 12.2%，青少年超重率和肥胖率分别为 9.6% 和 6.4%，微量元素缺乏较为普遍。我国城市、农村与贫困地区农村之间存在巨大差距，贫困地区儿童营养状况更加严峻，营养不良率是城市儿童的 2.5 倍，贫血率是城市儿童的 3 倍。

数据与知识的不足是消除营养不良的挑战。《全球营养报告 2016》呼吁“为了营养改善而进行数据革命”。数据缺乏使得各国的努力及进程不能及时被了解和关注，掩盖了地区之间的发展不均衡，阻碍了全球营养改善计划顺利推进。缺乏数据的问题在我国也很突出，一些年度报告中用的是几年前的数据，数据更新落后于发展现状。根本原因在于数据开放度不高、数据收集不及时、数据运用和分析能力有待提高。

国际社会高度关注营养不良问题，各方积极呼吁并策划、组织干预行动。联合国新的可持续发展目标提出，到2030年要消除贫困、消除饥饿、消除一切形式的营养不良。中国积极响应，制定并发布了《中国落实2030年可持续发展议程国别方案》，指出中国以人的发展为核心，认真完成各项任务要求，积极推进落实2030年可持续发展议程。《全球营养报告2016》提出，儿童营养不良问题需要国家、地区建立保障体系予以解决，将教育、养育、公共卫生、社会保障等重要部门纳入体系之中。

中国政府高度重视儿童营养议题，制定了一系列政策和法规予以保障和解决。20世纪90年代，中国签署了世界儿童问题首脑会议的两个文件：《儿童生存、保护和发展世界宣言》及《执行90年代儿童生存、保护和发展世界宣言行动计划》，并颁布了《九十年代中国儿童发展规划纲要》，把儿童的健康和发展工作纳入国民经济和社会发展的总体规划之中。1997年12月，国务院颁发《中国营养改善行动计划》，这是我国履行在世界营养大会上的承诺，将营养改善行动融入世界人类健康事业的标志。

2001年12月，国务院发布《中国食物与营养发展纲要（2001－2010年）》，提出要建立贫困地区少年儿童营养保障制度，切实解决农村儿童营养不足和城市儿童营养不平衡的问题。力争到2010年，农村营养不良儿童所占的比例比2000年减少一半，城市营养失调儿童所占的比例减少1/3。为实现目标，国务院及有关部门制定了具体干预措施。2011年11月，国务院正式启动“农村义务教育学生营养改善计划”。

利用数据进行分析研究，有助于解决营养不良问题。国际《2025协定》① 计划将各国在减贫、饥饿和营养不良方面的理念、实践、成果、数据汇集，分析各国经验与教训，推动全球实现消除贫困和营养不良的目标。《全球营养报告

① 《2025协定》由国际食物政策研究所、联合国粮食计划署、欧盟委员会、亚非多国政府代表共同签署发布，倡议全球各国通过合作，在2025年消除饥饿。

2016》指出，我们需要更多更好的数据来评估进展，进行国家间的比较；数据也是问责制度的重要基础，要进行“营养数据革命”。联合国和多边机构呼吁加强营养议题在“数据革命”讨论中的地位，确保营养数据不被忽视，要求所有高收入国家都应将其数据与联合国数据库联通。国务院于 2015 年 8 月印发了《促进大数据发展行动纲要》，将教育、公共卫生领域数据开放，以及运用数据加强社会治理作为重要任务。

二、保障儿童营养的重要意义

第一，儿童营养关系民族未来。儿童好营养，民族才有好未来。现在的儿童，是 2020 ~2030 年的劳动生力军，他们的身体素质关系着国家和民族的命运。以我国现阶段的改革和发展形势，若现今的 700 万学生因营养不良导致发育不良，影响知识与技能的获得，劳动能力落后于社会发展需求，将对我国未来的综合实力产生消极影响。

第二，儿童营养就是生产力，投资于儿童营养改善是明智的政策选择。《全球营养报告 2016》研究指出，在预防营养不良方面每投入 1 美元，会带来 16 美元的回报，而因营养不良导致疾病将会造成国家收入减少 16.3%。我国贫困农村儿童营养不良率约为 15%，这意味着国家采取行动加快营养改善将带来巨大的经济和社会效益。反之，如果没有积极行动，将可能承受巨大的经济损失。

第三，保障儿童营养有利于阻断贫困代际传递。脱贫攻坚是我国发展的重要任务。习近平总书记指示，到 2020 年，要全面实现小康社会，建成“全民健康，全民小康”。农村义务教育学生营养改善计划是教育扶贫、健康扶贫的重要措施，也是我国实现联合国 2030 年可持续发展议程的组成部分。保障儿童营养就是保障儿童未来发展。做好营养改善计划，能够让下一代身体健康、学习好、成长好，帮助他们摆脱贫困。

第四，关爱贫困儿童首先要保障营养。贫困是多维度概念。我们认为，贫困儿童不只是来自经济困难家庭的儿童，他们的能力建设与发展得不到基本保障，物质、社会交流、情感匮乏，低水平的教育和健康，面临风险时表现出脆弱等特点。这与营养改善计划的目标人群完全相符。中小学阶段是青少年身体发育和心智发展的关键时期，这一阶段营养不良，将影响孩子们体格和智力的正常发育，无法实现德、智、体、美全面发展。另外，我国现有900万留守儿童，他们缺少父母关爱、家庭照顾，营养状况和心理状况尤为让人担忧。学校提供热乎的正餐，不是简单的吃饭问题，而是传递社会关爱和正能量的有效途径，能让孩子们的身心都得到健康发展。

三、农村义务教育学生营养改善计划

2011年11月，国务院正式启动“农村义务教育学生营养改善计划”。这项计划既与反贫困密切相关，也与儿童发展密切相关。至今，中央财政累计安排资金1591亿元用于实施营养改善计划，集中连片贫困地区699个县的2300万义务教育阶段学生直接受益。2016年，国务院印发了《“健康中国2030”规划纲要》，提出“全民健康、全民小康”的目标，将营养改善项目作为实现全民健康的重要手段。

根据世界银行和世界粮食计划署的研究，现在全世界共有170多个国家不同程度地实施了学校供餐计划。各国实施学生学校供餐计划，在目标设定上有两种瞄准机制，第一种是瞄准贫困地区，第二种是瞄准贫困群体。在中国，解决吃饭问题是一件举足轻重的大事，解决孩子吃饭的问题更是一件意义深远的大事。基于这样的考虑，中国政府在制定农村义务教育学生营养改善计划的时候，借鉴国际经验，结合中国国情，把计划目标定位在瞄准贫困地区，帮助贫困孩子。

贫困地区指中国扶贫攻坚主战场，范围包括六盘山区、秦巴山区、武陵山区、乌蒙山区、滇桂黔石漠化区、滇西边境山区、大兴安岭南麓山区、燕山－太行山区、吕梁山区、大别山区、罗霄山区共11个集中连片特殊困难地区和西藏、四川省藏区、新疆南疆三地州3个享受特殊政策地区。这些地区共覆盖699个市（县、区），在这些区域内享受营养改善计划政策的6～11岁农村小学生将近1500万人，11～14岁农村初中生约700万人，累计约2200万人。

营养改善计划的主要特点是：政府主导，因地制宜。

第一，补助资金主要由政府提供。政府直接提供的资金包括：一是营养膳食补助。国家为试点县所有农村义务教育阶段的学生每生每天提供4元营养膳食补助，每年大约投入190亿元。二是食堂建设资金。实行学校供餐必须要有食堂，在很多地方，没有食堂的学校就需要建食堂。因此，中央财政专门安排资金用于农村学校的食堂建设，改善就餐条件。2011～2013年共安排300亿元。

第二，组织实施由政府主导。各地政府均为营养改善计划成立了专门的办事机构，该办事机构由16个相关的部门和单位组成，其中包括负责落实资金的财政部门和发展改革部门，负责食品安全的农业、卫生、工商、质检、食药监和食品安全协调机构，负责监督检查的监察和审计部门，还有负责综合协调的教育、宣传、公安、供销、共青团、妇联等部门和单位。

教育部门确定了两个工作重点：一是确保食品安全，体现生命至上、以人为本的原则；二是确保资金安全，努力使每一分钱都吃到学生的嘴里，坚决防止发生腐败和浪费行为。

第三，供餐模式因地制宜。计划实施初期，各地根据实际情况合理选择供餐模式。一是学校食堂供餐。寄宿制学校或达到一定规模、有食堂或可以配置食堂的学校采取这种方式。二是购买供餐服务。没有食堂、学校附近有具备资质的餐饮企业、单位集体食堂的学校采取这种方式。三是个人或家庭托餐。很多教学点，尤其是“一师一校”、偏远地区学校或教学点，在严格规范准入的前提下采取个人或者家庭托餐。

第四，营养改善计划是开放的民生政策，它鼓励社会参与，确保政策阳光运行。为实施营养改善计划，教育部组织了20多名营养专家、食品专家、媒体专家及社会知名人士，通过专家的意见来指导这项工作的实施。组织专家编写了《农村学生膳食营养指导手册》，用通俗易懂的语言阐述了农村地区不同地区、不同季节、不同学龄段的孩子吃什么比较安全和有营养。

第五，建立了公开公示制度。教育部要求营养改善计划覆盖的所有地区都要纳入政府公开的范围，逐级逐项予以公开。同时利用新媒体接受全社会的监督。

在中国实施学生营养改善计划是一件大事，是一件好事。在各级政府的积极努力下，在社会各界的大力支持下，营养改善计划越来越完善、越来越规范，越来越多的孩子能够吃上一顿营养、健康的午餐，将来会拥有一份美好、光明的未来。

四、阳光校餐数据平台

2007 年起，基金会在贫困地区农村寄宿生中开展营养改善社会试验。连续三年的试点及其评估证明保障贫困地区儿童营养，不仅能够改善贫困儿童的身体和体能，而且能够提高他们的学习能力、学习兴趣和学习质量，是促进社会公平、防止贫困代际传递的重要途径。基金会的试验结果受到党中央的高度重视，为国家相关政策的制定与实施提供了实证依据。2010 ~ 2013 年，基金会三次对贫困地区学生营养改善工作进行第三方评估，评估结果得到国务院有关领导和部委的重视，对贫困学生营养改善工作有促进作用。

阳光校餐数据平台是教育部全国营养办委托中国发展研究基金会开展的，利用互联网和数据科技对农村义务教育学生营养改善计划进行创新性监督、评估、科研，开展健康教育与国际交流的平台。“阳光” 源于 “阳光工程”，寓意温暖、健康、正能量。

数据平台由手机客户端、互联网、数据库三部分组成。通过手机客户端从农村学校直接收集营养改善计划每日执行数据；通过互联网向全社会公开，接受监督，开展宣传、教育、国际交流工作；数据库对政策执行数据进行分析、评估，结果以日、月、学期为单位分别反馈至学校、县有关部门和省有关部门。

2015 年 9 月，全国营养办选定营养改善计划覆盖范围内的 13 个省份 100 个县作为数据平台试点，并下发相关文件要求试点省、县有关部门组织学校配合基金会完成数据收集工作。现在数据平台覆盖 9200 余所学校 383 万学生，运行情况整体良好。

两年来，数据平台共获取政策相关有效数据 1020 万条，包括学校基本信息 21 万条、学生基本信息 108 万条、贫困信息 2 万条、采购信息 330 万条、资金使用信息 367 万条、体质改善信息 192 万条。数据平台记录了 620 万张贫困农村学校的供餐照片，并做了基础统计。数据主要由项目试点县的教育部门、卫生疾控部门、扶贫办、统计局等单位汇总提供。基金会使用云平台储存数据，使用微软公司的 SQL Sever 关系型数据库管理系统对数据进行结构化分析、研究，使用 Power BI 交互式数据可视化工具检验分析结果。

数据平台有以下作用：多维度收集和分析政策数据；有助于保障资金安全和食品安全；促进学生营养保障，降低营养不良率；创新政策监督模式，规范政策执行，观察政策效果；帮助总结扶贫、人力资本开发的“中国方案”。

2016 年 4 月 26 日，在国务院召开的“农村义务教育学生营养改善计划座谈会”上，数据平台得到刘延东副总理的肯定与支持。下一步将进一步发挥数据平台作用，用实证保证民生政策执行精细化、规范化、科学化，用数据手段保障学生营养需求。

本报告中的监测结果、评估结果等，未经特殊说明的，均由阳光校餐数据平台的基础数据分析所得。

五、供餐模式

营养改善计划实施 5 年来，有关部门科学谋划，统筹安排，进展很快，社会反响良好，基本实现了教育扶贫、营养扶贫的政策目标。营养改善计划瞄准贫困地区、贫困儿童，扶贫效果尤为突出。监测数据显示，受益学生中，16% 来自精准扶贫对象家庭，20% 为父母双方外出务工的留守儿童，63% 为父母一方外出务工。这一政策直接帮助了在贫困中最为脆弱的儿童。

第一，农村义务教育学校食堂建设基本完成。在中央财政专项资金的支持下，98% 的贫困地区农村义务教育学校完成了食堂或伙房的建设和改造，并投入使用。这为全面实施食堂供餐提供了基础设施保障。

第二，食堂供午餐模式成为主要供餐模式。国家为贫困地区农村学生每生每天提供 4 元膳食补助，用来保障学生在校学习期间的基本营养需求。各县以食堂供餐（包括早餐和午餐）或课间加餐的模式落实营养改善计划。监测县中，半数的县实现了全县学校食堂供午餐，这是保障学生在校期间营养需求的最为有效方式。近三成的县选择食堂供早餐的模式，还有两成的县有部分学校或者全县采取课间加餐模式。午餐关系到学生是不是饿着肚子上课，对学生学习感受至关重要。课间加餐有一定程度的营养补充作用，但无法根本满足学生身体及营养需求。

国务院有关领导多次强调，要加快供餐模式转变，以食堂供餐保障学生营养，这一要求逐步得到落实。2017 年 4 月，监测县食堂供午餐学校覆盖率为 77%，这一比率较 2015 年底有所提高（见图 1）。

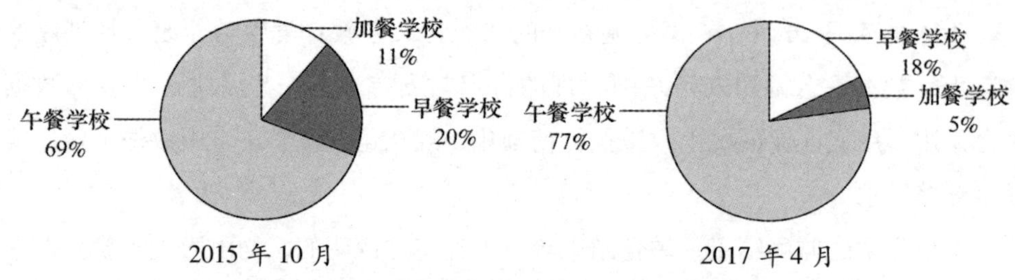

图 1　监测县不同供餐模式学校覆盖率变化

第三，不同供餐模式在资金使用效率、营养保障方面存在明显差距。将三种供餐模式进行分析比较发现，课间加餐虽然充分使用了膳食补助资金，但其营养价值仅为食堂供午餐的 1/3。对供餐照片和数据进行分析发现，课间加餐模式将部分膳食补助转化为食品加工业利润，没有直接让学生受益。早餐模式能够满足学生早餐基本营养需求，但在资金使用效率、营养价值方面均低于午餐模式（见图 2、表 2）。

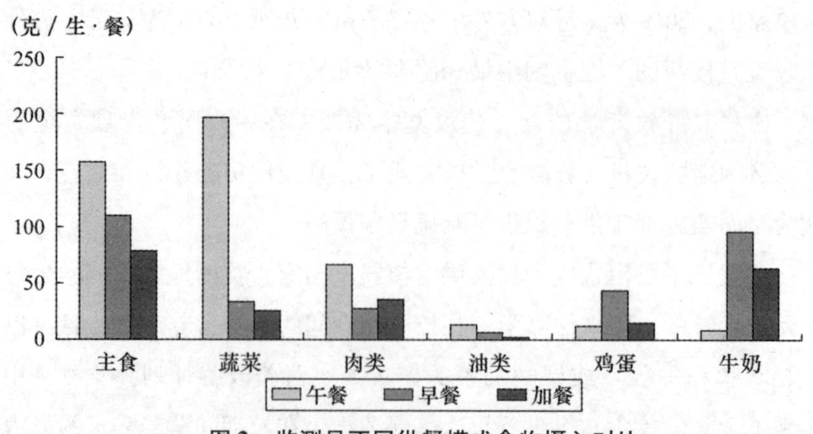

图 2　监测县不同供餐模式食物摄入对比

表2　　监测县不同供餐模式营养摄入情况比较

营养元素	营养推荐量	午　餐	早　餐	加　餐
能量（千卡）	810.00	866.80	450.09	298.20
蛋白质（克）	28.00	28.90	21.33	12.04
脂肪（克）	30.00	29.80	21.37	10.14
钙（毫号）	400.00	193.70	151.40	182.12
铁（毫号）	5.40	10.47	4.60	3.76
纳（毫号）	530.00	864.09	405.00	402.61
维生素 A（微克）	300.00	212.82	146.47	64.99
维生素 B_1（毫克）	0.60	0.78	0.34	0.20
维生素 B_2（毫克）	0.60	0.78	0.41	0.28
维生素 C（毫克）	20.00	25.86	9.51	1.44

第四，食堂供餐带动当地经济发展。食堂供餐模式中，各种主要食材，3%由省统一招标采购，41%由县统一招标采购，39%由学校定点采购，17%由学校自行采购。学校定点采购和学校自行采购形式使得国家的膳食补助资金直接进入了当地农产品市场，刺激了当地农产品生产，增加了当地农民收入。此外，计划的实施增加了农村人口就业。采取食堂供餐模式的县雇佣食堂工勤人员，这些工勤人员基本来自当地农村，工勤人员工资平均为1350元/月，以一年工作10个月计算，人均全年可获得现金收入13500元。

第五，应尽快取消课间加餐模式。贫困农村学校基本具备食堂供午餐的基础设施条件。采取课间加餐模式的县和学校多数有食堂，收费做午餐或者食堂对外承包，国家膳食补助资金用来加餐。课间加餐模式存在资金安全和食品安全风险。例如，包装食品单价高，采购一个小面包2元；包装食品品牌杂、种类杂；每日提供加餐食物品种少，最多发两种加餐食物。这使得政策的营养改善效果和扶贫效果都不明显。

六、采购与资金管理

第一，营养改善计划实施5年来，鲜有腐败、挤占挪用补助资金的情况发生。各县基本做到充分使用膳食补助资金，并建立了规范的结余资金管理机制。监测县和学校努力做到每餐营养餐价格基本在4元左右，可以看出膳食补助资金基本得到充分使用，让每一分钱都吃到孩子嘴里。部分县提高膳食补助标准，部分学校向学生家庭收费，其营养餐价格与实际标准基本相符。

第二，严格管控食材采购有助于保障食品安全和资金安全。营养餐的食材采购基本由县统筹安排，县、乡镇或学校具体落实。大宗商品由县或乡镇统采统送，蔬菜、肉类、辅料等细碎、易变质的食物由中心校及所属学校当地询价定点采购。采购价格是考量资金使用效率和营养餐质量的重要因素。监测结果显示，监测县的主要食材（包括主食、肉类、油类、鸡蛋，以及最常吃蔬菜胡萝卜、土豆、西红柿、白菜）的采购价格逐渐平稳、规范。

2017年，70%的县主食采购价格不高于农业部发布的同期农产品批发价格①，72%的县肉类采购价格不高于同期农产品批发价格，64%的县最常吃的蔬菜采购价格不高于同期农产品批发价格，52%的县鸡蛋采购价格不高于同期农产品批发价格（见图3~图7）。各县采购价格管控较2015年底有明显改进。通过数据平台将相关信息公开，评估结果反馈给监测学校和县对这一变化有促进作用。有的县以往没有严格规范食材采购，导致采购价格明显高于同期农产品批发价格，与其他监测县对比明显。公开与反馈的信息引起了有关部门的重视，完善了采购机制，从而降低、规范了采购价格。如贵州省，2015年16个监测县中的15个县猪肉价格高于全国同期猪肉批发价格，至2017年，仅有个别县价格略高，改进明显。

第三，多数监测县地方财政积极支出配套营养改善计划运行经费。监测县中，有16%的县地方财政提供食堂运行经费和工勤人员工资，有52%的县地方财政支出配套食堂工勤人员工资②，有8%的县地方财政支出补贴食堂运行经费。

① 由于自然条件、交通运输、饮食习惯等原因，各地食材采购存在一定差异。根据农业部发布的全国同期农产品批发平均价格，各监测县、学校食材采购价格在同期农产品采购平均价格基础上上浮10%，且未超过同期农产品批发的最高价范围内，即为不高于全国同期农产品批发价格。

② 各县地方财政配套营养改善计划落实及配套用途情况见附表5。

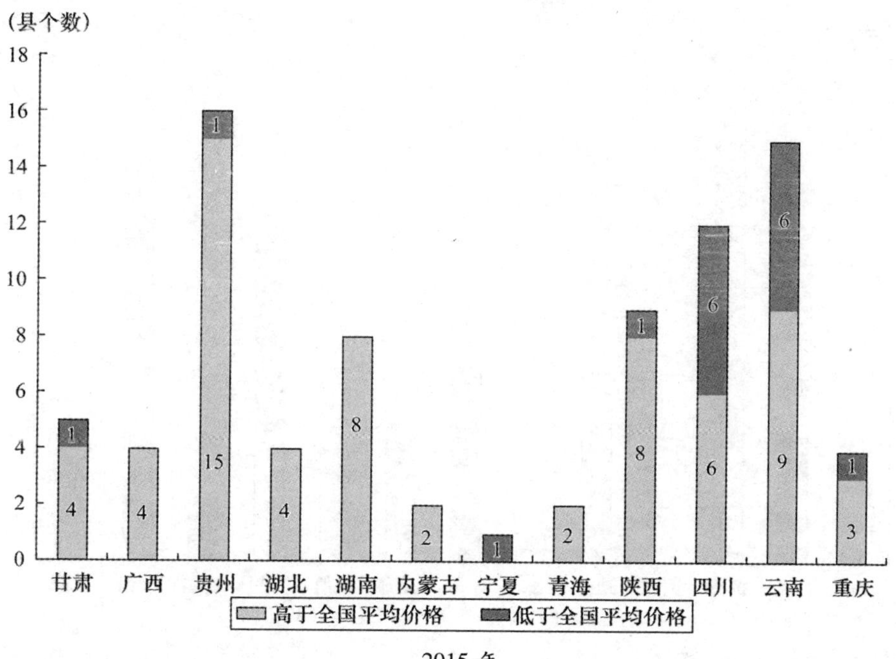

2015 年

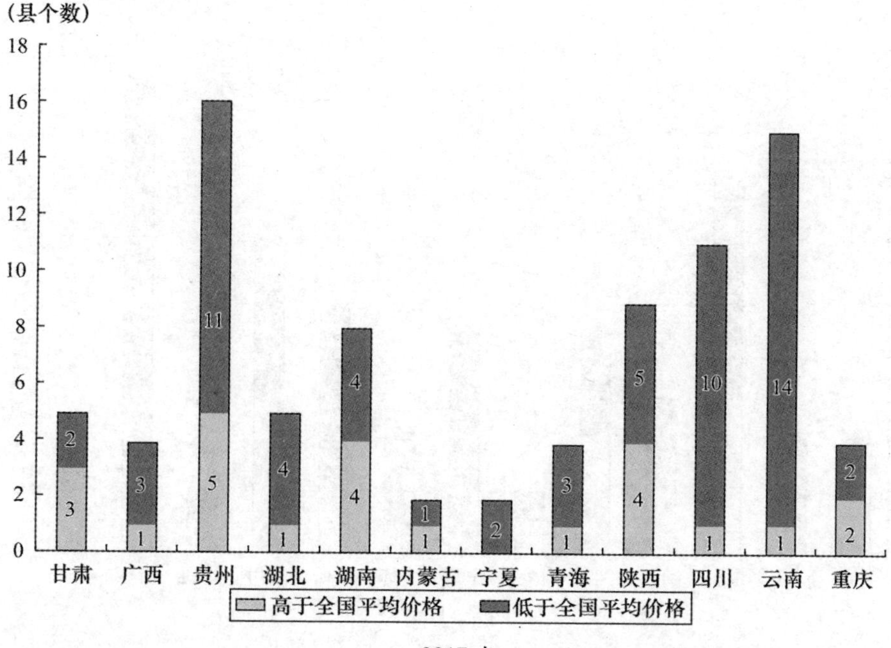

2017 年

图 3　监测县 2015 年和 2017 年猪肉采购价格与全国同期农产品批发价格对比

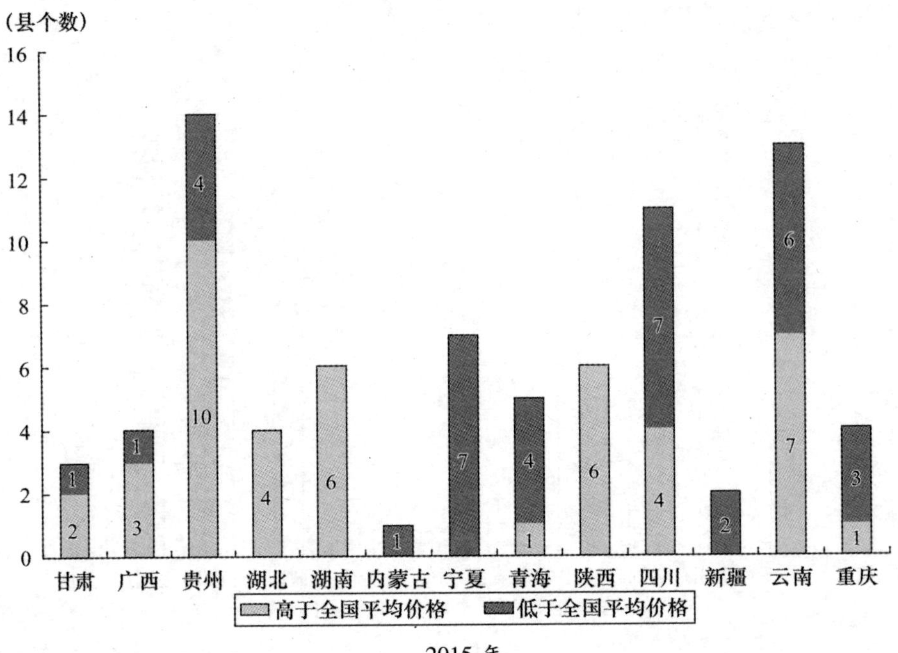

2015 年

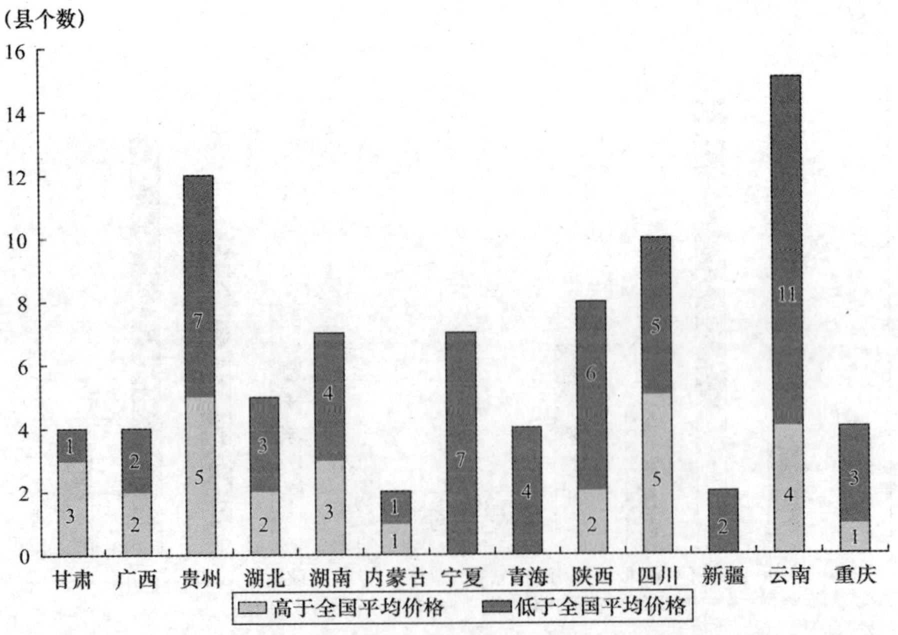

2017 年

图 4　监测县 2015 年和 2017 年牛肉采购价格与全国同期农产品批发价格对比

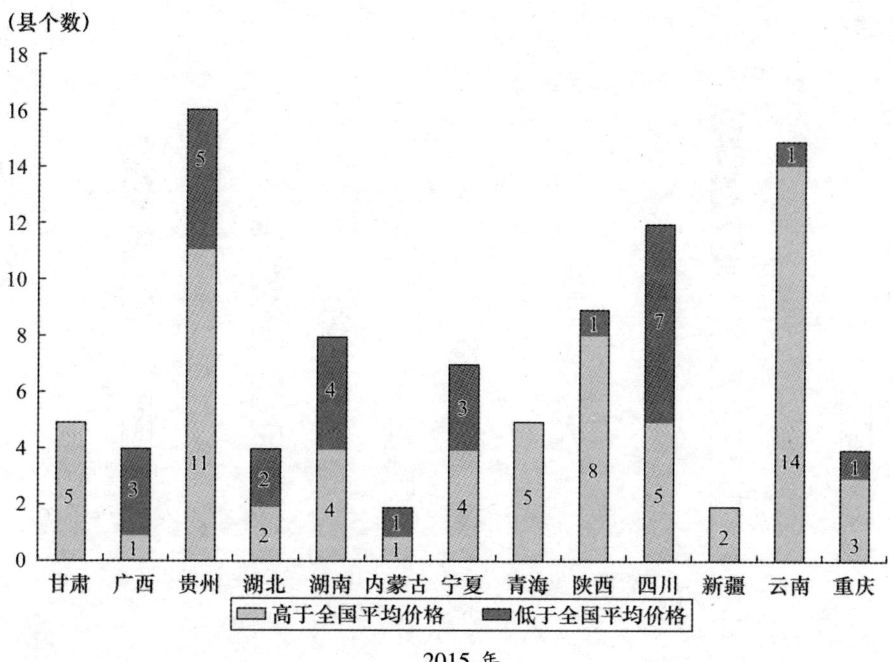

2015 年

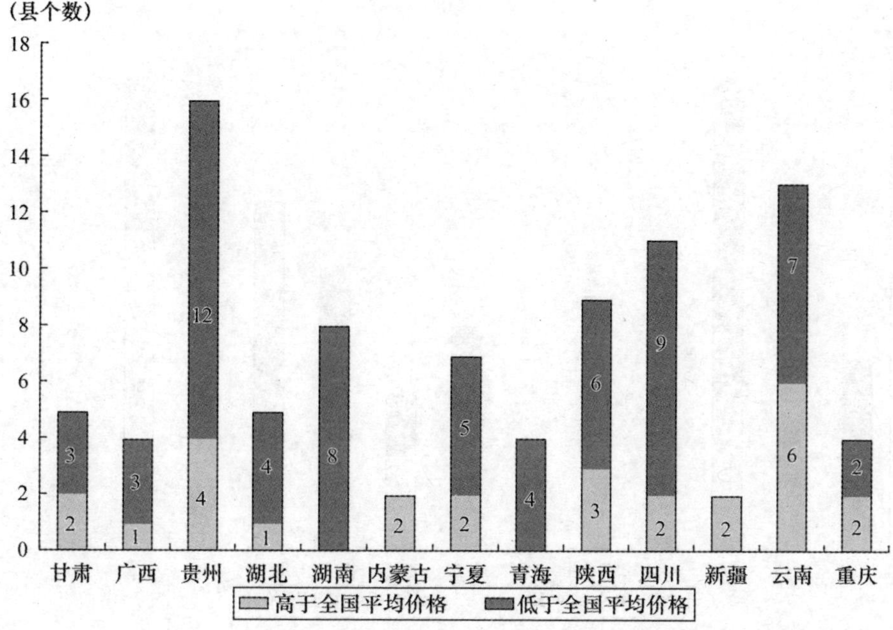

2017 年

图 5　监测县 2015 年和 2017 年大米采购价格与全国同期农产品批发价格对比

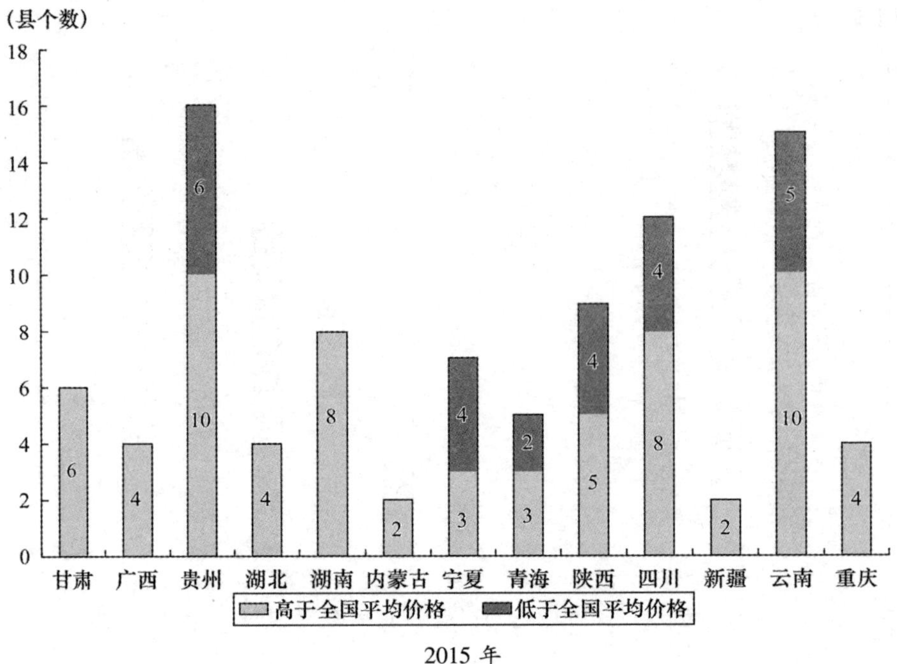

2015 年

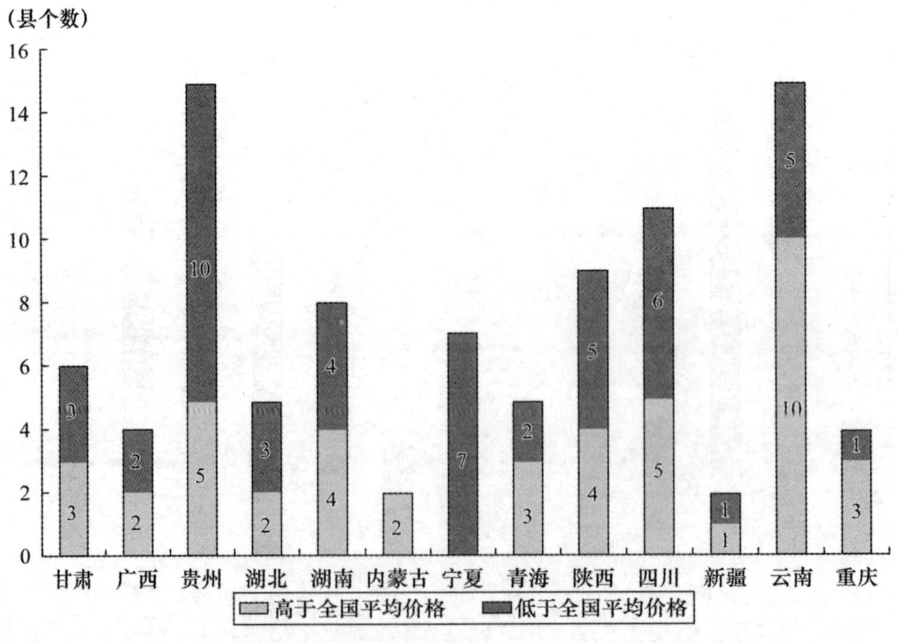

2017 年

图 6　监测县 2015 年和 2017 年鸡蛋采购价格与全国同期农产品批发价格对比

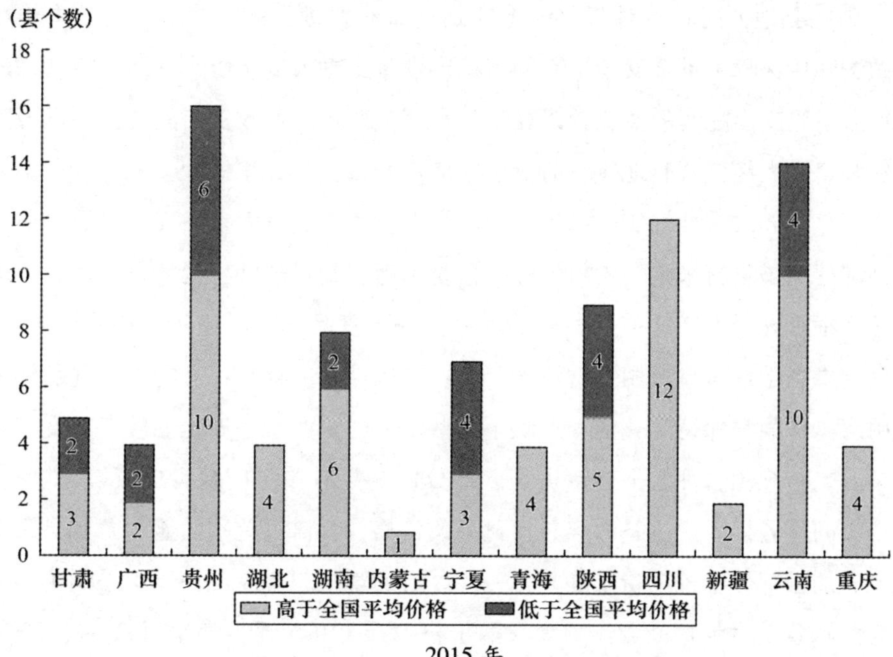

2015 年

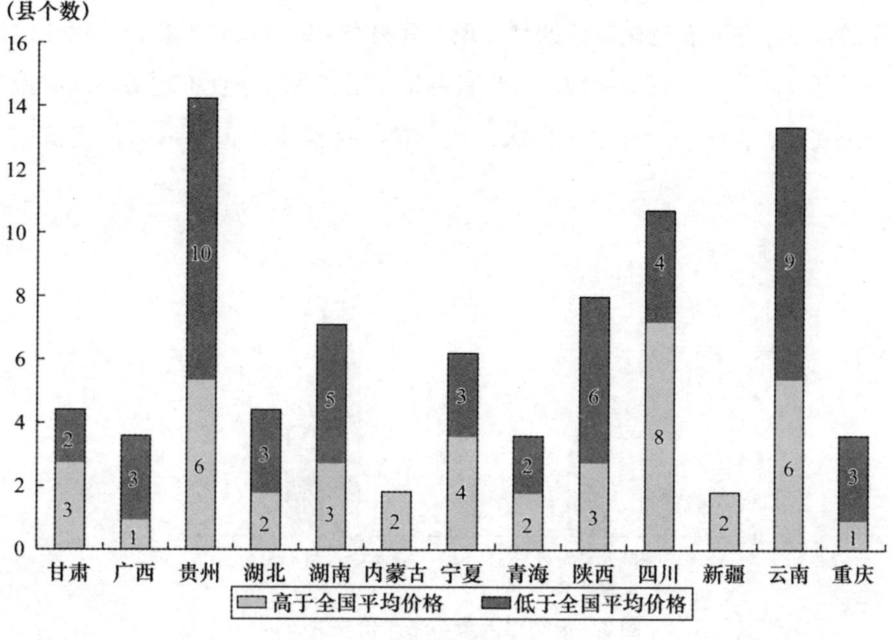

2017 年

图 7　监测县 2015 和 2017 年胡萝卜采购价格与全国同期农产品批发价格对比

也有24%的县地方财政不对营养改善计划运行经费进行配套。地方财政支出配套的做法间接保障了资金安全，有助于稳定食堂工勤人员队伍，进而保障食品安全。地方财政支出配套的情况较以往评估有明显改进。财政支出配套食堂供餐运行经费和工勤人员工资是地方政府责任，应该积极行动，积极配套。

第四，营养改善计划实施以来，全国没有发生一起重大食品安全事故。所有监测县都建立了食材采购、食材储存、食材出库、食材烹饪、营养餐留样、垃圾处理等详细管理制度。这些制度从根本上保障了食品安全。监测照片分析显示，多数食堂供餐学校每日所用食材色泽新鲜，难以储存的食物每日配送，食品储藏间和厨房操作间都保持了整洁，反映了这些学校对落实食品安全的认真态度。

第五，精细化管理水平有待提高。部分监测县有关部门缺少执行统一规范，使得学校间供餐模式、供餐内容、食材采购价格、食谱等差别明显。尤其是采购价格，有的县部分学校鸡蛋采购5元一斤，有的学校鸡蛋8元一斤。采购价格高一点就意味着学生少吃一点：主食采购价格每斤高0.5元，学生每顿少吃25克主食；猪肉采购价格每斤高1元，学生每顿少吃5克肉。分析肉类摄入量符合我国各年龄段学生午餐食物建议量的县发现，其肉类采购价格较不符合食物建议量的县每斤低2元左右。有的学校没有认真制定菜谱，使得膳食不均衡。这些做法都对资金安全、食品安全和学生健康产生影响。肉类摄入量与采购价格情况见图8。

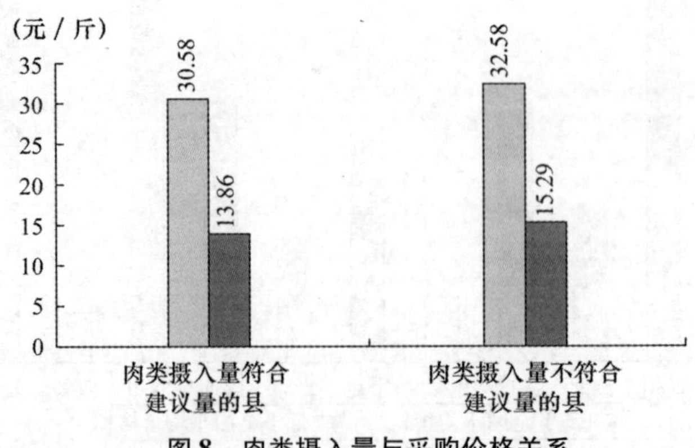

图8 肉类摄入量与采购价格关系

第六，营养餐收费用途有待规范。监测县中，有26%的县向学生家庭收费用于营养餐，收费标准10~70元/月不等。监测结果显示，收费县的营养餐价格与不收费县相差不多，营养基本达标学校比例低于不收费的县（见图9、图10）。部分县将收费用于补贴食堂运行费用和支付工勤人员工资。只有少部分县，如贵州从江县、陕西丹凤县明确规定收费用于采购牛奶，为学生补钙。学生家庭参与学生营养改善无可厚非，但应该明确收费目的，收费应用于学生营养改善。食堂运行经费和工勤人员工资应由地方政府承担。

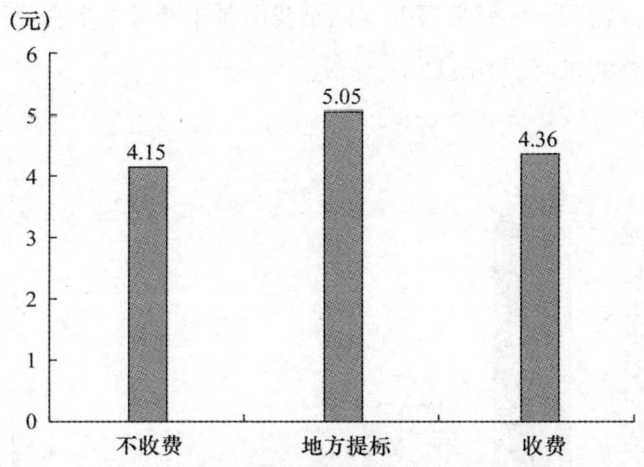

图9　不同情况监测县营养餐平均价格对比

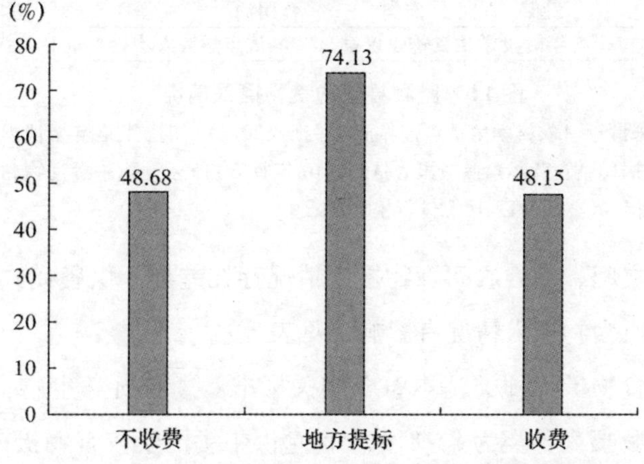

图10　不同情况监测县营养基本达标学校比例对比

现在，地方政府为营养改善计划提供配套没有减少学校向学生家庭收费的情况。向学生家庭收费的县中，多数县地方财政是进行了配套的，只有7个县地方政府没有进行任何配套。为扩大政策的扶贫效果，地方配套食堂运行经费和工勤人员工资，县有关部门应考虑不再向学生家庭收费。

七、学生饮食与营养保障

第一，学生饮食状况为各种营养元素的摄入提供了基础，能够衡量学生是否吃饱、吃好。多数监测县的营养餐基本满足我国各年龄段学生食物建议量，保障了学生的基本食物需求（见图11）。

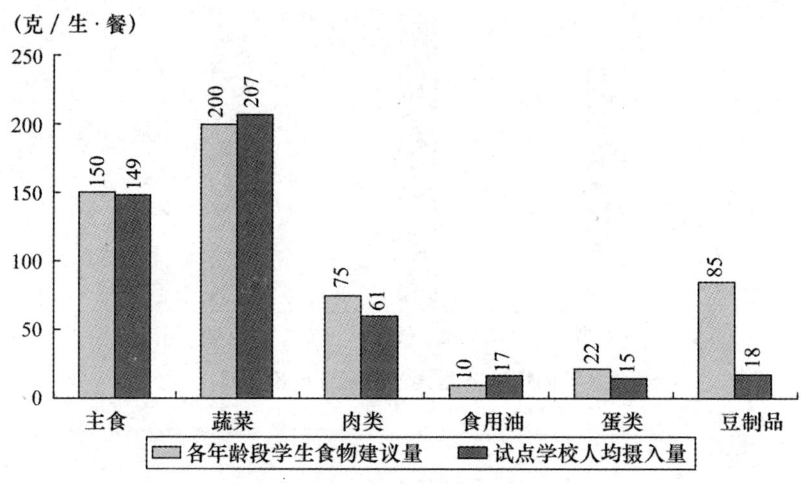

图11　监测县生均食物摄入情况

注：参考标准来源于《农村学生膳食营养指导手册（2012）》的农村各年龄段学生三餐食物分配推荐量范围和《中国居民膳食营养素参考摄入量》2010年版7~15岁儿童午餐食物和营养参考摄入量平均值，对学生食物摄入、营养摄入情况进行粗略判断。

但是，各省之间、各县之间食物摄入情况存在差异。供餐模式、供餐内容、食谱搭配等因素对食物摄入情况有影响（见表3）。

第二，每餐食物摄入种类基本符合相关标准。《农村学生膳食营养指导手册》推荐午餐食物摄入种类为5~8种，食堂供午餐的学校食物摄入种类平均为5.3种，已经超过推荐种类基线。食物摄入种类丰富有助于均衡膳食。但是，还有27%的食堂供午餐学校食物摄入种类少于5种，这一比例较2015年底已减少近20个百分点。食堂供早餐食物摄入种类平均为3.1种，加餐模式食物摄入种

表 3 **监测省生均食物摄入情况** 单位：克/生·餐

	主食	蔬菜	蛋类	肉类	豆制品	食用油
标准值	125～175	175～200	22.00	60～125	50～100	10.00
重庆市	127.05	224.06	12.15	76.70	28.13	17.16
云南省	141.00	190.03	15.01	66.31	21.85	10.97
四川省	148.39	188.84	16.48	65.72	29.97	13.54
陕西省	141.36	192.41	18.39	56.19	25.49	16.35
青海省	123.80	229.17	10.34	55.38	6.92	11.29
宁夏回族自治区	154.08	221.20	12.10	62.14	14.66	14.75
内蒙古自治区	125.59	108.37	20.06	38.46	17.31	6.69
湖南省	126.37	147.98	15.13	61.61	25.50	11.34
湖北省	114.16	165.98	5.44	59.27	22.00	17.51
贵州省	139.35	198.59	14.16	65.72	39.82	13.41
广西壮族自治区	124.63	133.70	10.91	68.40	19.08	5.52
甘肃省	107.41	37.20	21.75	20.40	2.90	5.93
新疆维吾尔自治区	127.41	156.31	0.99	45.87	0	20.86

类平均为2.3种，明显少于食堂供午餐模式。

第三，每餐生均肉类摄入量明显增加。肉类是人体所需优质蛋白质的主要食物来源之一，对贫困农村儿童体质改善有重要意义。2013年，中国疾病预防控制中心前院长陈春明教授曾指出，膳食不均衡，主食多、油多、肉少，能吃饱，但容易出现长胖不长高的现象。现在，监测学校每周至少吃三次肉，51%的学校做到每餐有肉菜，这一情况较2015年底有巨大进步。摄入频次增加的同时，每餐肉类人均摄入量也有所增加，从2015年底的53克，增加至2017年4月的61克（见图12）。这一变化对贫困地区学生有重要意义，我们实地调研访谈时，孩子们普遍反映学校饭菜比家里好吃，原因是学校的菜有肉。

第四，营养餐越来越营养。每餐4元补助标准，能不能保障学生的基本营养需求？监测结果显示是可能的。中国营养学会制定了包括能量、蛋白质、脂肪三种主要营养元素和钙、铁、钠、锌、维生素A、维生素B_1、维生素B_2、维生素C等八种微量元素的推荐标准。本报告将三种主要营养量和两种微量元

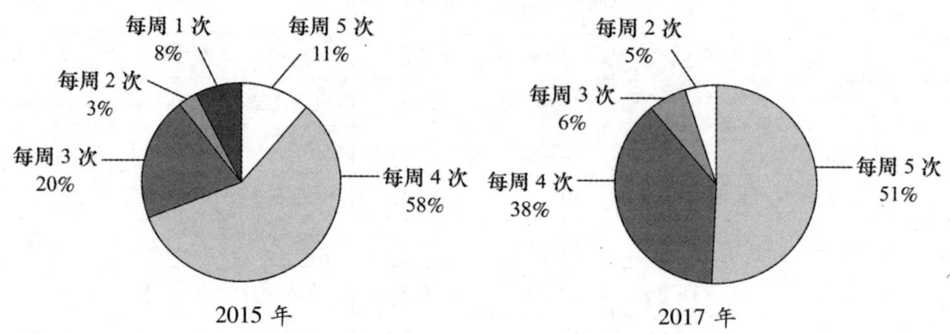

图12　监测学校每周肉类摄入次数比例变化

素满足中国居民膳食营养素参考摄入量作为营养基本达标。现在，监测学校中有52%的学校营养餐基本达到国家推荐标准。这一比例较2015年底的34%有明显提高。

各省份各县均有学校能够做到营养餐基本达标，其中宁夏、贵州、四川、云南达标学校数量较多（见图13）。一些县基本做到所有学校每顿营养餐基本达标。

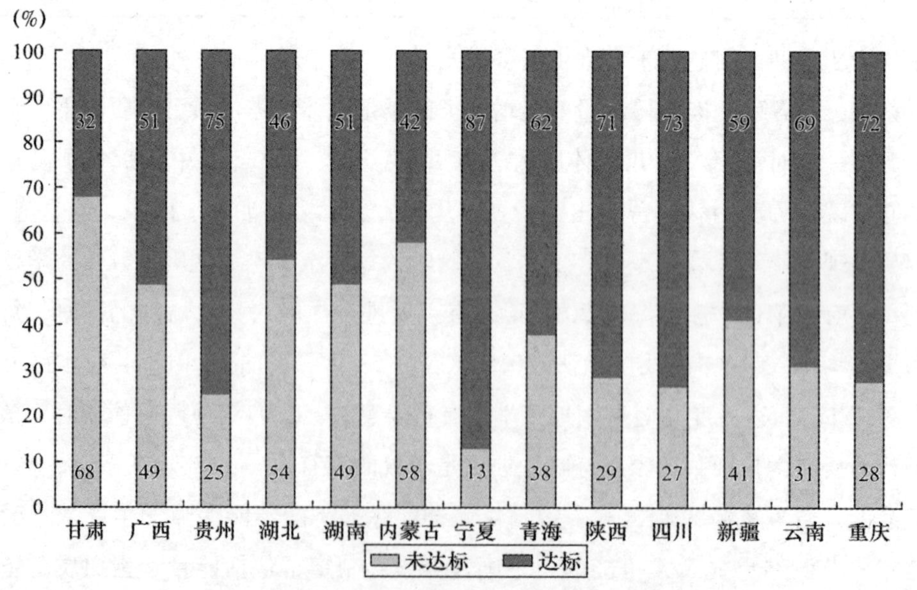

图13　监测省份学校营养餐基本达标情况

第五，营养均衡还需要加强。国际社会将微量元素缺乏作为营养不良问题的重要内容。微量元素缺乏，尤其是营养性铁缺乏症、锌缺乏症和维生素 A 缺乏症不仅会增加儿童感染及死亡的风险，而且会造成儿童生长发育迟缓，从而影响儿童的认知和记忆能力。提高营养餐质量，满足学生基本营养需求是现阶段的工作重点。目前，仍有近半数学校的营养餐没有做到基本达标，蛋白质摄入不足的情况需要引起注意。尽管多数学校营养餐的能量能够满足学生需求，但从食物摄入角度来看，油类摄入超过国家推荐标准，肉类摄入不足，可能是导致能量达到标准但蛋白质不足的原因（如图 14）。

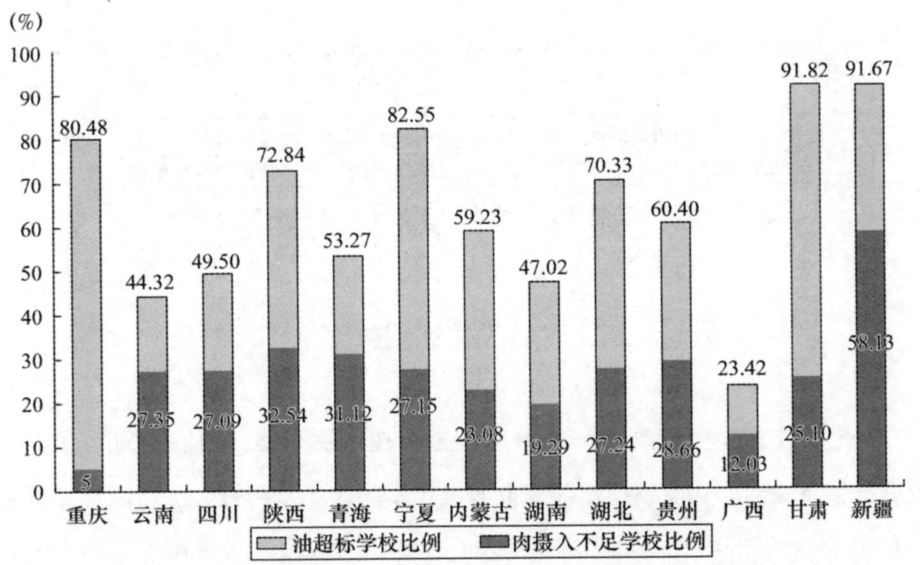

图 14　监测省份油摄入超标学校和肉类摄入不足学校比例

本报告定义满足三种主要营养量和两种微量元素的参考量为基本达标，原因在于现阶段没有学校的营养餐能够做到各种营养素均满足国家推荐摄入量。盐摄入过量、钙不足、维生素 A 缺乏是突出问题。这些也是联合国可持续发展目标、哥本哈根共识、《全球营养报告 2016》《中国居民营养与慢性病状况报告 2015》等研究报告重点讨论与需要解决的问题。监测学校中，钙摄入量符合国家推荐标准的学校仅占 14%，维生素 A 达标率为 40%，63% 的学校盐的摄入量明显高于国家推荐量（如图 15）。油脂过多、微量元素缺乏、盐过量对人的大脑、身体机能发育是长期慢性损害，急需改变。

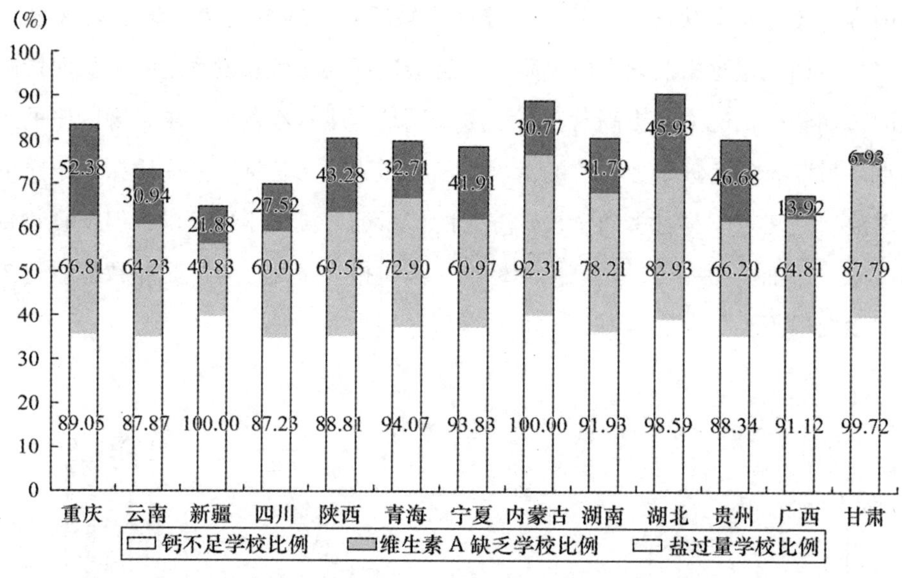

图 15　监测省份钙不足、维生素 A 缺乏、盐过量学校比例

八、营养改善计划效果

第一，学生体质明显改善。2006 年基金会在广西开展贫困农村寄宿学生营养改善社会试验时，男女学生平均身高较城市平均水平差距很大。广西都安县贫困农村 10 岁男生平均身高低于城市 8 岁男生，这大大限制了贫困农村学生的未来发展。营养改善计划的实施，显著改善了贫困农村儿童的体质状况。100 个监测县中，有 62 个县提供了 192 万学生体检数据，分析结果显示①，2012 ~ 2016 年，7 岁学生入学时身高无明显差别。随着营养改善计划的实施，各年龄段学生平均身高均有增长，11 岁男、女生分别从 2012 年的 137. 8 厘米和 138. 7 厘米增长至 2016 年的 143. 5 厘米和 144. 3 厘米，四年间同一年龄段的男女生身高分别增长了 5. 7 和 5. 6 厘米。中国贫困地区学生营养不良、生长迟缓的状况正在发生重要转变。营养改善计划为他们的身体健康、学习能力和未来劳动生产率的提高

① 部分县没有提供学生体质监测数据。

奠定了基础，这是一项了不起的成绩（如表4 和表5）。

表4　62 个监测县 2012～2016 年 7～15 岁各年龄段男生身高与全国平均对比

单位：厘米

年　龄	7岁	8岁	9岁	10岁	11岁	12岁	13岁	14岁	15岁
2012 年身高	120.8	124.8	129.2	133.9	137.8	142.2	147.5	151.7	155.7
2013 年身高	120.8	125.3	128.9	134.5	140.2	143.7	148.0	152.3	156.4
2014 年身高	120.7	125.7	130.2	135.3	142.2	144.8	149.4	153.9	158.6
2015 年身高	121.3	126.7	131.5	137.2	142.3	146.4	151.3	155.4	160.1
2016 年身高	121.0	127.5	132.8	138.1	143.5	147.8	152.7	157.1	161.1
2010 年全国平均身高	125.5	130.7	135.8	140.9	146.2	152.4	159.9	165.3	168.8
2014 年全国平均身高	126.6	132.0	137.2	142.1	148.1	154.5	161.4	166.5	169.8

注：1. 7～15 岁全国平均身高数据来源于 2010 年和 2014 年《全国学生体制与健康调查》。

2. 1922078 个体质监测样本量按年龄段分布情况：7 岁 245335 人，8 岁 210039 人，9 岁 221857 人，10 岁 217167 人，11 岁 240282 人，12 岁 188331 人，13 岁 224833 人，14 岁 178075 人，15 岁 196161 人。

表5　62 个监测县 2012～2016 年 7～15 岁各年龄段女生身高与全国平均对比

单位：厘米

年　龄	7岁	8岁	9岁	10岁	11岁	12岁	13岁	14岁	15岁
2012 年身高	119.9	124.5	128.9	134.0	138.7	142.3	146.9	149.6	151.7
2013 年身高	120.2	125.4	128.9	133.5	140.1	143.6	147.6	150.9	153.1
2014 年身高	119.9	125.7	130.1	135.8	140.1	145.1	148.6	151.9	154.2
2015 年身高	120.4	126.6	131.4	137.5	142.4	146.8	150.5	152.9	154.9
2016 年身高	120.6	127.3	132.3	138.7	144.3	147.2	151.9	154.7	156.6
2010 年全国平均身高	120.3	126.7	136.0	143.7	150.1	155.2	158.8	160.8	163.3
2014 年全国平均身高	125.1	130.5	136.3	142.6	149.3	153.7	157.0	158.7	159.4

各省、县之间的学生体质变化有差异。将全县实现食堂供午餐的县和有加餐的县进行分组，比较学生身高增长幅度，比较结果一定程度上说明了吃得好、长得好（见图 16、图 17）。

第二，学生体能有所改善。肺活量是测量学生体能的重要指标，监测结果显示，2012～2016 年，各年龄段学生肺活量明显改善。2012 年和 2016 年 7 岁刚入

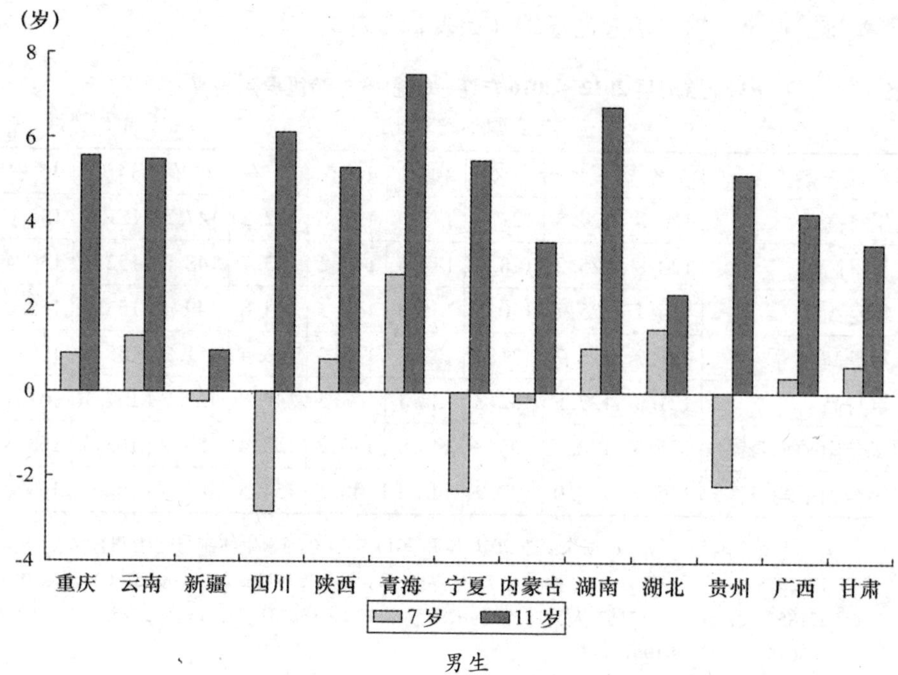

男生

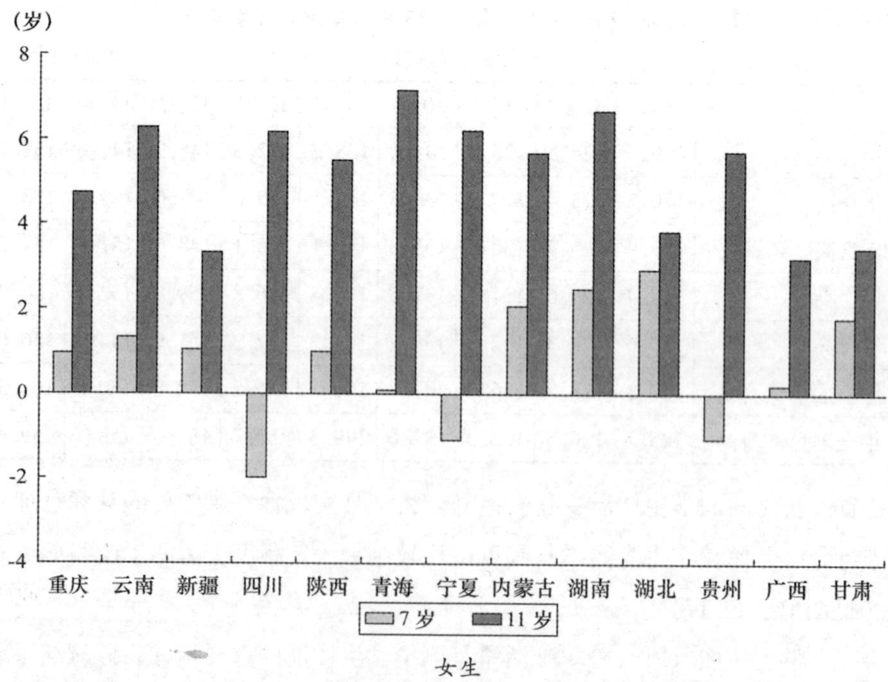

女生

图16　2012～2016年监测省7岁和11岁男、女学生身高增长幅度

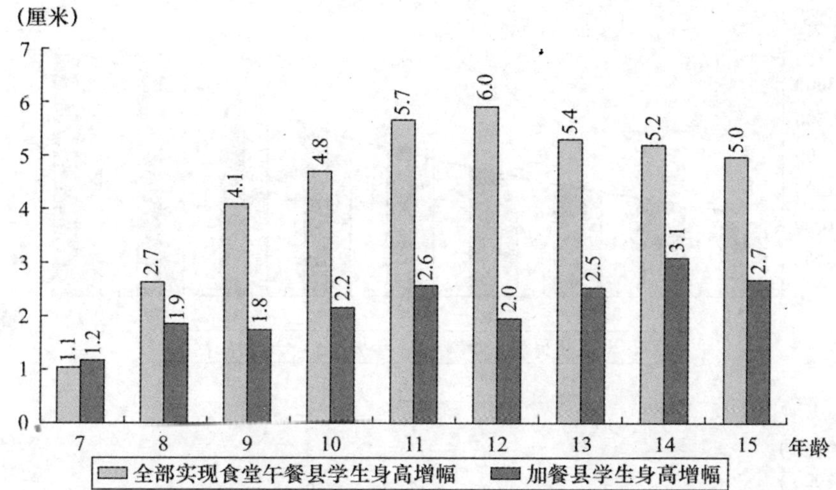

图 17　监测县中食堂供午餐学校与加餐学校 2012～2016 年学生身高增长幅度比较

注：将食堂供午餐的 533 所学校的 158834 名学生与 276 所加餐学校的 89148 名学生分成两组，对身高平均增长幅度进行比较。

学男生肺活量分别为 1056.4 毫升和 1069.4 毫升，均低于全国 1150.3 毫升的平均水平；女生肺活量分别为 992.5 毫升和 1007.4 毫升，也均低于全国 1037.4 毫升的平均水平。营养改善计划实施 4 年后，2016 年 11 岁男、女生肺活量分别由 2012 年的 1926.6 毫升和 1418.6 毫升增长至 2016 年的 2058.4 毫升和 1814.1 毫升，均超过全国平均水平（见图 18）。孩子们吃饱了饭，入学后体育锻炼增多，体能有了显著改善。

第三，有助于提高学生学习质量。受益学生学习成绩明显改善。监测小学五、六年级学生语文、数学、英语等课程的考试成绩分析显示，上述学科平均分分别由 2012 年的 72 分、70 分、62 分逐年提高至 2016 年的 79 分、79 分和 78 分。虽然各科成绩较县城同年级成绩差距缩小 8～12 个百分点，但是与县城学校相比，各科成绩仍相差 5～8 个百分点。营养改善有助于学生上课时集中注意力，从而提高了学习成绩，但是要根本上提高农村中小学教育水平，真正实现均等化，还要付出更大努力。

第四，贫困农村学生营养不良问题依然突出。习总书记关心贫困群众、关心贫困地区儿童教育、关心人民健康，在《“健康中国 2030”规划纲要》中指出：

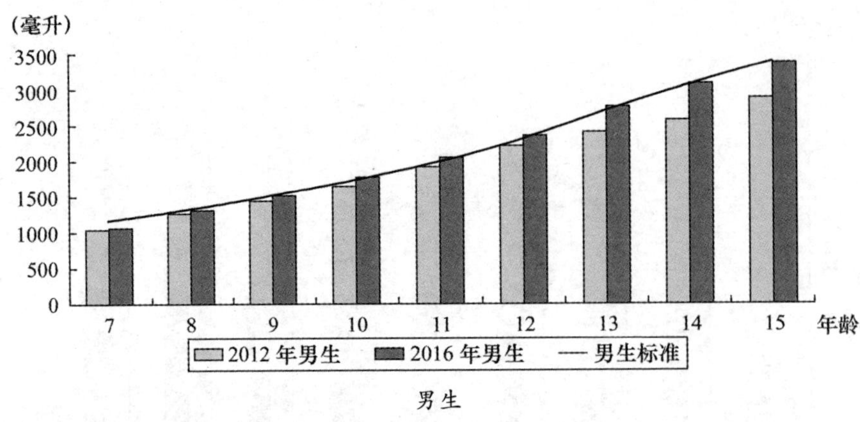

男生

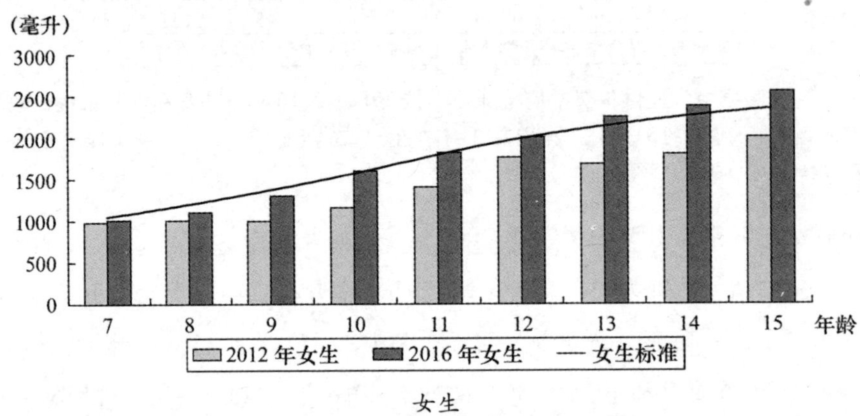

女生

图18 监测县学生肺活量变化

“全民健康，全民小康。”学生的营养状况关系其一生的健康，更关系国家未来的经济发展和社会进步。贫困农村学生的营养不良现状依然严重。监测省份学生营养不良率（见图19）由2012年的18.5%，降至2016年的15.36%，但仍高于2012年全国6~15岁儿童营养不良率12%的平均水平。贫困农村学生身高较全国平均水平仍有差距。2012年贫困地区15岁男女生平均身高与全国同龄儿童相比，相差5.2厘米和4.7厘米，2016年差距虽明显缩小，但仍差3.7厘米和3.6厘米。

一年365天，学生上学天数超过200天，尤其是贫困地区，超过60%的农村学生在校寄宿，这是解决营养不良问题的好时机。可以说，营养餐，或者更广义的校餐，是保障学生基本营养需求的根本方法，必须做好。

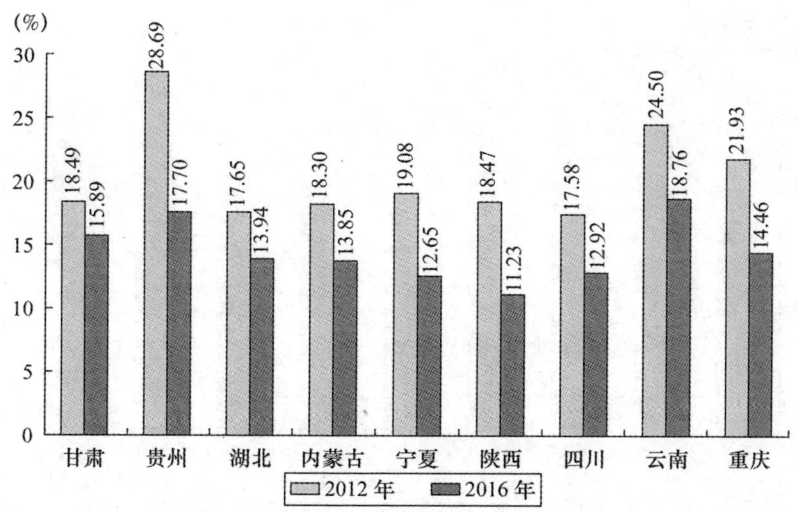

图 19　监测省份学生营养不良率变化

第五，超重与肥胖问题需要引起重视。监测结果显示，部分县存在儿童超重和肥胖的问题，超重与肥胖比例逐年增高。部分监测县数据统计结果显示，2012 年，农村义务教育学生的超重和肥胖率为 4.6%，2016 年，这一比率增加至 7.78%，虽低于全国少年儿童超重和肥胖比率的 15.5%，但应开展专项研究，并及早控制和预防（如图 20、图 21）。

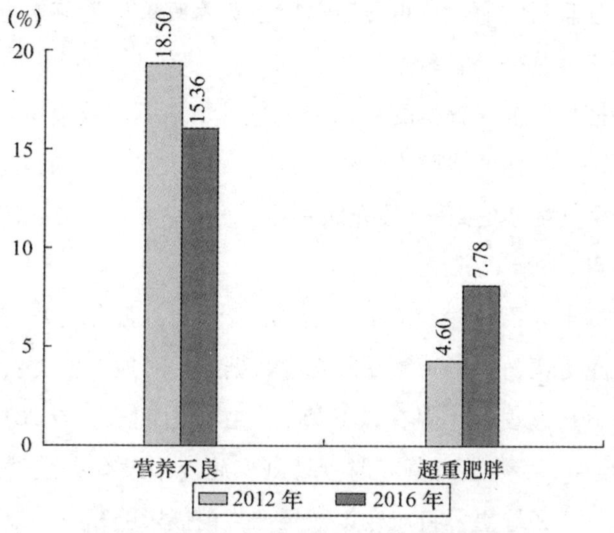

图 20　监测省份营养不良和超重肥胖率变化

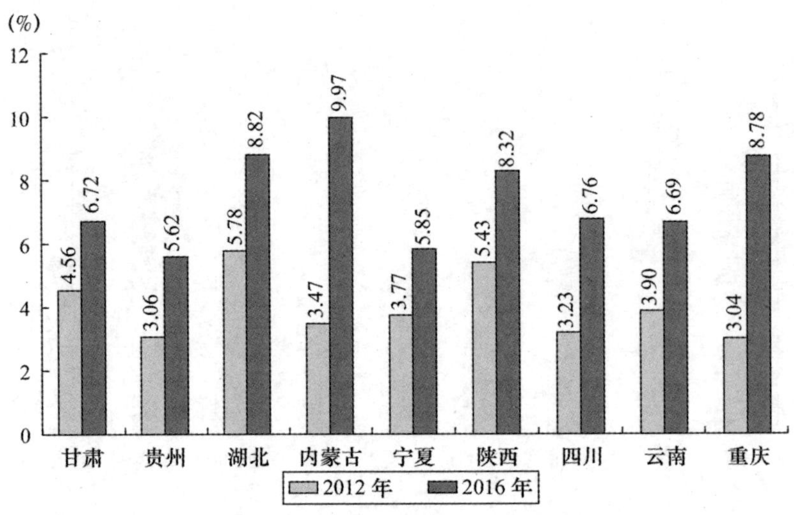

图 21　监测省份超重肥胖比率变化

九、优秀县的情况

营养改善计划是一项复杂的系统工程，顺利实施需要多部门合作，上下联动。贫困县及其所属的农村学校负责具体实施，对于这些县和学校来说，是不小的挑战。数据平台监测显示，一些县和学校在营养改善计划落实方面成绩突出，有一些好的做法值得总结、借鉴。

阳光校餐数据平台根据获得的数据与信息，制定了以政策执行、政策效果、信息公开为主要评价指标的“阳光指数”，用来评价各监测县的营养改善计划执行情况和效果。名列前茅的 20 个县为优秀县，对这些县（见图 22）进行分析发现有一些共同特点。

第一，执行好不好，关键看领导。营养改善计划是否有显著成效，关键在地方是否有关心儿童健康与发展的领导同志。数据平台对地方主要领导人基本情况和工作行为进行分析发现，他们有以下特点：在任时间长，自 2011 年营养改善计划启动至 2016 年，半数县自营养改善计划实施以来没有更换过主要领导。这与国际研究结论——领导更替将对政策效果产生消极影响相符。他们中多数有乡镇以下基层工作经验，其中半数做过农村学校教师，同时他们有较好的教育经

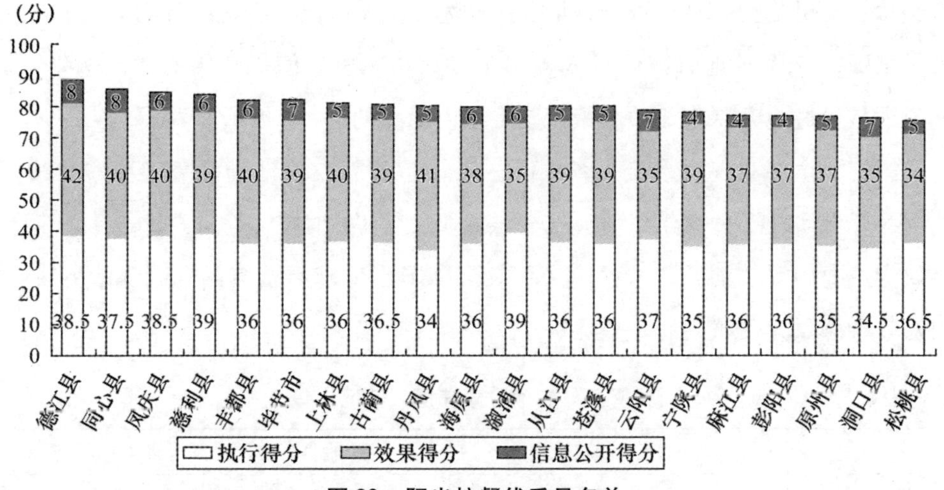

图 22　阳光校餐优秀县名单

历，都是本科以上学历。这样的工作与教育经历使他们对贫困的理解和扶贫重要性的认识有帮助。将县委县政府是否召开过以营养改善计划为主要内容的会议，是否做过专题讲话，是否亲自考察、调研过营养改善计划，是否亲自到营养改善计划实施学校吃饭、陪餐，作为重视程度考量指标，20 名优秀县主要领导基本有过此类执政行为，可以说明他们对营养改善计划的重视。上述分析与国际上关于领导与执政绩效关系的研究也相吻合。

贵州省三任省委书记正视儿童营养贫困问题，常抓不懈，学生营养不良状况显著改善，现又加大地方财政投入，将农村幼儿园儿童纳入营养改善计划。宁夏回族自治区两任党委书记经常到校调研，亲自过问营养改善计划实施细节，解决食堂运行经费、教师陪餐经费并提高学生膳食补助标准。宁夏和贵州的学生营养改善计划普遍执行较好，在先进县中占比也多。2012 年时任云南省临沧市市委书记，积极推动落实，克服阻力，免掉了对开展食堂供餐执行不力的县级有关领导干部，自此该市下辖的凤庆等县一直走在全国的前列。

而如果地方领导对学生营养改善计划的意义认识不足，强调困难，重经济建设和短期绩效，轻营养改善计划和儿童健康，执行效果也就比较差。

第二，地方财政支出营养改善计划配套经费。20 个优秀县都为营养改善计划提供了配套资金。其中，4 个县地方财政投入提高膳食补助标准、承担食堂运行经费、支付工勤人员工资；4 个县地方财政投入承担食堂运行经费、支付工勤人员工资；12 个县地方财政投入支付工勤人员工资。值得总结的是，这些经费的投入是通过地方制定相关政策、制度予以保障的。

第三，全部实现食堂供午餐。供餐模式是营养改善计划的关键要素，20 个优秀县全都实现了食堂供午餐。部分县在此之上做加法，实行早餐或者以鸡蛋、牛奶为主要内容的加餐。这种做法不仅保障了学生基本营养需求（见表 6），同时对多种微量元素摄入有积极促进。

表 6　　　　优秀县与其他县营养摄入情况比较

	前 20 县	其他县	参考摄入量
能量（千卡）	975. 33	776. 02	810
蛋白质（克）	31. 05	24. 32	28
脂肪（克）	29. 42	25. 42	30
铁（毫克）	8. 92	5. 5	5. 4
维生素 C（毫克）	44. 5	38. 6	20
钙（毫克）	249. 16	137. 67	400
钠（毫克）	657. 11	801. 46	530
维生素 A（微克）	287. 25	184. 86	300

第四，学校营养保障能力较强。20 个优秀县中，营养基本达标学校比例高于其他县，直接反映了这些县的精细化管理水平。这些县所属各学校食材采购价格接近，且不高于农业部发布的同期食品批发价格；这些县所属学校有规范的食物摄入要求，如每餐两菜一汤一主食，保证一个肉菜，这些与县里制定的采购制度、账务管理制度、食堂管理制度等有直接关系（如图 23 ~ 图 26）。

第五，精打细算用好国家膳食补助资金。对 20 个优秀县学校的分析结果显示，每餐 4. 5[①] 元要吃好一顿营养餐能够给学生提供一荤一素一汤一主食。同时要做到各类食材采购价格低于市场价 5% 左右；注意膳食补助支出结构，约 15%

① 中央财政支付膳食补助，标准为每人每天 4 元，每学年按 200 天拨付，由于节假日和学校活动等原因，学生实际在校时间不足 180 天，实际膳食补助标准约为每人每天 4. 5 元。

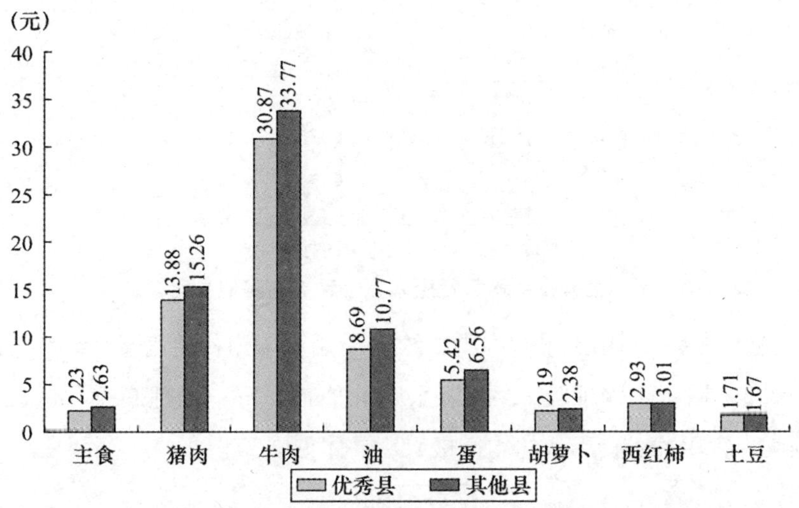

图 23　优秀县主要食材采购价格与其他县情况比较

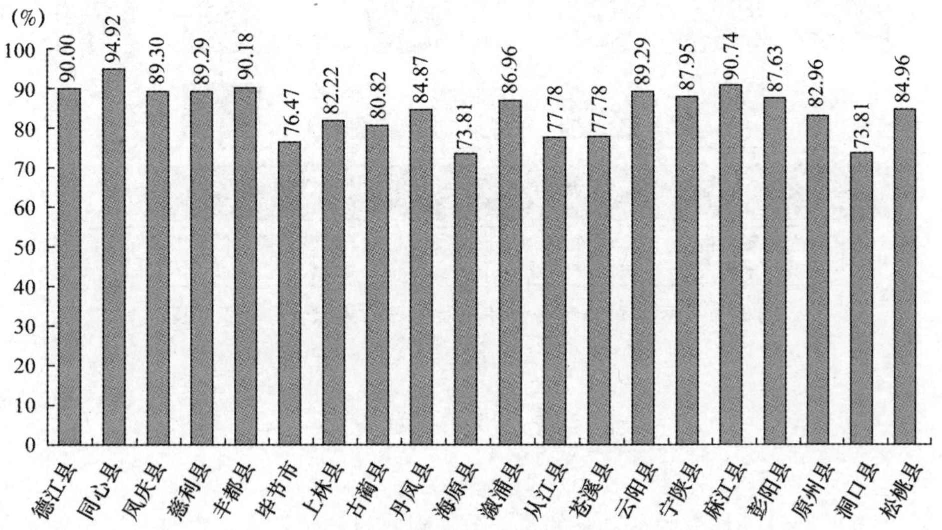

图 24　优秀县营养达标学校比例

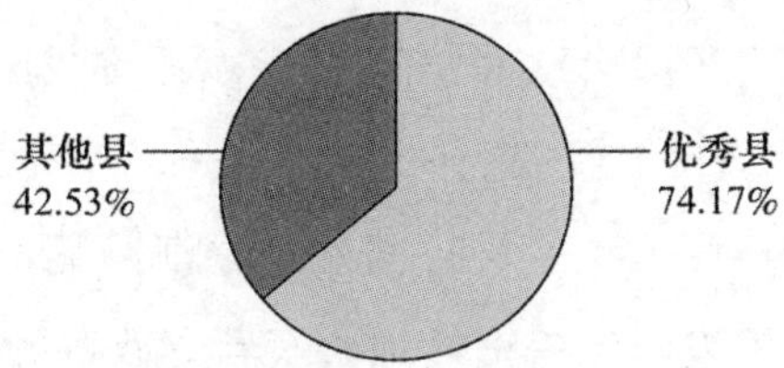

图 25　优秀县营养达标学校比例与其他县比较

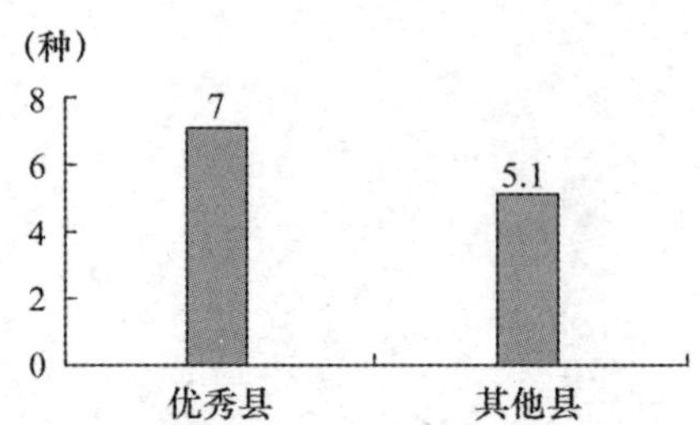

图 26　优秀县平均每餐摄入食物种类与其他县比较

用于采购主食，约 40% 用于采购肉类，约 25% 用于采购各类蔬菜，约 5% 用于采购奶蛋，约 3% 用于采购油类，约 2% 采购其他辅料等；合理膳食，保证主食、肉类、油类、食用油、食用盐的均衡摄入。具体见图 27。

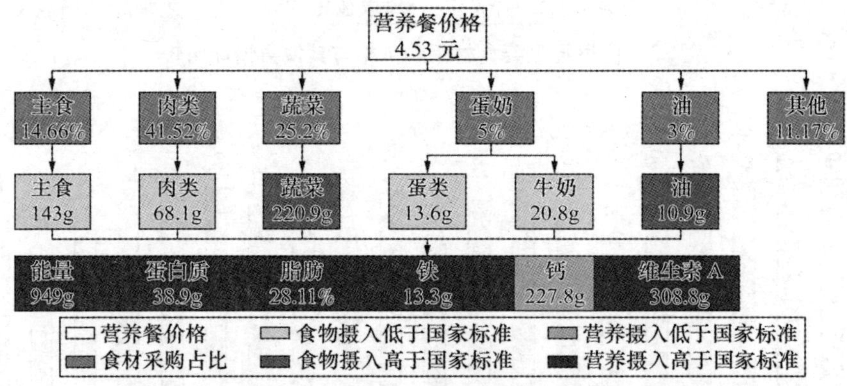

图 27　优秀县营养餐资金使用及营养效果综合分析架构图

十、进一步加强和完善

营养改善计划作为脱贫攻坚的一部分，对农村儿童发展有重要支持与保障作用，是我国建设人才强国战略的重要举措。做好营养改善计划，是各级政府、社会各界义不容辞的责任。2012 年，世界银行专家评价我国的营养改善计划执行效率惊人。我们为取得这样的成绩感到自豪。但是，随着营养改善计划的深入落实，计划执行与效果的地区差异、学校间差距逐渐凸显。根据国家《贫困地区儿童发展规划（2014－2020）》，要更好地落实营养改善计划，争取在 2020 年将贫困农村学生营养不良率降至 10% 以下，仍需付出艰苦努力。

第一，提高认识，加强考核。应将学生营养改善计划落实效果、贫困家庭受益情况纳入扶贫开发工作整体部署并进行考核。

第二，全面实现食堂供餐。国家膳食补助应统一用于为学生提供午餐，午餐是保障学生在校期间营养基本需求的最有效、最直接的方式，也是政策效果最好的方式。世界粮食计划署对170多个国家的校餐研究也证实了这点。向学生家庭收费可用于早餐和以加强营养为目的的课间加餐。

第三，落实出资责任。营养改善计划是教育扶贫的重要组成部分，中央财政要保证膳食补助标准与农产品价格上涨的联动，食材每斤价格累计上浮1元，膳食补助资金提高0.20元。2017年与2014年相比，各种食材采购价格均有上涨，应参考物价上涨情况，将膳食补助标准由现在的4元提高至4.5元。省、市、县三级政府须分担食堂运行经费及人工成本。

第四，加快学生营养立法。立法是政策持久稳定运行，建立完善工作体系的基础，国际上已有很多成功经验。立法应明确规定执行规范与标准、出资责任、问责制度、信息公开等。

第五，建立儿童营养保障体系。监测结果显示，2012~2016年，7岁刚入学还没开始吃营养餐的学生身高没有明显差别，甚至有一些县还有身高降低的情况。这在一定程度上说明了，近5年来，贫困地区儿童在入学前的营养状况没有得到有效改善。儿童营养改善需要从孕期开始至义务教育阶段结束持续地进行干预，现在急需采取的行动是，将贫困地区农村学前教育阶段儿童纳入营养改善计划。

第六，创新监督评估体系。阳光校餐数据平台经过两年运行已初见成效。基金会向社会、企业、国际组织募集资金来保证数据获取与数据库运行。应充分利用数据平台，将其监测范围扩大到所有实施营养改善计划的县，将数据平台运行经费纳入政府购买服务范畴。

第七，加强研究。营养改善计划作为教育扶贫、营养扶贫的重要组成部分，却难以测量其扶贫效果。数据系统多、数据系统之间不开放、数据无法有效对接是导致效果难以测量的原因。应建立开放、融合的监督、评估、交流平台，规范整合扶贫、卫生、教育、营养等方面的数据信息，及时公开，开展更深入、更全面的绩效研究。

第八，加强国际交流。全世界有 170 多个国家实施了学校供餐计划。中国的营养改善计划受到国际组织的重视和赞赏。要继续改进我们的工作，同时加强国际交流，提供“中国方案”。

执笔人：赵　晨　史丽佳　卢　迈

2017 年 6 月

附录

附表 1　　监测学校留守儿童、贫困儿童基本情况

省（市、区）	县（区）	父母一方外出留守儿童比例	父母双方外出留守儿童比例	来自精准扶贫家庭儿童比例
四川	南江县	70.04%	23.99%	17.26%
四川	万源市	59.05%	19.84%	15.35%
四川	剑阁县	63.73%	23.01%	13.47%
四川	沐川县	61.20%	17.98%	3.09%
四川	仪陇县	66.10%	20.40%	—
四川	古蔺县	69.30%	17.20%	—
四川	苍溪县	61.20%	21.30%	15.72%
四川	朝天区	—	—	44.71%
四川	汶川县	—	—	3.09%
四川	屏山县	—	—	—
四川	泸定县	—	—	—
重庆	石柱县	58.36%	19.44%	—
重庆	丰都县	59.16%	13.61%	17.61%
重庆	黔江区	—	—	12%
重庆	云阳县	—	—	—
贵州	镇宁县	61.30%	31.40%	—
贵州	七星关区	54.87%	13.83%	7.47%
贵州	剑河县	54.82%	15.66%	—
贵州	麻江县	63.44%	21.14%	9.80%
贵州	德江县	65.15%	17.98%	—
贵州	务川县	59.26%	16.23%	9.73%
贵州	惠水县	60.70%	18.20%	—
贵州	普定县	83.60%	28.30%	—

续表

省（市、区）	县（区）	父母一方外出留守儿童比例	父母双方外出留守儿童比例	来自精准扶贫家庭儿童比例
贵州	桐梓县	—	—	—
贵州	习水县	—	—	—
贵州	罗甸县	—	—	10.42%
贵州	松桃县	—	—	—
贵州	黔西县	—	—	14.24%
贵州	织金县	—	—	—
贵州	台江县	—	—	—
贵州	从江县	—	—	—
云南	宾川县	59.53%	20.54%	—
云南	凤庆县	66.62%	20.30%	—
云南	南涧县	63.31%	19.38%	21.26%
云南	隆阳区	51.19%	13.58%	5.84%
云南	鲁甸县	56.67%	16.19%	—
云南	武定县	60.49%	18.52%	—
云南	禄劝县	69.02%	18.07%	8.75%
云南	弥渡县	65.91%	25.37%	—
云南	麻栗坡县	61.10%	25.33%	—
云南	宣威市	56.77%	12.11%	—
云南	绥江县	62.24%	23.04%	33.12%
云南	临翔区	54.46%	23.06%	9.86%
云南	寻甸县	69.62%	18.14%	13.80%
云南	马关县	51.00%	24.00%	—
云南	镇康县	67.00%	16.40%	—
云南	剑川县	—	—	—
湖南	溆浦县	62.58%	25.38%	16.67%
湖南	慈利县	58.03%	25.28%	—
湖南	洞口县	61.84%	29.04%	—
湖南	古丈县	62.85%	23.21%	—

续表

省（市、区）	县（区）	父母一方外出留守儿童比例	父母双方外出留守儿童比例	来自精准扶贫家庭儿童比例
湖南	宜章县	50.41%	14.16%	—
湖南	沅陵县	68.58%	30.16%	—
湖南	涟源市	56.64%	21.92%	14.50%
湖南	绥宁县	58.41%	25.74%	—
湖北	利川市	67.25%	30.18%	—
湖北	罗田县	—	—	—
湖北	恩施市	—	—	—
湖北	建始县	—	—	34.87%
湖北	咸丰县	—	—	—
湖北	鹤峰县	—	—	4.85%
广西	上林县	66.59%	13.59%	—
广西	融安县	—	—	—
广西	融水县	—	—	—
广西	龙胜县	—	—	—
陕西	石泉县	64.07%	21.81%	34.77%
陕西	宁陕县	68.19%	25.73%	—
陕西	丹凤县	61.05%	26.84%	3.40%
陕西	横山县	64.45%	19.62%	—
陕西	太白县	58.76%	23.56%	—
陕西	周至县	60.13%	26.78%	10.05%
陕西	商南县	58.45%	16.48%	—
陕西	扶风县	69.34%	18.16%	16.88%
陕西	洛南县	65.79%	19.07%	36.82%
甘肃	陇西县	61.37%	20.67%	—
甘肃	合水县	50.39%	16.72%	—
甘肃	华池县	60.23%	25.92%	4.29%
甘肃	康乐县	62.36%	18.95%	20.88%
甘肃	永登县	—	—	—

续表

省（市、区）	县（区）	父母一方外出留守儿童比例	父母双方外出留守儿童比例	来自精准扶贫家庭儿童比例
甘肃	榆中县	—	—	—
甘肃	岷县	—	—	—
青海	祁连县	64.59%	17.73%	—
青海	海晏县	—	—	—
青海	互助县	67.24%	23.07%	21.02%
青海	湟中县	63.61%	21.24%	—
青海	乐都县	64.19%	18.21%	36.60%
青海	都兰县	—	—	—
宁夏	西吉县	68.94%	14.29%	70.86%
宁夏	同心县	59.50%	34.10%	31.66%
宁夏	泾源县	54.30%	13.20%	—
宁夏	彭阳县	76.48%	20.20%	—
宁夏	隆德县	69.10%	19.20%	42.14%
宁夏	原州区	50.20%	14.50%	—
宁夏	海原县	—	—	—
新疆	喀什市	—	—	—
新疆	阿图什市	—	—	—
新疆	和田市	—	—	—
内蒙古	兴和县	66.86%	19.03%	13.25%
内蒙古	突泉县	—	—	—
试点县农村义务教育学校总数（所）		9229	试点县农村义务教育学生总数（人）	3831550
一方外出打工留守儿童平均比例		61.33%	双方外出打工留守儿童平均比例	20.41%
2016年精准扶贫儿童数占总学生数百分比			16%	

附表 2　　阳光指数

一级指标及赋值	二级指标及赋值	三级指标及赋值	四级指标及赋值
A1 计划执行情况（30 分）	B1 供餐模式与膳食（15 分）	C1 食堂供早餐（5 分）	D1 早餐平均价格
			D2 早餐内容（奶 + 蛋 + 主食）
			D3 覆盖率
		C2 食堂供午餐（10 分）	D4 午餐平均价格
			D5 覆盖率（全覆盖加 1 分）
		C3 加餐（减分项）	D6 加餐价格
			D7 加餐内容（奶 + 蛋）
			D8 加餐内容（工业加工品）
			D9 加餐学校是否有食堂
			D10 加餐学校规模（规模越大扣得分值越多，50 人以下学校暂不扣分）
			D11 覆盖率
		C4 50 人以下学校食堂供午餐情况（加分）	
		C5 20 人以下学校食堂供午餐情况（加分）	
	B2 资金安全（10 分）	C6 食品采购情况（5 分）	D12 主食类采购价格
			D13 肉类采购价格
			D14 蛋类采购价格
			D15 蔬菜类采购价格
			D16 采购制度落实
		C7 各学校营养餐价格（5 分）	D17 各学校每餐平均价格
			D18 各学校营养餐平均价格过低情况
			D19 地方政府是否提标
			D20 收费学校营养餐平均价格
	B3 供餐配套（5 分）	C8 地方政府是否配套食堂运行经费（2 分）	
		C9 地方政府是否配套工勤人员工资（2 分）	

续表

一级指标及赋值	二级指标及赋值	三级指标及赋值	四级指标及赋值
		C10 用餐地点（1 分）	D21 室内
			D22 室外
A2 计划执行效果（60 分）	B4 营养保障（35 分）	C11 食物摄入量（15 分）	D23 总体情况
			D24 主食量
			D25 蔬菜量
			D26 蛋类量
			D27 肉类量
			D28 豆类量
			D29 油量
			D30 盐量
			D31 平均每周供应肉类天数
			D32 生均肉类摄入量
		C12 各县营养摄入量（15 分）	D33 总体情况
			D34 能量
			D35 蛋白质
			D36 铁元素
			D37 钙元素
			D38 维生素 A
			D39 维生素 B_1 和 B_2
			D40 维生素 C
			D41 钠元素（超标）
		C13 综合：价格 + 食物量 + 营养量综合效果（5 分）	
	B5 人群受益（25 分）	C14 体质变化（20 分）	D42 身高
			D43 体重
			D44 肺活量
			D45 营养不良率
			D46 贫血

续表

一级指标及赋值	二级指标及赋值	三级指标及赋值	四级指标及赋值
		C15 学习成绩变化（4 分）	
		C16 饭菜浪费与剩余（1 分）	
A3 信息公开（10 分）	B6 营养改善计划信息公开情况（10 分）	C17 学校参与信息公开情况（2 分）	
		C18 全县阳光校餐信息上报情况（2 分）	
		C19 各学校阳光校餐信息公开完整性（2 分）	
		C20 各学校阳光校餐信息公开准确率（2 分）	
		C21 阳光校餐项目学校工作进步情况（2 分）	

附表 3　　阳光校餐星级厨房评比标准

一级指标	二级指标	三级指标
A1 卫生安全（30 分）	B1 卫生（15 分）	C1 食堂环境
		C2 餐具
		C3 工勤人员
	B2 安全（15 分）	C4 对外承包情况
		C5 食堂功能区域划分
		C6 食物储存
		C7 食物出入库管理机制
A2 供餐质量（50 分）	B3 食物保障（20）	C8 每周食物摄入种类
		C9 每月食物摄入种类
		C10 食物摄入量
	B4 营养保障（30 分）	C11 营养摄入量
		C12 每月营养基本达标天数
		C13 每学期营养基本达标天数

续表

一级指标	二级指标	三级指标
A3 满意度（20 分）	B5 家长、学生满意度（20 分）	C14 家长膳食委员会满意度
		C15 学生满意度

注：90~100 分：★★★★★；70~90 分：★★★★；60~70 分：★★★。

附表 4　　监测县地方财政支出配套营养改善计划运行的情况

省　份	县	是否配套	配套用途
甘肃省	合水县	是	工勤人员工资
	华池县	是	食堂运行和工勤人员工资
	渝中县	是	食堂运行和工勤人员工资
	康乐县	否	—
	陇西县	否	—
	永登县	否	—
广西壮族自治区	融安县	是	食堂运行和工勤人员工资
	融水县	是	食堂运行和工勤人员工资
	上林县	是	工勤人员工资
	龙胜县	是	工勤人员工资
贵州省	普定县	是	食堂运行和工勤人员工资
	习水县	是	工勤人员工资
	镇宁县	是	工勤人员工资
	织金县	是	食堂运行和工勤人员工资
	毕节市	是	工勤人员工资
	罗甸县	是	食堂运行和工勤人员工资
	黔西县	是	食堂运行和工勤人员工资
	德江县	是	食堂运行和工勤人员工资
	剑河县	是	工勤人员工资
	麻江县	是	食堂运行和工勤人员工资
	务川县	是	食堂运行和工勤人员工资
	松桃县	是	食堂运行和工勤人员工资
	从江县	是	食堂运行和工勤人员工资

续表

省　份	县	是否配套	配套用途
贵州省	台江县	是	食堂运行和工勤人员工资
	桐梓县	是	工勤人员工资
	惠水县	否	
湖北省	罗田县	是	食堂运行和工勤人员工资
	恩施县	是	工勤人员工资
	鹤峰县	是	食堂运行和工勤人员工资
	建始县	是	食堂运行和工勤人员工资
	利川市	是	食堂运行和工勤人员工资
	咸丰县	否	—
湖南省	沅陵县	否	—
	慈利县	是	食堂运行和工勤人员工资
	古丈县	是	食堂运行和工勤人员工资
	涟源县	否	—
	溆浦县	否	—
	洞口县	否	—
	绥宁县	否	—
	宜章县	否	—
内蒙古自治区	兴和县	否	—
	突泉县	是	食堂运行和工勤人员工资
宁夏回族自治区	海原县	是	食堂运行和工勤人员工资
	泾源县	是	食堂运行和工勤人员工资
	原州区	是	食堂运行和工勤人员工资
	隆德县	是	食堂运行和工勤人员工资
	彭阳县	是	食堂运行和工勤人员工资
	同心县	是	食堂运行和工勤人员工资
	西吉县	是	食堂运行和工勤人员工资
青海省	互助县	是	食堂运行和工勤人员工资
	乐都区	是	食堂运行和工勤人员工资
	海晏县	是	食堂运行和工勤人员工资

续表

省　份	县	是否配套	配套用途
青海省	祁连县	是	食堂运行和工勤人员工资
	湟中县	否	-
陕西省	商南县	是	食堂运行和工勤人员工资
	宁陕县	是	食堂运行和工勤人员工资
	石泉县	是	食堂运行和工勤人员工资
	丹凤县	是	食堂运行和工勤人员工资
	扶风县	是	食堂运行和工勤人员工资
	横山县	是	食堂运行和工勤人员工资
	太白县	是	工勤人员工资
	周至县	否	—
四川省	古蔺县	是	食堂运行和工勤人员工资
	苍溪县	是	食堂运行和工勤人员工资
	朝天区	是	食堂运行和工勤人员工资
	沐川县	是	食堂运行和工勤人员工资
	南江县	是	食堂运行和工勤人员工资
	剑阁县	是	食堂运行和工勤人员工资
	万源市	是	食堂运行和工勤人员工资
	叙永县	是	食堂运行和工勤人员工资
	泸定县	是	食堂运行和工勤人员工资
	屏山县	是	工勤人员工资
	汶川市	否	—
新疆维吾尔自治区	喀什市	否	—
	阿图什市	是	工勤人员工资
	和田市	是	食堂运行和工勤人员工资
云南省	宾川县	是	食堂运行和工勤人员工资
	凤庆县	是	食堂运行和工勤人员工资
	鲁甸县	是	工勤人员工资
	马关县	是	工勤人员工资
	武定县	是	食堂运行和工勤人员工资

续表

省 份	县	是否配套	配套用途
云南省	宣威市	是	工勤人员工资
	镇康县	是	食堂运行和工勤人员工资
	隆阳区	是	食堂运行和工勤人员工资
	弥渡县	是	食堂运行和工勤人员工资
	南涧县	是	食堂运行和工勤人员工资
	临翔区	是	工勤人员工资
	绥江县	是	食堂运行和工勤人员工资
	寻甸县	是	食堂运行和工勤人员工资
	禄劝县	否	—
重庆市	石柱县	是	食堂运行和工勤人员工资
	云阳县	是	食堂运行和工勤人员工资
	丰都县	是	食堂运行和工勤人员工资
	黔江区	是	食堂运行和工勤人员工资

附表 5　　监测县食堂供午餐学校中每餐营养均基本达标学校比例

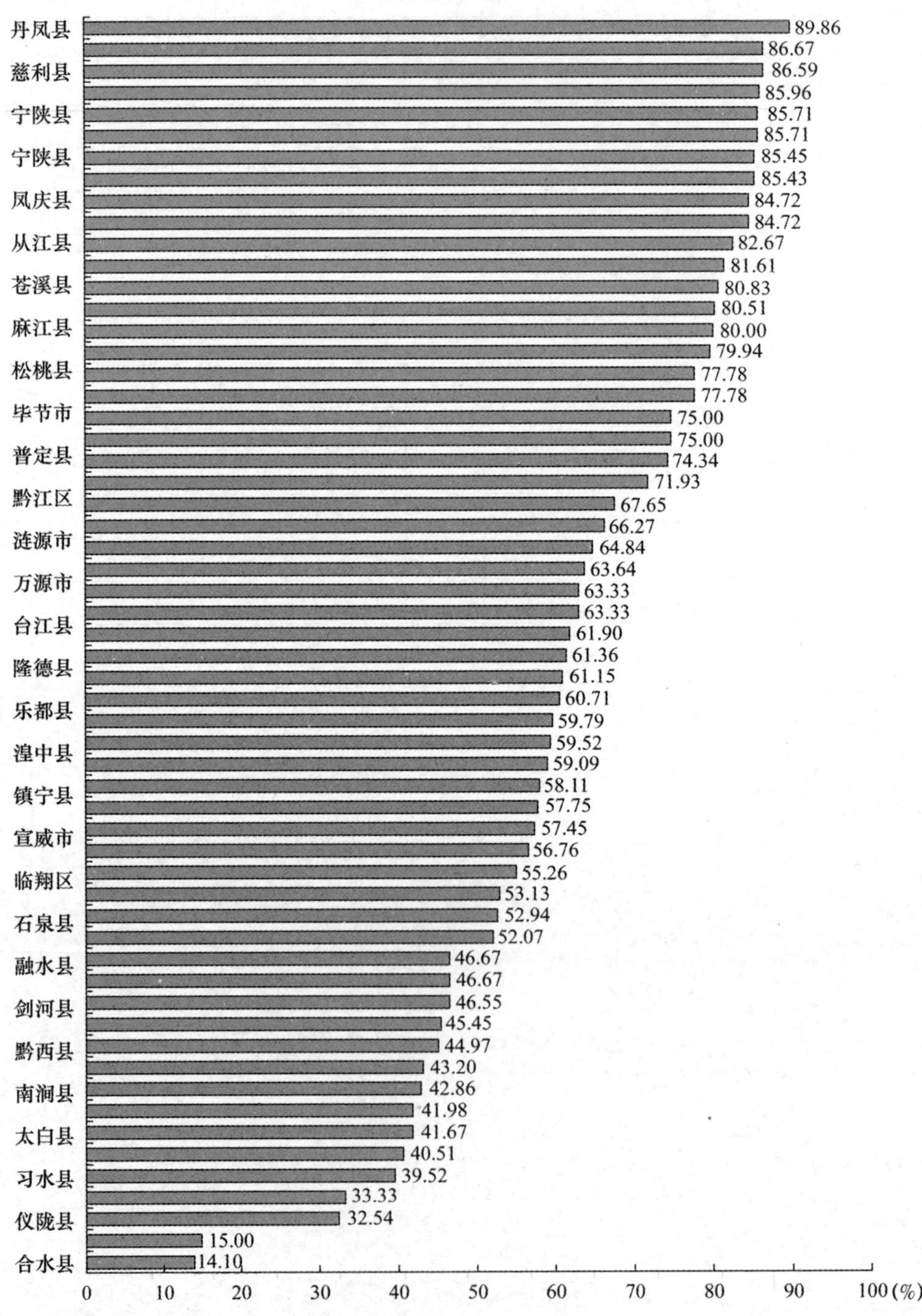

附表 6　监测省份 7~15 岁各年龄段学生 2012 年和 2016 年身高与全国平均水平对比及分省对比

单位：厘米

年　龄	7 岁	8 岁	9 岁	10 岁	11 岁	12 岁	13 岁	14 岁	15 岁
监测省份男生									
2012 年	120. 83	124. 79	129. 20	133. 92	137. 80	142. 21	147. 57	151. 77	155. 76
2013 年	120. 81	125. 29	128. 93	134. 54	140. 20	143. 72	148. 01	152. 37	156. 45
2014 年	120. 70	125. 71	130. 18	135. 31	142. 22	144. 80	149. 41	153. 91	158. 60
2015 年	121. 29	126. 70	131. 53	137. 15	142. 32	146. 37	151. 38	155. 44	160. 15
2016 年	121. 00	127. 29	132. 80	138. 12	143. 50	147. 80	152. 75	157. 18	161. 19
2010 年全国平均身高	125. 50	130. 70	135. 80	140. 90	146. 20	152. 40	159. 90	165. 30	168. 80
2014 年全国平均身高	126. 60	132. 00	137. 20	142. 10	148. 10	154. 50	161. 40	166. 50	169. 80
监测省份女生									
2012 年	119. 87	124. 49	128. 86	134. 01	138. 71	142. 32	146. 90	149. 66	151. 71
2013 年	120. 21	125. 41	128. 91	133. 52	140. 10	143. 58	147. 61	150. 93	153. 13
2014 年	119. 94	125. 68	130. 14	135. 80	140. 14	145. 09	148. 69	151. 99	154. 27
2015 年	120. 35	126. 63	131. 43	137. 52	142. 42	146. 75	150. 56	152. 98	154. 95
2016 年	120. 63	127. 31	132. 28	138. 73	144. 30	147. 20	151. 91	154. 74	156. 66
2010 年全国平均身高	120. 30	126. 70	136. 00	143. 70	150. 10	155. 20	158. 80	160. 80	163. 30
2014 年全国平均身高	125. 10	130. 50	136. 30	142. 60	149. 30	153. 70	157. 00	158. 70	159. 40
贵州省男生									
2012 年	118. 59	123. 63	126. 83	133. 18	138. 52	143. 75	146. 41	151. 44	152. 23
2016 年	117. 38	124. 27	129. 32	136. 90	142. 71	146. 47	151. 71	156. 63	158. 98
贵州省女生									
2012 年	118. 08	122. 40	127. 80	133. 35	139. 50	144. 13	145. 17	148. 12	151. 88
2016 年	117. 99	124. 66	130. 86	137. 21	143. 23	147. 94	150. 14	152. 96	156. 30
宁夏回族自治区男生									
2012 年	122. 54	125. 91	131. 73	136. 97	141. 28	145. 75	148. 04	152. 31	155. 02
2016 年	120. 20	128. 26	134. 77	139. 10	145. 80	149. 07	154. 80	157. 72	162. 61
宁夏回族自治区女生									
2012 年	119. 23	123. 69	129. 77	133. 50	139. 47	143. 78	148. 98	151. 60	153. 04
2016 年	118. 53	126. 51	132. 62	137. 86	145. 69	147. 42	152. 69	156. 20	157. 30

续表

年　龄	7岁	8岁	9岁	10岁	11岁	12岁	13岁	14岁	15岁
云南省男生									
2012年	117.43	121.78	127.82	132.10	136.97	142.46	149.31	155.77	160.13
2016年	118.75	125.32	131.81	136.26	141.49	147.75	151.94	158.36	163.21
云南省女生									
2012年	116.64	121.64	126.81	132.49	138.59	144.21	150.09	153.46	154.88
2016年	117.99	123.17	129.79	137.66	144.18	149.15	153.50	155.92	157.69
四川省男生									
2012年	124.93	129.78	132.31	138.02	143.78	149.30	153.05	158.10	160.20
2016年	122.08	130.10	135.97	142.87	149.95	153.19	157.17	162.63	163.76
四川省女生									
2012年	124.88	129.21	131.57	136.96	141.14	146.65	150.75	154.45	156.70
2016年	122.89	130.38	134.01	140.51	147.32	150.41	154.21	157.02	159.39
重庆市男生									
2012年	119.44	122.54	129.76	134.08	139.91	144.15	149.15	154.04	159.19
2016年	120.35	124.96	131.09	136.96	141.53	146.06	152.01	158.67	161.2
重庆市女生									
2012年	118.66	121.65	129.05	134.57	139.83	144.32	147.00	151.33	154.66
2016年	119.61	124.19	132.45	137.54	142.57	147.38	152.68	155.42	157.39
陕西省男生									
2012年	123.04	127.58	132.57	136.49	140.77	145.66	152.46	158.03	162.37
2016年	123.83	129.32	134.12	139.85	145.1	150.8	157.92	163.09	165.4
陕西省女生									
2012年	121.75	126.45	130.46	135.4	141.33	147.77	150.12	155.47	156.38
2016年	122.35	127.64	133.2	139.58	146.85	151.89	155.32	158.34	161.76
湖北省男生									
2012年	121.98	124.35	131.6	137.6	142.3	147.32	152.23	158.12	161.33
2016年	122.97	127.94	134.06	139.17	145.11	149.89	156.26	161.88	164.33

续表

年 龄	7岁	8岁	9岁	10岁	11岁	12岁	13岁	14岁	15岁
湖北省女生									
2012年	122.13	125.23	129.19	135.37	140.33	146.79	151.2	153.54	155.78
2016年	122.34	127.8	133.51	139.89	145.34	149.18	152.52	155.29	157.09
青海省男生									
2012年	119.7	123.14	128.55	133.79	136.22	140.97	143.63	146.72	151.6
2016年	120.52	127.55	133.86	137.24	143.75	144.74	147.55	149.38	157.6
青海省女生									
2012年	119.22	122.53	125.45	128.34	132.36	138.89	142.39	147.81	151.05
2016年	119.32	124.43	127.82	131.99	137.54	141.23	146.69	152.39	154.71
内蒙古自治区男生									
2012年	124.48	127.99	131.07	137.01	142.22	144.85	151.1	154.69	157.88
2016年	124.25	129.25	132.28	139.92	144.8	150.22	153.17	156.16	159
内蒙古自治区女生									
2012年	121.45	125.22	130.3	139.87	141.9	147.93	149.13	153.45	157.43
2016年	122.53	127.32	133.58	141.58	144.62	148.48	152.42	156.24	159.50
甘肃省男生									
2012年	120.39	126.45	131.35	136.06	141.34	146.35	150.77	153.34	161.15
2016年	121.06	126.62	132.33	139.68	144.19	148.96	151.30	155.09	164.17
甘肃省女生									
2012年	119.95	122.78	130.42	134.85	141.56	145.25	147.67	152.3	155.44
2016年	121.75	123.21	132.20	136.71	143.01	147.44	151.30	154.68	156.10
新疆维吾尔自治区男生									
2012年	120.60	122.98	126.80	130.44	136.65	142.57	146.50	152.83	159.87
2016年	120.35	123.57	128.00	134.46	140.64	145.86	150.83	157.30	163.95
新疆维吾尔自治区女生									
2012年	119.29	121.83	125.15	131.57	137.15	142.60	149.20	152.53	155.60
2016年	120.35	123.60	128.70	135.54	141.48	147.09	153.25	156.30	159.97

农村义务教育学生营养改善计划实施两周年回顾与解读

■ 卢　迈

中国发展研究基金会副理事长兼秘书长

贫困儿童发展始终是中国政府关注的重点。营养保障和接受教育是少年儿童能力形成的基本前提。农村义务教育阶段学生营养改善计划实施两周年以来，中央财政为学生提供营养膳食补助，每年投入资金约160亿元。此政策覆盖了中西部22个省份11个集中连片特困地区的699个国家试点县级单位（含新疆生产建设兵团19个团场），有96012所农村中小学的2288.21万学生直接受益。营养改善计划覆盖目标群体数量位居世界第三，仅次于印度与巴西，但是，补助标准与供餐质量则好于两国。

中国发展研究基金会长期致力于反贫困与儿童发展的研究与探索，受全国营养办委托，2012～2013年，基金会开展了覆盖699个贫困县的大规模独立三方评估。评估结果显示，两年来，计划的实施效果良好，基本实现了从无到有，让学生吃饱的预期成果，但是，一些突出问题亟待解决，以保证营养改善计划的深入推进。

一、营养改善计划意义重大

1984年以来，我国扶贫工作积累了三条重要经验：开发式扶贫、保障式扶贫、人力资本开发扶贫。人力资本开发扶贫日益得到关注，从儿童发展入手，为他们创造良好的健康、教育等成长环境，对从根本上消除贫困具有重要作用，是扶贫事业的发展方向。

营养改善计划是我国人力资本投资的重要举措。营养改善计划解决了农村贫困学生“饿肚子”的问题，增强了学生体质。保障学生营养有利于国家发展战略的实现和国际竞争力的提升。保障学生营养就是保证学生健康成长，劳动力素质的提升决定了经济结构调整和产业转型，学生体质增强是国家经济起飞的重要人力条件。

营养改善计划是消除贫困的有利措施。诺贝尔经济学奖获得者阿玛蒂亚·森的“能力贫困”理论中，能力是比收入、财富更好的衡量贫困的指标，它不仅指缺乏知识、技能等人力资本的贫困表现，而是从根源上解释了导致贫困的原因。营养改善计划直接、有效的帮助困难群体，对贫困家庭起到了减贫作用，有利于缩小我国城乡之间、地区之间儿童的营养差异，有利于缩小社会差距、建设公平社会，是防止贫困代际传递的有效措施。

营养改善计划是各级政府执政能力的体现。营养改善计划由政府主导，中央政府出资，各级政府分工组织实施，从宁夏回族自治区试点运行到在22个省份的699个县全面铺开，仅历时5个月，执行效率很高。在这期间，各级政府没有推脱，而是根据相关政策、文件要求，按程序逐步推行，没有出现严重的贪腐现象，膳食补助资金没有出现以往各类项目的“跑、冒、滴、漏”现象，体现了各级政府对营养改善计划的重视与认可，一定程度上证明了营养改善计划的政策设计是完善的、落到实处的。

营养改善计划是民心工程，是联结政府、媒体、社会各界的纽带。营养改善计划是深得民心的工程，取得社会共识。媒体及社会各界在营养改善计划的执行和监督方面做出努力，提供支持。政府有关部门积极吸取社会各界的意见和建议，不断调整、改进，保证营养改善计划在健康、可持续方向上不断发展，符合我国正在进行的群众路线教育实践活动的精神。

二、营养改善计划成果回顾

1. 受益群体实现全覆盖，农村娃吃上营养餐

基金会评估结果显示，营养改善计划基本实现了目标受益学校和受益学生的全覆盖，各级政府保证营养膳食补助资金（3 元/生·天）及时、足额到位，解决了贫困农村学生吃饭的问题。营养餐的形式以学校食堂提供完整早餐或者午餐和采购成品（课间）加餐为主，均不同程度受到学生和家长的欢迎。

营养改善计划的实施，实现了以学校为单位集中为学生提供优质蛋白，有超过 1100 万的学生每周可以吃 4 次以上的肉。国际经验证明，保证学生每日摄取适量合格肉类，有利于教育效果改善。以往西部农村地区有每日两餐的习惯，现在多数学校已过渡至一日三餐。学生饥饿感明显下降，经常饥饿感的比率为 2.4%，偶尔饥饿感的比率是 13.2%，较基金会 2011 年的 8% 的学生经常饥饿和 25% 的学生偶尔饥饿的数据，有明显改善。

2. 农村学校食堂建设进展快，食堂供餐成为主要供餐模式

2011～2013 年，中央财政出资 300 亿元用于农村义务教育薄弱学校改造，其中，相当部分资金用于农村学校食堂建设。调查结果显示，截止 2013 年初，营养改善计划覆盖的 9 万多所农村学校中，仅有 23.2% 的学校没有食堂或简易伙房。根据全国营养办 2013 年 9 月的消息，国家仍在安排资金从学生利益出发，加快学校食堂建设，争取每所学校都有一个食堂或者伙房，并要求，中央补助资金用于国家试点地区的比例不低于 90%，用于学生食堂建设的资金比例不低于 90%。

食堂供餐形式是现阶段最受学生欢迎、安全、营养的供餐形式。2013 年春季学期开学前，55.9% 的试点学校已实现食堂供餐，但是，仍有 20.9% 的试点学校在有食堂的情况下采取课间加餐形式。宁夏同心县、云南凤庆县、陕西扶风县等一些有好经验的县，为了保障学校食堂供餐运行，县级财政承担食堂供餐的运行成本。2013 年春季学期开学后，一些以往没有食堂供餐的学校已实现了供餐形式转变。全国营养办通知要求，2014 年春季学期开始，国家试点地区学校原

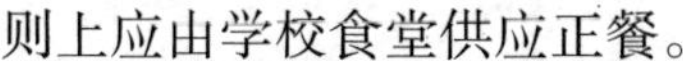

则上应由学校食堂供应正餐。

3. 制度和工作机制建设不断完善，努力保障“两个安全”

保障食品安全和资金安全是营养改善计划的重点工作。在一些做得好的地方，食品采购已经实现了“四统一”：统一招标、统一采购、统一分配、统一运送，降低采购成本，确保采购质量。宁夏有关部门在招标、采购时要求供应企业以低于市场价5%的价格对学校进行供应。多数省、县制定了相关制度和管理办法，包括食品采购和验收、厨房和储藏间卫生管理、监督检查、信息公开公示等，以文件形式规范营养改善计划执行过程，开展相关人员培训，有一定的效果。

调研发现，做得好的县，有完善、细致的信息公示制度，对日公示、周公示、月公示内容有明确要求。公示内容主要包括食谱、日出入库单、周出入库单、采购价格、用餐人数、每餐人均价格等。在云南，县有关部门明确规定，学生食用猪肉必须是猪的大腿肉，供应商送货时，食堂负责人和老师会现场去皮，检查是否是猪的大腿肉，过称、闻味，一切合格后供应商才离开。

全国营养办设计并使用了营养改善计划月报系统和受益学生实名制系统，要求各县营养办时时上报、公开膳食补助使用情况。两个系统一定程度的对资金安全进行了监管。但是，两个系统仍然需要完善，实名制系统还没有实现全国联网、动态监控，对学生流动情况不能及时有效的反映。一些县开通了营养改善计划专题微博，发布每日营养改善计划用餐信息，社会进行关注和监督。

4. 确保膳食补助等值优质，“吃”到学生嘴里

营养改善计划是一项落地较好的惠民政策，在试点的699个县中，没有一个县将资金发给学生个人和家长，切实将资金采购等值食物“吃”到学生嘴里。在中央膳食补助的带动下，宁夏、云南、贵州、陕西等省份的一些县，结合当地生活和物价水平，地方财政出钱提高膳食补助，提高幅度在0.5～1.5元/生·天。基金会调研结果显示，有12.3%的县，县级财政出资提高膳食补助标准。有的地方，由家长承担0.5～1.5元，或者由家庭为学生准备主食带到学校，学校为学生提供副食。根据对不同形式食谱的比较测算，提高标准或由家庭承担一些更有利于学生营养改善，有利于营养成分，如碳水化合物和优质蛋白的平衡，

可以让学生变壮的同时长得更高。

国际经验证明，大范围改善贫困学生营养，社会组织或个人是无法承担的，必须依靠政府。政府有责任保障贫困学生营养，但是这种责任不是无限责任，不能让政府单打独斗，需要社会、家庭、政府合力、合作。

云南、贵州、宁夏、青海等一些省份，实现“一补”资金全覆盖，配合营养改善计划更好实施。这些省份的多数县，将两笔政策资金统筹、打包使用，使贫困寄宿生在学校可以一日三餐免费。这种做法，不仅使膳食补助的效益最大化，也解决了“一补”资金使用不规范的问题，更让学生在学校吃饱饭，集中精力学习。

但一些地方仍采取“一补”资金发给家长，膳食补助资金没有合理使用的情况。有的地方，没有认真开展贫困学生身份甄别工作，没有投入足够资金满足学生需求，将现有“一补”资金平分给在校寄宿生，大大减弱了政策效果。

三、营养改善计划执行中的问题

项目启动两年时间，还有很多不成熟、不理想的方面，亟待探讨和解决。

1. 政府认识不足，影响学生营养改善效果

相当部分的农村干部，由于出身农村，深有体会地感慨“早有营养改善计划就好了”。但是，少数干部没有充分认知营养改善计划的重要性和战略性。营养改善计划的长期运行需要以合理的供餐形式为基础。食堂供餐是现阶段有利于学生营养改善的供餐形式，尽管中央要求以学校食堂供应正餐形式代替其他供餐形式，但是，一些地方认为这种供餐形式运行经费高、学校负担重、监管工作相对负责而拒绝采取。这种现象在中部地区尤其明显。一些省份为了督促县级政府加快供餐形式转变，将营养改善计划执行情况与其他项目资金挂钩，如校舍改造、学校建设项目经费，如果不采取食堂供餐形式，膳食补助和其他项目资金均不下拨。有的县明确表示，膳食补助资金宁可不要，其他项目资金下拨就可以。

营养改善计划实施以前，农村寄宿生全天餐费标准一般由县教育局和物价局核定，标准范围在 8～12 元/生·天不等。在黑龙江、河南、安徽、湖南等地，

此收费标准可以保证学校自营食堂收支（包括支付煤、水、电、工人工资等）平衡或略有结余。营养改善计划实施以后，有的县将膳食补助直接加到原有收费标准之上，使得学生午餐标准达到7元/天，但饭菜质量较以前并没有提高，食堂结余有所增加，膳食补助没有得到有效使用。学生和家长对这种补助方式表示不欢迎。膳食补助设立之初，一是对保障学生营养起到补助作用，二是具有一定的扶贫性质。各县应制定合理的收费标准，保证学生食物营养。

2. 食品安全监管有隐患

现阶段，食品安全隐患主要来自三方面，一是采购，一些地方政府有关部门没有进行统一招标、统一采购，而是要求学校安排人员自行采购，增加了食品质量与安全的不安定因素。二是食品种类繁杂，主要集中在课间加餐形式。我们调研发现，课间加餐的食品除牛奶、鸡蛋外，还有相当数量的零食，一些地方还出现了奶粉、其他饮料和饮品、营养素片等。在过渡阶段，课间加餐形式具有其存在的合理性，提供优质的牛奶和鸡蛋符合营养改善计划初衷，但是，很多地方没有做到。从长远看，这种供餐形式的营养效益远低于食堂供餐形式。三是食品供应商，食品供应商质量参差不齐，各县对于供应商的监管多为事后管理，难以做到源头、过程监管。个别地方曾出现发霉面包、过期牛奶等问题。

3. 资金安全监管难操作

3元钱是膳食补助，不是政府全包“免费午餐”，不足的部分现在有两种承担形式，一种是省、县（市）承担，一种是学生家庭承担，包括将膳食补助直接加在原有收费标准之上的情况。由各级政府全部承担的，较易监管。由家庭承担，家庭出资和膳食补助合并后难以分清，加上学校自行采购，价格、数量不透明，无法索取合格票据等，膳食补助买了什么，学生吃到了什么难以监管。调研发现，有的地方将两笔资金合并使用，膳食补助资金使用相关信息，出入库单等都是做出来的，而非实际使用情况，学生的午餐质量较营养改善计划实施之前没有明显改变。这种情况在中部地区较为普遍。

4. 运行经费落实不到位，改善计划难推进

营养改善计划以食堂供餐形式长期运行，需要运行经费进行保障，需地方财政进行配套。配套资金主要用于供餐设备采购、工勤人员工资、供餐所需煤水电

费、相关人员培训、运输等支出。其中，食堂工勤人员工资和食堂供餐的煤水电费为持续性支出，约为营养膳食补助资金的 26.1%（其中人工成本 16.5%，煤水电费 9.6%），即 3 元膳食补助提供正餐，衍生运行费用约 0.78 元。现阶段，此项运行经费主要由县财政或生均公用经费承担。

《农村义务教育学生营养改善计划实施细则》指出，省级政府负责统筹组织；市级政府负责协调指导；县级政府是营养改善计划的行动和责任主体。相关文件没有确定运行费用的出资责任与义务。目前，中央财政承担全部营养膳食补助资金和大部分食堂建设资金，省、市、县三级应承担营养改善计划的运行经费。以每生每天需要运行经费 0.8 元计，使 160 亿元的膳食补助资金真正起到保障贫困地区农村学生基本营养需要的作用，还需要 36.8 亿元的运行经费，平均每县每年承担 500 多万元。若县级财政确实难以承担，省、市两级财政应给予支持。根据调查，29.6% 的县没有承担营养改善计划的运行经费。尽管相关文件明确规定，生均公用经费不得用于人员工资支出，但仍有约 42% 的县由学校自筹资金或公用经费承担此项支出，加重了生均公用经费的负担。

5. 膳食委员会逐步成立，应尽快履行职责

全国学生营养办要求，营养改善计划试点学校要成立膳食委员会，主要组成人员由村委会代表、学生代表、家长代表、教师代表等，让社会直接参与营养改善计划执行与监督。调研结果显示，已有接近半数的学校成立了膳食委员会，但只履行了部分职责，一些重要职能还未履行。一些膳食委员会开展了对食品质量的评价，参与营养改善计划供餐形式、食谱的制定，学校供餐环境实地考察等职能，但是，在供餐单位确定、原材料采购、食品安全卫生检查、资金使用透明化管理等方面参与较少，需要逐步完善。

营养改善计划从无到有，是中央政府迈出的重要一步，现阶段的重要任务是，从有到好，应从让孩子吃饱转变为让孩子吃好、吃营养。

第一，明确营养改善计划的战略意义。营养改善计划瞄准的是贫困地区，很多学生是低收入家庭儿童或留守儿童，是最需营养保障的群体，当前要把保障学生基本营养作为事关巩固九年义务教育成果、加强人力资本投资、促进地方经济发展的大事来抓。要与改善当地贫困状况、增强人力资本以及地方发展经济结合

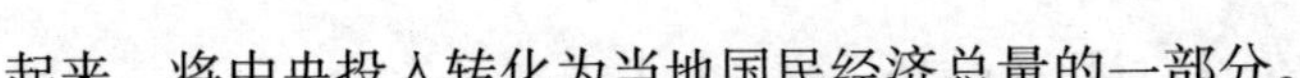
起来，将中央投入转化为当地国民经济总量的一部分。

第二，继续加大食堂建设力度。尽快实现每所长期保留学校有食堂或简易伙房，尽快以学校食堂供餐替代其他供餐模式。对一些有食堂而未采取食堂供餐的试点学校，限期转变供餐形式，参照物价标准严格食堂收费标准。

第三，加紧落实运行经费。现有资金配套政策对运行经费估计不足，尤其是因食堂供餐的燃料费、工勤人员工资等没有得到有力保障。应明确运行经费的出资责任与义务，确定承担主体。

第四，正确认识问题，引导社会舆论。我国营养改善计划还在起步阶段，相对于多数发展中国家已有明显优势，出现食品安全事件、资金监管不力是个别现象。由于计划上马仓促，配套条件准备不足，仍是边学边干阶段，将一项好政策执行好，非一朝一夕之能事。媒体及社会各界应给予一定宽容，正确面对问题。各级政府应结合实际，做好公开、公示、发布工作，及时向社会各界通报执行情况和进度。让大家一起努力，做好这项惠民工程。

2013 年 10 月

农村义务教育学生营养改善计划实施情况评估

■ 中国发展研究基金会反贫困与儿童发展项目组

2011 年底，国务院决定启动农村义务教育学生营养改善计划，2012 年 3 月在全国集中连片贫困地区的 680 个县实施，2300 万贫困学生因此受益。受全国营养办委托，中国发展研究基金会对这一重大民生工程开展独立三方评估工作，完成了《农村义务教育学生营养改善计划评估报告》[①]。现摘要报告如下。

一、实施情况

一是目标受益群体基本实现全覆盖。截止 2013 年 1 月，根据 20 个国家试点省的 478 个试点县的评估情况，营养改善计划已基本实现了预期目标与初衷，目标学校与学生已基本实现全覆盖，覆盖率分别为 99.7% 和 99.1% 。

二是各级资金保障计划运转。中央营养膳食补助资金基本落实到位，多数县能够做到将 3 元钱用于食品采购。各级财政在食堂建设、设备采购、运行经费、膳食补助资金等方面均有不同程度的投入。截止 2012 年底，57.99% 的县县级财政承担营养改善计划运行经费，12.34% 的县县级财政投入提高膳食补助标准。政府出资保证了资金的稳定和计划的可持续性。

三是制度建设较为完整。多数县制定了相关制度和管理办法，包括食品采购、卫生管理、安全监管、监督检查、公示公开、责任追究等，以文件形式规范

① 评估方法和过程见附录。

营养改善计划执行过程。

四是食堂供餐和采购成品加餐是主要供餐形式。食堂供餐形式的学生覆盖率为41.6%，采购成品加餐的学生覆盖率为50.7%。西部省份的县以食堂供餐形式为主，中部省份的县多采取采购成品加餐形式。两种形式相比，食堂供餐形式具有营养效益好、资金使用效率高、学生欢迎度高等优势，但所需要的运行成本高；采购成品加餐运行成本低，但营养效益低，不足食堂供餐形式的1/3。

五是农村学校食堂建设取得进展。营养改善计划实施以来，各级财政投入资金开展食堂建设。评估的478个县中，76.8%的县已具备或正在筹划建设食堂供餐的硬件条件。

二、取得的效果

营养改善计划的实施使贫困农村义务教育学生明显受益，得到了学生与家长的认可。

一是学生体质有所改善。评估发现，2013年基金会监测10～12岁贫困学生抽样体质结果好于2012年中国疾病预防控制中心数据，男生平均身高增加2厘米左右，体重增加1公斤左右；女生平均身高增加1厘米左右，体重增加约1公斤。但仍低于2010年全国农村平均水平。男生平均身高低1.5厘米左右，平均体重轻1～1.5公斤；女生平均身高低2～3厘米，平均体重轻1～2公斤。

二是饮食习惯和饮食结构优化。计划的一个直接效果是“两餐变三餐”，改变了农村学生以往每天只吃两顿饭的不良饮食习惯，基本实现普及三餐。计划实现以学校为单位为学生提供优质蛋白，已有超过1100万的农村义务教育在校学生能够天天吃到肉食。保证学生每日肉类的摄取有利于教育效果改善。

三是学生上课饥饿感下降明显。营养改善计划使学生上课精神集中。食堂供餐模式中，农村义务教育学生上课有饥饿感的比例为13.2%，经常饥饿的比例为2.4%；采购成品加餐形式中，学生上课有饥饿感的比例为19.8%，经常饥饿的比例为4.8%。较2011年25%的学生上课有饥饿感、8%的学生上课经常饥饿，改善明显。

四是学生和家长满意度高。食堂供餐形式中，84.7%的学生表示喜欢学校饭菜的口味，63.8%的学生认为学校的饭菜比家里的更好吃；学生对食物的满意度较2011年评估结果的48.3%提高13个百分点，家长对营养改善计划的满意度达到91.1%。

三、问题与不足

农村地域广，学校多，情况复杂，把好政策落实好不容易。

一是供餐形式转变问题。全国营养办已明确指出要加快供餐形式转变，以食堂供餐代替其他供餐形式。现在，采购成品加餐形式的学校和学生覆盖率仍高于食堂供餐形式，主要有两类情况，一是部分县在有食堂基础的条件下，仍采取采购成品加餐形式；二是学校没有厨房（或伙房）基础设施，采取采购成品加餐形式以过渡。

二是食堂建设问题。食堂建设需要注意两方面，一是部分农村义务教育学校不具备食堂供餐的食堂或简易伙房，比例达23.2%；二是在一些地方，食堂建设资金分配不合理。一些农村学校食堂建设资金较为充足，造成餐厅面积过大；而另一些农村学校难以得到资金。

三是运行经费落实问题。食堂供餐形式运行成本高，需地方政府承担更多压力。每3元膳食补助产生0.8元运行经费，160亿元的膳食补助资金需要36.8亿元的运行经费，相当于平均每县每年承担540多万元。采取采购成品加餐形式的县中，40.8%的县县级财政对运行成本没有投入。财政负担轻是部分县采取采购成品加餐形式的主要原因。

四是食品安全监管问题。各种供餐形式中，食品安全监管往往存在隐患。一是学校教职工自行采购食材难以保证食品质量与安全；二是食品种类繁多，监管难度大，尤其是采购成品加餐形式；三是食品供应商资质参差不齐，难以严格监管。

五是资金结余问题。评估发现，至2012年春季学期末，结余资金总量超过18亿元。资金结余一定程度上反映了资金管理的严格性，但多数县的结余资金未得到有效使用，应出台结余资金使用办法加以规范。

六是膳食科学性问题。计划的膳食搭配缺乏科学性。食堂供餐形式中，只有11.6%的县根据相关营养标准制定食谱，多数县虽能让饭菜符合当地学生口味，让学生吃饱，有时却难以保证合理搭配与膳食营养。采购成品加餐的营养科学性更低。全国营养办已发布电子营养师等营养配餐工具，应加快推广使用。

七是教师负担问题。计划的实施加重了农村教师的负担。除教学工作以外，教师需额外投入时间与精力承担相关工作。营养改善计划实行教师陪餐制，评估发现，80.3%的县餐费由教师自理。农村教师的工作积极性以及对教学质量的负面影响应引起注意。

四、政策建议

第一，工作重点。保障贫困地区儿童营养是政府的责任，各部门应积极推动计划取得实效。村小与教学点由于基础条件差、薄弱环节多，应成为下一步工作的重点。要把保障学生基本营养放到与普及义务教育同等重要的位置。

第二，加大食堂建设力度。需根据农村学校实际情况制定适用的食堂建设标准，加大资金投入，向基础条件薄弱的省、县倾斜。厨房是食堂供餐的先决条件，应将农村学校厨房建设与餐厅建设区别对待，优先安排对农村学校厨房建设的投入。

第三，加紧落实运行经费。现有资金配套政策对运行费用估计不足，尤其是因食堂供餐的燃料费、工勤人员工资等未得到有力保障。应明确运行经费的出资责任与义务，确定承担主体。

第四，建立教师激励机制。各省县应落实教师陪餐补助，在条件允许的情况下，适当改善农村教师的待遇和生活条件。

第五，提高膳食补助标准。营养改善计划已解决学生吃饱问题，还没有解决满足学生基本营养需要的问题，参考物价上涨等因素，应适当提高膳食补助。

第六，探索使用强化食品。根据国际经验，在学生营养改善工作中，有针对性地采用铁酱油、强化面粉、强化大米等安全有效的强化食品，效率高、成效好。可在营养膳食专家的建议下，探索使用强化食品。

执笔人：赵　晨　于明潇

2013 年 6 月

附录

评估方法和过程

农村义务教育学生营养改善计划评估工作主要包括两个阶段。

第一阶段，下发并回收基金会独立设计的评估工具——“农村义务教育阶段营养改善计划实施情况信息表”。基金会通过全国学生营养办系统，对全国农村义务教育阶段营养改善计划覆盖的22个试点省份，680个国家试点县发放了信息表。截止2013年1月25日，基金会共回收信息表483份，有效信息表478份，有效率98.96%。本阶段重点评估计划目标完成情况、执行机制、效果及计划的可持续性。

第二阶段，根据信息表反映出来的各县工作情况，总结、排序、等距抽样，进行实地调研。2013年3月底至4月底，基金会共派出11个调研组前往18个试点省份的23个国家试点县进行实地调研，评估重点包括核实问卷调查的信息、进一步分析计划执行效果与社会效益。

实地调研样本县是根据第一阶段评估结果等距抽样所得。参考各县供餐形式，实地调研共随机抽取农村义务教育学校71所，问卷调查学生1554名，访谈家长281位。参考入学稳定性及享受营养改善计划的时间与效果，选择10~12岁（四~六年级）农村义务教育学生，随机抽取4781名进行体质监测。其中，男生2708人，女生2073人。

本报告即是评估工作的成果，基于两阶段的数据和资料完成。

阳光校餐——

好的政策要有好效果，离不开有效的监督和评估。中国发展研究基金会在 2015 年受教育部全国营养办的委托，设立了“阳光校餐”数据平台，首次利用互联网和大数据对营养改善计划进行实时的监测和评估。阳光校餐数据平台在两个小时内能将当日学生营养摄入情况和建议反馈给每个学校，学校收到反馈后及时调整采购和配餐方案，实现精准监督和精确指导。经过数据平台深入处理和分析后的系统评估结果，会有针对性地反馈给省、县各级政府和教育部门，同时向全社会发布，接受社会监督。这是国家民生政策监督评估领域很有意义的一次创新，在世界所有实行学校供餐的国家中也是首创。

为阳光校餐点赞

——农村义务教育学生营养改善计划回顾与展望

■ 李　伟

国务院发展研究中心主任、研究员

中国发展研究基金会理事长

儿童是民族的希望、国家的未来，儿童营养和健康状况直接关系到一个国家的人口素质、发展水平和国际竞争力。我国于2011年底开始实施农村义务教育学生营养改善计划，2017年已实现集中连片贫困地区699个县全覆盖，加上地方和中央共同出资的县，受益学生总数已达到3600万，是一项十分重要的民心工程、德政工程。

一、农村学生营养改善意义重大

营养对人的一生至关重要。像我这一代成长起来的人，不管是生活在城市还是农村，大多经历过吃不饱的三年困难时期，对饥饿的记忆十分深刻。今年6月1日我们在北京召开农村学生营养改善的专题研讨会，有几位农村长大的学者对小时候饿肚子上学的经历记忆犹新。

困难时期吃不上饭是迫不得已，但改革开放后，国家经济迅速发展，人民的生活水平有了极大的改善。在城市里的家长开始为孩子营养过剩而担忧的时候，仍有不少贫困农村的孩子在学校饿着肚子上课，导致营养不良和生长迟缓。对此，国家就必须高度重视，进而予以干预了。

2006年底的广西都安县贫困农村的寄宿小学，学校没有条件建食堂和雇人做饭，孩子们只能从家带饭到学校。而这些孩子大都来自贫困家庭，大多数情况下带来学校的只有大米和黄豆。在学校提供的简陋伙房，孩子们将米和黄豆煮熟，没有任何油水，也没有其他肉和菜的搭配，日复一日地吃着黄豆就米饭，这些场景令人心酸。

第二年春天，中国发展研究基金会和地方政府合作，分别在广西都安县和河北崇礼县开展了学生营养改善项目试点工作。项目组帮助地方筹建食堂、采购原料、聘请做饭师傅，为两地2000余名在校生每天提供一顿完整的午餐。一年后，试验效果显著，学生上课注意力更加集中，饥饿感减少，身体素质提高，成绩也有了进步。基金会根据试验形成报告呈送中央，得到了中央领导及相关部门的重视。国家从提高农村寄宿生生活补助标准入手，逐渐加大对农村学生营养改善的帮扶和支持力度。2011年底，农村义务教育学生营养改善计划正式实施。至今，中央财政已经累计支出1591亿元资金为贫困地区农村义务教育阶段的学生提供膳食补助。农村学校纷纷建起了食堂，配齐了做饭的师傅，为在校学生提供热饭热菜。

计划实施的5年多里，我们时刻关注着孩子们吃饭的情况。2016年9月22日，我到贵州考察，有机会与铜仁市松桃苗族自治县妙隘乡完全小学的学生们共进午餐，亲身体验营养改善计划。从松桃县城到妙隘乡小，沿着弯弯曲曲的颠簸山路有大半个小时的车程，山路两旁散落着几个村庄，可以想象孩子们每天上学的艰难。还未走进学校，已经听到教室里传来的琅琅读书声和操场上孩子们追逐打闹的欢笑声。妙隘乡小有430名学生，据校长介绍，约有一半的孩子父母长期在外打工，1/3的孩子来自精准扶贫家庭。

当天的午餐，大厨们做了胡萝卜炒肉片、红烧豆腐、清炒生菜和紫菜鸡蛋汤，很朴素，却有肉有蛋有菜，营养均衡，味道也不错。孩子们互相帮忙，打菜盛汤，井然有序。他们的饭碗都很大，满满一碗饭，加上三样菜，我自己吃完感觉很饱，孩子们居然很快就能吃完。看着他们大口吃饭的场景，我心里由衷地感到高兴。用餐后，我到后厨对师傅们表示感谢，并将我的餐费交给校方管理人员。食堂的炊事员大多是附近的村民，能为孩子们吃饭做一点贡献，看到孩子们吃得香、吃得好，他们也是满脸笑容；同时他们自己的就业和生活有了保障，这些炊事员也干劲十足。

在妙隘乡小我观察到，吃了几年的营养餐，孩子们的身体大都显得挺壮实。据老师反映，学生生病、旷课的情况越来越少，并且更爱运动了。我对面坐着的几个女孩，也没有以前调研时常看到的面黄肌瘦的情况。国际上有很多研究证明青春期女孩的发育情况会影响到下一代的健康，想到营养改善计划不仅为她们的健康成长护航，也一定程度上保障了她们下一代的茁壮成长，我和我的同事都为能参与这项“工程”由衷地欣慰。

二、营养改善计划效果显著

营养改善计划的实施过程中有很多具体的困难。参与计划的学校大多位于中西部的偏远山区，交通极为不便，在食堂建设、食材运输和聘请工勤人员等具体执行方面遇到了很多挑战。同时，由于计划实施县均在国家集中连片贫困地区，地方政府财政吃紧，部分县区无法配套食堂运行和工勤人员工资。这些年来，中央和地方教育部门，联合财政和其他部门，做了大量工作，保证了计划的有序推进，取得了令人瞩目的成果。

在六一研讨会召开前夕，我收到了中国发展研究基金会报送的关于营养改善计划实施和效果情况的择要。择要中显示的数据令人鼓舞。基金会评估发现，2012 ~2016 年，每年 7 岁新入学学生的身高无明显差别，随着营养改善计划的深入实施，各年龄段学生平均身高均有增长，其中 11 岁男女学生身高分别由 2012 年的 137. 8 厘米和 138. 7 厘米增长至 2016 年的 143. 5 厘米和 144. 3 厘米。仅用 4 年，同一年龄段的男女生身高就分别增长了 5. 7 厘米和 5. 6 厘米。在对研究结果表示兴奋的同时，我也担心数据的可靠性和准确性，于是让基金会进一步确认。基金会的研究人员将原始数据，包含 62 个监测县、192 万学生的体检数据汇聚成的表格发送给我。我看了以后，确认了数据的有效和准确。这几个数字在六一的研讨会上发布之后，国内国外的专家、国际组织的代表表现出极大的兴趣，纷纷向我们询问细节。看到我国的营养改善计划有了数据支撑的真实效果，大家都十分自豪。

5 厘米虽是个小数字，但是意义却不小。这 5 厘米体现的是党中央和国务院对贫困地区孩子的关怀，是中央和地方各部门通力合作的成果，更是全国 10 万所农村学校老师和工勤人员日复一日、年复一年辛勤劳动的成果。从扶贫攻坚的角度来说，实施学生营养改善计划不仅是教育扶贫的重要组成部分，也是健康扶贫的关注重点。消除 2200 万孩子营养不良的重要性，绝不亚于在贫困地区修路和投资项目。我们的扶贫攻坚，需要关注收入和经济的增长，也需要关注人力资本的增长。对人进行投资，特别是对孩子进行早期投资，在现今的发展阶段尤为重要。

三、及时的监测和评估必不可少

计划实施起来了，孩子们的营养也有了很大的改善，如何能坚持做好，是所有计划参与者需要考虑的问题。好的政策要有好效果，离不开有效的监督和评估。中国发展研究基金会在 2015 年受教育部全国营养办的委托，设立了“阳光校餐”数据平台，首次利用互联网和大数据对营养改善计划进行实时的监测和评估。平台建立之初，我在基金会的数据展示中心听取汇报，实时看到了学校传输过来的菜谱、食材采购等信息，还有孩子们吃饭的照片。后台迅速且直观地给出了这一餐的营养搭配情况，并反馈给学校。

2015 年时，有 20 个县参加了数据平台的试点工作。在教育部的大力支持下，目前数据平台已经扩展到全国的 100 个县，有 9200 多所农村学校每天向平台汇总数据。以往我们做实地调研，人力、物力和财力的消耗都比较大，且规模较小。有了互联网和大数据技术的支撑，政策的监督范围能迅速扩大，且监测双方能及时进行互动、互相反馈情况，大大提高了政策执行的效率。

“阳光校餐”数据平台在两个小时内能将当日学生营养摄入情况和建议反馈给每个学校，学校收到反馈后及时调整采购和配餐方案，实现精准监督和精确指导。经过数据平台深入处理和分析后的系统评估结果，会有针对性地反馈给省、县各级政府和教育部门，同时向全社会发布，接受社会监督。这是国家民生政策监督评估领域很有意义的一次创新，在世界所有实行学校供餐的国家中也是首创。

数据平台根据营养改善计划执行和效果各类指标制定了农村学校食堂“星级标准”，目前全国有2000多所学校进入“三星食堂”的行列，有283所学校成为“四星食堂”，还没有学校达到“五星食堂”的标准。多数学校仍存在营养搭配不均衡、膳食补助资金使用精细化程度不高、供餐形式不健全等问题，需要进一步提升。

我长期在政府部门工作，深感对政府政策执行的持续监测十分必要。政策在落地过程中难免有偏差，及时的评估和反馈对政策完善极为重要。作为国务院发展研究中心主任和中国发展研究基金会理事长，我很愿意和中央及地方政府合作，利用营养改善计划执行经费的0.5%费用将数据平台做大、做扎实，持续评估和研究营养改善计划，为孩子的健康成长贡献我们研究人员的力量。

“阳光”源于“阳光工程”，寓意温暖、健康、正能量。习近平总书记对营养改善计划寄予厚望并作出重要批示，延东副总理也多次对计划相关工作进行批示和指示，要求我们充分利用大数据推动阳光公开，加强监督评估，真正把这项民生、民心工程做实做好，造福下一代。于我们发展研究基金会而言，我们为能早期参与“阳光校餐”工程并见证不断取得效果而高兴和自豪，更希望营养改善计划能够长久实施，并根据各方面的反馈不断完善机制和提高质量。我们期待更多的人来关注营养改善计划和“阳光校餐”数据平台，希望政府、学界、媒体等各界人士更多地支持我们的工作，使更多的农村孩子真正从中受益。

2017年第5期财新《中国改革》署名文章

农村学校食堂也是脱贫攻坚的重要战场

■ 中国发展研究基金会反贫困与儿童发展项目组

营养是儿童身体健康和心智发育的基础。国家实施"贫困地区农村义务教育学生营养改善计划"（以下简称"营养改善计划"）已经4年，2015年5月中国发展研究基金会与全国学生营养办联合设立了"阳光校餐大数据平台"，通过互联网、大数据，实时监测计划实施并评估效果。结果显示，营养改善计划成绩显著，对于扶贫攻坚起到重要作用。但是，各地实施情况和效果差别明显，根本原因在于地方政府对学生营养改善的意义认识不同，治理水平、治理能力也有很大差异。

一、扶贫攻坚成效

"阳光校餐大数据平台"（以下简称"数据平台"）目前已覆盖14个省份、100个县、9561所学校，379万学生，2015年中央财政为这些学生营养改善拨款超过30亿元。数据平台的工作流程是，每个学校指定一位老师，通过手机客户端每天上报学生就餐的照片和营养餐相关信息；网络实时信息公开；后台大数据分析相关信息，分析结果每周向学校并每月向教育部门反馈。目前数据平台已获取和分析执行信息73万余条，照片367万余张。任何感兴趣的人都可以随时上网，查询9561所学校中任何一所学校的学生用餐情况的信息。

营养改善计划实施对于扶贫有重要作用。

第一，贫困儿童直接受益，有助于根本脱贫。该计划已覆盖2300万贫困农村儿童，让这些孩子在学校吃上热饭菜，有助于更好地学习，是良好教育的重要基础。

据统计，这些学生中有18.6%来自精准扶贫家庭，以此推算，至少有430万学生来自登记在册的贫困家庭。国家给每个学生每年800元的膳食补助，相当于农村贫困线2800元的28.6%，有显著的减贫作用。

第二，留守儿童得到国家关爱，有利于心理健康。受益学生中，19.7%是父母双方外出的留守儿童，超过半数是父母一方外出的留守儿童。营养餐给这些孩子的学校生活增加了欢乐，367万张照片中，通过一张张孩子们灿烂的笑容，展示了计划的成效。

第三，改善贫困儿童体质，为未来发展打下基础。根据中国疾病预防控制中心的监测数据，2014年，受益7~15岁各年龄段男女学生平均身高同比增加0.4和0.6厘米，体重平均增加0.3公斤。比较2010~2014年数据发现，受益各年龄段男女学生身高、体重较同年龄段全国平均水平差距逐年缩小。西部小学男女生的贫血率下降了3.3和3.9个百分点；西部农村小学生的语文和数学平均成绩同比提高了4.6和4.5分。

第四，带动贫困地区农业经济发展。大数据显示，各校除米、面、油等食物大宗统一采购外，占食品采购支出60%左右的蔬菜、肉、蛋等基本为本地采购。也就是说，国家财政一年180亿元的营养改善计划的支出中，将近110亿元的国家膳食补助资金直接转化为当地农民收入，有利于贫困地区农业发展和农民增收。

二、各地实施情况差异显著

现在，近2/3的学校实现了食堂供餐，各地没有出现重大的食品安全事故，是很大成绩，但是要让营养餐满足全体贫困地区学生基本营养需求，实现贫困地区儿童营养改善的目标，还有很多工作要做。

国家推荐的学生营养摄入量标准，包括能量、蛋白质、脂肪三大主要营养元素和铁、钙、钠、维生素A、维生素B_1、维生素B_2、维生素C等七种微量元素。目前，还没有学校能在所有方面都满足国家推荐标准，钙不足、盐超标的情况普遍存在。但如果以三大营养元素和至少三种微量元素满足推荐量为“基本达标”，100 个试点县的 9561 所学校的营养改善情况如下。

3426 所学校营养餐基本达标，占学校总数的 36%。其中有 1309 所（约 14%）学校，在只使用政府补助，不向学生家庭收取费用的情况下，做到基本满足学生营养需求。这种管理优秀的学校各个试点省都有，但在宁夏、贵州、陕西、云南、四川、湖南等省份数量多、比例大。

其余的学校还没有做到基本达标。这些学校中，约有 25% 的学校，每周只有一天的营养餐有肉，孩子们的肉类蛋白质摄入严重不足。约有 12% 的学校，营养餐不营养，能量、蛋白质等主要营养量一直低于国家推荐量的 60%。

营养基本达标的学校的共同特点有以下三点。

（1）都是食堂供餐形式。

（2）食物搭配比较合理，每餐由 2 ~ 3 个菜和一份主食组成，主食摄入135 ~ 185 克，肉类 50 ~ 65 克，蔬菜 160 ~ 200 克，蛋类 15 克左右，豆制品 25 克左右，食用油 12 克左右。

（3）膳食补助资金使用精打细算，食品采购管理规范严格，采购价格合理。这些学校的各种食品采购价格基本不高于同期农业部公布的全国食品批发价格，尤其是肉蛋价格。宁夏同心县 72% 的学校能做到每顿营养餐都有肉，生均每天肉类摄入量为 57 克。该县规定学校本地询价采购，采购价格应低于本县农产品市场平均价格 5%。这种做法既保证了财政纪律又降低了采购成本。

营养不达标的学校则相反，也有以下三个特点。

（1）仍存在有食堂但不供餐现象，国家投资在 95% 的学校都建起了食堂，但由于地方政府没有解决炊事员工资和食堂供餐费用，仍有 31% 的学校采用课间加餐形式，这些学校加餐的营养量不足国家推荐量的 1/3。

（2）营养不均衡，按落后习俗做饭。不少学校一周中几天吃得便宜，而集中“改善伙食”，便宜的一顿饭甚至不到 1 元钱，吃碗面条加点菜叶，改善时一顿饭能吃两个肉菜，超过 8 元钱。

（3）食品采购方式不合理、管控不严格。各省份和县之间的采购价格差异明显，不少县的多种食品采购价格明显高于农业部每日发布的全国食品批发价格。如猪肉，有的省份11元左右一斤，有的省份则达到17元左右一斤；鸡蛋，有的省份5元左右一斤，有的省份则9元一斤。食品采购价格高就意味着学生们吃不饱、吃不好。

另外，超过40%的试点县在国家补助之外向学生收费，收费最多的达到240元/月。但是，收费并不意味着改善营养。有2556所，约占总数27%的学校收了费但仍没满足学生基本营养需求。一些学校用收费给学生提供牛奶和肉菜，满足儿童营养需要，但多数收费学校将收来的钱用于食堂运行、人工开支等，而这部分经费本来应该由地方政府负担。

三、建　议

监测数据显示，2014年贫困地区农村学生的营养不良率约为15%，即仍有约400万学生营养不良。根据国务院印发的《中国食品与营养发展纲要（2014－2020年）》的目标，到2020年我们全面建成小康社会，要基本消除营养不良现象。要实现这一目标，必须让贫困学生吃饱吃好。到2020年，要努力让贫困地区学生营养不良率降低至5%以下。

第一，提高地方政府认识，把营养改善计划落实效果作为扶贫开发工作成效考核指标。营养与教育是从根本脱贫、阻隔贫困代际传递的有效手段，贫困地区儿童和家庭能够实实在在受益，做得好的县的共同特点是省委书记省长高度重视、县委县政府落实得力、学校校长管理有方。贫困地区学校食堂的每餐饭能否满足学生营养基本要求、能否将党和政府的关怀送到贫困农民家庭，就取决于各级政府的工作。

第二，加大信息公开力度，充分发挥互联网和大数据的作用，创新政策管理机制。尽快将阳光校餐大数据平台覆盖到所有的680个县，通过大数据加强分析，指导地方政府和所有学校相互学习借鉴、改进工作。同时通过公开透明保障老百姓的知情权，加强实时监督，杜绝违法违规现象。

第三，落实营养保障分步走。先让所有学校都做到基本满足学生营养需求，再进一步做到执行、管理精细化。要改变一些省份和县的死板的食品招标采购管理，有效降低食材的采购价格。

第四，明确收费标准及管理办法。营养改善计划是教育扶贫的重要组成部分，不应对贫困家庭、留守儿童家庭收取费用。对现有的收费，需要制定明确的收费标准和收费用途管理办法。

执笔人：卢　迈　赵　晨　史丽佳

2016 年 4 月

建设农村学生营养改善数据平台，打造阳光民生工程

■ 中国发展研究基金会反贫困与儿童发展项目组

为了将农村义务教育学生营养改善计划打造成“阳光工程”“放心工程”“民心工程”，2015年4月，全国农村义务教育学生营养改善计划领导小组办公室委托中国发展研究基金会开展“阳光校餐”项目。

“阳光校餐”项目以“阳光校餐网”为媒介，通过手机、互联网、大数据公开发布政策执行信息，对政策执行和效果进行实时绩效评估。“阳光校餐网”是营养改善计划的展示、监督、科研、教育和公众参与的综合平台。

“阳光校餐网”运行情况摘要如下。

一、试点运行

（1）试点范围。四川、贵州、云南、陕西、宁夏5省份的20个县为首批试点县。这些县的1730所农村义务教育学校参加试点工作，试点学校学生数约为70万。

（2）部分学校未参与试点工作。20个试点县中，有605所学校没有参加试点工作，这些学校的特点是，学校规模小、分散在偏远山区、教职工年龄较大、学校网络设施不支持等。这些学校的学生数约为4.9万，占试点县农村义务教育学生总数的约7%。经调查，不少学校希望参加阳光校餐项目，但存在一定的实际困难。

（3）运行机制。学校老师每日通过手机上报学生用餐信息和图像资料，操作流程与微信相似。网络和大数据对上报信息处理后，实时呈现、分析营养改善计划的执行情况、效果和问题。运行50天来，阳光校餐网已分析数据4.3万余条，展示照片16.8万余张。

二、数据反映成果

（1）营养改善计划让贫困农村学生笑容绽放。营养改善计划解决了山区学生翻山越岭回家吃午饭，或者路远不回家吃饭的现实困难，增加了学生学习生活的愉悦感。

（2）对留守儿童意义重大。20个试点县中，父母一方外出打工的义务教育学生比例为61.5%，父母双方外出打工的比例为19.1%。有研究证明，留守儿童营养不良问题高出非留守儿童约3个百分点，营养改善计划解决了这些孩子的营养保障问题。

（3）食堂建设成绩显著。99.7%的试点学校建有厨房、伙房，这是学校为学生提供热饭菜的基础前提条件。

（4）学校食堂提供正餐是主要供餐形式。试点学校中，仅有17所学校没有采取食堂供餐形式，其余学校均由学校食堂为学生提供午餐或早餐。66%的学校提供午餐，15%的学校提供早餐，18%的学校提供早餐和午餐肉菜。

（5）资金安全有保障。各省每餐平均价格基本符合中央制定的膳食补助标准，基本做到膳食补助全部吃到学生嘴里。四川每餐平均价格为3.90元，贵州为3.84元，云南为3.86元，陕西为4.07元，宁夏为4.75元。宁夏回族自治区地方财政补助提高了膳食补助标准。

（6）主要营养基本保证。学生每餐所需的能量、蛋白质、脂肪等主要营养量基本得到满足。6月监测数据显示，86.3%的学校为学生提供了能量、蛋白质、脂肪等主要营养量达标的正餐。

（7）促进当地农业经济。除米、面、油等大宗货物外，蔬菜、肉、蛋、调料等食品原料以本地采购为主。经测算，人均膳食补助的约60%用于本地农产品采购，一定程度地带动了当地农业经济发展。

三、数据反映不足

（1）部分地区食品采购单价偏高。各地食品采购价格比较稳定，但有的食品地域间采购价格差异较大，有的省份采购价格明显高于全国农产品批发市场价格行情的最高价。如鸡蛋，6月份全国鸡蛋批发市场价格最高价为6元/斤，四川相应价格为8.9元/斤，云南为8.1元/斤，贵州为7元/斤，陕西为5元/斤，宁夏为4.8元/斤。

（2）仍有部分学校有食堂但不给学生提供正餐。试点学校中，有17所学校采用加餐形式，向学生提供一盒学生奶、一个面包和一个水果，落实营养改善计划。这些学校中，有11所为规模较大且有食堂的学校。

（3）相当数量学校钙摄入量不足，钠摄入量过高。6月监测数据显示，几乎所有的学校平均每餐钙的摄入量均低于《农村学生膳食营养指导手册》推荐量。好的学校，平均每餐钙的摄入量能够达到推荐量的60%左右，72.6%的学校每餐钙的摄入量低于推荐量的50%。由于食盐添加不规范，39.7%的学校平均每餐钠的摄入量高于推荐量，6.4%的学校平均每餐钠的摄入量是推荐量的3倍以上，最高达到约6倍。

（4）部分学校肉类摄入量不足。6月监测数据显示，试点学校中，18.9%的学校每天都有肉菜，每生每餐平均吃到约66克肉，基本满足推荐量。一周4天、3天、2天、1天有肉菜的学校均不能满足学生每餐肉类需求。16.0%的学校一周仅一天提供肉菜，每生每餐平均吃到约14克肉，不足推荐量的20%。

（5）食堂供早餐形式需注意膳食补助资金使用效率。学校食堂供早餐有助于贫困农村学生改变以往每天只吃两顿饭的不良饮食习惯，两餐变三餐。但仅提供早餐，生均价格普遍低于 4 元。早餐中有蛋、有奶，生均价格为 3. 90 元；早餐中有蛋、没奶，生均价格为 2. 80 元；早餐中无蛋、有奶，生均价格为 3. 20 元；早餐中无蛋、无奶，仅提供主食和少量菜、肉的，平均价格为 1. 80 元。82. 7% 的食堂供早餐的学校不为学生提供奶，22. 7% 的学校早餐没有鸡蛋，6. 6% 的学校既没有奶也没有蛋。

（6）饮食卫生条件需要改善。有的学校没有实行分餐制，一桌学生在一个盆里夹菜吃；有的学校用塑料盆、塑料箱为学生打饭，塑料遇高温可能产生有毒物质；有的学校将饭菜装在塑料袋里分发给学生。这些执行细节，能对营养改善计划效果产生直接的负面影响。

四、政策建议

（1）扩大阳光校餐网运行范围。为提升民生政策的透明度，创新民生政策监管方式，充分发挥数据平台服务民生政策落实的功能，应扩大阳光校餐网的运行范围，最终实现 699 个国家试点县和学校全部纳入。

（2）科学营养搭配。营养改善计划已能让学生吃饱，但还没有做到科学膳食。微量元素的不合理摄入，如少钙、多钠等会对学生未来发展产生不利影响。科学制定食谱的同时，烹饪需要精细化，使用可量器皿控制盐的摄入量。

（3）规范供餐模式。学校食堂提供正餐是减贫和改善贫困农村学生营养状况最有效的途径，有食堂、伙房的学校都应该使用膳食补助资金为学生提供正餐，降低家庭的就学成本。

（4）规范供餐内容。要求食堂供早餐的学校合理搭配食物种类，保证学生每日奶、蛋的摄入。也可以借鉴一些地方的经验，将膳食补助资金合理分配，用于给学生提供早餐和午餐的肉菜。

（5）降低采购成本。规范各级采购行为，鼓励本地采购、定点采购、询价采购，做好采购公开公示，让膳食补助资金更有效地用于改善学生营养状况。

（6）公众参与。号召大型国有企业参与，解决贫困农村山区学校的特殊困难，改善网络基础环境和农村教师通信设备。号召社会参与，多渠道参与营养改善计划，真正做到让贫困农村学生“好营养，好未来”。

（7）探索使用强化食品。为提高效率、提升效果，在营养改善计划执行过程中，根据专家建议，适当引入安全有效的强化食品，有针对性地解决贫困地区学生的营养问题。

执笔人：赵　晨

2015 年 8 月

教育提升篇

早期教育——

“山村幼儿园计划”是中国发展研究基金会于2009年发起的一项反贫困与儿童发展项目，目的是结合政府和社会资源向农村地区3~6岁儿童提供全覆盖的早期教育，试验“一村一园”并广泛推广，提高中西部贫困地区及偏远地区的早期教育机会公平和质量。8年来的实践表明，山村幼儿园计划大幅提高了试点县的学前三年毛入园率，有效地促进了在园幼儿的认知、动作、语言和社会情感方面的发展水平，减轻了贫困家庭的负担，有利于阻断贫困代际传递，受到当地群众的由衷欢迎。

“一村一园”普及贫困地区学前教育

■ 中国发展研究基金会反贫困与儿童发展项目组

“山村幼儿园”是中国发展研究基金会（以下简称“基金会”）推动的一项社会试验项目，旨在提高贫困地区学前教育普及率，推动教育扶贫。2009 年 9 月，基金会开始在青海省海东地区乐都县（后改为海东市乐都区）启动“山村幼儿园”项目，目前已经推广到9 省 17 县，近 4 万贫困农村地区儿童受益。8 年来，山村幼儿园服务贫困农区家庭，探索教育扶贫新路径，对提高试点县学前教育普及率起到了至关重要的作用，对贫困家庭从根本上脱贫影响深远。

一、乐都试验

乐都县为国家级贫困县，2009 年学前教育普及率不到 50%，乡镇以下几乎没有任何学前教育服务。基金会多次调研后，与乐都县政府合作，设立村级幼教机构，填补贫困偏远农村学前教育空白。项目经历了三个阶段。

巡回走教阶段（2009～2010 年）。在 81 个村设立了走教点，招募 46 名志愿者巡回开展教育活动，保证每个孩子每周至少两个半天可以接受学前教育。

山村幼儿园阶段（2011～2015 年）。增设走教点至 178 个，覆盖适龄儿童数达到 10 个的全部行政村。每个点至少固定一名志愿者，保证每周五天、每天不少于 6 小时的服务时间。“走教点”改称“早教点”，并于 2012 年统称“山村幼儿园”。

质量提升阶段。2016 年以来，海东政府多方筹资改善山村幼儿园办园条件，提高办园质量。

起初，外界对山村幼儿园的师资和教育质量多有担忧，而乐都8年的试验，取得了可喜成果，充分证明了其可行性。

（1）普及学前教育。8年来，项目每年为近3000名农村幼儿提供入园机会，占全部4～6岁儿童的30%。乐都学前三年入园率自2010年以来都在95%以上，提前普及了学前教育。

（2）减贫。山村幼儿园25%的孩子来自精准扶贫家庭，其他也来自低收入家庭。他们是家庭中第一代接受学前教育的山里娃，相比民办园每月400元的保育费和交通费，免费学前教育让每个幼儿家庭每年至少节约4000元的支出，具有重要的减贫效果。

（3）教育效果。2010年起，北京大学、华东师范大学等研究团队先后5次独立开展的评估均显示，乐都山村幼儿园儿童在语言、认知、记忆和社会性等方面大幅缩小了与城市在园儿童的差距，显著好于未入园儿童。近期的追踪研究表明，山村幼儿园可以帮助儿童做好入学准备，减少厌学情况。他们在小学阶段的语文和数学成绩比没有接受学前教育的学生平均高4分和7分。

（4）志愿者成长。山村幼儿园为本县年轻人提供了服务家乡、实现理想的机会。乐都工作4年以上的志愿者占65.4%；80多名中职毕业的志愿者通过在岗学习取得大专学历；76.8%的志愿者考取了幼教资格证。

二、项目推广

乐都山村幼儿园是在农村小学布局调整和职业教育迅速发展的基础上发展起来的，具有“广覆盖、保基本、有质量”的特点。主要做法包括：将农村小学闲置教室适当改造，作为幼儿园场地；从当地招聘大专、中职幼师专业毕业生，考试合格后聘为志愿者；成立教研团队，带领志愿者每两周一次观摩培训和假期集中培训；开发贴近幼儿生活的课程资源。山村幼儿园为公办、公益性质，考虑到贫困地区家庭状况，不向家长收费。2009～2012年，幼儿园经费由基金会向社会筹集，每园每年3万元。2013年后，县政府接手保障项目运转，基金会继续筹资适当帮助。

乐都的试验证明，山村幼儿园有力促进了儿童发展，硬件投入和运行成本却远低于城市公办幼儿园，是最具成本优势的人力资本投资项目。2013 年 9 月，刘延东副总理到青海省考察，她很高兴地参观了乐都的山村幼儿园并给以肯定，对志愿者的工作也给予表扬和鼓励。

乐都试验能够被复制、被推广吗？事实做出了肯定的回答。2012 年起，基金会将乐都的山村幼儿园模式推广到贵州松桃县、织金县、剑河县，湖南古丈县、新疆吉木乃县、山西兴县、甘肃华池县、云南南涧县及河北大名县等9 省 17 县，都取得显著效果。

2012 年 3 月，基金会在松桃县设立了 100 所山村幼儿园。2014 年，铜仁市全市推广松桃县经验，将山村幼儿园扩展到 2005 所，近 5 万儿童受益，铜仁市学前三年毛入园率达到了 91.7%。

2012 年 11 月，基金会在新疆维吾尔自治区吉木乃县启动山村幼儿园项目，设立 26 所山村幼儿园，以服务偏远的农、牧村幼儿。吉木乃县学前三年入园率由 2012 年的 72% 提高到 2016 年 100%，做到了“一个都不少”。儿童从小接受双语教育，为未来发展打好了基础。阿勒泰地区推广吉木乃县模式，2016 年实施“雏鹰工程”，全地区学前三年入园率由此提高到 95% 以上。

贵州毕节市七星关区人口达到 160 万，是我国深度贫困地区，曾多次发生留守儿童的恶性事故，令人痛心。2016 年，基金会帮助七星关区开展山村幼儿园项目，至 2017 年该区共设立山村幼儿园 290 所 339 个班，1.3 万在村的儿童收益。七星关区学前三年毛入园率已经达到 85.3%。

贫困地区学前教育匮乏的状况引起各界关注。8 年来为支持基金会开展山村幼儿园项目，企业和个人的捐款达到 9800 万元，捐赠者中有部长级官员，也有普通市民百姓。近日，基金会为湖南通道县山村幼儿园项目发起众筹，8 天就得到 18 万人次共计 450 万元捐款。

推广山村幼儿园的阻力来自三方面。一是有的县财力紧张，除基金会支持的部分村庄外，项目难以在全县推广。二是有关部门坚持用城镇办园标准衡量山村幼儿园，不顾及农村的现实和贫困儿童的迫切需要。三是理念相悖。2009 年基金会与云南省寻甸县合作实施的山村幼儿园项目，初期进展顺利，但时任昆明市委书记仇和迷信私人经济只支持民办幼儿园，山村幼儿园在实施5年后无奈停止，贫困农村儿童入园问题仍然没有解决。

三、建　议

儿童早期阶段是各方面发展的“窗口期”。为贫困地区儿童提供有质量的学前教育，对奠定儿童终身学习基础、促进社会起点公平、阻断贫困代际传递具有重要意义。2015年通过的《全球可持续发展议程》提出，“到2030年，确保所有男女儿童获得优质幼儿发展、照顾和学前教育，使他们为接受初级教育做好准备”。普及贫困地区学前教育，既是脱贫攻坚战的必然后续，又是中国落实《2030可持续发展议程》的必要行动。

为此，我们提出以下建议。

（1）明确目标，到2020年，将我国学前三年教育普及率提高到90%。普及学前教育难点和重点在贫困农村。山村幼儿园各试点县学前教育普及率基本都已超过90%，充分证明其必要性和可行性。

（2）学前教育必须进村。对于贫困县，不能只靠在县城和乡镇集中建设幼儿园，等着贫困家庭送孩子入园。政府要承担起学前教育责任，设立村级公办幼儿园，在适龄幼儿10人以上的村庄实现“一村一园”。

（3）村级幼儿园建设要合理利用已有资源。我国仍是发展中国家，有限的经费要优先考虑聘用幼儿教师扩大服务范围。幼儿园场地可充分使用村小学闲置校舍及其他公共设施，能改造的就不拆建，避免过几年因村儿童人数减少造成园舍浪费。

（4）就地招聘幼教志愿者解决师资问题。靠大学毕业生“巡回支教”普及贫困农村学前教育，稳定性低、持续性差。本地中职幼师专业的毕业生和其他专业的大专毕业生，考试合格可聘为志愿者，入职后加强专业培训，并为其缴纳养老、医疗等保险。这样可以解决一批热爱家乡、乐于投身农村学前教育的大、中专毕业生就业，又能帮助那些最需要、最贫穷的地方迅速提高学前教育普及率。

（5）国家学前教育支出要惠及最需要的贫困农村家庭。2016年全国财政性学前教育经费已占教育经费的4%，即1200多亿元，但无园可上的贫困农村儿童很难从中受益。以山村幼儿园志愿者薪酬和所需的生均公用经费计算，每园每年大约需要5万元。如果在贫困地区的10万个行政村设立山村幼儿园，可覆盖300万贫困地区儿童，而政府财政每年只需支出50亿元，平均每个孩子仅1700元。

执笔人：卢　迈　曹　艳　武志平

2017年8月

流动儿童家访服务塑能力、助融合、促公平

■ 中国发展研究基金会反贫困与儿童发展项目组

当前中国走以人为本的新型城镇化之路，重点是要解决好到 2020 年让进城务工农民中的 1 亿人在城镇落户，变成真正的城里人。从提升人力资本和防止城市出现“二元结构”考虑，需要尽早投资流动儿童的早期发展。中国发展研究基金会在北京市肖家河社区、云南省昆明市船房社区两地“城中村”的试验表明，家访是提升流动儿童早期养育水平，促进人力资本积累，帮助流动人口落户和社区融合的有效途径，建议尽早开展相关试点。

一、儿童早期养育的重要性

儿童早期发展投入越早，其成本越低、回报越高。0 ~ 3 岁是个体生命发展中各项能力形成的关键时期，大脑神经元以每秒 700 ~ 1000 个的速度建立联结，形成神经可塑性的基础。到 3 岁时，87% 的脑重已形成。婴幼儿时期的营养、教育、关爱等刺激塑造大脑发育结构，为认知能力和非认知能力（即智商和情商）的发展奠定基础，继而影响儿童的身体和心理健康、终生的学习和适应变化能力。流动儿童往往得不到充分的营养、早期教育和关爱，在认知、语言、情绪、行为等方面发展落后，更容易陷入贫困的恶性循环。

二、儿童家访的国际经验

国际经验表明，通过婴幼儿家访可以有效促进贫困家庭儿童的早期发展，打

破贫困的代际传递，促进社会公平。1 美元家访的投资约产生 4 ~ 9.5 美元的回报。许多国家早已将儿童早期发展从 3 ~ 6 岁的学前教育延伸到 0 ~ 3 岁的儿童家访等服务，形成了 0 ~ 6 岁的完整儿童早期发展体系。

牙买加家访项目是国际上有代表性的家访项目，也是第一个有 20 多年项目效果跟踪研究的项目。该项目开始于 1987 年。从 1987 ~ 1989 年，牙买加 129 名发育迟缓的儿童参加了为期两年的包括营养补充和早期心理刺激干预的家访实验。项目家访员每周到项目家庭家访一次，每次 1.5 小时，按照结构化的家访课程对家长和儿童进行养育互动和教育。项目的持续跟踪研究表明，到项目儿童 22 岁时，实验组儿童比对照组儿童有更高的学业成就，收入高 25%，智商平均高 7 分，心理更健康，更少犯罪和更少领取救济金。

美国政府十分重视家访，奥巴马政府投资 50 亿美元用于“早期开端项目”和家访项目。古巴开展了“教育你的孩子计划”，巴西开展了“亲爱的巴西”婴幼儿扶贫计划。

三、流动儿童早期养育水平低

在中国，随着快速的城市化，流动儿童数量急剧增长。据估算，当前约有 3500 万的流动儿童。这些儿童最应该从城市化中受益，但事实上他们的早期发展状况不佳。

营养状况不佳，贫血率高。调查表明，肖家河社区和船房社区 13.9% 的流动儿童出生时体重低于 2000 克（低体重儿童），有 31.9% 的孩子体重低于 3000 克（中国新出生儿童的平均体重），有 64.2% 的孩子在出生后没有接受过产后回访。肖家河社区 0 ~ 24 月龄流动儿童贫血率为 30.8%，远高于北京当地儿童贫血率 4.92% 的水平。两社区 0 ~ 3 岁流动儿童过去两周患过病的比例高达 38%。

早期养育水平低。两社区 27.36% 的家庭年收入低于 3 万元，42.3% 的家庭年支出低于 3 万元。62% 的流动家庭在孩子早教方面的花费在 500 元以下。0 ~ 3 岁的流动儿童中只有 6.3% 的人上过亲子班或早教中心，多数儿童只能待在家里接受传统的家庭养育。流动儿童家长教育水平普遍偏低，62.6% 的母亲文化水平为初中及以下。81%的家庭中孩子的图书在20册以下。由于经济状况、文化水平和知识理念限制，这些家长无法为0～3岁幼儿提供科学和有质量的儿童早期保育。

两地流动婴幼儿在语言、动作、认知和记忆方面均落后于同龄的城市幼儿。低投入和低儿童早期发展水平易导致这些儿童通常在低学历和低技能的情况下就卷入就业市场，由此导致就业竞争力弱、收入水平低、抗风险能力差，从而形成“低人力资本投资—低就业—低收入—低人力资本投资”的贫困恶性循环。

四、流动及贫困儿童家访的做法和成效

基金会在肖家河社区和船房社区开展了“城市流动及贫困家庭儿童家访示范项目”。这也是目前国内在该领域的最新社会实验探索。

1. 项目具体做法

基金会引入牙买加家访项目经验和做法，选择流动儿童集中的肖家河社区和船房社区开展项目。与当地街道及社区居委会合作，按家庭经济状况和养育状况选定400名项目儿童和200名对照组儿童参加项目。与中国社会工作教育协会和首都师范大学、首都经济贸易大学、中华女子学院、中国劳动关系学院、云南大学等5所高校团队合作开展项目，从社工专业学生中招募80名家访员，进行专业培训及督导。培训完成后，家访员为项目家庭提供家访服务。每个家访员平均负责4～5个家庭，每周访问一次，每次1.5个小时。家访员家访时使用牙买加家访课程。该课程是一套严格按照婴幼儿发育规律设计的结构化课程，有完整配套的玩具、图卡和歌谣，生动有趣，适用于中低收入国家的弱势家庭及儿童。家访完成后，家访员记录并上报家访信息。

2. 家访效果显著

项目为流动人口提供了家访公共服务，填补了这项研究的空白。项目家长实现了从“看护”到“养育”的转变，掌握了一些早期教育的方法和技巧，开始能遵循孩子成长的规律，有意识地进行早教。家长们普遍反映，参加项目以后感觉孩子比以前好带了，感觉孩子“变聪明了”，会做更多的动作，性格也变“开

朗了”。有家庭离开项目社区后，由于没有了家访服务，又搬回项目社区居住。

基金会委托华东师范大学团队对项目进行了第三方评估。该团队首次采用了最新的视频录像分析方法。一年半的跟踪评估结果显示，实验组儿童的听觉注意力、在装扮和建构游戏中积极情绪的平均发生次数远高于对照组儿童。对照组儿童比实验组儿童有更多和家长的互动和回应行为。游戏中，实验组儿童的自主、模仿和想象的平均发生次数均远高于对照组。实验组儿童有更好的语言理解和表达能力。和对照组家长相比，实验组家长在游戏过程中与儿童有更多的互动。

项目建立了国内首支家访专业社工队伍，家访员掌握了家访服务的基本方法和技巧，可以熟练开展家访服务。社区方面，由于服务的开展，流动人口对社区居委会工作的认同感增加，对社区活动的参与度提升，极大地促进了流动人口的落户和社区融合。

五、政策建议

1. 在流动儿童和贫困儿童集中的社区提供早期家访服务

当前0~3岁的流动儿童和贫困儿童养育还是一个空白，需要及时填补。建议在流动儿童集中的社区开展儿童早期养育项目，将0~3岁流动婴幼儿的养育纳入社区服务规划中，建立婴幼儿家访制度。

2. 增加婴幼儿早期养育投入

增加对流动儿童早期养育服务的投入，根据人口实际构成分配资源，加大“城中村”“棚户区”儿童保健人员的配备，增加早期养育中心等设施建设。将早期养育纳入公共卫生服务预算之中，确保流动儿童“幼有所育”。

3. 建立家访专业队伍，购买家访专业服务

鼓励社工专业组织建立家访队伍，提供流动儿童家访服务。在专业团队基础之上，还可考虑招募一定比例的高校社工专业学生作为志愿者参加社区家访服务。政府大力购买专业社会组织的家访服务。

4. 多方参与

儿童早期发展不仅是政府的责任，也是社会、家庭和个人的责任，需要企

业、社会组织、家庭和媒体共同参与到流动儿童的早期养育工作中，与政府和社区一起形成关爱儿童、促进儿童健康成长的合力和氛围。

5. 加强研究评估

儿童家访制度还属于一个较新的理念和做法，在使其更好地本土化、发挥好的效果、使更多流动儿童受益方面，还需要更多的研究评估。

执笔人：杜智鑫　梁博娇　武志平

2015 年 10 月

“慧育中国：儿童早期养育项目”甘肃华池试点评估报告

■ 中国发展研究基金会反贫困与儿童发展项目组

一、“慧育中国”项目介绍

（一）末期调查背景和目标

“慧育中国：儿童早期养育项目”（China REACH）是中国发展研究基金会（以下简称“基金会”）在国内开展的第一个评价营养包和家访综合干预效果的0～3岁儿童早期发展项目，该项目通过定期、系统地收集儿童和家庭等各个方面的数据，描绘儿童生长发育的趋势，评价儿童早期综合干预措施的效果，为儿童早期发展研究和政策制定提供数据支持。

“慧育中国”项目从2014年1月开始与甘肃省庆阳市政府领导进行座谈和协调沟通，随后基金会与国内外专家对项目进行了可行性论证和随机对照实验方案的设计，并招募了一名全职项目官员。2015年1月开展了第一次基线调查，对华池全县19个乡、镇、社区，111个村（居）委会、近2000名1～22个月儿童（即2013年4月1日至2014年11月30日出生）进行了入户问卷调查。2015年2～3月招募了1名县级总督导、24名乡镇督导，7～8月招募和培训了68名村级家访员。2015年9月，根据基线调查结果，按照村居将儿童随机分成干预组和对照组，干预组和对照组对满6个月以上儿童均发放营养包，直至年满24个月；满6个月以上儿童及主要看护人每周接受一次（约1小时）由村级家访员提供的入户养育指导，直至年满36个月。

因2015年第一次基线调查和家访干预之间间隔时间较长，考虑到整个干预队列的小年龄段儿童样本量不足，基金会于2015年12月至2016年1月组织了第二次基线调查，在华池全县范围内补充了近200名7～11个月（即2015年2月9日至2015年4月30日之间出生）的儿童样本。

2016年7月，项目组完成了“慧育中国”项目中期评估调查，搜集儿童及其家庭各方面数据，对营养和家访综合干预的执行质量和效果进行阶段性评估。

2017年7月，项目组完成了“慧育中国”项目末期评估调查，旨在收集华池试点项目周期的终期数据资料，综合分析基线、中期以及末期三期追踪数据，对项日的干预效果进行全过程的总体评估，总结项目执行的经验和不足，为“慧育中国”项目在其他地区扩展提供指导性的建议。

（二）调查对象和调查内容

1. 调查对象

末期调查对象为1566名儿童，包括2015年第一队列的1390名儿童和2016年第二队列的176名儿童。经过数据清理，末期调查成功访问1312名儿童，包括2015年第一队列的1164名儿童和2016年第二队列的148名儿童。

2. 调查内容

末期调查通过调查问卷、体格测量、Denver II发育筛查，全面对儿童生长发育情况进行评估。其中，调查问卷分为三个部分：确认问卷、家庭问卷和儿童问卷，内容涵盖了儿童的基本信息、母亲孕产期情况、儿童日常照料、健康与患病、营养包、家庭环境、儿童膳食等；体格测量包括身长、体重、头围测量，并采集指尖血进行儿童贫血评估；Denver II发育筛查采用上海市改编的小儿发育筛查量表，从粗动作、言语、细动作－适应性、个人－社会四个能区综合评估儿童的发育状况。

（三）调查的组织实施

1. 现场调查队伍组建

中国发展研究基金会“慧育中国·华池项目”终期调查项目组为项目总负责和协调机构，负责调查的机构还有中国人民大学中国调查与数据中心、上海市妇幼保健中心、中国疾病预防控制中心营养与健康所、陇东学院、华池县卫生计生局及各乡镇卫生院等。其中，中国人民大学中国调查与数据中心负责调查的总体设计、问卷调查培训、现场质量控制和数据分析及报告撰写，上海市妇幼保健中心负责 Denver II 发育筛查，中国疾病预防控制中心营养与健康所负责儿童体格测量和血红蛋白检测培训和质量控制，陇东学院负责问卷调查的访员招募，华池县卫生计生局和各乡镇卫生院负责现场协调、体检员招募、问卷电话复核、调查场地准备。现场调查分成 3 支队伍，每支队伍配备 2 名总部督导（1 名来自中国人民大学、1 名来自基金会）、1 名县级督导、10 名访问员、2 名体检医师、2 名 Denver II 发育筛查专业医务人员。

儿童体格测量要求由培训合格的 2 名体检医师共同完成。终期调查对象平均年龄已超过 36 个月，基线和中期调查时采用的卧式量床不再适用，此次身长和体重的测量采用华池县各乡镇卫生院统一配置的超声波身高体重测量仪，身高精度 ±0.1 厘米、体重精度 ±0.05 公斤。被测儿童全部脱去鞋帽、衣物。

头围的测量采用统一配备的头围软尺进行测量，以头围软尺围绕儿童头部一周读数，保证软尺前面位于眉毛上侧，后面压住枕骨隆突，精度 ±0.1 厘米。

血红蛋白测量由经过培训的妇幼保健院专业人员取婴儿左手无名指末梢血，使用微量化学反应片（血片）采集指尖末梢血，应用 HemoCue（301 型血红蛋白便携式分析仪），测量儿童的血红蛋白含量。

儿童发育筛查采取国际上通用、上海市改编的《Denver II 发育筛查量表》（改编的量表全称《上海市小儿发育筛查量表 II》）。所有参与筛查工作的医务人员均接受过严格培训，具备在上海市社区卫生服务中心长期从事儿童早期发育筛查的工作经验。基金会项目组在上海市静安、浦东、杨浦、黄浦区抽取儿童样本，在各区的一所社区卫生服务中心进行《Denver II 发育筛查量表》筛查，对参与筛查工作的医务人员进行测试者一致性检验。经检验，测试者一致性达到 99%。《Denver II 发育筛查量表》测量儿童的“个人－社会”“细动作－适应性”“言语”“粗动作”四个能区。若儿童任一能区发育迟滞，或任意两个或两个以上能区发育出现警告，筛查结果为“可疑”；若四个能区中出现两个或两个以上能区发育迟滞，筛查结果为“异常”，并意味着需要送入专业机构进行干预治疗。

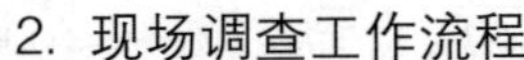

2. 现场调查工作流程

在正式开展末期调查的前两周，基金会委托华池县妇幼保健院及各乡镇卫生院进行了摸底调查，以了解项目儿童的迁移和联系情况。根据摸底反馈情况，估计调查的总体工作量、追访流程和人员分工。

末期调查从 2017 年 7 月 8 日开始，到 25 日结束。其中 Denver II 发育筛查提前一周单独进行，自 7 月 8 日开始，16 日结束。问卷调查和儿童体格测量同时进行，自 7 月 9 日开始，7 月 25 日结束。7 月 9 ~ 13 日，主要是对问卷调查访员、儿童体格测量工作人员，采用讲解 + 互访 + 模拟 + 考试相结合的方式进行培训。2017 年 7 月 14 日，调查队伍分 3 组，奔赴华池县 19 个乡镇（社区），开始正式的现场调查。现场调查采用集中访问和入户追访两种方式：通知全体调查对象集中到乡镇卫生院进行问卷访问以及儿童体格测量；因各种原因不能集中到乡镇卫生院的受访对象，项目组再派访员进行入户追访，并派专车接送追访对象到最近的乡镇卫生院进行儿童体格测量。

3. 现场调查质量控制

为了保证现场调查质量，访员在完成问卷访问后第一时间进行问卷自查，在访员自查后，现场督导按照当日工作量，随机抽取 10% 进行文件复查，发现问题立刻与受访者核实补充。同时调查现场会有总部督导进行陪访，对访员进行及时的指导和问题纠正。每天的现场调查工作结束前，访员每两人一组进行问卷互审，如果发现问卷存在问题需要补访。总部督导每天统计各个队伍的进度，并对每个访员抽取一份问卷进行仔细审核，并将审核结果反馈给访员，以联系受访者补访或重访。总部督导每天在当天完成的问卷中抽取 10%，由县级督导采用专门设计的电话核查问卷进行回访，以保证问卷质量。全部问卷从华池县运回北京后，项目组专门招募审核员，对问卷进行了逐一整理和最终审核，然后交数据录入公司进行双录入。

（四）数据处理及统计分析

1. 变量赋值说明

（1）贫血：按照世界卫生组织和联合国儿童基金会推荐的标准，海拔 1000

米及以下，6～59月龄儿童贫血诊断标准为Hb < 110g/L。如海拔位于1000～1500米之间，诊断标准则是在110g/L的基础上增加2g/L的校正值；如海拔位于1500～2000米之间，则在110g/L的基础上增加5g/L的校正值。

（2）家庭喂养与营养知识评分：根据家长回答家庭喂养与营养知识问题的正确数目计算。

（3）儿童生长发育Z评分：以2006年WHO推荐的Stata程序进行计算。

（4）家庭环境得分：各题目的答案均为0～1分取值，在计算儿童家庭环境得分时，特别注意对HOME量表44个问题中采取反向提问的题目答案的赋值调整。

2. 统计分析方法

数据结果采用Stata14.0进行统计分析。单因素分析计量资料采用t检验，分类资料采用卡方检验。

本报告对基线和末期数据的结果测量指标均作评价，主要的结果测量指标包括：身高（长）、体重、头围、血红蛋白、患病率、贫血率；Denver II发育筛查结果和各维度得分及总分；家庭环境观察量表（HOME）各维度及总分。评价采用的统计方法为双重差分模型分析（DID）。

本报告对末期数据的结果测量指标，按照因变量为计量资料还是二分类变量，分别采用多元线性回归和logistic回归分析的统计方法。

多因素分析的控制变量见具体模型，主要是在干预组和对照组可比性分析后，统计学上有显著差异的变量。

二、末期调查数据质量评估

（一）样本应答率

根据末期调查前两周的摸底反馈情况，1566名调查对象中在家可以接受调查的为1264名，不在家无法接受调查的为302名。在实际调查过程中，在家和未在家儿童数量又发生了变化。

末期的样本应答率，采取与基线和中期同样的计算方法，即末期实际回答问卷的儿童数量除以参与基线调查的全体儿童样本量（1566 名），所得即为末期总体应答率。

1. 总体应答率

末期调查共完成 1192 份问卷，问卷调查的总体应答率为 76.1%；Denver II 发育筛查完成 1181 份筛查问卷，总体应答率为 75.4%。因问卷调查与 Denver II 发育筛查分开单独进行，其中 123 名儿童完成 Denver II 筛查，但未参加问卷调查；140 名儿童完成问卷调查，但未参加 Denver II 筛查。将二者合并后，实际可用的调查资料数量总计 1312 份。换言之，末期调查共有 1312 名儿童联系成功，即联系成功应答率为 83.8%。联系不上、拒绝访问、全家迁到县外三种情况的应答率分别为 4.73%、6.19%、5.30%。应答率的具体情况见表 1。

表 1　　华池末期调查应答率

指　标	频　数	百分比
总样本量	1566	100.0%
联系成功	1312	83.8%
联系不上	74	4.73%
拒绝访问	26	6.19%
全家迁到县外	83	5.30%
问卷调查数量	1192	76.1%
Denver II 筛查数量	1181	75.4%
身高测量数量	1162	74.20%
体重测量数量	1164	74.30%
头围测量数量	1165	74.40%
血红蛋白测量数量	1165	74.40%

2. 各乡镇应答率

"慧育中国·华池项目"末期调查项目组共赴 19 个乡镇（社区）进行问卷调查。总体看来，由于人口流动，19 个乡镇（社区）应答率高低不齐。在各乡镇应答率分布中，上里塬乡应答率最高，为 89.4%；大多数乡镇应答率均在

65% ~80%之间；城壕乡应答率最低，为57.7%。见表2。

表2　　华池末期调查各乡镇（社区）应答率

乡　镇	总　数	完成问卷数量	应答率
上里塬乡	85	76	89.4%
王咀子乡	61	54	88.5%
庙巷	25	22	88.0%
林镇乡	72	63	87.5%
山庄乡	102	88	86.3%
五蛟乡	148	121	81.8%
李良子社区	77	63	81.8%
悦乐乡	112	85	75.9%
紫坊畔乡	56	42	75.0%
怀安乡	55	41	74.5%
白马乡	35	26	74.3%
元城乡	82	60	73.2%
乔河乡	82	60	73.2%
温台社区	54	39	72.2%
南梁乡	67	48	71.6%
柔远镇	235	168	71.5%
定汉乡	82	54	65.9%
乔川乡	58	37	63.8%
城壕乡	78	45	57.7%

（二）干预组和对照组样本匹配检验

“慧育中国·华池项目”设计参照随机对照实验（RCT）方法，干预组和对照组在经过一段时间的干预和追踪调查，是否还具有可比性，对于检验项目的干预效果很重要。下面对末期调查的干预组和对照组的相关人口学特征进行比较，检验两组的可比性。

1. 儿童年龄与性别

末期调查儿童平均月龄为38.9 ±0.2，其中，干预组的平均月龄为38.1 ±

0.3，对照组的平均月龄为39.7±0.3，比干预组大1.6个月，两组月龄的差异具有统计学意义的显著性（P=0.000）。

末期调查男童占比54.08%，女童占比45.92%。干预组的男童比例（53.5%）略低于对照组（54.6%），但这一差异未呈现统计学意义的显著性（P=0.68）（见图1）。

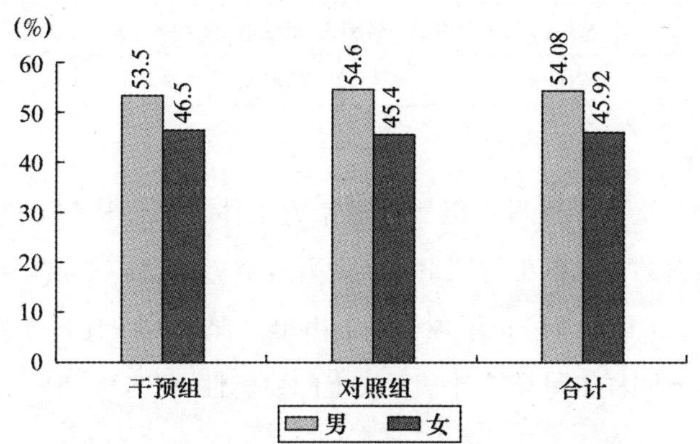

图1　华池末期调查干预组和对照组儿童性别

2. 儿童出生顺序

末期调查儿童出生顺序第一位的儿童，即在家排行老大的儿童占比超过七成。第一位到第四位出生的儿童占比分别为71.5%、24.1%、4.1%和0.3%。干预组和对照组比较，第一位至第四位出生比例二者的组间差异分别为10%、8%、2.7%和0.4%。组间差异呈现出统计学意义的显著性（P=0.000）（见图2）。

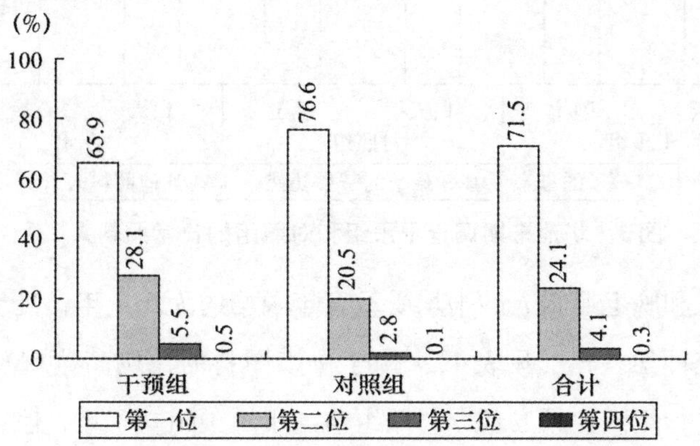

图2　华池末期调查干预组和对照组的儿童出生顺序

3. 家庭收入

末期调查的平均家庭收入为30902.18±978.16元。干预组的平均收入水平略高于对照组，但组间差异不具有统计学层面的显著性（P=0.33）（见表3）。

表3　华池末期调查干预组和对照组的家庭收入（±标准误） 单位：元

指　标	对照组	干预组	合　计
平均收入	29898.93±1223.739	31813.05±1499.506	30902.18±33615.2
中位数	20000	20000	20000

4. 日常照料人

末期调查的儿童主要照料人仍然以母亲为主体，占比达到65%以上。干预组白天由母亲照料的占比低于对照组4.3个百分点，但这一差异在统计学意义上未呈现出显著性（P=0.075）；干预组晚上由母亲照料的占比低于对照组3.4个百分点，这一差异同样未呈现统计学意义上的显著性（P=0.451）（见图3）。

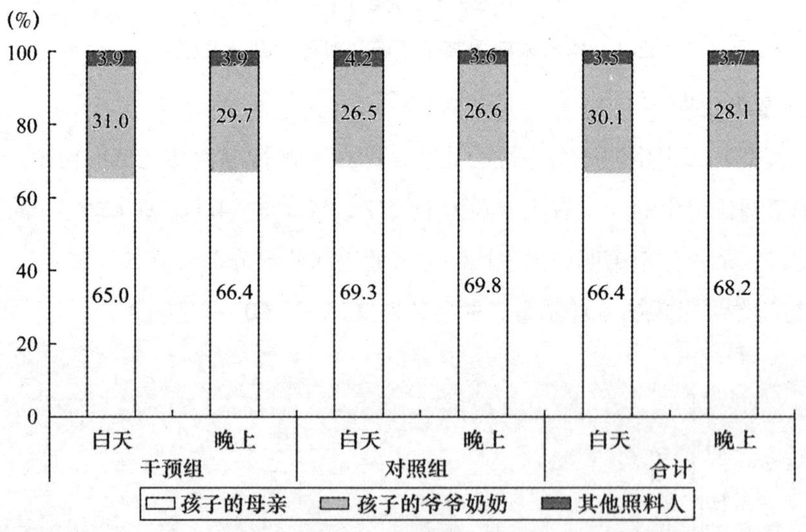

图3　华池末期调查干预组和对照组的日常照料人

白天照料人和晚上照料人的平均受教育年限均约为6.4年，且干预组和对照组之间未呈现统计学差异（见表4）。由于母亲照料的比例高达65%以上，对母亲受教育年限进行组间比较发现，对照组略高于干预组0.3年，但这一差异不具有统计学意义的显著性（P=0.0938）。

表4　　华池末期调查干预组和对照组日常照料人的受教育年限

日常照料人	干预组	对照组	合　计
白天照料人	6.4 ±0.1	6.3 ±0.1	6.4 ±0.1
晚上照料人	6.4 ±0.1	6.4 ±0.1	6.4 ±0.1
母　亲	6.8 ±0.1	7.1 ±0.1	6.9 ±0.1

三、干预结果评估

（一）儿童生长发育和 Denver II 筛查

儿童生长发育主要包括儿童的身长、体重、头围以及血红蛋白含量等生理指标，并根据 WHO 2006 年标准，计算消瘦率、低体重率、生长迟缓率等健康指标。

1. 儿童生长发育指标

末期调查显示（见表5），儿童总体的平均身高为94.80 ±0.17 厘米。其中，对照组儿童的平均身高为95.06 ±0.24 厘米，干预组儿童的平均身高为94.50 ±0.24 厘米，组间差异为0.5 厘米，具有统计学意义上的显著性（P =0.05）；末期儿童体重平均为13.68 ±0.06 千克，对照组平均体重为13.82 ±0.09 千克，干预组为13.52 ±0.09 千克，组间差异呈现出统计学意义上的显著性（P =0.01）；头围层面，末期被调查儿童平均头围为48.62 ±0.05 厘米，对照组儿童的平均头围为48.72 ±0.07 厘米，干预组儿童平均头围为48.51 ±0.08 厘米，组间呈现出统计学意义上的显著性（P =0.03）。纵观被调查对象的三期生长发育指标，基线对照组与干预组之间的各项指标虽然呈现出差异，但不具有统计学意义上的显著性。中期与末期，干预组和对照组的各项生长发育指标均呈现出差异，并具有统计学意义的显著性。

在三期调查样本中，除基线（第二队列样本）干预组略高于对照组外，中期和末期（第一队列和第二队列合在一起）对照组的身高、体重、头围均值均高于干预组，这是由于中期和末期对照组的平均月龄比干预组分别大1.5 个月和1.6 个月。

表5　　华池三期调查儿童生长发育指标

指标		身高（cm）	体重（kg）	头围（cm）
基线	对照组	71.76±0.33	8.65±0.90	44.54±0.18
	干预组	72.05±0.34	8.85±0.15	44.38±0.19
	合计	71.91±0.23	8.75±0.88	44.46±0.13
	n	147	147	147
	t值	-0.6092	-1.144	0.6329
	P值	0.2717	0.1272	0.2639
中期	对照组	88.40±0.22	11.87±0.07	47.50±0.06
	干预组	87.37±0.24	11.74±0.07	47.39±0.07
	合计	87.89±0.16	11.74±0.05	47.45±0.05
	n	1316	1318	1317
	t值	3.18	1.36	1.22
	P值	0.0008*	0.0868	0.1107
末期	对照组	95.06±0.24	13.82±0.09	48.72±0.07
	干预组	94.50±0.24	13.52±0.09	48.51±0.08
	合计	94.80±0.16	13.68±0.06	48.62±0.05
	n	1162	1164	1165
	t值	1.63	2.47	1.95
	P值	0.052	0.0068*	0.0256*

注：*，P值在0.05检验水准有统计学差异。

依据身高（长）、体重的标准Z分，按照WHO 2006年推荐的年龄别身高和体重的官方标准，计算调查对象的生长迟缓率、低体重率以及消瘦率。结果显示，末期调查的儿童生长迟缓率为8.9%、低体重率为5.9%、消瘦率为6.7%；而且末期的三项指标，对照组均高于干预组，但差异不具有统计学意义的显著性。纵观三期，基线（第二队列）的儿童消瘦率呈现显著的组间差异，即干预组显著高于对照组，且具有统计学意义的显著性（P=0.037）。详见表6。

本报告进一步对末期调查的儿童身高、体重、头围（调整月龄后的标准分HAZ、WAZ、HCZ）三项生长发育结果指标，采用线性回归模型进行分析。结果显示，控制儿童性别、出生顺序、母亲受教育年限等相关变量后，家访干预显著提高年龄别身高（HAZ）0.13个标准差（模型1，P=0.042）和0.14个标准差（模型2，P=0.036），具体见表7。

表6　　华池三期调查的儿童生长迟缓率、低体重率、消瘦率

指　标		生长迟缓率（%）	低体重率（%）	消瘦率（%）
基线（%）	对照组	2.86	1.43	1.41
	干预组	1.32	2.63	9.21
	合计	2.05	2.05	5.44
	n	146	146	147
	P值	0.512	0.609	0.037*
中期（%）	对照组	5.26	2.55	1.95
	干预组	6.49	3.73	2.01
	合计	5.87	3.13	1.98
	n	1312	1311	1311
	P值	0.344	0.221	0.94
末期（%）	对照组	9.33	6.54	6.73
	干预组	8.36	5.26	6.71
	合计	8.87	5.93	6.72
	n	1161	1161	1161
	P值	0.564	0.359	0.991

注：*，P值在0.05检验水准有统计学差异。

表7　　华池末期调查儿童生长发育指标的回归分析

指　标	参　数	单因素分析	模型1	模型2
年龄别身高（HAZ）	β（95%CI）	0.1082（-0.0172~0.2337）	0.1309（-0.0046~0.2573）	0.1387（-0.0089~0.2685）
	t值	1.69	2.03	2.1
	P值	0.091	0.042*	0.036*
年龄别体重（WAZ）	β（95%CI）	-0.0221（-0.1380~0.0938）	-0.0217（-0.1390~0.0955）	-0.0155（-0.1375~0.1065）
	t值	-0.37	-0.36	-0.25
	P值	0.708	0.716	0.803

续表

指　标	参　数	单因素分析	模型 1	模型 2
年龄别头围（HCZ）	β（95% CI）	-0.07（-0.2059~0.0659）	-0.0763（-0.2138~0.0613）	-0.0819（-0.2259~0.0621）
	t 值	-1.01	-1.09	-1.12
	P 值	0.312	0.277	0.265

注：*，P 值在 0.05 检验水准有统计学差异。

模型 1：控制末期儿童性别以及出生顺序。

模型 2：控制末期儿童性别、出生顺序以及母亲受教育年限

对家访干预效果的追踪研究，采用双重差分模型的分析方法。华池第二队列（2016 年 2 月开始家访）样本的基线数据包含了儿童生长发育指标的测量。经过数据清理，第二队列总共约 147 名儿童搜集了基线、中期和末期的生长发育指标数据。表 8 分析了这批儿童在基线与末期之间这些指标的变化趋势和程度。模型 1 控制儿童性别以及出生顺序变量，模型 2 控制儿童性别、出生顺序以及母亲受教育年限变量。结果显示，经过 18 个月家访，儿童年龄别身高（HAZ）和年龄别体重（WAZ）的净值均呈现增长，但不具有统计学意义的显著性；消瘦率净值呈现显著下降，消瘦率净值下降 14%（模型 1，P=0.029）和 13.7%（模型 2，P=0.035）。

2. 血红蛋白含量及贫血率

在 2016 年 7 月华池中期调查时，儿童样本的平均月龄为 27.1±6.4，月龄最小 14.5，最大 39.9。根据中期调查结果，儿童上周平均食用营养包 2.4 包，其中干预组为 2.8 包，对照组为 2.0 包，干预组高于对照组，且差异有统计学意义的显著性。按照每周营养包摄入量达到或超过 4 包来计算依从率，华池中期调查的营养包依从率为 31.30%，其中干预组为 37.30%，对照组为 26.30%，干预组比对照组高 11 个百分点，并且差异有统计学意义的显著性（见表 9）。中期调查的营养包依从率结果表明，干预组和对照组儿童同时接受营养包补充，而且在营养包发放机制完全一致的情况下，家访对营养包依从率有显著的促进作用。

表 8　华池第二队列儿童基线与末期调查生长发育指标的双重差分模型分析

指标	单因素分析				模型 1				模型 2			
	DID	t 值	P 值	n	DID	t 值	P 值	n	DID	t 值	P 值	n
HAZ	0.111	0.45	0.656	259	0.09	0.36	0.718	256	0.168	0.67	0.502	246
WHZ	0.126	0.42	0.673	259	0.131	0.44	0.66	256	0.134	0.45	0.654	246
HCZ	-0.078	0.31	0.757	260	-0.1	0.42	0.678	257	-0.134	0.55	0.585	247
生长迟缓	-0.026	0.47	0.641	273	-0.02	0.37	0.708	270	-0.036	0.66	0.508	260
低体重率	-0.039	0.8	0.423	273	-0.03	0.62	0.539	270	-0.042	0.95	0.343	260
消瘦率	-0.15	2.33	0.020*	274	-0.14	2.2	0.029*	270	-0.137	2.13	0.035*	270

注：*，P 值在 0.05 检验水准有统计学差异。

模型 1：控制末期儿童性别以及出生顺序。

模型 2：控制末期儿童性别、出生顺序以及母亲受教育年限。

表 9　华池中期调查的儿童营养包食用情况

指标	干预组	对照组	合计	卡方或 t 值	P 值
上周平均食用营养包数量（±SE）	2.8 ±0.15	2.0 ±0.13	2.4 ±0.10	-4.06	0.00
营养包依从率（%）	37.30	26.30	31.86	17.37	0.00
从未吃过营养包（%）	8.67	14.98	12.16	8.54	0.00

华池末期调查的儿童平均月龄为 38.1 ±0.3。营养包在儿童年满 24 个月时停止发放，所以末期调查时华池全部儿童已停止食用营养包一年以上。此次末期调查结果显示，儿童的总体血红蛋白含量平均为 12.38 ±0.02g/dl；中期调查时，儿童的总体血红蛋白含量平均为 12.24 ±0.03g/dl。末期与中期相比，末期血红蛋白含量略有增长。进一步分组比较发现，中期干预组的血红蛋白含量比对照组高 0.09g/dl，而且差异具有统计学意义的显著性（P =0.03），同样表明，在干预组和对照组接受营养包补充的方式完全一致的情况下，家访不仅提高了儿童对营养包的依从率，也同时对儿童营养状况改善有直接作用。纵观三期，华池儿童的平均血红蛋白含量在基线时处于贫血临界值边缘，基线测试以后，随着营养和家

访综合干预在华池县持续推进，儿童的平均血红蛋白含量在中期和末期追踪测试时持续增长，达到稳定的正常水平（见表10）。

表10　华池三期调查的儿童血红蛋白含量

血红蛋白（kg/l）	对照组	干预组	合计	t值	P值
基线（n＝147）	11.42±0.14	11.56±0.16	11.49±0.11	－0.66	0.25
中期（n＝1318）	12.20±0.04	12.29±0.05	12.24±0.03	－1.86	0.03*
末期（n＝1165）	12.41±0.04	12.34±0.04	12.38±0.02	1.15	0.12

注：*，P值在0.05检验水准有统计学差异。

根据血红蛋白含量和调整海拔高度，计算贫血率结果显示，末期的儿童贫血率为11.5%，较之中期13.6%的贫血率有所下降。三期调查数据显示，华池儿童的贫血率呈现持续降低的趋势（见图4）。

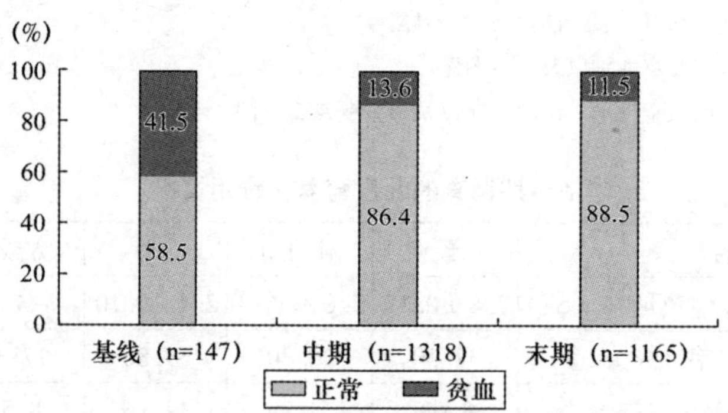

图4　华池三期调查的儿童贫血率

末期对照组的儿童贫血率约为12.3%，干预组的贫血率约为10.7%，对照组比干预组高1.6个百分点，但差异不具有统计学意义的显著性。三期调查中，干预组和对照组之间的儿童贫血率差异均不具有统计学意义的显著性（见表11）。

表11　华池三期调查干预组和对照组儿童的贫血率

贫血率（%）	对照组	干预组	合计	P值
基线（n＝147）	43.66	39.47	41.5	0.607
中期（n＝1318）	14.37	12.77	13.58	0.396
末期（n＝1165）	12.25	10.67	11.5	0.397

注：*，P值在0.05检验水准有统计学差异。

单因素与多因素（模型1和2）回归分析结果均表明，末期儿童血红蛋白及贫血率的组间差异均不显著，不具有统计学意义的显著性（见表12）。

表12　　华池末期调查的儿童血红蛋白及贫血率回归分析

维　度	统计指标	单因素分析	模型1	模型2
血红蛋白	β (95% CI)	-0.0647 (-0.1747~0.0453)	-0.0081 (-0.1191~0.1028)	-0.0011 (-0.1145~0.1124)
	t值	-1.15	-0.14	-0.02
	P值	0.249	0.886	0.985
贫血率	β (95% CI)	0.8551 (0.5952~1.2285)	0.7518 (0.5176~1.0920)	0.7051 (0.4790~1.0379)
	z值	-0.85	-1.50	-1.77
	P值	0.397	0.134	0.077

注：*，P值在0.05检验水准有统计学差异。
模型1：控制末期儿童月龄、性别以及出生顺序。
模型2：控制末期儿童月龄、性别、出生顺序以及母亲受教育年限。

对华池第二队列的147名儿童进行基线和末期的双重差分模型分析，结果表明，血红蛋白含量及贫血率在基线和末期的差异均未呈现统计学意义的显著性（见表13）。

表13　华池第二队列儿童基线与末期调查的血红蛋白、贫血率双重差分模型分析

指标	单因素分析				模型1				模型2			
	DID	t值	P值	n	DID	t值	P值	n	DID	t值	P值	n
血红蛋白	-0.014	0.05	0.962	274	0.016	0.06	0.956	270	-0.022	0.07	0.941	260
贫血率	-0.02	0.19	0.846	274	-0.021	0.2	0.838	270	0.002	0.02	0.982	260

注：*，P值在0.05检验水准有统计学差异。
模型1：控制末期儿童月龄、性别以及出生顺序。
模型2：控制末期儿童月龄、性别、出生顺序以及母亲受教育年限。

3. 两周患病率

末期调查的儿童两周患病率为28.93%，较中期的41.10%降幅较大。三期调查数据显示，华池儿童的两周患病率呈现逐期递减的趋势。具体如图5所示。

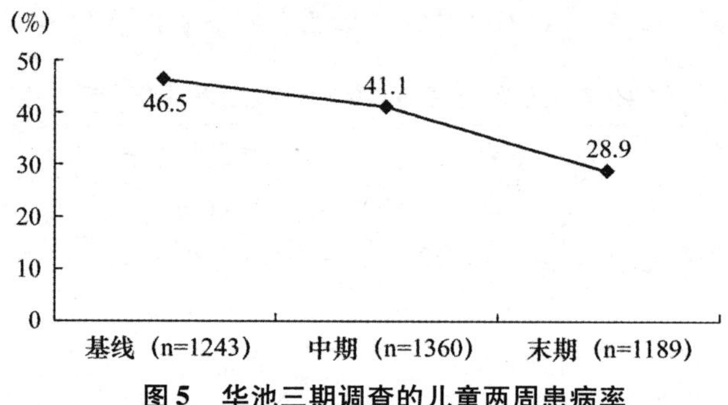

图5　华池三期调查的儿童两周患病率

进一步分组比较发现，中期和末期的儿童两周患病率，对照组均略低于干预组，但差异都不具有统计学意义的显著性（见图6）。

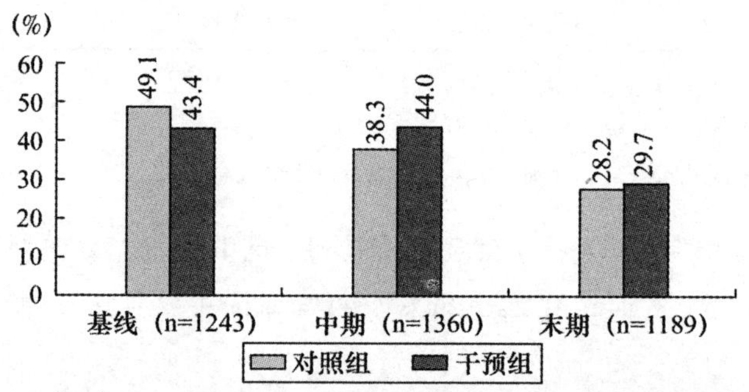

图6　华池三期调查的儿童两周患病率的分组比较

末期调查儿童两周患病率的回归分析结果显示，在控制了相关变量之后，干预组和对照组的差异不具有统计学意义的显著性（见表14）。

表14　华池末期调查的儿童两周患病率回归分析

统计指标	单因素分析	模型1	模型2
β（95% CI）	1.0744 （0.8360～1.3807）	1.0538 （0.8159～1.3610）	1.0675 （0.8192～1.3912）
z值	0.56	0.40	0.48
P值	0.575	0.69	0.629

注：*，P值在0.05检验水准有统计学差异。

模型1：控制末期儿童月龄、性别以及出生顺序。

模型2：控制末期儿童月龄、性别、出生顺序以及母亲受教育年限。

对基线和末期的儿童两周患病率进行双重差分模型分析，结果表明，家访干预对儿童两周患病率没有统计学意义的显著影响（见表15）。

表15　华池基线与末期调查的儿童两周患病率的双重差分模型分析

指　标	两周患病率			
	DID	t值	P值	n
单因素	0.072	1.85	0.065	2432
模型1	0.073	1.89	0.059	2424
模型2	0.073	1.81	0.070	2271

注：*，P值在0.05检验水准有统计学差异。

模型1：控制末期儿童月龄、性别以及出生顺序。

模型2：控制末期儿童月龄、性别、出生顺序以及母亲受教育年限。

4. Denver II 发育筛查

华池末期调查的Denver II筛查结果显示，由于对照组儿童月龄比干预组大1.6个月，儿童四个发育能区，除“言语”能区之外，“个人-社会”“细动作-适应性”“粗动作”三个能区的原始得分及总分，对照组均高于干预组（见表16）。

表16　华池三期调查的Denver II各能区原始得分及总分

指标		对照组	干预组	合计	t值	P值	n
基线	个人-社会	7.21±0.13	7.11±0.12	7.16±0.09	0.6058	0.2728	147
	细动作-适应性	12.23±0.11	12.26±0.11	12.24±0.08	-0.2486	0.402	147
	言语	11.15±0.13	11.05±0.13	11.10±0.09	0.5516	0.291	147
	粗动作	11.55±0.14	11.11±0.13	11.32±0.10	2.3334	0.0105*	147
	总分	42.14±0.35	41.53±0.34	41.82±0.24	1.2573	0.1053	147
中期	个人-社会	16.94±0.09	16.69±0.10	16.81±0.07	1.8676	0.0620	1301
	细动作-适应性	19.53±0.10	19.26±0.09	19.40±0.06	2.1561	0.0313*	1299
	言语	22.03±0.19	21.74±0.18	21.89±0.13	1.1420	0.2537	1295
	粗动作	23.52±0.10	23.12±0.10	23.32±0.07	2.7282	0.0065*	1290
	总分	82.10±0.45	80.85±0.43	81.43±0.31	1.8874	0.0593	1281

续表

指标		对照组	干预组	合计	t 值	P 值	n
末期	个人-社会	19.99 ±0.08	19.55 ±0.07	19.77 ±0.05	4.0657	0.0001*	1118
	细动作-适应性	22.78 ±0.09	22.45 ±0.08	22.62 ±0.06	2.8488	0.0045*	1121
	言语	29.21 ±0.19	28.76 ±0.19	28.99 ±0.14	1.6566	0.0979	1104
	粗动作	26.45 ±0.11	25.78 ±0.10	26.12 ±0.08	4.4640	0.0000*	1083
	总分	98.55 ±0.44	96.68 ±0.41	97.63 ±0.30	3.1108	0.0019*	1082

注：*，P 值在 0.05 检验水准有统计学差异。

末期调查结果显示，Denver II 筛查结果“正常”占比 67.1%，“可疑”占比 22.92%，“异常”占比 9.98%。与中期调查结果相比，末期“正常”比例提高近 6 个百分点，“异常”比例降低近 9 个百分点。进一步分组比较发现，干预组“正常”占比达 73.22%，对照组“正常”占比 61.13%，干预组高于对照组 12 个百分点；干预组“可疑”占比 19.10%，对照组“可疑”占比 26.64%，干预组低于对照组 7 个百分点；干预组“异常”占比 7.68%，对照组“异常”占比 12.23%，干预组低于对照组近 5 个百分点。组间差异经检验，具有统计学意义的显著性（P =0.000）（见图 7）。

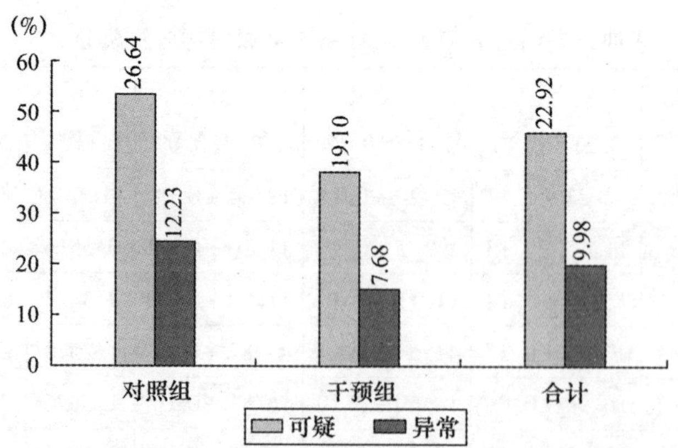

图 7　华池末期调查干预组和对照组儿童 Denver II 筛查结果“可疑”与“异常”分布

由于末期调查的干预组和对照组平均月龄相差 1.6 个月，根据月龄进一步分析 Denver II 筛查结果发现，各月龄组筛查结果“正常”儿童，干预组比例均高于对照组，且组间差异具有统计学意义的显著性（P =0.000）（见图 8）。

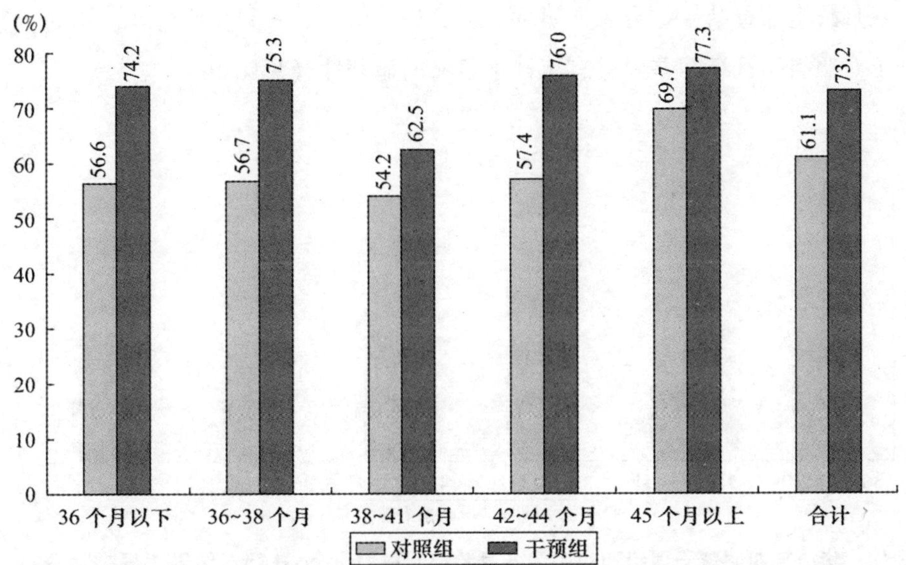

图8　华池末期调查干预组和对照组各月龄组儿童 Denver II 筛查结果“正常”分布

各月龄组筛查结果“可疑”儿童，干预组比例均低于对照组，且组间差异具有统计学意义的显著性（见图9）。其中，36～38个月和42～44个月的差异最明显。

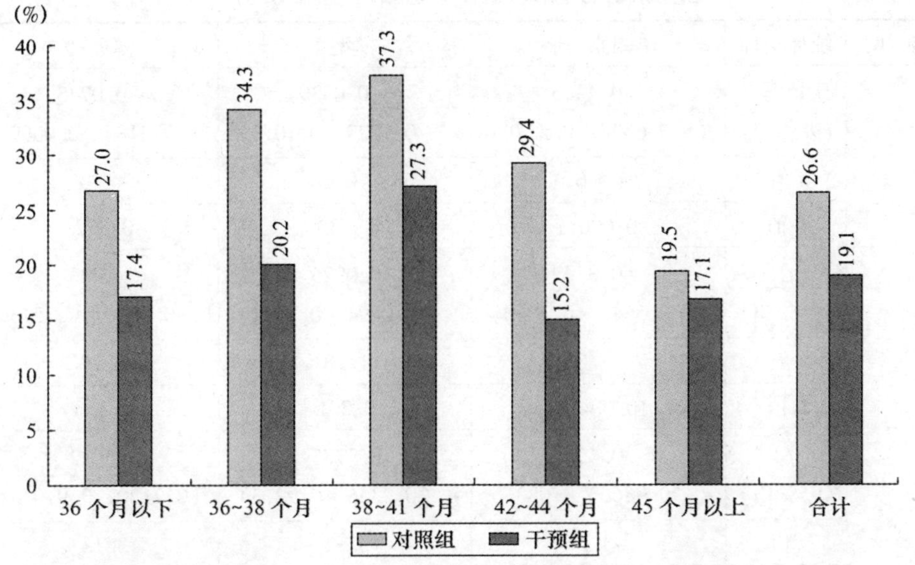

图9　华池末期调查干预组和对照组各月龄组儿童 Denver II 筛查结果“可疑”分布

各月龄组筛查结果“异常”儿童，除38～41个月一个月龄组外，均为干预组低于对照组，且组间差异具有统计学意义的显著性（见图10）。

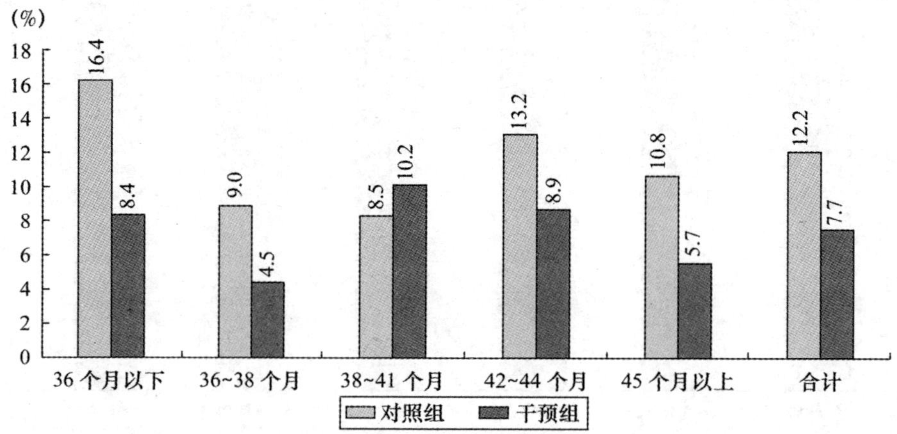

图10　华池末期调查干预组和对照组各月龄组儿童 Denver II 筛查结果“异常”分布

对末期调查的 Denver II 各能区原始得分进行回归分析，结果显示，在控制相关变量后（模型1和模型2），家访干预对“言语”能区发育有显著促进作用，提高0.56分（P=0.001；P=0.002）（见表17）。

表17　华池末期调查儿童 Denver II 原始得分的回归分析

维　度	统计指标	单因素分析	模型1	模型2
个人－社会	β (95% CI)	－0.4403 (－0.6528～0.2278)	－0.0339 (－0.1729～0.1051)	－0.0743 (－0.2185～0.0699)
	t值	－4.07	－0.48	－1.01
	P值	0.000*	0.633	0.312
细动作－适应性	β (95% CI)	－0.3342 (－0.5644～0.1040)	0.0925 (－0.0494～0.2344)	0.0823 (－0.0627～0.2273)
	t值	－2.85	1.28	1.11
	P值	0.004*	0.201	0.266
言语	β (95% CI)	－0.4514 (－0.9860～0.0833)	0.5785 (－0.2356～0.9213)	0.5612 (0.2120～0.9104)
	t值	－1.66	3.31	3.15
	P值	0.098	0.001*	0.002*

续表

维　度	统计指标	单因素分析	模型 1	模型 2
粗动作	β (95% CI)	-0.6657 (-0.9583 ~ 0.3731)	-0.0224 (-0.1722 ~ 0.1274)	-0.0559 (-0.2114 ~ 0.996)
	t 值	-4.46	-0.29	-0.71
	P 值	0.000*	0.769	0.481
总分	β (95% CI)	-1.8768 (-3.0607 ~ 0.6930)	0.6319 (0.0500 ~ 1.2138)	0.5264 (-0.0620 ~ 1.1149)
	t 值	-3.11	2.13	1.76
	P 值	0.002*	0.033*	0.079

注：*，P 值在 0.05 检验水准有统计学差异。

模型 1：控制末期儿童月龄、性别以及出生顺序。

模型 2：控制末期儿童月龄、性别、出生顺序以及母亲受教育年限。

华池第二队列儿童的基线和末期 Denver II 各能区的原始得分和总分进行双重差分模型分析，结果显示，家访干预对“粗动作”能区发育有显著促进作用，经过 18 个月家访，“粗动作”能区得分提高 0.463 分（P = 0.041）；在控制相关变量后，模型 1 结果显示，经过家访干预仍显著提高“粗动作”能区得分 0.461 分（P = 0.040）；模型 2 结果显示，家访干预显著提高“粗动作”能区得分 0.492 分（P = 0.032）（见表 18）。

表 18　华池第二队列儿童基线和末期调查 Denver II 原始得分的双重差分模型分析

指标	单因素分析				模型 1				模型 2			
	DID	t 值	P 值	n	DID	t 值	P 值	n	DID	t 值	P 值	n
个人 - 社会	0.003	0.01	0.991	258	-0.081	0.32	0.753	247	-0.074	0.28	0.783	237
细动作 - 适应性	0.004	0.02	0.987	259	-0.008	0.04	0.966	247	-0.040	0.19	0.846	237
言语	0.027	0.07	0.941	256	0.026	0.07	0.946	244	-0.008	0.02	0.983	234
粗动作	0.463	2.05	0.041*	254	0.461	2.07	0.040*	242	0.492	2.16	0.032*	232
总分	0.543	0.72	0.472	253	0.327	0.45	0.655	242	0.300	0.41	0.682	232

注：*，P 值在 0.05 检验水准有统计学差异。

模型 1：控制末期儿童月龄、性别以及出生顺序。

模型 2：控制末期儿童月龄、性别、出生顺序以及母亲受教育年限。

为了对 Denver II 四个能区得分进行相互比较，本报告将末期调查的 Denver II 原始得分转换为标准 Z 分，并根据标准 Z 分重新进行了回归统计分析和双重差分模型分析。

对末期调查 Denver II 各能区的标准 Z 分进行回归分析（见表 19），结果显示，在控制相关变量后，家访干预对“言语”能区发育有显著促进作用，提高“言语”0.13 个标准差（模型 1，P = 0.001）和 0.12 个标准差（模型 2，P = 0.002）；家访干预对 Denver II “总分”有显著促进作用，提高“总分”0.06 个标准差（模型 1，P = 0.033）。

对末期调查 Denver II 筛查结果变量（“正常”与“可疑或异常”）的 logit 回归分析显示（见表 19），在控制相关变量后，家访干预提高 Denver II 筛查“正常”概率 53.5%（模型 1，P = 0.000）和 51.4%（模型 2，P = 0.001）。

表 19　华池末期调查儿童 Denver II 标准 Z 分、筛查结果变量的回归分析

维　度	统计指标	单因素分析	模型 1	模型 2
个人 - 社会	β (95% CI)	−0.2415 (−0.3581 ~ 0.1250)	−0.0186 (−0.0949 ~ 0.0577)	−0.0408 (−0.1199 ~ 0.0383)
	t 值	−4.07	−0.48	−1.01
	P 值	0.000*	0.633	0.312
细动作 - 适应性	β (95% CI)	−0.1697 (−0.2865 ~ 0.0528)	0.0469 (−0.0251 ~ 0.1190)	0.0418 (−0.0318 ~ 0.1154)
	t 值	−2.85	1.28	1.11
	P 值	0.004*	0.201	0.266
言语	β (95% CI)	−0.0996 (−0.2177 ~ 0.0184)	0.1277 (0.0520 ~ 0.2034)	0.1239 (0.0468 ~ 0.2010)
	t 值	−1.66	3.31	3.15
	P 值	0.098	0.001*	0.002*
粗动作	β (95% CI)	−0.2690 (−0.3872 ~ 0.1507)	−0.0091 (−0.0696 ~ 0.0515)	−0.0226 (−0.0854 ~ 0.0402)
	t 值	−4.46	−0.29	−0.71
	P 值	0.000*	0.769	0.481

续表

维　度	统计指标	单因素分析	模型 1	模型 2
总分	β (95% CI)	-0.1884 (-0.3072～0.696)	0.0634 (0.0050～0.1218)	0.0528 (-0.0062～0.1119)
	t 值	-3.11	2.13	1.76
	P 值	0.002*	0.033*	0.079
筛查结果变量（正常/可疑或异常）	β (95% CI)	0.553 (0.2958～0.8103)	0.5346 (0.2546～0.8146)	0.5142 (0.2205～0.8080)
	z 值	4.21	3.74	3.43
	P 值	0.000*	0.000*	0.001*

注：*，P 值在 0.05 检验水准有统计学差异；筛查结果变量为 logit 分析结果。

模型 1：控制末期儿童月龄、性别以及出生顺序。

模型 2：控制末期儿童月龄、性别、出生顺序以及母亲受教育年限。

对华池第二队列 147 名儿童基线和末期调查的 Denver II 的标准 Z 分进行双重差分模型分析，结果显示，家访干预对“粗动作”能区发育有显著促进作用，经过 18 个月家访，“粗动作”提高 0.38 个标准差（P＝0.029）；在控制相关变量后，模型 1 结果显示，家访干预仍显著提高“粗动作”0.39 个标准差（P＝0.024）；模型 2 结果显示，家访干预显著提高“粗动作”0.41 个标准差（P＝0.019）（见表 20）。

（二）儿童早期养育环境

1. 家长喂养认知水平

末期调查问卷共设计 5 道题，旨在考察父母对于儿童喂养知识的认知情况。各题按照正确赋分 1 分，错误 0 分计算。结果显示，末期家长喂养知识的总得分为 0.37±0.02。与中期调查结果相比（0.36±0.02），略有提高。从每题回答正确率来看，“贫血与哪种营养素缺乏有关”一题的正确率最高，为 12.95%；正确率最低的一题为“最适宜给婴儿补充铁的食物”，正确率仅为 2.44%。说明儿童家长虽然认识到导致贫血的营养素缺乏，但对于如何解决缺乏相应的知识。进一步分组比较发现，末期干预组比对照组的家长在喂养认知总得分上高 0.08 分，且差异具有统计学意义的显著性（P=0.0132）（见表21）。

表20　华池基线和末期调查儿童 Denver Ⅱ 标准 Z 分的双重差分模型分析

指标	单因素分析				模型1				模型2			
	DID	t值	P值	n	DID	t值	P值	n	DID	t值	P值	n
个人-社会	0.045	0.22	0.825	258	-0.002	0.01	0.991	247	0.003	0.02	0.986	237
细动作-适应性	-0.027	0.14	0.886	259	-0.043	0.24	0.811	247	-0.072	0.39	0.701	237
言语	0.076	0.42	0.674	256	0.084	0.46	0.644	244	0.060	0.32	0.752	234
粗动作	0.377	2.20	0.029*	254	0.385	2.28	0.024*	242	0.414	2.37	0.019*	232
总分	0.190	1.09	0.279	253	0.170	0.99	0.321	242	0.165	0.93	0.354	232

注：*，P值在0.05检验水准有统计学差异。

模型1：控制末期儿童月龄、性别以及出生顺序。

模型2：控制末期儿童月龄、性别、出生顺序以及母亲受教育年限。

表21　华池中期和末期调查的家长喂养认知得分

指　标	中期（n=1359）			末期（n=1189）		
	干预组	对照组	合计	干预组	对照组	合计
总得分（$\bar{X}$±SE）	0.40±0.02	0.32±0.02*	0.36±0.02	0.41±0.02	0.33±0.02	0.37±0.02*
添加辅食最佳时间（%）	3.76	4.47	4.12	3.51	2.74	3.11
最适宜首先添加辅食（%）	14.89	11.82*	13.32	13.03	11.77	12.37
最适宜补充铁的食物（%）	1.5	1.3*	1.4	3.16	1.77	2.44
贫血相关缺乏有关营养素（%）	13.68	9.37*	11.48	14.41	11.61	12.95
母乳喂养截至时间（%）	6.62	5.48*	6.03	7.03	5.48	6.22

注：*，P值在0.05检验水准有统计学差异。

2. 家庭环境观察量表

家庭环境观察量表（HOME）共分为五个维度：接纳、环境的组织、学习材料、家长参与程度、环境的变化性。在末期调查时2/3的儿童已年满3周岁以上，不再适合采用基线和中期调查时的HOME量表婴幼儿版（HOME IT）。因此，末期调查采用了HOME国际量表3～5岁幼儿版本（短版）的15道题目。结果显示，“您家是否至少有10本给他/她看的书”“平均每周，您或您的家人会给他/她讲故事3次以上吗”“您或您的家人是否在家帮助孩子认识各种颜色”“您或您的家人是否在家帮助孩子认识形状和大小”四道题的干预组得分显著高于对照组（见表22）。

表22 华池末期调查干预组和对照组“家庭环境观察量表（3～5岁）”得分情况

指标	对照组	干预组	P值
您家是否至少有10本给他/她看的书	54.8%	65.4%	0.002*
平均每周，您或您的家人会给他/她讲故事3次以上吗	41.5%	49.3%	0.029*
您或您的家庭让你是否每周都至少带他/她去一趟商店或小卖部	87.1%	83.9%	0.199
他/她是否每天至少与全家人一起吃一次饭	82.6%	82.0%	0.825
孩子总有不听话的时候，过去一周，您是否因为不听话而打过他/她	48.3%	50.3%	0.587
您家是否至少订阅了一种杂志	6.4%	7.6%	0.51
您的孩子是否使用唱片/CD播放器，并且至少有5张唱片/CD/磁带	80.0%	78.8%	0.664
您或您的家人是否在家帮助孩子认识数字	94.8%	92.6%	0.206
您或您的家人是否在家帮助孩子认识字母	61.2%	56.4%	0.173
您或您的家人是否在家帮助孩子认识各种颜色	90.2%	96.2%	0.001*
您或您的家人是否在家帮助孩子认识形状和大小	89.0%	95.6%	0.001*
早餐和午餐的食物，是否给孩子自己提供一些选择	70.2%	68.7%	0.632
每天，您家播放电视是否不超过5个小时	59.0%	54.4%	0.194
如果孩子打人，您是否不会去严格管教孩子	45.5%	45.6%	0.961
过去一年里，您或您的家人是否带孩子去过博物馆/展览馆/美术馆	32.7%	26.4%	0.055

注：*，P值在0.05检验水准有统计学差异。

末期调查的儿童样本约有1/3仍采用HOME婴幼儿版（HOME IT），由于末期调查和中期调查都是以集中调查为主，原量表中涉及访员入户观察的问题没有数据资料，以下HOME IT的分析未包括这少数几道题目。此外，每个维度计分按各维度满分100分进行了重新换算。末期结果显示，HOME IT总得分为71.49±0.84，高于中期总得分（67.71±0.46）。其中，得分最高的维度为“家长参与程度”（88.97±0.91），得分最低的维度为“环境的组织”（60.15±1.22）。进一步分组比较发现，中期时干预组比对照组在所有维度上的得分更高，“学习材料”高出近8分。末期时干预组仍然比对照组的得分更高，除“接纳”维度未呈现出统计学意义的显著性外，其他维度的差异均具有统计学意义的显著性。纵观三期调查数据，各维度得分呈现不断提高的趋势（见表23）。

表23　华池三期调查干预组和对照组“家庭环境观察量表（婴幼儿版）”得分情况

维度	基线（n = 1544）			中期（n = 1342）			末期（n = 400）		
（$\bar{X}$ ± SE）	干预组	对照组	合计	干预组	对照组	合计	干预组	对照组	合计
家庭环境平均总得分	58.87 ± 0.65	58.85 ± 0.58	58.86 ± 0.43	70.08 ± 0.63	65.46 ± 0.64*	67.71 ± 0.46	74.62 ± 1.01	68.28 ± 1.26*	71.49 ± 0.84
接纳	71.75 ± 1.19	71.61 ± 1.06	71.67 ± 0.79	61.22 ± 1.39	57.38 ± 1.33*	59.26 ± 0.96	67.41 ± 2.25	65.15 ± 2.37	66.29 ± 1.63
环境的组织	38.60 ± 1.00	37.26 ± 0.88	37.87 ± 0.66	57.57 ± 0.97	54.85 ± 0.91*	56.18 ± 0.67	62.69 ± 1.76	57.59 ± 1.68*	60.15 ± 1.22
学习材料	52.48 ± 1.09	52.52 ± 1.01	52.50 ± 0.74	77.03 ± 0.87	68.46 ± 0.98*	72.64 ± 0.67	82.18 ± 1.46	74.20 ± 1.84*	78.22 ± 1.19
家长参与程度	74.81 ± 0.89	75.51 ± 0.78	75.19 ± 0.59	91.69 ± 0.54	87.91 ± 0.58*	89.76 ± 0.40	92.7 ± 1.09	85.18 ± 1.40*	88.97 ± 0..91
环境的变化性	56.74 ± 0.88	57.31 ± 0.78	57.05 ± 0.58	62.71 ± 0.99	57.17 ± 0.97*	59.88 ± 0.70	67.16 ± 1.71	59.70 ± 1.84*	63.45 ± 1.27

注：*，P值在0.05检验水准有统计学差异。

采用双重差分模型，对基线和末期调查同一批儿童的HOME IT得分进行追踪分析，结果显示，在控制相关变量后，在末期调查时，经过22个月家访干预，HOME IT总得分比家访干预前提高5.09分（模型1，P = 0.026）和4.41分（模型2，P=0.048）。五个维度各自得分净值均有提高，但不具有统计学意义的显著性（见表24）。

表24　华池基线和末期调查的家庭环境观察量表（HOME IT）双重差分模型分析

指标	单因素分析				模型1				模型2			
	DID	t值	P值	n	DID	t值	P值	n	DID	t值	P值	n
总得分	5.259	2.29	0.022*	784	5.09	2.23	0.026*	781	4.412	1.98	0.048*	758
接纳	6.225	1.4	0.162	794	6.056	1.36	0.173	791	5.025	1.11	0.267	768
环境的组织	5.01	1.5	0.133	795	4.941	1.48	0.139	792	4.915	1.49	0.135	769
学习材料	3.176	0.83	0.405	797	2.874	0.76	0.449	794	1.453	0.4	0.691	771
家长参与	4.996	1.57	0.117	791	4.716	1.52	0.129	788	4.314	1.38	0.618	765
环境变化	5.649	1.69	0.091	795	5.589	1.67	0.095	792	5.256	1.57	0.117	769

注：*，P值在0.05检验水准有统计学差异；

模型1：控制末期儿童月龄、性别以及出生顺序。

模型2：控制末期儿童月龄、性别、出生顺序以及母亲受教育年限。

四、主要发现与结论

"慧育中国"项目在甘肃华池县开展了近两年试点，采用随机对照实验设计，通过对基线、中期、末期三期数据的追踪分析，结果表明，营养与家访相结合的综合干预对贫困地区0~3岁儿童语言、动作等智力发育，体格生长发育，营养不良状况都产生了显著的促进和改善效果。家访形式的早期养育干预措施明显地丰富了贫困地区家庭社区养育文化，改变了家庭教育环境，提高了亲子互动质量。家访积极促进贫困地区家庭对儿童早期营养干预的接受程度，保证了营养干预的效果。

首先，家访对贫困地区儿童的语言、动作等智力发育产生了显著影响。末期评估表明，在控制儿童月龄、性别、出生顺序、母亲受教育年限等变量条件下，家访干预使儿童智力筛查（Denver II）"正常"的概率提高51.4%。家访干预18

个月后，干预组的智力发育筛查“正常”占比达 73.22%，比对照组高出 12 个百分点；各月龄组均为干预组高于对照组。干预组“可疑”占比 19.10%，比对照组低 7 个百分点；各月龄组均为干预组低于对照组，其中 36～38 个月和 42～44 个月的组间差异最明显。干预组“异常”占比 7.68%，比对照组低近 5 个百分点；除 38～41 个月一个月龄组外，其他月龄组筛查“异常”均为干预组低于对照组。经过 18 个月家访，在控制相关变量条件下，家访提高儿童“粗动作” 0.41 个标准差，提高儿童“言语” 0.12 个标准差。

其次，家访对家庭养育和教育环境直接产生了正向效果。在末期调查时，经过 22 个月家访干预，在控制相关变量条件下，家庭环境观察量表（HOME IT）总得分比干预前提高 4.41 分。事实上，家访 10 个月后，儿童家庭环境就已明显改变，中期评估结果显示，干预组比对照组在“接纳”“环境的组织”“学习材料”“家长参与程度”“环境的变化性”五个维度上的得分均更高，其中“学习材料”的变化最明显。

再次，末期评估表明，在控制相关变量的条件下，家访干预显著提高儿童年龄别身高（HAZ）0.14 个标准差。经过 18 个月家访，在控制相关变量的条件下，家访显著降低儿童消瘦率 13.7%。

最后，家访在保证儿童家庭接受营养包、改善儿童营养不良方面，发挥了直接的积极作用。在华池干预组和对照组儿童同时接受营养包补充，而且营养包的发放机制完全一致的情况下，中期评估显示，干预组比对照组儿童营养包的依从率高 11 个百分点，干预组儿童血红蛋白含量比对照组高 0.09g/dl，差异均具有统计学意义的显著性。基线、中期和末期追踪数据分析表明，华池儿童的平均血红蛋白含量在基线时处于贫血界值的边缘，随着营养和家访综合干预项目的持续推进，儿童的平均血红蛋白含量在中期和末期持续增长，达到稳定的正常水平。

执笔人：刘　蓓①

2017 年 11 月

① 中国人民大学中国调查与数据中心合作完成终期评估数据搜集和分析工作。

参考文献

[1] Paul Gertler, James Heckman et al. 2014. Labor market returns to an early childhood stimulation intervention in Jamaica. Science. Vol 344 Issue 6187.

[2] Susan P Walker, Theodore D Wachs et al. 2011. Inequality in early childhood: risk and protective factors for early child development. Lancet. Vol 378: 1325 - 38.

[3] Samuel Berlinski and Norbert Schady. (ed.) The Early Years Child Well - being and the Role of Public Policy. Inter - American development Bank 2015.

[4] Sally Brinkman, Amer Hasan et al. The Impact of Expanding Access to Early Childhood Services in Rural Indonesia: Evidence from Two Cohorts of Children. World Bank Group Policy Research Working Paper 7372.

[5] http: //www. who. int/childgrowth/software/en/

[6] http: //www. growingupinaustralia. gov. au/pubs/asr/2010/asr2010e. html

中职教育——

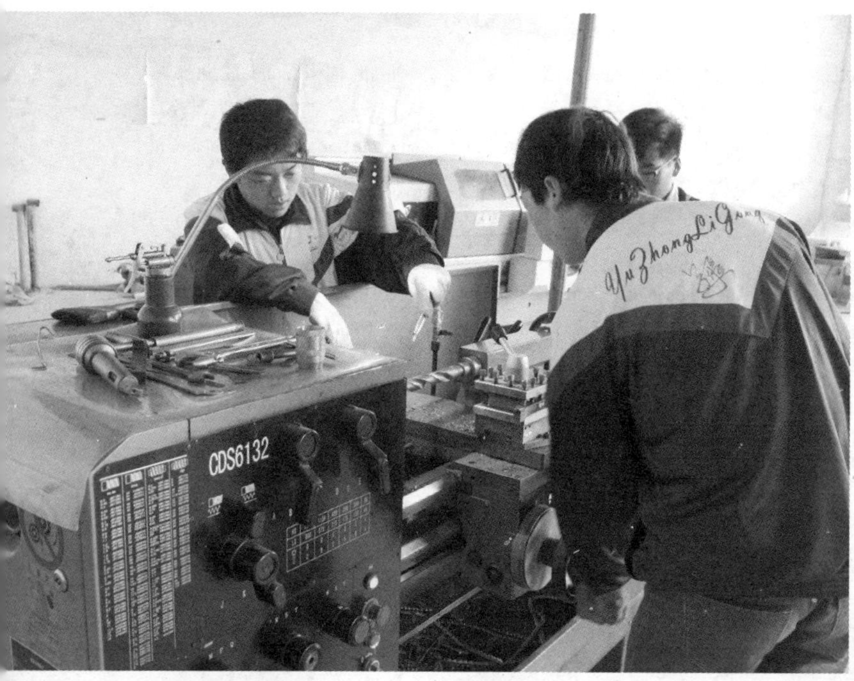

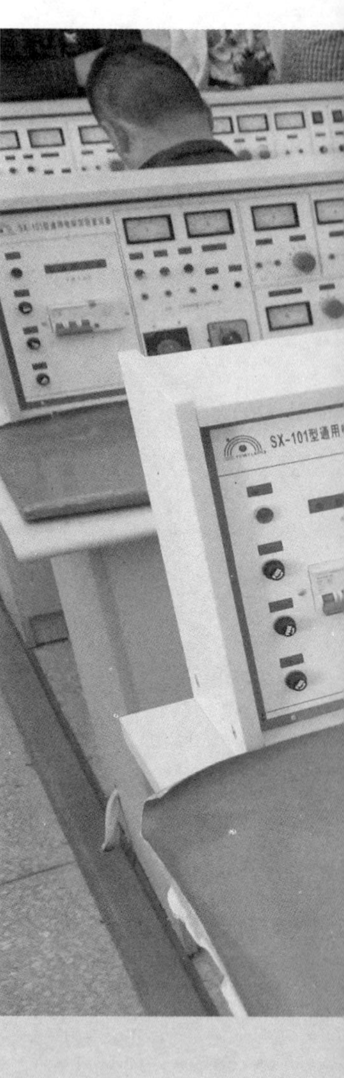

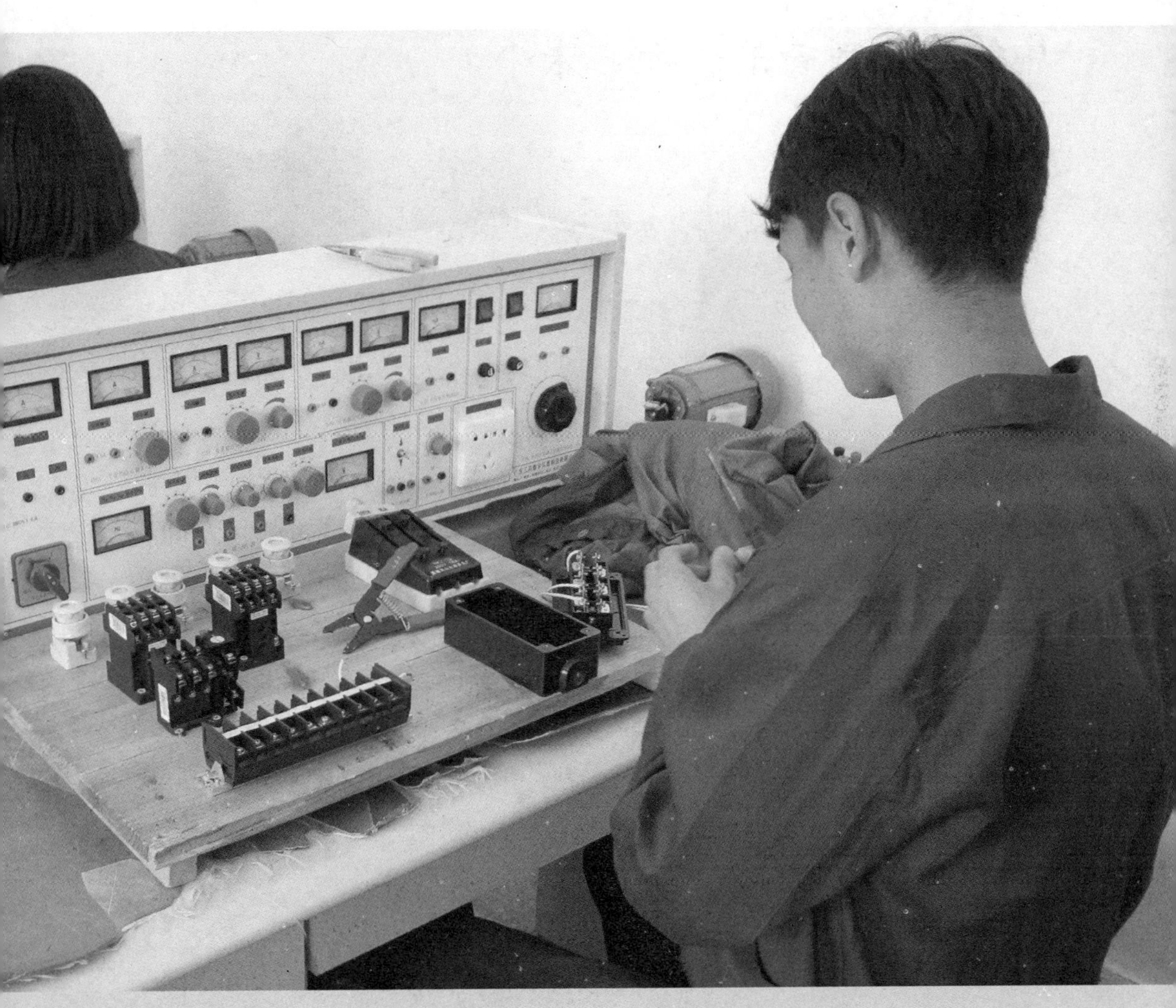

中等职业教育作为我国不同类型人才分类培养的第一步，能够帮助学生更高质量、更稳定的就业，是培养现代化建设中高端技术人才的基础，为我国实现产业升级、经济繁荣、民生改革、社会公平等做出积极贡献，具有重要的经济和社会意义。发展中等职业教育是我国教育改革的重点之一，是对国家未来进行投资的关键。

中等职业教育的使命与未来

■ 卢　迈

中国发展研究基金会副理事长兼秘书长

职业教育包括高等职业教育和中等职业教育。在整个教育系统里面，中等职业教育承担着为劳动力大军补充来源的任务。今天我将简单介绍四个方面的情况：第一，中等职业教育的成绩。第二，中等职业教育学生群体的现状。第三，存在的问题。第四，政策建议。

中国政府高度重视职业教育。但在社会上对于职业教育还存在偏见，认为中职都是差学校、差学生，对于职业学校和职业教育本身在中国发展的情况不是很了解，也不重视。近年来国家提倡工匠精神，讲大国工匠，这种宣传和倡导对于中等职业教育起到了积极的作用，但是整个社会还需要进一步认识中等职业教育对我国未来发展的重要意义。

一、中等职业教育取得的成绩

我们有世界上规模最大的职业教育体系。这个体系有 1.23 万所职业学校，包括中职和高职。其中，中等职业教育有 1.09 万所学校。2016 年，我国中等职业教育招生数 930 万，其中在校生为 2680 万人。中职学校招生数占高中阶段教育的比例是 42.26%，在校生数所占比例是 40.25%。

在这里要探讨一个问题，上个月罗斯高（Scott Rozelle）教授在一席的演讲刷屏了，标题是“63%的农村孩子一天高中都没上过”，包括职高。他认为在农村仅有 1/3 的人上了高中，但是这个数字与实际的情况是不符的。

2016 年，我国 16 ~ 18 岁的农村总人口 2044 万，约 80% 的农村适龄人口正在接受高中阶段教育。其中，从整体上来讲，有 63% 的 16 ~ 18 岁农村人口就读于中等职业学校。从整个国家来看，高中阶段教育已经达到了基本普及，超过 85% 。由于中等职业教育的发展，我国新增劳动力平均受教育年限已由 2009 年的 11. 2 年，增加至 2016 年的 13. 3 年。“十二五”期间（2011 ~ 2015 年），中等职业教育向生产一线输送初、中级技术人才 2921 万，也就是 2921 万中等职业学校的毕业生现正在岗位上工作；每年毕业生约占新增劳动力的 36% 。

中等职业教育在过去取得的成绩和进展，还包括中等职业教育是开放的，其中有相当一部分初中毕业生辍学后走上了工作岗位，在劳动力市场上境况不好、收入不高，又返回到中等职业学校就学。中职毕业生就业后返回学校的比例大约为 22% 。

同时，中等职业教育也是务实的。原来中等职业学校是 1. 45 万所，每个县有 1 所。为了提升质量，办学质量差、学生不认可或者教学规模较小的中职学校已经撤并。目前中职学校已经减少到 1. 09 万所，很多县级的中职学校已经被撤并了。

国家有中职示范校、重点校，省级也有示范校和重点校。这样的学校标准都比较高，虽然只占学校总数的 1/3，但是学生人数占比达到 80% ，说明中职学校的教育质量也在明显提高。

中职学生的就业率也不错。2016 年，中职毕业生的就业率达到 96% ，对口就业率为 75% 。在城市就业的农村户口中，中职毕业生有 90% ，说明中等职业教育给城市化输送了合格的劳动力，已经不是在稻田里面插秧，上岸洗洗脚就到城市流水线工作了。这是第三代从农村转向城市的人口，他们接受了中等职业教育，是接受过良好教育的。

自 2006 年以来，我国已经建成世界上最大规模的中等职业教育国家资助体系，有 1000 多万中职学生享受免学费的政策，249. 21 万人享受国家助学金政策。

二、中等职业教育学生群体现状

大家可能对中职学生这个群体有一个印象，总共1600万中职学生，80%来自于农村，这个群体中真正有城市户籍的，就是非农户籍，只占约10%。有一部分是所谓居民户口，但是实际上80%以上是来自于农村的。71%的学生父母是初中及以下学历。这些学生是第三代，第一代是小学文化，第二代是初中文化，他们现在的父母就是第二代，也就是初中文化。在我们调查的约7万样本中，约30%的学生认为自己家庭经济困难。其中，70%的学生说自己来自于困难家庭，50%的学生自报家庭年收入低于1万元。如果一个家庭平均4.5人，若年收入低于1000元，可以说是十分贫困了。学生中有28%来自单亲家庭，43%有留守经历，26%有务工经历。

这样一个群体究竟怎么样呢？有人认为他们是很差的。按照罗斯高的分析，他们从小智力就不行，一直到了职校。我曾经跟他讨论，罗斯高认为他们没有学到任何东西，但是他们测量的是语文、数学、英语这些，而不是学生发展的能力。

基金会和北京师范大学心理学研究所合作，他们做了研究中职学生心理发展特点的基线测试。这是评估的情况，有63000多名学生现在完成了问卷。我说两条我们的发现，这个问卷很长、内容很丰富，在报告中会向外披露。

第一，他们的智力发展到底怎么样？他们考试成绩是不行的，按照中考700分算，这6万多学生平均成绩是330分。但是他们的认知能力并不差。北师大心理所用了两个工具测试，一个是注意力，一个是推理能力，这两方面中职学生和普通高中生没有显著差异，就是说他们的认知能力并不差，在专注和推理上与高中生并没有很大的区别。我们要对他们有信心，他们是有能力的。

第二，中职学生的心理是需要关注的。这主要反映在有8.7%的中职学生处于情绪异常状态，有5.8%的中职生处于某种临界状态。中职学生的孤独感和抑郁指标偏高，这个数据大体上能够反应这种趋势。

同伴关系有一部分也是比高中要严重。亲社会行为方面，9.9%的中职生处于极低的异常状态，另外有18.6%的中职生处于临界状态，他们亲社会的行为低于一般群体。北师大有全国常模，中职生的结果差于全国常模。

中职生与普通高中生在心理发展上存在的差异，更多的是由他们的家庭社会经济地位等因素导致的。而这些问题是城乡分割造成的，是农村贫困造成的，是歧视的环境造成的，是低质量的农村教育造成的。所有这些问题，在中等职业学校中都有机会解决。在学校孩子们是集中的，把1600万孩子集中在一起就有足够的机会去关心他们、爱护他们、帮助他们、改变他们。

我坚决不相信智力在早期落后，就会终生落后，这是给孩子们贴标签，用这个标签来歧视他们，这是非常糟的。从出发点来说，罗斯高教授和我们绝对是一样的，我们都在关注农村贫困，都想努力改变这种状况。但是把孩子们的问题夸大，认为这些孩子都是问题孩子，这对孩子是最不利的。

三、中等职业教育存在的问题

中等职业教育存在的问题，第一是投入的教育经费不足。在德国，职业高中的生均投入是普通高中的2~2.5倍，在法国约是3倍。在我国，职业教育的生均投入在2006年刚刚超出高中，这是一个进步，但是仍然需要改进。第二个是现在东部在增加投入，而中西部经费不足。在这方面除了国家给予的投入，地方的投入很少。第三个是我们可以看到75%的中职学生在44%的重点校、示范校就读，他们的学习情况比较好。但是在贫困地区、在一些县级职业学校上学的学生，他们所学的东西确实是有限的。

四、中等职业教育政策建议

我们要充分认识到中职学生不是失败群体，他们有发展的愿望。我们和他们接触，只要给他们一点关怀，他们马上有全身心的感谢。我们希望培养中职学生不要光看学业成绩，更要看他们心理方面的、精神方面的状况。我们认为要培养健康阳光、积极向上的新型技能人才。不管来自于农村或者贫困地区，中职教育是他们在社会上向上的通道，我们要在这个通道上帮助他们、提升他们，让他们能够进入社会的中产阶层。我们要强调这样的三种能力：学生的自我发展能力、就业技能和社会适应能力。

我们提了五条建议，第一，中央要统筹规划，我们特别强调沿海地区的大城市扩大省外中职学生的招生。比如说广州有10%的中职学生来自于外地，如果增加这方面优质资源对贫困地区的开放，对于他们未来进入城市就业都会有好处。这里就要强调一点，各个地方普遍对大学以上的学生开放落户政策。我们要改变这种情况，积分落户应该是根据就业来看，根据他在城市中的贡献来看。应该严格执行对于中职学生的积分落户政策，去掉附加的层层条件，把每年的这500万、600万中职学生吸引到城市来就业。第二，我们建议东部地区，中央投入带动地方投入。广州、上海把给中职学校的补助，由国家的标准2000元提高到4000元（每学生每学年），这和他们给任何小学、中学的生均经费相比都差得很多。第三，我们建议注重产教融合。第四，建议推进校企合作。

最后一点，全员德育，我认为这一点至关重要。中职学生在校时间长，他们不像高中生有很大的学业压力，但是怎么让他们充分利用在校时间？另外，他们还有一些特殊的问题，比如说女生要自尊自爱，要注意早期的性行为可能会对她们终生造成影响，而我们这方面的课程还没有很好地涉及。对男生也应该进行同样的教育，让他们认识到过早地产生性行为对女生今后的发展产生巨大影响。

这只是我们说需要关心关爱的其中的一个方面，我们还听学生说过其他的一些故事。老师对他好，他能够非常清楚地描述出来。有些学生不想在这个职校待了，很大程度上也是老师对他不好。很可惜的是，在我们的调研中，有30%多的中职学生认为老师对他不够好。如果老师对学生不好，就不能够帮助他调整心理状态，双方形成了恶性的互动，老师认为学生是社会渣子，学生认为老师对自己有歧视。事实上，很多学生只要给点关心马上都能转变，这是我们希望强调的。

现在有很多公司支持和参与“赢未来”项目，包括摩根大通公司给了我们很大的支持，对此我们非常感谢。我们认为，全社会都要关心和支持中职学生。

用人单位特别要注意对他们的关心和培养。他们实习、就业的场所，应该有指定的老师、指定的师傅来关心他们。

总之，我们要让全社会共同关心、共同支持、共同努力，使这1600万宝贵的群体能够健康地成长。

2017年11月7日

在摩根大通“领先一步”系列研讨会上的演讲

中等职业教育国家资助政策落实效果评估报告

■ 中国发展研究基金会反贫困与儿童发展项目组

中等职业教育作为我国不同类型人才分类培养的第一步，能够帮助学生更高质量、更稳定的就业，是培养现代化建设中高端技术人才的基础，为我国实现产业升级、经济繁荣、民生改革、社会公平等做出积极贡献，具有重要的经济和社会意义。发展中等职业教育是我国教育改革的重点之一，是对国家未来进行投资的关键。

一、评估情况说明

2013 年 12 月至 2014 年 9 月，受教育部职业教育与成人教育司委托，中国发展研究基金会（以下简称“基金会”）对中等职业教育国家资助政策的落实情况与效果开展独立第三方评估，并对进一步发展我国中等职业教育提出建议。

基金会成立了以秘书长卢迈为总负责人的评估组，着手开展评估工作。

根据教育部职业教育与成人教育司要求，基金会评估组明确了评估框架，设计了评估方法与工具，制定了评估工作计划。国家资助政策在吸引农村学生入学和保障学校运行方面发挥了基础性作用，但资助政策能否发挥预期效果，还取决于中等职业学校建设情况和办学质量。因此，本次评估考察了国家资助政策实施情况和中等职业学校建设相关政策实施情况及效果，在评估的基础上为两方面政策的完善提出建议。

评估工作分为两个阶段。第一阶段，从宏观层面了解国家资助政策落实及中等职业教育发展情况，并开展问卷调查。2013 年 12 月至 2014 年 2 月，根据经济排名等距抽样原理，向全国 31 个省（含自治区和直辖市）、111 个市、133 个县发放调查问卷。省级问卷除湖北省外全部回收，回收率 97%；市级问卷回收 98 份，回收率 88.3%；县级问卷回收 100 份，回收率 75.2%；中职学校问卷共下发 1087 份，除 167 个学校停办或撤并外，回收问卷 669 份，回收率 76.9%。

第二阶段，开展典型实地调研。根据第一阶段问卷回收情况，2014 年 3～6 月，评估组对 12 个省（含自治区和直辖市）、41 个市县和 98 所中职学校开展典型实地调研。调研期间，评估组分别与各级教育管理部门、资助中心及学校领导座谈。在调研的学校中，评估组随机抽样调查学生 4850 人，教师 832 人，电话访问家长 386 人，走访企业 19 家，调查从业人员 205 人。

评估组对两个阶段的数据和一手资料进行了整理、统计、分析，掌握了大量的一手资料，对国家资助政策的实施情况及中等职业教育的发展现状有了比较全面的了解，同时也发现了一些突出的难点和问题，为真实、客观地撰写评估报告奠定了基础。

此次评估的主要结论如下。

一是我国已经形成了受益群体规模巨大的中等职业教育资助体系，资助体系的设立与运行对展现中等职业教育价值、促进中等职业教育发展有明显效果，进而在提高劳动力素质、体现教育公平性、减除贫困的代际传递等方面有重要作用。

二是我国发展中等职业教育的政策设计与实施符合我国中等职业教育发展的现状和需求，对推动现代中等职业教育体系建设，从而对促进产业升级、经济转型起到积极作用。

三是全国范围内，中等职业学校教育质量不断提高，示范校建设成果显著，多数中职学生能够在教育质量较好的学校就学。但中职教育发展不平衡，教育质量较差的学校仍占相当比重，学校结构需要调整。

四是中等职业教育财政投入逐年增加，有力地支持了中等职业教育发展，但中等职业教育财政投入占教育财政投入比重低，甚至明显低于普通高中投入。不同类型和级别的学校资金分配不均衡，中等职业教育财政投入总量有待增加。

五是中等职业教育已成为开放式教育体系的重要组成部分，为辍学者、技能缺乏者、失业者提供就学机会，应确保不同层次职业教育的畅通性与完整性，为所有劳动者提供继续学习、终身学习机会。

六是中等职业教育学生是应试教育的失利者，但不是失败者，他们需要尊重与认可。中职学校承担着培养中高端技术人才的重要职能，在做好开展合格的职业训练、改革健全实习制度工作的同时，更要重视学生思想品德、社交能力的教育，增强学生自信心，立长远、打基础。

七是社会对优秀中职学校和中职毕业生的认可程度不断提高，但仍存在“差学生念中职”的扭曲观念，要通过内涵建设等多种措施，体现中职教育的重要性，提高社会认同。

二、国家资助政策执行情况与效果

（一）我国中等职业教育的发展历程

重视职业教育是一种国际趋势，中等职业教育作为职业教育的基石，应受到更多的关注与讨论。世界金融危机后，美国、欧盟、加拿大等多国在大力发展职业教育方面达成一致，认为发展职业教育对于提升国家竞争力，促进经济结构转型，构建世界经济新格局有决定作用。联合国组织 2010 年发布的《技术和职业技能发展规划》指出，职业教育已成为社会应对挑战的重要工具，包括增强经济和企业的竞争力、减轻社会贫困问题，是公民从学校到工作的过渡。2011 年欧盟布鲁塞尔会议讨论“未来职业教育政策走向”，提出“尽管不是所有的‘欧盟 2020 目标’都能通过职业教育得到实现，但是没有职业教育，所有目标都不能得到可持续的实现”。2010 年 10 月，美国总统奥巴马启动了名为“为了美国未来技能”的政策，他强调，对职业教育进行投资是对未来长期经济发展进行投资的一个重要部分，是增强美国经济竞争力的关键因素。2010 年 11 月，英国企业、创新和技术部颁布了《为可持续发展而提高技能》和《为可持续发展而对技能投入》两个国家战略性文件，提出要通过提高职业教育水平，使英国具有世界级的技能基础。

为了培养高素质的劳动者，满足服务社会和经济发展的需要，我国制定了一系列政策与规划，但是由于教育形势的变化和政策的偏差使得中等职业教育几经波折，在经历了起步、发展、调整等阶段之后，随着经济发展、就业形势变化和政府高度重视，中等职业教育已经进入到稳步发展的新阶段。

新中国成立初期至20世纪90年代末，国家先后出台了一系列促进职业教育发展的文件。1985年，《中共中央关于教育体制改革的决定》确立了青少年学校教育从中学阶段开始分流的方针，明确要求“调整中等教育结构，大力发展职业技术教育，各单位招工应优先录用职教毕业生”。1998年2月，国家教委发布《面向21世纪深化职业教育教学改革的原则意见》，提出“职业教育要培养同21世纪我国社会主义现代化建设要求相适应的，具备综合职业能力和全面素质的，直接在生产、服务、技术和管理第一线工作的应用型人才”。

作为当时中等职业教育的最主要组成部分，中等专业学校在以上目标和战略定位下有了较大发展。1957年，全国共有中等专业学校728所，在校生48.2万人，至1990年，全国中等专业学校增至3982所，高中阶段各类职业学校和普通高中的招生数之比已经接近1:1。1990~1997年间，中等职业学校数量持续增加，其中，1996年中等职业学校招生数和在校生数分别占高中阶段在校生总数的57.68%和56.77%，达到了历史最高点。

但是，20世纪90年代后期，受亚洲金融危机的冲击，以及国内经济体制改革深化、经济结构调整、国有企业改制、大批员工下岗，中职毕业生就业岗位急剧减少，很大程度上导致选择中等职业教育的初中毕业生数量大幅下降。同时，国家对中等职业教育的支持力度下降、职业教育制度自身的改革滞后、高校扩招等因素，最终导致1997~2001年中等职业学校招生数从520.77万人减少至397.63万人，中职与普高的招生比从6:4降至4:6。我国中等职业教育发展进入低谷期。

为了重新振兴职业教育，2002~2005年，国务院连续召开了三次全国职业教育工作会议，明确了职业教育的战略地位不可动摇，并提出了一系列具体的政策目标，包括“到2010年，中等职业教育招生规模达到800万人，与普通高中招生规模大体相当；‘十一五’期间，为社会输送2500多万名中等职业学校毕业生，使我国劳动者的素质得到明显提高”。中央政府的一系列重要政策出台，为中等职业教育飞速发展创造了良好契机。2007年，全国中等职业学校发展到14832所，招生810.02万人，在校生1987.01万人，提前完成了2005年《国务院关于大力发展职业教育的决定》中提出的“到2010年，中等职业教育招生规模达到800万人”的目标。

2010年发布的《国家中长期教育改革和发展规划纲要（2010－2020年）》再次明确中等职业教育的战略目标，“到2020年，形成适应发展方式转变和经济结构调整要求的现代职业教育体系，满足人民群众接受职业教育的需求，满足经济社会对高素质劳动者和技术技能人才的需要”。具体目标为，2010年、2015年、2020年中等职业教育在校生数分别达到2179万、2250万、2350万人；新增劳动力平均受教育年限分别为12.4年、13.3年和13.5年，其中受过高中阶段及以上教育的比例分别为67%、87%、90%等。

2014年5月，国务院出台了《关于加快发展现代职业教育的决定》，随后教育部、财政部等六部门联合发布《现代职业教育体系建设规划（2014－2020年）》，其目标是，面向经济社会发展和生产服务一线，通过现代职业教育体系建设，培养高素质劳动者和技术技能人才，促进全体劳动者的可持续职业发展，力求在新一轮国际竞争中建立巩固的、可持续的人才和技术竞争优势。2014年6月23日，国务院召开全国职业教育工作会议，习近平总书记对会议做了重要批示，明确了职业教育的战略地位，强调职业教育是广大青年打开通往成功成才大门的重要途径，努力营造人人皆可成才、尽展其才的良好环境，努力培养数以亿计的高素质劳动者和技术技能人才。李克强总理发表讲话，指出要用改革的办法形成良性机制，共同办好职业教育，增加就业，不断释放“人才红利”。这一目标显示，我国中等职业教育体系现代化建设正步入一个新的阶段。

（二）中等职业教育政策体系的完善和资助体系的建立

中等职业教育在现代职业教育体系中具有基础作用。为了实现发展中等职业教育的目标，国家制定并不断完善中等职业教育政策体系。

1. 加强中等职业学校建设，改善办学条件，增强教师队伍

中央政府及有关部门以改善办学条件、提高办学质量、建设师资队伍、完善专业设置、加大财政投入作为政策重点，制定相关政策。2002～2005 年，国务院先后出台了《关于大力推进职业教育改革与发展的决定》（2002 年）、《关于进一步加强职业教育工作的若干意见》（2004 年）、《关于大力发展职业教育的决定》（2005 年），文件明确要求，普遍改善职业教育办学条件，进一步加强师资队伍建设，使质量效益明显提高。“各级人民政府要加大对职业教育的支持力度，逐步增加公共财政对职业教育的投入”，形成“政府主导、依靠企业、充分发挥行业作用、社会力量积极参与的多元办学格局”。

《国家中长期教育改革和发展规划纲要（2010－2020）》，对推动中等职业教育发展提出了更高、更明确的要求。“加强‘双师型’① 教师队伍和实训基地建设，提升职业教育基础能力。”“调动行业企业的积极性。”“推进职业教育基础能力建设工程。支持建设一批职业教育实训基地，提升职业教育实践教学水平；完成一大批‘双师型’教师培训，聘任（聘用）一大批有实践经验和技能的专兼职教师；支持一批中等职业教育改革示范校和优质特色校建设；支持一批示范性职业教育集团学校建设，促进优质资源开放共享。以推进政府统筹、校企合作、集团化办学为重点，探索部门、行业企业参与办学的机制；开展委托培养、定向培养、订单式培养试点。”

《现代职业教育体系建设规划（2014－2020）》提出“以产教融合为主线，建立各级政府、行业、企业、学校和社会各方面共同参与的制度创新平台”，为现代职业教育体系建设提供制度保障，为中等职业教育发展创造了更有利的政策环境。《规划》明确要求，职业教育的专业结构更加符合市场需求，中高等职业教育全面衔接，产教融合、校企合作。到 2020 年，基本建成中国特色现代职业教育体系。

---

① “双师型”教师，指教师同时具有教师资格证和技术职务的教师。

2. 建设中等职业教育学生资助体系

针对绝大多数中等职业教育学生来自农村、生活较为困难这一现状，为了吸引和帮助更多贫困学生顺利接受中等职业教育，促进教育公平，国家建立了中等职业教育学生资助体系。这一资助体系主要包括：对困难学生实施免学费政策；为困难学生提供助学金，实行中职教育阶段的“一免一补”。通过免学费和生活补助政策，使农村学生及城市贫困学生直接受惠，提高中职教育对学生的吸引力，同时达到提高高中阶段教育普及率和减贫的目的。

2006 年，财政部、教育部出台《关于完善中等职业教育贫困家庭学生资助体系的若干意见》。2009 年《政府工作报告》提出“逐步实行中等职业教育免费，先从农村家庭经济困难学生和涉农专业做起”的要求，财政部等四部委于 2009 年 12 月 14 日联合印发了《关于中等职业学校农村家庭经济困难和涉农专业学生免学费工作的意见》。2012 年，财政部、国家发展改革委、教育部、人力资源和社会保障部出台了《关于扩大中等职业教育免学费政策范围进一步完善国家助学金制度的意见》，将国家资助体系带入了更为规范运行的轨道。《意见》要求，从 2012 年秋季学期起，对公办中等职业学校全日制正式学籍一、二、三年级在校生中所有农村（含县镇）学生、城市涉农专业学生和家庭经济困难学生免除学费（艺术类相关表演专业学生除外）。对因免除学费导致学校收入减少的部分，第一、第二学年由财政按照享受免学费政策学生人数和免学费标准补助学校；第三学年原则上由学校通过校企合作和顶岗实习等方式获取的收入予以弥补，不足部分由财政按照不高于三年级享受免学费政策学生人数 50% 的比例和免学费标准，适当补助学校。[①] 对特殊困难学生发放助学金，助学金政策覆盖范围为全日制正式学籍一、二年级涉农专业学生和非涉农专业家庭经济困难学生。

---

① 财政部、教育部、人力资源社会保障部《关于下达 2014 年第四批义务教育等转移支付预算的通知》明确指出，从 2014 年起调整完善中等职业教育免学费财政补助方式，中央财政按照一、第二学年免学费补助标准对三年级进行免学费补助。

助学金的标准为每生每年 1500 元[①]。中央财政按区域确定家庭经济困难学生比例，西部地区按在校生的 20% 确定，中部地区按在校生的 15% 确定，东部地区按在校生的 10% 确定。为切实减轻贫困地区中等职业学校学生家庭经济负担，根据《中国农村扶贫开发纲要（2011 – 2020 年）》有关精神，将六盘山区等 11 个连片特困地区和西藏、四川省藏区、新疆南疆三地州[②]中等职业学校农村学生（不含县城）全部纳入享受助学金范围。

国家免学费补助金和助学金发放所需资金由各级财政共同分担。对西部地区，不分生源，中央与地方分担比例为8∶2；对中部地区，生源地为西部地区的，中央与地方分担比例为8∶2，生源地为其他地区的，中央与地方分担比例为6∶4；对东部地区，生源地为西部地区和中部地区的，中央与地方分担比例为8∶2和6∶4，生源地为东部地区的，中央与地方分担比例分省（市）确定。助学金的中央与地方财政的分担比例与免学费补助资金的分担比例一致。

加强中等职业学校能力建设和实行中等职业教育国家资助政策，得到各级政府的重视和社会各界的关注与认可，增强了中等职业教育发展的社会基础。学校能力建设和中等职业教育自身的内涵发展并非一蹴而就，比国家资助政策的实施更关系到中等职业教育的健康发展，需要长期的投入与关注。需要指出的是，2010 年以来，由于适龄人口下降、国家高考录取比例提高、相当数量的中等职业学校办学经费不足和办学质量不高等原因，中等职业学校数和学生人数出现明显下降趋势。教育统计数据显示，2013 年全国中等职业教育学校 12704 所，在校生约为 1923 万，年招生规模达 674. 76 万。如果不能加大投入、提高中等职业教育水平，由追求数量到更加注重调整结构、由扩大规模到更加注重提高质量，那么这种下降趋势可能会进一步加剧，值得引起高度重视。具体见图 1 ~ 图 3。

---

① 国务院决定自 2015 年春季学期起，将中等职业学校和普通高中国家助学金标准由生均每年 1500 元提高至 2000 元。

② 目前新疆南疆四地州已经全部纳入助学金覆盖范围。

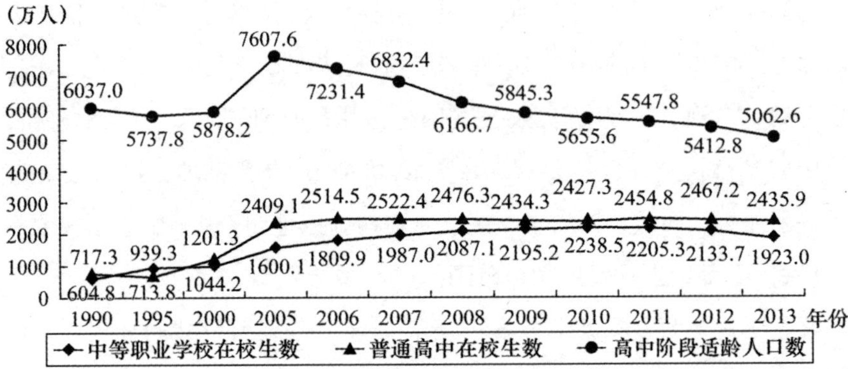

图1　1990～2013年中等职业学校、普通高中在校生数量、高中阶段适龄人口数

资料来源：《全国教育事业发展统计公报（1990－2013）》。

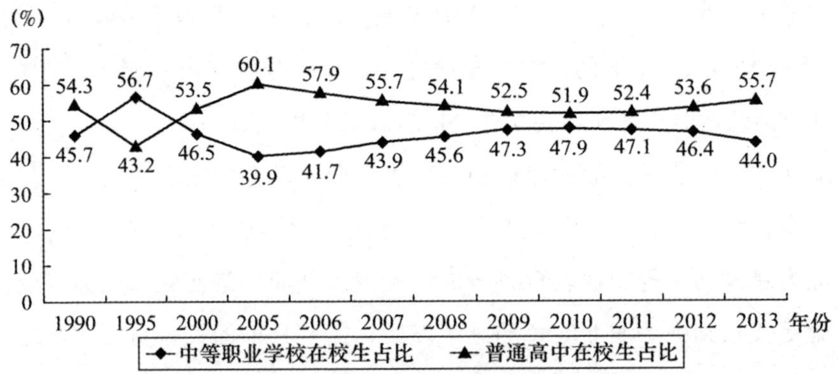

图2　1990～2013年高中阶段学生构成情况

资料来源：《全国教育事业发展统计公报（1990－2013）》。

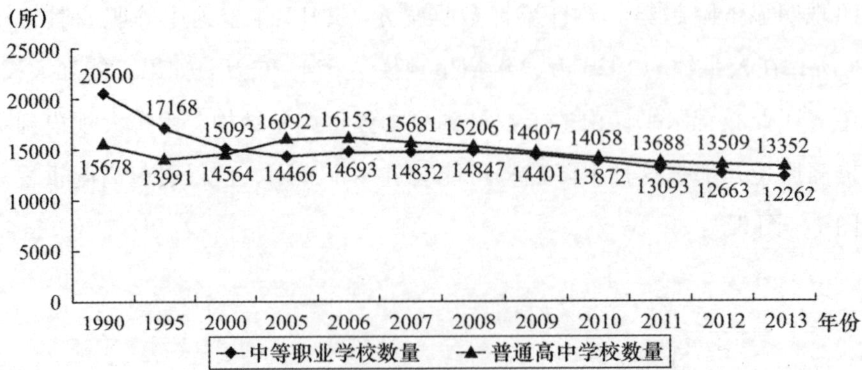

图3　1990～2013年中等职业学校数量与普通高中数量比较

资料来源：《全国教育事业发展统计公报（1990－2013）》。

（三）国家资助政策执行情况

2012 年 12 月以来，我国逐步建立了中等职业教育资助体系。这个体系基本从制度上解决困难学生的就学问题，从而达到提升中等职业教育地位、促进中等职业教育发展、维护教育公平的目的。其主要特征是以政府为主导、公共财政为主体。国家资助体系中，免学费补助资金由政府直接拨付到校，用于学校运转和教学活动，助学金直接发放给学生，补贴生活支出。我国中等职业教育国家资助体系已成为世界上受益人数最多的职业教育资助体系。

1. 国家资助政策整体运行情况良好

从全国来看，各省、市、县、学校均已实施国家资助政策。中央政府制定政策，下达财政预算，资助资金向贫困地区倾斜，定期进行督导与执行信息汇总。各地方政府及有关部门，根据中央文件，分别制定地方性政策，对各级政府的责任和义务、相关标准、执行信息、保障措施等做出明确规定，教育、人社、财政、民政、审计等各部门，承担实施、管理和监督工作。学校制定资助政策实施细则办法，实行校长责任制。多数学校严格按照政策要求对中职学生进行减免学费和提供助学金，并利用招生简章对国家资助政策进行宣传与讲解，向学生及其家庭发布“念中职，免学费，还可获得生活补助”的政策信息。调查数据显示，82.3%的样本学校成立了专门的资助工作管理小组，对资助工作进行严格、系统管理。

2. 中央补助资金按规定及时下拨

2013 年，中央财政共安排国家资助政策补助资金 110.1 亿元，其中免学费补助资金 93.7 亿元、国家助学金 16.4 亿元，两项资金共占中央财政中等职业教育投入的 42.4%，为中等职业教育发展提供了重要支持。每年 11 ~ 12 月间，中央免学费补助资金及省、市配套部分到达各学校，基本做到足额及时拨付到校。61.7%的学校，助学金由市（县）教育部门在每学期末统一集中支付，打入中职资助卡中，部分学校由学校完成支付工作。在中央补助资金的基础上，各省、市、县政府均根据政策要求按比例分担，省级配套资金基本落实到位，多数市、县能够按照文件要求给予资金保障。

3. 资助政策目标基本实现

根据经济合作与发展组织（OECD）2013 年发布的《教育概览》有关数据显示，我国中等职业教育资助体系是世界上规模最大的职业教育资助体系，受益学生数总量多、比例高。依据调查数据和教育部相关数据测算得出，全国范围内，87.9% 的中职学生约 1690 万人，享受免学费政策。40.2% 的学生约 769 万人，享受国家助学金政策，其中，97.9% 的学生办理了中职资助卡，一定程度上保障了助学金的资金安全。调查发现，公办与民办中职学校均属国家资助政策覆盖范围，享受标准与享受范围大致相同。公办中职学校中，89.9% 的学生享受免学费政策，35.5% 的学生享受助学金政策。民办学校中，77.1% 的学生享受免学费政策，44.8% 的学生享受助学金政策。

4. 资金安全监管系统不断完善

由教育部牵头建立的全国统一的中等职业学校学生管理信息系统已经建成，在各级政府有关部门和学校广泛使用。此系统为层级式管理系统，即学校上报市、县教育局，市、县教育局上报省教育厅，省教育厅上报教育部，教育部会同财政部对相关信息进行总体监管。这一系统的建立与投入使用，进一步减少了国家资助政策实施过程中虚报冒领、套取国家资金的现象。调研时，有地方教育部门反映，国家资助政策实施之初，虚报冒领的情况经常发生，当地各学校均存在多报现象，自学生管理信息系统运行以来，这种情况已有明显改变。

为了防止虚报、冒领，各地教育部门还定期组织人力入校进行监督检查。从各地方中等职业教育系统中，随机抽取校长、教师，由教育部门工作人员带队，到学校对资助受益学生进行核实，点名核对人数。这种做法虽然耗费时间和人力，但具有明显的威慑效果。有的地方政府要求层层签订保障资助资金安全责任状，省教育部门同各市、县教育部门签，各市、县教育部门同学校校长签，增强了主管人员的责任意识，严肃了财经纪律，遏制了不实信息和异常信息的出现。

中职学生管理信息系统已在各级政府有关部门和学校运行，能够反映出中职学生就学和受资助情况，但是，资金安全监管仍需要改进。目前，中职学生管理信息系统还缺少与其他信息管理系统的连贯性，无法与中小学学生学籍管理信息系统、普通高中学籍管理信息系统有效关联，尽管有关部门组织人力、物力开展清查重复学籍工作，但是，仍然无法杜绝学校使用未入学或已退学的不实学籍信息的情况。各阶段学籍管理系统的不并轨，造成监管工作困难。

5. 部分市县没有落实免学费配套资金，中西部地区突出

尽管多数地方能够严格落实国家资助政策要求，按规定予以配套拨款，但是，仍有一些地方政府未落实中等职业学校免学费配套资金的拨付。东部、中部和西部落实免学费配套资金情况差异明显。调查发现，全国范围内，24.3%的市、县没有落实免学费配套资金，东部地区这一比例仅为10.5%，而中、西部没有完全落实免学费配套资金的市、县比例分别为36.7%和25.7%。由于配套拨款不到位，一些学校向学生变相收费。调查数据显示，2013年中等职业学校平均学杂费为876.37元，包括班费、校服费、教材费、设备操作费、耗材费、补习费等，较2012年统计数据明显增加（见图4）。这些费用是否该收以及使用去向等问题还需要更深入的了解。没有完全落实配套资金的市、县学校，平均收费明显高于已足额配套的市、县所属学校，其中，每年各种收费超过2000元的学校比例为35.2%，有的学校以收取实训设备实际操作或耗材费用为由，每学年向学生收取900～1500元不等的费用，收费最高的公办学校达到每学年3600元。而收费与教育质量并未呈现直接关系，甚至存在教育质量越好、学生就业情况越佳的学校收费金额越低的情况。

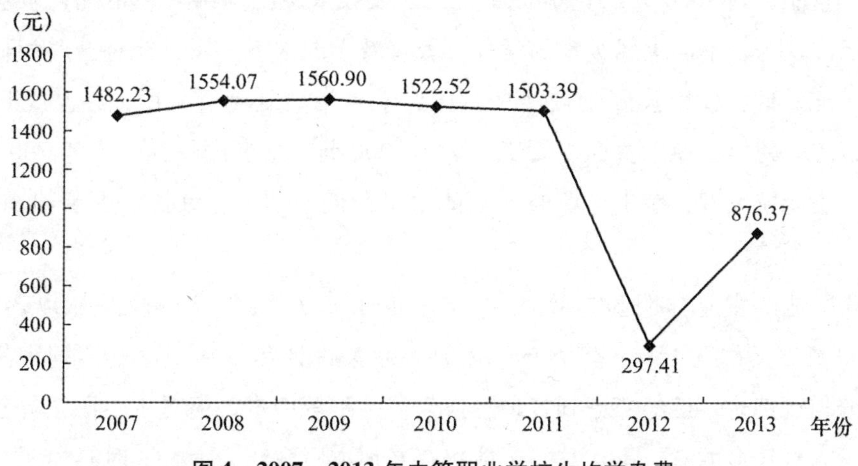

图4　2007～2013年中等职业学校生均学杂费

资料来源：《中国教育经费统计年鉴（2007－2012）》，基金会调查数据（2013）。

一些地方政府，由于拨付免学费的配套资金，减少了以往对中等职业教育的投入。有的学校，政策实施以前，每年可得到地方政府约1000元的生均拨款，学生免学费后，除了配套财政拨款外，其他生均拨款停止了。一些地方教育附加费主要用于免学费政策的资金配套，未用于改善办学条件和质量。有的学校，以往可以得到教育附加费拨款，用于学校发展与建设，现在也没有了。地方政府对中职教育总的经费支出没有增加，免学费的财政生均拨款挤占了原有的财政对职校的投入，产生挤出效应。

6. 部分市县制定的免学费补助标准低于国家标准

各地确定的中等职业教育免学费补助标准主要包括三种情况，一是根据原来学校学费标准，收多少免多少；二是根据国家政策标准，统一为2000元/年；三是地方政府根据地方实际情况，对省、市、县属学校制定不同的免学费标准，一般情况是省属学校标准最高，县属学校标准最低，有的高于2000元/年，有的则低于2000元/年。第一种情况存在的主要问题是，免学费政策实施时，不少学校仍在执行2000年以前的学费收费标准，收费标准偏低，不符合学校发展实际需求。第二种情况使得一些以往学费标准较高的学校收入明显减少。调查结果显示，免学费政策实施前，51.9%的学校学费标准高于2000元/学年，其中，63.0%的学校在免学费政策实施后财政拨款的学费标准降低，只能得到2000元的免学费资金，学校收入减少。第三种情况，政府及有关部门认为，不同隶属级别的学校，教育教学成本不一样，针对县属学校制定的标准过低，使得县属学校经费紧张，学校发展受到严重限制。从全国来看，47.3%的学校免学费标准低于每学年2000元，最低的仅为一学年700元。走访此类学校发现，学生毕业时的技能水平很低，学生与家长均表示不满意，产生退学的想法。

我国地区性差异明显，政策“不一刀切”，难以严肃纪律并加以落实；“一刀切”，又往往影响政策目标的实现。政策设计免学费补助资金的中央与地方分担比例时，已经考虑到各地经济发展水平等因素，但对于生源差异较大或学生人数较多的省、市、县，可能仍存在地方财政压力大、一时难以承受的问题。

【案例 1】　　个别地区免学费标准偏低

为了促进职业教育发展，实现教育公平，中央财政以 2000 元标准按比例拨付免学费补助金，并根据东、中、西部地区经济水平按照不同比例实行中央与地方财政分担的政策。全国各省份制定了省级财政与市县财政分担比例。调研发现，部分市县分担部分不能及时足额配套相关资金。如甘肃免学费标准为 2000 元，省属学校和经济较好地区，如兰州，能够按照配套标准足额拨付；而经济条件较差地区，如天水、定西，则难以承担市县配套的 20% 免学费补助资金，学校实际收到的免学费标准为 1600 元。江西、安徽等一些省份按照学校实际收费水平执行免学费政策，中央与地方财政配套比例为6:4，地方配套中，省级与市县配套比例也为6:4。江西一些职业高中原学费标准为 850 元/学年，免学费政策实施后，学校得到的免学费补助也是 850 元/学年。其中，市县配套 136 元。安徽省的情况类似，原收费标准为 700 元/学年，免学费标准为 700 元/学年，市县配套 112 元。

（四）国家资助政策取得的成效

中等职业教育国家资助政策是发展中等职业教育的一项重要措施，对实现教育公平、提升中等职业教育吸引力、优化技术技能人才队伍等方面有重要作用。

1. 体现教育公平

国家资助政策提高了高中阶段教育的可及性。国家资助政策，尤其是免学费政策向最需要资助的群体、最需要资助的地域倾斜。这种差别化的分配方式有效缓解了已有的收入分配差距，减小了受教育者的学习机会与社会背景间的相关性，降低了家庭经济因素对初中毕业生接受高中阶段教育的影响。免学费政策实施以前，中职学校收费约为普通高中的 2～3 倍，免学费政策实施后，中职学生平均每年向学校缴纳的学杂费①约为免学费实施前缴纳费用的 1/3，大大增加了

① 大部分为免学费前后都要缴纳的住宿费、校服、保险、书本等费用。

职业教育对困难家庭的吸引力，流失学生回流现象增加，以往因出不起学费而流失的学生，因免学费政策而重返校园。调查发现，3.3%的中职在校生曾经有过辍学经历，他们因为没有就业技能，并且受中职免学费政策吸引而返回学校继续学习。一些高中毕业后就业困难的学生也选择到中职学校学习，这一现象较2012年明显增加。

国家资助政策实施后，辍学率明显下降。国家资助政策是对于中等职业教育价值的肯定，这种正面的肯定，对学生认同中等职业教育、降低辍学率有显著效果。调查数据显示，2013年，中等职业学校的平均辍学率为5.1%，较2012年降低了4.6个百分点。

国家资助政策引导学生逐步向具有优势教育资源的学校集中。免学费政策的实施淘汰了一些劣质学校。以往，一些差学校打着保就业、保升学、低收费的旗号招生，但教学质量差，有的甚至没有专业老师，缺乏教学器材与实训设备，就业岗位多数为劳动密集型加工企业的流水线工人。现在，这类学校受到很大冲击，不少已经停止招生或停止办学。相反，对于一些教育质量好但收费较高的民办学校来说，免学费政策大大增加了学校的吸引力，2013年与2012年相比，此类学校招生规模平均增加了32.8%。

2. 加快城镇化步伐

中职学生地域性向上流动现象比较普遍。发展中等职业教育，为城镇输送技术技能人才，改善了城镇居民的教育结构和就业结构，为城镇长期稳定、有序、健康发展注入内在活力。基金会调查数据显示，中职学生中，放弃本县中职学校到所属市内学校就学的比例为31.7%，省内跨地市流动（一般情况为从经济条件较差、产业相对落后的地市到条件相对好的地市）就学的比例为24.3%，跨省流动就学的比例为5.7%。总体上看，到所在县以外中职学校就读的学生占总人数的61.7%。尽管地域性流动会增加学生的生活成本，但是，学生更倾向于选择教学质量较好的学校和经济发展水平较高的地区。流动的学生中，85%以上能够在就学地或经济更发达的地方就业，从而实现在城镇稳定就业生活。这明显区别于以往农村劳动力“候鸟式”“两栖式”的迁徙，是高质量、可持续的新型城镇化，对拉动内需、发展经济也有直接效果。

3. 提升人力资本，隔断贫困代际传递

现代社会的分层与人的教育水平密切相关。有研究指出，我国现有的教育体制强化了贫困的代际传递，如重点大学中农村学生的比例20年间下降了30%；来自农村的高校毕业生较城市毕业生更难就业、就业收入更低等。我国中等职业教育学生主要来自经济困难群体，调查数据显示，89.8%的中职学生来自农村家庭，5.1%的学生来自城市贫困家庭。许多中职学生曾经为留守儿童。31.5%的中职生，他们的家长没有稳定工作。不少学生来自单亲家庭、离异家庭、残障家庭，在调查中发现，有的学校，这类学生的比例最高可达在校生的42%。这些家庭情况客观地对他们的学业和发展造成不利影响。

国家资助政策有明显的减贫作用。调查发现，免学费政策覆盖近90%的中职学生，若所有来自农村的中职学生均享受此项政策，即以平均每人每年享受2000元资助测算，这相当于2013年全国农村居民人均纯收入的22.5%①。最新国家助学金补助标准为1500元/学年，约占贫困学生在校生活费的30.0%，相当于2013年农村居民人均纯收入的16.9%。国家资助政策的实施，降低了中职学生的就学成本，降低了农村家庭尤其是西部农村因学致贫的几率。31.1%的家长反馈，在选择中职教育时会考虑免学费因素，37.1%的家长认为免学费政策对家庭的经济条件帮助很大。86.2%的受资助学生表示，国家助学金政策减轻了家庭经济负担、保证他们顺利完成学业。

进入中等职业学校后，77.7%的学生认为职业教育对自己的发展有利，60.9%的学生希望通过职业教育学习一门就业技能，成为技术技能人才，58.1%的学生愿意在毕业后成为一线技术工人，81.1%的中职学生希望逐步成长为高级技术人才。若可以重新选择，62.3%的学生仍然选择中等职业学校，他们认为，中职教育也可以帮助他们成才。80.4%的学生表示，若在工作中遇到困难，愿意再次接受职业教育或培训，进行自我提升。在中职学校中，有14.5%的学生放弃普通高中的录取而选择职业教育，主要原因是，由于来自农村，教育基础薄弱，通过普通高中升入高校的几率很低；职业教育可以学一门就业技能，就业比

① 2013年全国农村居民人均纯收入为8896元。

普通高中毕业生更有优势。这些数据显示，中等职业教育让困难学生在发展中不断清晰自我定位，发现自我价值，从而缓解甚至消除家庭贫困对学生心理层面的负面影响。

【案例2】　我有一个创业梦

小赵，17岁，河北省石家庄市某中职学校二年级计算机专业学生，从小生活在煤矿，父亲是矿工，母亲无业，有两个姐姐，都已嫁人。小赵说，小时候总以为世界很小，就这么一个矿大，后来才知道，天外有天。于是他的第一个梦想就自然形成了：要走出去，并且不再回来。长大后，懂事了，考虑的事情多了，于是，他的第二梦想就是让自己辛苦了一辈子的父亲、母亲，过上好日子，未来照顾好父母。小赵说，自己文化课确实不好，上课听不太懂，但是，对计算机有灵性，一看就会。他希望，通过学习计算机能够创业。现在他已经有一个小小的团队，帮助一些公司做一些小的设计和项目，每月约有3000元收入，生活过得更好。

4. 优化教育结构，提高劳动者素质

免学费政策有利于延长免费教育年限，实现12年免费教育普及，有助于提前实现“新增劳动力中90%以上接受过高中阶段以上教育”的教育规划目标。免学费政策的实施，有效提高了高中阶段教育的普及率，推进了困难学生同等享有高中阶段教育机会的进程。根据各省统计数据显示，2013年，高中阶段教育毛入学率达到86.1%，比2012年提高1.1个百分点（见图5）。尽管农村学生选择进入普通高中的比例较以往有所增加，但是，中等职业教育对提高高中阶段教育毛入学率有重要作用。本次调查数据显示，与2012年相比，2013年各省份初中毕业生数量平均减少6.0%，但是，仍有56.9%的学校招生数量较2012年有所增加，平均增加比率为28.1%。47.7%的中等职业学校超额完成招生计划。以往调查数据显示，60%以上的农村学生在接受完义务教育之后，因不能或不愿接受高中教育而回乡务农或外出打工。中等职业教育为他们提供了另一种学习途径和机会，为这些最容易失学的人提供了普及12年免学费教育的机会。

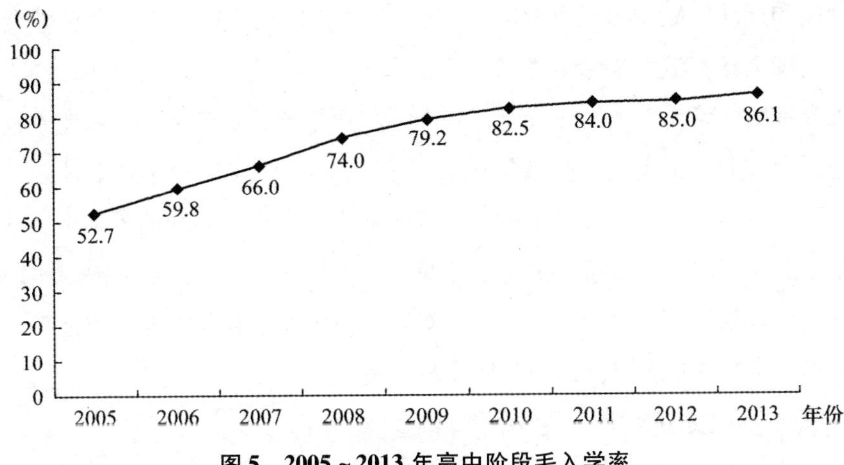

图 5　2005～2013 年高中阶段毛入学率

资料来源：《全国教育事业发展统计公报（2005－2013）》。

5. 体现中等职业教育重要性，带动地方政府投入

国家资助政策改变了一些地方政府对中等职业教育的认识，带动了地方财政加大投入。中等职业教育发展以政府投入为主，免学费政策的实施促使一些地方政府认识到，发展职业教育对当地招商引资、经济发展、推进城市化等有积极作用，从而增加财政投入。调查显示，全国范围内，40.5%的学校原学费标准低于国家规定免学费标准2000元/学年，其中54.7%的学校实际获得免学费资金与国家标准相同。地方政府为了保障学校运行经费，按照国家标准向学校拨付免学费补助资金。不少地方政府增加财政投入，提高免学费补助标准。2013年，全国中等职业教育学费平均为2890元，13个省份制定了符合当地经济水平的免学费标准，高于国家免学费补助标准。最高的为上海市，仅免学费补助标准达到4600元/学年。

2013年与2012年相比，13个省份和52.4%的市、县，增加职业教育支出。平均来看，2013年省级职业教育支出约占教育支出的12.2%，市级职业教育支出约占教育支出的9.8%，县级的占比约为5.8%。与2012年相比，省级平均增加1.1%，市级平均增加1.8%，县级平均增加0.2%。在中等职业教育方面，增加资金主要用于实习实训基地建设和国家资助政策资金配套等方面。12个省级单位（山东、广西、四川、浙江、辽宁等）制定了中等职业学校生均公用经费

拨款制度和标准，最高标准为4500元/生。8个省份在国家未出台全免学费政策前，已实现全日制学生全免学费。

国家资助政策增强了地方政府办好中等职业教育的积极性。一些地方政府同时实施配套政策，扩大免学费政策的影响和效果。大连市同步实施“读中职落户城市”的政策，吸引更多学生就读中等职业学校。绝大多数的省、市、县、学校都希望有关部门出台政策，扩大中等职业教育免学费政策覆盖范围，实现中等职业学校全日制学生全免学费。全免学费可以在更大范围内实现教育公平，减轻经济困难学生家庭负担，促进中等职业教育发展。

6. 规范学校资金使用，提高中等职业教育水平

免学费政策的实施对中等职业学校发展也有促进作用。调查发现，以往一些地方收取学费后上缴政府有关部门，由有关部门进行统筹使用，统筹比例最高达到学费收入的50%以上。根据免学费政策要求，财政拨付资金必须逐级下拨至学校，用于学校运行开支，这一做法一定程度上增加了学校免学费收入的透明度，规范了学校经费的使用，保证了学校运行经费的基本需要。除未配套资金外，各地免学费资金基本做到足额拨付。78.9%的学校表示，免学费政策实施后，财政拨付经费可以全额用于学校运行与发展。

同时，免学费补助资金得到有效使用，对提升教学质量有帮助。由于免学费补助资金由上级下拨，且明确要求不得用于教师工资和福利，学校除将此项费用用于学校日常开支和教学外，部分免学费补助资金用于教师培养与培训，从而提升教学水平。调查发现，公办学校，免学费补助资金收入的约9%～15%用于教师培训。民办学校这一比例略低，约在5%～10%之间。公办学校反映，这些资金基本可以满足学校每年教师培训费用的需求。

（五）国家资助政策存在的不足

国家资助政策是一项促进中等职业教育发展、有利于社会公平的政策，应该长期、稳定地执行下去。但在政策设计和执行效果方面仍存在一些不足。

1. 政策设计：尚未实现免学费全覆盖

现行的国家资助政策容易造成新的就学不公平。依据政策规定，80%～90%

的城市学生不能享受免学费政策，但很多学生来自城市贫困家庭，经济条件比农村户籍学生更差。国家助学金政策也存在类似的问题。随着户籍改革和城镇化的不断推进，这种不公平将更加明显。

2013 年出台的《中等职业学校免学费补助资金管理办法》规定，“对公办中等职业学校免学费资金的补助方式为：第一、二学年因免除学费导致学校运转出现的经费缺口，由财政按照享受免学费政策学生人数和免学费标准补助学校；第三学年原则上由学校通过校企合作和顶岗实习等方式获取的收入予以弥补，不足部分由财政按照不高于三年级享受免学费政策学生人数 50% 的比例和免学费标准，适当补助学校”。政策设计忽略了中等职业教育办学的多样性和地方政府及教育部门执行能力的差异。不少地方制定的三年级免学费补助标准为 1000 元/学年，是一、二年级补助标准的一半。在执行过程中，一些地方规定三年级学生的免学费补助全部由市县级政府承担，一些经济条件较差的市县无法及时足额落实补助资金。补助标准偏低、资金落实不足造成学校收入减少，一些学校向三年级学生收取一半甚至全部学费，引起社会的不满和质疑。现阶段政策的设计和执行影响了中等职业学校办学的积极性，限制了学校办学运转，削弱了资助政策整体效果。

免学费政策未明确特殊学制实施标准。根据相关规定，一些专业，如石油化工类、交通运输类、医药卫生类等，基础学制为 4 年，现在的政策未对四年级学费情况做出明确说明。地方政府自主制定政策，财政条件好的地方，参照二年级或三年级学费情况给予全部或部分减免，而多数地方政府没有做出相应规定，由学校自行解决。有的学校则向学生收取费用，引起学生及家长的误解与不满。

2. 政策效果：资助标准尚未满足中等职业教育发展需求

免学费政策虽好，但财政补助标准不高，加上一些地方政策落实不力，造成中等职业学校经费不足。免学费政策实施以来，免学费补助资金已成为学校运行经费的主要来源。走访调研学校发现，2000 元/年的免学费补助标准用于保障学校的日常运转，包括水电气、维修、劳务、差旅等，很难再有经费用于学校专业建设和改善办学条件等方面，尤其是规模较小的县级职业学校。68.4% 的学校认为，如果希望通过免学费政策的实施进一步提升中等职业学校办学质量，2000

元/年的标准是不够的。学校反映，由于经费紧张，学校主要靠压缩专业建设方面的投入来维持学校运转。根据调查数据测算，一般情况下，学校用于专业建设的经费比例，包括使用耗材、设备维修和更新等，不到学校总支出的10%。专业建设和学校发展主要依靠专项资金，有拨款有建设，没拨款不建设。但是，从中央政策到地方政策，专项建设经费有限，且只向重点学校倾斜，多数学校难以得到。得到专项经费的学校一般选择投入实训基地、实验室等基础建设和设备采购，但建成后也担心用不起。导致这种情况的另一个重要原因是，很多省份没有落实《职业教育法》，没有制定生均经费标准，学校最基本的教学活动无法得到保障。

3. 政策局限性：办学生满意的职业教育需要配套政策同步推进

2009年，基金会组织“关于新生代农民工就业情况”的调研，发现农村学生中，一半以上在初中毕业后不愿继续求学，甚至用假身份证也要外出打工，家长对这种现象也放之任之。现在，这种现象有明显转变，农村学生及家庭的求学愿望日益高涨，同时，不论是城市困难家庭还是农村家庭，都不放心让十六七岁的孩子进入社会、打工挣钱，希望有个地方能让孩子再获得一点知识，他们认为有学历、有技能比过早打工挣钱更重要。国家资助政策出台的时机正好符合这一社会需求。但是，单靠国家资助政策不能根本解决学生就学后的更深层次的问题。部分学生在学习过程中对学校产生负面评价甚至产生厌学情绪。造成这种情况的根本原因是，职业教育办学能力建设推进情况落后于国家资助政策落实情况，学校办学资金有限，办学条件、师资力量、校园文化建设等暂时不能满足学生预期。因此，发展中等职业教育，办学生满意的职业学校，需要国家资助政策和职业教育能力建设政策双管齐下。

三、中职学校建设措施落实情况与效果

国家在中等职业学校能力建设方面采取了一系列措施，以促进中等职业教育取得长足发展。

（一）中职学校能力建设措施落实情况

加强中等职业教育基础地位、加强学校能力建设、提升学校教学质量、完善专业教师[①]培养、改革职业教育专业设置等是发展中等职业教育的关键问题。

1. 加强学校能力建设，合理调整学校布局

设立示范校、重点校，择优支持，是中职学校建设的一项重要措施。根据学校的软硬件设施、学校规模、教师结构、专业设置等标准，我国中等职业学校共分5个类别[②]：一是国家级示范校，约占学校总数的3.9%；二是国家级重点学校，约占学校总数的14.3%；三是省级示范校，约占学校总数的5.3%；四是省级重点学校，约占学校总数的10.7%；五是未分级的学校，约占65.8%（见图6）。占比34.2%的省级重点以上学校覆盖了73.5%的中职学生，仅有26.5%的中职学生在未分级学校就读。

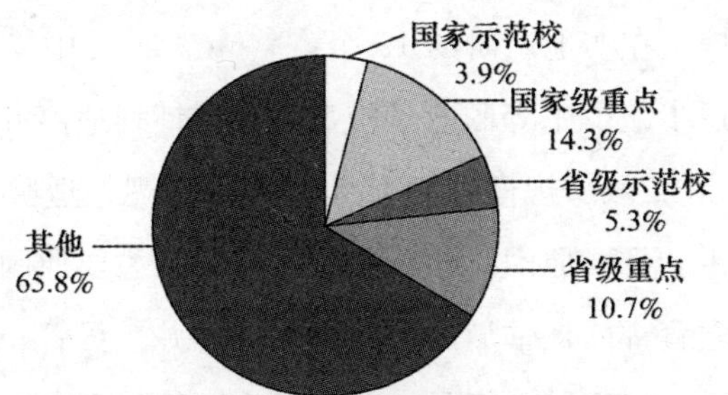

图6　2013年各级别中等职业学校比例

2010~2013年，中央财政共投入专项资金近100亿元，用于中等职业教育改革发展示范校建设，分三批重点支持1000所中等职业学校改革创新，提升教育质量。截至2013年8月，1000所项目学校布点已基本完成，建设工作全面展开。中央财政向首批276所项目学校，累计投入专项资金27.66亿元。在中央财政带动下，各级资金投入达34.2亿元。中央和地方各级资金投入总量达到61.86亿

---

① 中等职业学校教师包括专任教师和兼职教师。专任教师指具有教师资格、专门从事教学工作的人员，分为专任专业课教师和专任公共基础课教师。

② 所谓示范校，是在中等职业学校中选出的模范学校；重点校在学校发展达到一些硬性指标（如人数、面积、教师素质等）后，方可参加示范校评选。

元。其中，带动各级地方政府配套投入资金达到20.4亿元，是中央财政投入的73.75%，占投入资金总额的32.98%；拉动行业企业投入7亿元，是中央财政投入的25.31%，占投入资金总额的11.32%；项目学校自筹经费6.8亿元，是中央财政投入的24.58%，占投入资金总额的10.99%。虽然只有少数学校进入国家示范校行列，但在确立中等职业教育地位、招生就业等方面，确实起到示范带头作用，未分级的学校中有一部分学校软硬件条件较差、规模较小，同时在申请中职学校建设资金上又处于不利地位，财政投入较少，导致这些学校提高教学质量缺少保障。

各地合理调整了中等职业学校布局。中等职业学校规模总体呈下降趋势。基金会抽取的调查学校样本中，有20.0%的学校已经停办或撤并，其中，44.7%为东部学校，35.3%为中部学校，19.9%为西部学校。停办学校中，45.4%为公办学校，54.6%为民办学校。4.4%的停办学校为省属学校，56.4%为市属学校，39.2%为县属学校。在实地调研的12个省（市、区）中，地方有关部门均规划在现有基础上，逐步减少中等职业学校数量，有计划地停办或撤并一批资质差的学校，至2014年底，减少规模约为15%。调研发现，适龄人口减少不是造成学校关停、数量减少的主要原因。学校停办或撤并的主要原因是教育质量低下，招生困难，经当地教育部门评估后，要求停办或撤并。尽管一些差学校仍在采取各种手段进行招生，维持运转，但是，随着学生的评价和口碑的不断下降，此类学校终将停办或撤并。遵循优胜劣汰的规则，停办或撤并差学校，对集中教育资源、提高教育质量，具有积极作用。

【案例3】　学生眼中的“好”与“坏”

小徐，18岁，江苏无锡市某中职学校三年级汽修专业学生，现在在宝马4S店实习，钣金工。老家徐州农村，父亲、母亲合做小生意。中职一年级在老家的县职教中心念书，由于无锡和徐州联合办学，二年级就到无锡来学习了。交谈时，小徐直言不讳，希望老家的学校关门。原因是，自己上这所学校是初中班主任给填的志愿，学校对学生不负责，秩序很乱，学生打架、抽烟、喝酒的情况很多，老师也不管。学校只有一台报废汽车，专业课没有实验室和设备可用。学校简直没法呆，学不着东西。现在无锡的学校有宝马公司的实训楼，有宝马车可以实操维修训练。现在就是觉得实习工资有点低。

2. 提升教师素质，优化教师结构

中等职业学校的教师队伍由公共基础课教师和专业课教师组成，专业课教师的数量和质量是评价中等职业教育质量的重要指标。从整体上看，各地有关部门及学校越来越重视教师能力建设和“双师型”教师培养。2013 年教育部统计数据显示，全国中等职业学校共有教职工 115.34 万人，其中专任教师 86.79 万人，其数量达到历史新高。在专任教师中，约有 51.34 万为专任专业课教师，占教师总数的 59.0%，与公共基础课教师的比例为1.44∶1（见图 7）。调查数据显示，“双师型”教师队伍已基本建成，专业课教师中，54.5% 的具有职业技能证书，“双师型”教师比例为 37.2%，高于 2010 年《中等职业学校设置标准》中“双师型教师不低于专任专业教师的 30%”的要求。

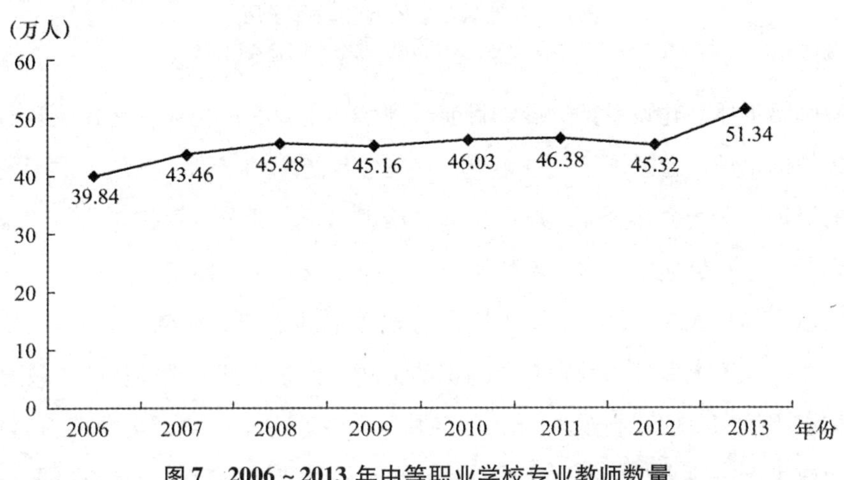

图 7　2006～2013 年中等职业学校专业教师数量

资料来源：《中国教育统计年鉴（2006－2013）》。

专任教师学历、年龄结构得到优化。近年来，中职学校教师的学历水平有所提高，教师年龄结构趋于年轻。2015 年，专任教师中，本科以上学历占 93.1%，比 2005 年的 71.8% 有了明显改善（见图 8），其中专业课教师本科以上学历占

92.2%，与以往学历合格率不足一半的情况相比有了很大提升。据统计，在教学一线的专任教师平均年龄为36.2岁，大多数年龄小于45岁，其中，36～45岁的教师占教师总数的33.6%，小于35岁的教师数量为39.1%。由于大学扩招，当前存在本科毕业生就业困难的现象，到中职学校任教，能够直接进入或者有望进入事业编制，对一部分大学毕业生来说是一个不错的选择。

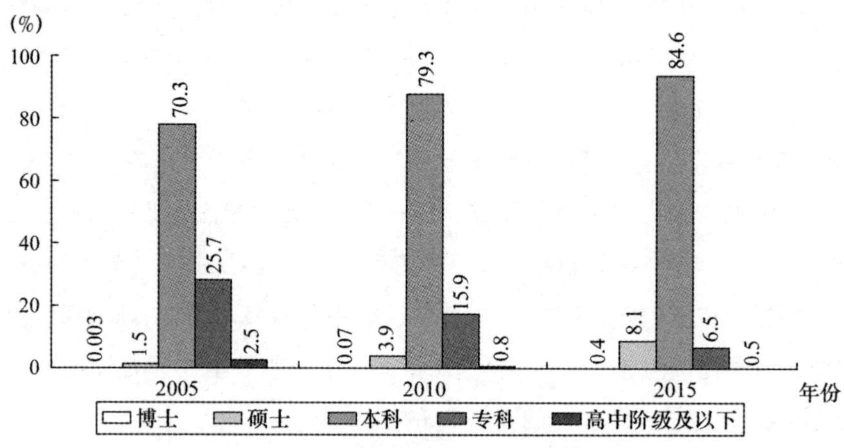

图8　中等职业学校专任教师学历

数据来源：《中国教育统计年鉴（2005，2010）》；基金会调查数据（2013）。

教师培训体系建设取得进展。目前教师培训主要有四类：一是各级政府有关部门组织的培训，包括国培、省培等；二是学校组织的培训；三是其他相关机构组织的培训；四是合作企业组织的培训。培训内容主要分专业技能培训和教学基础培训。调查数据显示，79.4%的培训由各级政府有关部门组织主办，合作企业组织的培训仅占5.5%。专业技能培训与教学基础培训的比例约为3:1。尽管专业培训一定程度上保证了教师专业知识的更新，但是，部分教师反映，政府和其他机构组织培训一般在高校进行，内容大多为专业理论学习，实操性内容较少，到企业或生产一线进行的专业实践性培训更少；培训内容落后于产业发展，与生产实践相脱离的情况比较普遍，希望有资质的企业能够参与举办培训。公办学校中，每年每校平均51.1%的专任教师参加各类培训，民办学校的对应比例为42.3%。公办学校中，67.8%的培训费用由各级政府有关部门承担，30.6%由学校承担，民办学校的对应比例为29.3%和61.8%。公办学校的教师培训较民办学校更为有力。

3. 转变专业建设模式，满足多方需求

学校专业设置较以往的行政干预与行政规划模式，已逐步转向市场驱动、需求驱动的模式，初步实现了产业需求决定学校专业设置。调研发现，在各级学校中，开设最多的三大类专业为加工制造、信息技术和教育，具体专业为机械加工技术、机电技术应用、数控技术应用、汽车制造与检修、电器技术应用、计算机相关专业、电子与信息技术、电子技术应用和学前教育等。这些专业最受学生欢迎，也是经济和社会发展所需要的，就业市场广阔。同时，这些专业毕业生的就业待遇也相对合理。比如机械加工技术专业的毕业生人数约占调研学校毕业生总数的1/5，开设此专业的国家示范校的毕业生，基本能做到100%对口就业，入职起薪在2500~4000元/月之间。再如，由于近年来各级政府重视学前教育，以及民办幼儿园的大量涌现，学前教育专业受到女学生欢迎，有效满足了市场需求。

专业建设注重产教融合。满足产业需求、服务产业发展是中等职业教育的重要功能，如何更好地适应产业、企业发展需要，一直是中等职业教育专业建设的重点课题。我们调研发现，专业设置与建设初期进行市场调研，调查行业、企业实际需求，考察岗位职责和职业资格标准已成为学校的必做功课，46.2%的学校根据调查结果选择专业教材和实训设备、设计课程结构和内容等。有的学校实训设备标准与行业先进水平相当，使其学生更有效地适应岗位需求，有助于学生对口就业。现在，学校越来越注重学生实践能力的培养，60.5%的学校专业课课时超过全部课时的一半。兼具文化基础和动手能力的学生最受就业市场欢迎。

4. 校企合作初具规模，跨国企业投入中等职业教育发展

校企合作是中等职业学校办学的重要内容，是职业学校与普通高中的重要区别，理想的校企合作模式应是“校中有企，企中有校”，学生在学习的过程中即做好为企业、产业服务的准备。现在，校企合作形式主要有13种，包括订单培养、企业参与人才培养方案的设计与实施、顶岗实习、安排毕业生就业、提供师资培训或岗位实践、企业技术人员到学校担任兼职教师、提供实训设备设施、校企共建实训基地、为学校建设实习基地、联合技术攻关解决科研难题、委托员工

进行学校培训、提供创业基金、投资合作办学等。合作企业包括国有企业、私营企业、跨国企业，大型企业和中小型企业，既有劳动密集型企业也有技术密集型企业等。

调查发现，一些政府部门及学校积极寻求校企合作伙伴，已初步呈现一校与多家企业开展多种形式合作的局面。现在每所学校平均与30家企业合作，其中，国家示范校和国家重点学校的平均合作企业数量为38家，合作企业资质明显高于其他级别学校。校企合作以就业和顶岗实习为主，但是，每所学校已平均与4家企业开展深入合作，包括企业参与人才培养方案的设计、提供师资培训和岗位实践、订单培养等。学校最希望与企业开展订单办学、师资培训、共建实训基地和顶岗实习等合作。尽管劳动密集型加工企业最不受学校和学生欢迎，36.5%的学校表示不愿与此类企业开展就业、顶岗实习等合作，但是，这类企业仍然是中等职业学校学生实习和毕业的重要去向。

由政府、学校和企业三方合作所形成的分工明确、互利互动的合作模式效果较好。政府承担激励、引导、监督的职能，学校在政府的激励与监督下，与合适的企业对接并开展合作。企业与学校互惠互利的同时，有准入与退出的机制，以保障企业参与职业教育的资质和竞争性。目前仅有少部分地区形成类似机制。

一些世界500强跨国企业投资我国中等职业教育发展。从国际层面来看，企业投入资金、人力、设备举办中等职业教育是比较普遍的情况。随着我国经济的不断发展，不少跨国企业在各省投资办厂、销售相关产品或提供服务需要大量的一线工人。跨国企业参与中等职业教育的动机主要有两个方面：一方面，他们发现中职毕业生所学技能不能满足企业需要；另一方面，企业承担社会责任，通过这种方式回馈地方。调研发现，跨国企业参与中等职业教育的情况主要集中在东部地区，合作形式主要有六类，即订单培养、投资建设实训基地、提供师资培训、企业技术人员到学校担任兼职教师、顶岗实习和安排毕业生就业。有的企业在学校同时开展多项合作，如卡特彼勒公司与山东青州市某职业学校开展订单培养、投资建设实训基地、安排毕业生就业三项合作，3年累计投资约5000万元；宝马公司与江苏无锡某中职学校开展投资建设实训基地、企业技术人员到学校担任兼职教师、顶岗实习和安排毕业生就业等四项合作，2012～2013年共投入

2000 多万元。此类合作的共同特点是，企业与学校长期合作，办学资金有保障，实习实训设备定期更新，办学过程实现了企业、学校、学生的三方共赢。

【案例 4】　　校企合作，政府买单

深圳市中等职业学校与企业实行六层推进的教学与实习相结合的方式。学校与企业共同制定1100 小时的实习计划，融合在一至三年级内完成。一年级每学期实习 1 个月，二年级 2～3 个月，三年级上学期 3 个月，下学期准备升学的学生参加。一年级实习主要了解企业，熟悉作息、生产、管理制度规定等，对就业形成初步认识；二年级主要结合专业教学，将一些专业课程由学校转入企业，企业专业人员利用企业实际生产经营设备对学生进行教学活动，教师也参与其中，提高专业技能；三年级为岗位实习，根据学生需求提供一些专业理论和技能知识的教学。通过这种实习模式，学生了解企业和工作岗位，将自身知识和技能与岗位结合，实现从学生到工人的转变。学校与企业都认可这种实习模式。深圳市有关部门为了吸引优质企业参与此类校企合作，规定凡有合作意向的企业，经过资质审核后成为校外实训基地，政府根据企业承担实习学生数量，按人每月补贴企业 300 元。企业参与积极性很高，参与企业资质也有了保证。

（二）中职学校建设措施的实施效果

一系列政策的出台与持续实施，使得中等职业教育发展成效显著，主要表现在，中等职业教育在公共服务体系中的地位有所提升，学校建设一定程度上带动了教育质量提升，中职学生发展定位逐步清晰，社会认可度不断提高。

1. 中等职业学校已形成开放的教育系统

中等职业教育以就业为导向，因此，中等职业学校较普通高中应更为开放。其开放性主要表现在中职学生的组成较普通高中更为多元化。无论年龄与经历，只要有接受职业教育的需要，有学习一门技能本领的愿望，就可以进入中等职业学校学习。从年龄来看，中等职业学校一年级学生的平均年龄为 16.5 岁，二年级平均为17.4岁，三年级平均为18.4岁，均高于普通高中。从学生构成情况来看，中职学生主要分为四类，即应届初中毕业生、初中辍学生、高中毕业生和已进入社会人员。应届初中毕业生是主体，约占73.5%，初中辍学生约占2.4%，高中毕业生和已进入社会人员的比例分别为3.2%和20.9%（见图9）。初中辍学生、高中毕业生和已进入社会人员多因缺乏就业技能而重返中职校园。在我们的访谈对象中，返回中等职业学校进行全日制学习的年龄最大的学生，是一位32岁的进城务工人员，他希望通过三年学习成为一名船员，获得船员资格。但是，地方政府有关部门及学校反映，现在，职业培训工作的开展相对于正规职业教育，受到管理部门和资金方面的双重限制。若要建设更加开放的职业教育系统，职业培训的课程体系和机制的灵活性需要更好地设计。

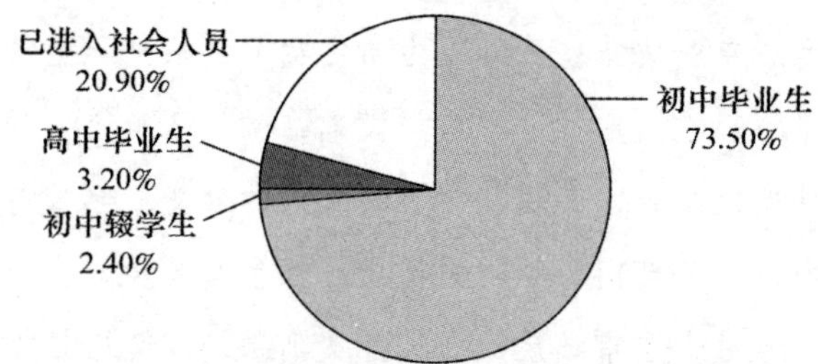

图9　中等职业教育学校学生组成部分（2013）

【案例5】　　我为什么回来读中等职业学校

小李，18岁，河北省石家庄市某中职学校二年级汽修专业学生，老家在邯郸农村，父母都是农民。初中二年级时辍学后到天津打工，由于身材魁梧，当过一年酒店服务员和门童。小李说，感觉当酒店服务员和门童很累很复杂。后来又和同乡去了一家武术学校学武术，想有傍身之技，但武术学校更苦，很难学到技艺。在那段时间，他很迷茫，觉得自己什么都不会不行，找不到好的工作。后来和家人商量，觉得要不到职业学校学个技术。经亲戚推荐，来到这所学校看了一下，觉得这所学校不错，就报名上学了。小李说，现在挺喜欢学校的，老师和同学对他挺好的，汽修专业自己也比较喜欢，能学到一门技术。希望毕业以后能找个大点的汽修店工作。

2. 中等职业教育质量有所提高

一批具有较高教育质量的学校已基本建成，对中等职业教育的发展有一定的示范带动作用，获得学生和家长的好评。我国中等职业学校类型多、级别多、管理部门复杂，各类学校教育质量存在明显差异。建设国家示范校和重点校，在校园建设、专业设置、教师培养、教育模式等方面具有示范作用，对提升中等职业教育质量产生积极效果。

国家级示范校的社会认可度更高、招生更容易、辍学率更低，国家示范校的平均辍学率为1.9%，低于国家重点学校的4.3%和其他级别学校的10.6%。国家示范校中，71.8%的家长认为职业教育对孩子的发展有利，若重新帮助孩子选择，64.8%的家长仍然愿意孩子选择职业学校，88.7%的家长对教育质量表示满意。未评上等级学校的教学质量最不理想，家长对学校教学质量的满意度仅有34.2%。这些数字表明，学校具有一定规模且办学经费相对充足是保证办学质量的基本条件。调查结果显示，国家级示范校平均在校人数为4204人，2012学年生均支出约为18400元，高于其他级别学校，而未分等级学校的在校生规模仅为489人，2012学年生均支出仅约为5900元，未分等级的学校也是在评估过程中评价最低的一类（见图10）。

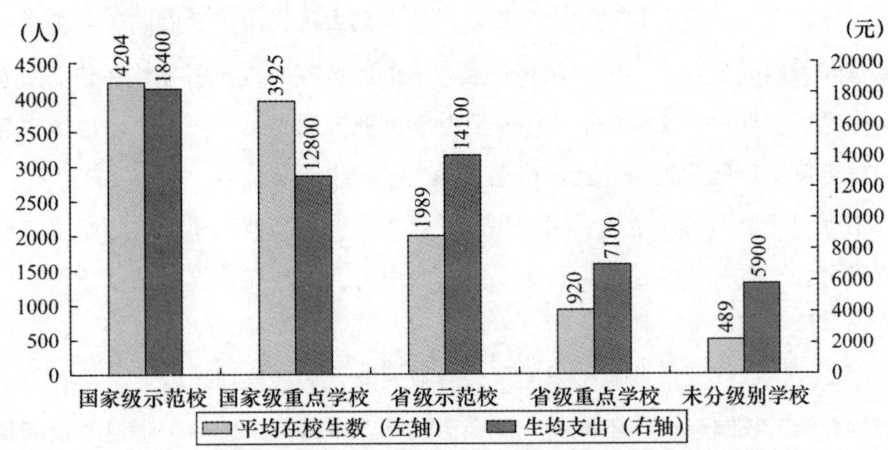

图10 各级别中等职业学校平均在校生数及2012学年生均支出

省属学校发展情况普遍好于市、县属学校。在隶属级别上，中等职业学校共有三类：一是省属学校，全国共有1558所，占12.3%，平均每省约有50所，其中，东部地区比例较高，平均每省61所，西部地区比例较低，平均每省39所；二是市属学校，全国共有6661所，占52.4%，平均每个地级市约有20所；三是县属学校，共4485所，占35.3%，平均每个县级单位约有1.5所。省属学校中，国家示范校比例为8.9%，市属学校中，国家示范校比例为3.6%，县属学校中的比例为2.8%。调查发现，省属学校在学生规模、资金保障、办学条件改善、专业发展、就业去向等方面较市、县属学校有明显优势，县属学校境况最差。总的看来，县属学校在生源、教学资源、教学质量方面均处于劣势，生存压力很大，为了生存，这些学校往往将精力用于应付行政要求与考核，很少有余力及能力应对市场需求。在诸多困难面前，各级地方政府仍然坚持办学，其中一个重要原因是公办学校具有行政级别，这为地方政府调剂干部提供了重要空间。

东部地区中等职业教育发展优于中西部地区。在地域分布上，32.9%的中等职业学校分布于东部地区，46.5%分布于中部地区，20.5%分布于西部地区。但在国家示范校中，41.3%分布于东部地区，37.3%在中部，21.4%在西部。尽管中部地区学校数量较多，但是国家示范校多分布在东部地区，这客观上反映出东部地区中等职业教育质量明显好于中西部地区。东部地区中等职业教育发展呈现出“重质量建设”远胜于“重学校规模”，政策保障体系更为完善、全面，财政投入力度较大等特点。在调研中发现，一些东部省份，由于政府同等重视中等职业教育和普通高中教育，适当调整普通高中的数量与结构，引导社会和学生充分认识中等职业教育，使得中职学生在就学和就业方面得到认可。东部地区中等职业学校毕业生在就业去向、就业待遇方面也呈现出一定优势。

中等职业教育对学生的吸引力出现变化。以往，高就业率是中等职业学校的主要吸引力，对一些学校而言，也是唯一吸引力。但现在，学校基础建设、学习环境、学校管理制度、教师素质、专业设置、就业环境、升学渠道等，是学校吸引力的重要组成部分。调研结果显示，专业课能否实践操作、就业是否对口、能否继续升学、校园建设漂不漂亮、课余活动是否丰富等是影响学生对学校满意程度的主要因素。学校质量与学生规模相互影响，学校能否满足学生的各项需求直接影响学生数量与规模，学生的数量与规模又直接影响学校办学质量，如经费总量、教师配备、专业设置等。学校办学质量应以学生的满意度为判断的重要标准和改善方向。

3. 中职学生逐渐被认可

美国的研究表明，职业教育对学生未来的就业声誉和自主创业潜力有积极影响。同样道理，在我国，中职毕业生的声誉也受到中职教育质量的影响。中职毕业生的能力和素质决定其对于企业的服务能力，从而反映了中等职业教育适应社会、服务社会的能力。由于各学校的办学质量不一、学生素质不一，企业对毕业生的褒贬有明显差异。有些企业认为，中职毕业生对于自身能够合理定位，并较快地进入职业角色，吃苦耐劳，具有一定的技术基础，比高中毕业生和未接受过职业教育的工人有明显优势；而有些企业认为中职毕业生缺乏职业道德，松懈散漫，工作不认真，不服从管理。究其原因，除个人因素外，仍取决于中职学校的综合教育质量。

专业设置对学生职业能力具有决定性作用，是学校教育绩效的重要考量。如何利用三年的中职教育培养合格的技术技能人才，如何让学生具有创新能力，能够在职业生涯中不断提升、发展，这是中等职业教育专业建设的重点内容。有观点认为，学习简单的操作技能用不着三年时间，三个月到半年就够了。这种观点忽略了中等职业教育的目标，即培养高素质的技术技能人才。实现这一目标就需要文化基础知识、专业理论知识和专业实践知识，需要在三年的学习中有效结合和分配时间。客观上讲，中职学生不喜欢一直坐在课堂里听教师抽象的满堂灌输，学生更关心专业课程设置的实用性、专业实习设计的技能性、专业实操设备的前沿性、推荐实习和就业企业资质等因素。这些因素直接影响学生对未来职业的认知与兴趣。有教师在访谈中坦言，中职学生与普通高中学生存在明显差别，他们的逻辑思维相对较差，但形象思维很强，到校后，首先要用专业吸引他们的注意力，才能培养学习兴趣，才能让学生学到东西。

调研中发现，在东部地区，相当部分的学校在专业设置时引入企业的用工理念，注重学生实践能力培养，描绘技术工人成长的路径，引导学生对自己的职业进行合理规划。在推荐就业时，这些学校更多地考虑学生的发展，根据学生意向选择符合标准的企业进行合作，其中不乏一些有影响的国有企业和跨国企业。这种模式的效果不仅有利于学校的发展，同时也赢得学生个人与企业的认可与好评。调查数据显示，在东部，有76.3%的学生表示喜欢所学专业，而在中部地区，这一比例为45.1%，西部更低，仅有31.3%。这些数字表明，专业设置与企业需求的结合程度对于学生对本专业的满意度有重要影响，同时也从侧面反映出，专业设置越合理，专业人才对口性越强，专业人才发展空间越大。多数中、西部地区的中等职业学校仍然以培养简单劳动力为主要目标。

总体看来，中等职业教育让新增劳动力具有就业优势。企业招聘一线员工时，相对于高中毕业生和社会人员（包括进城务工人员），更愿意录用中职毕业生。对企业一线工人的问卷调查发现，在社会入职人员和高中毕业生中，64.1%的人认为中职毕业生在技能方面比自己有优势，48.7%的人认为中职毕业生在工作中更有发展空间，41.8%的人认为中职毕业生可能比自己更有升职机会。有些企业认为，现在许多一线生产岗位的设计，高职学生不适合也不愿意从事，而一般社会人员又感到有难度，干起来吃力。中职学生最为适合，而且有提升潜力。

【案例6】　高质量就业——专业建设与企业需求紧密结合

北方某造船厂和辽宁省大连市某中职学校合作。此厂为国内第二大造船厂下属子公司，属国有企业。企业与学校已合作6年，主要承接实习和就业。企业表示，和这个学校合作时间长且顺利的原因有四点。一是专业对口。造船是一项复杂的技术活，比如说都是电焊，一般电焊工到船上就不能工作，因为对船的构造不清楚，这所学校学生基础课程中就有对船的整体把握，在专业设计的时候，企业也参与。二是学校对学生负责。造船非常辛苦，且要求高，企业希望学校能够向学生灌输一些职业理念和职业道德，学校这点做得很好，来这里的学生都能吃苦耐劳，离职的情况很少。三是企业为员工的发展考虑，注重员工的培养。中职学生最后半年来企业实习的时候，企业安排师傅带，一般1个师傅带2~3个徒弟，半年后学生技术合格的话，就可以留下。企业每年需要的人不多，大概不到40人。每年为正式员工提供技术培训，鼓励他们参加技术职称考试，企业报销培训和考试费用。四是企业实现同工同酬同待遇，重视技术不重视学历。现在船上的工作人员中，70%是中职毕业生，20%是高职毕业生，剩下的是本科以上学历。新入职时，本科比高职基本工资高500元，高职比中职高500元，在技术方面的晋升是平等的。企业现在电焊的车间主任就是中职毕业生，在厂里已工作7年。如果他拿到高级技师资格证，企业就与他签订年薪制合同。

四、中等职业教育的发展成就及仍需解决的突出问题

（一）中等职业教育发展的贡献

教育是立人之本，就业是民生之本。近年来，国家加强中等职业教育发展的规划，不断完善政策设计，同时增加了对中等职业教育的投入，我国中等职业教育有了很大发展，为改善职工队伍受教育水平、持续释放人才红利提供了条件。教育部统计数据显示，“十一五”期间，中等职业教育共向生产服务一线输送2841万劳动者，“十二五”期间，已输送初、中级技术人才1985万，输出总量将超过“十一五”期间。中等职业教育的经济和社会意义不断体现。

1. 中等职业教育是提高劳动者平均受教育年限的重要途径

《国家中长期教育改革和发展规划纲要（2010－2020）》提出，到2015年和2020年，新增劳动力平均受教育年限分别为13.3年和13.5年，其中受过高中阶段及以上教育的比例分别为87%和90%。根据2013年国民经济和社会发展统计公报数据测算，全国16～18岁农村人口约有2884万。中等职业学校在校生中约有1731万来自农村家庭，约占全国16～18岁农村人口的60.1%。这一数字表明，未来新增农村转移劳动力的文化程度将因接受中等职业教育而明显提高。我国每年约有1700万新增劳动力，其中约有700万为中职毕业生，700万为高等学校毕业生①。只要能保持中职学校对学生的吸引力，保持高中阶段毛入学率的不断提高，那么随着中职学生不断毕业进入社会，我国劳动者素质将明显提高，有

① 教育部鲁昕副部长在2014年“中国发展高层论坛”上的讲话。

望提前实现2020年的规划目标，为新增劳动力平均受教育年限超过13年打下基础。同时，人的就业能力、就业质量与受教育年限呈正相关，人的受教育年限对经济的增长有突出贡献。美国国务院发布的《教育与经济增长》报告显示，在40年中，劳动力的平均受教育年限每增长一年，GDP的增长率即提高0.37个百分点。持续发展中等职业教育也将为我国经济腾飞贡献力量。

2. 中等职业教育是解决就业结构性矛盾的重要措施

分方向培养人才是解决就业结构性矛盾的关键，我国当前存在技术技能人才紧缺和高校毕业生就业难的突出矛盾。一方面是高校毕业生人数不断增长，就业压力大；另一方面许多企业又难以在劳动力市场上招到生产服务一线的技术技能人才。技术工人供不应求，而高校毕业生则供大于求。数据显示，一名技能劳动者和专业技术人员平均有1.6个工作岗位供挑选，而高校毕业生2013年平均就业率为71.9%，其中还包括升学、出国、出境、自由职业、自主创业和灵活就业等的28.5%。2013年，全国中等职业学校招生规模约为650万，中职学校与普通高中招生规模比约为4.4∶5.6，这种招生结构一定程度地缓解了未来的就业结构矛盾，但若要根本解决，仍需改善中等职业教育质量，调整中等职业学校招生数量。可喜的是，近些年来，中职毕业生的就业市场不断增大，就业层次与待遇也不断提高，重普通教育轻职业教育的社会观念在未来或许有所转变。

3. 中等职业教育为生产服务一线提供生力军

2013年中职毕业生数量约为660万，其中，84.4%的学生约为560万人，毕业后直接就业，主要从事一线生产与服务，约占2013年城镇新增就业人口的41.8%，一次就业率达到97.6%。这是中等职业教育的一项重要贡献。在企业调研中发现，生产一线工人中平均约65%为中职毕业生。90.2%的中职毕业生获得了各种中级职业资格证书。另外，有9.6%和0.6%的中职毕业生分别升入大专和应用型大学本科学校，为高级技术工人提供了人才储备。随着高职学校对口招生规模的扩大，中、高职教育“立交桥”的搭建，职业学校毕业生直接进入生产服务一线的时间将被延长，一线劳动生产力的素质将有明显提高。

4. 中等职业教育有助于降低失业率、缩小收入差距

国际经验表明，职业教育与劳动者收入呈正相关，与失业率呈反相关。

OECD 发布的《德国职业教育调研报告》指出，接受过职业教育的男性失业率为 2.8%，未接受过的为 6.3%，接受过职业教育与未接受过的月平均收入差距为 600 欧元。在世界经济危机时期，欧盟调查报告显示，欧元区 25 岁以下年轻人的失业率达到 23.9%，而德国仅为 7.6%。德国未来工作研究所主任希尔马·施耐德认为，德国年轻人失业率低主要归功于德国的职业教育体系。

这些国际经验在我国中等职业毕业生的就业过程中得到有效印证。中等职业教育对稳定就业、增加收入有积极作用。本次调查数据显示，2013 年，中职毕业生的入职起薪平均为 2221 元/月，与同年专科毕业生入职起薪的 2285 元/月相差不大。一般情况下，中职毕业生工作 2 年后，月工资约为起薪的 1.5 倍左右，即 3500 元/月左右，高于 2013 年普通农民工人均月收入的 2609 元。接受问卷调查的中职毕业生中，73.8% 的学生进入企业时与企业签订正式劳动合同，65.2% 的学生正式入职后享受三项以上社会保险，为稳定就业提供保障。有的大型企业已实行技师年薪制，并为技术工人提供技术晋级渠道与培训。现在，多数中职毕业生几乎不需要担心失业问题。

（二）发展中等职业教育仍需解决的突出问题

尽管我国中等职业教育规模大、发展快，对于经济和社会发展的贡献日益凸显，但是，我国教育体制的深化改革刚刚启动，中等职业教育还存在一些深层次、需要长期解决的问题，发展中等职业教育还需持之以恒的努力。

1. 技术技能人才培养方面的问题

（1）招生压力大，存在不正当招生行为。中等职业学校和普通高中培养的是同层次不同类型的人才，但在财政投入、招生管理机制等方面，两类学校存在明显差异，总体看来，中职学校较普通高中处于弱势地位。各地政府有关部门严格制定普通高中的招生计划，开展统一招生考试，按照学习能力与成绩的排序分等级录取，而中等职业学校则没有相应的考试与录取。由于人口结构变化、适龄生源减少，加之当下的社会观念重普通高中教育、轻中等职业教育，2013 年，仅有 7 个省份（北京、黑龙江、江苏、福建、广西、海南、四川）普职学生比能够达到或者接近1∶1，维持原有的招生规模，多数省份这一比例在6∶4～7∶3之间，

6个省份（内蒙古、辽宁、吉林、安徽、甘肃、宁夏）的中职招生数量明显下降。

为了争抢生源，招生中采取的不正当竞争行为包括：有的县为了保证本县的职教中心继续开办，实行地方保护主义，强行为学生注册中职学籍；夸大宣传，虚假承诺，欺骗学生与家长；每个中职教师承包招生任务；给输送学生的中学和老师支付“奖励”。据粗略统计，每招一个学生，公办学校出差、宣传和给初中的奖励，其生均成本为200～1000元，民办学校的平均成本为600～2500元，几乎相当于半年或一年的学费。

（2）中职学生学习基础较差。中职学生中考成绩差，基本都是应试教育的“失利者”。由于绝大部分学生来自农村和城镇困难家庭，义务教育阶段没能受到好的教育。调查显示，63.7%的中职学生小学就读于村小或教学点，47.4%的学生初中阶段也在农村就读。很多学生的数学、语文、外语等基础课成绩很差。在某些地区，当地中考满分为750分，64.8%中职学生的中考成绩低于400分，18.4%的学生的中考成绩不到200分，还有部分学生因成绩太差而放弃中考。由于文化课基础差，不仅影响了他们的学习兴趣，而且使他们缺乏面对未来的信心。

（3）一些学校德育教育欠缺，课外活动匮乏。中职学生多数在校住宿，校园生活时间占了他们一年时间的70%。学校生活质量与学习质量对他们日后的社会生活将有深远影响。好的中职学校课外生活丰富多彩，而差的学校规模小、经费少，学生课外生活枯燥，学生之间也容易传播一些坏的影响。

（4）中职学生年龄一般在16～18岁之间，处于青春期，需要老师更多的关注。但是一些中职学校的校长和老师缺少“教书育人”的责任感和荣誉感。调查发现，在中职学校中，学生普遍感觉自己不被理解与尊重。由于中职学生多数为传统意义上的“差学生”，“职业教育是二流教育”的思想在不少校长和教师的观念中根深蒂固，因此，不少学校对学生存在偏见，有的校长甚至将学生称为“社会渣滓”，对学生缺少尊重。调查发现，一些学生与教师关系不融洽。36.8%的学生认为教师对自己不关心，在学校学习有孤独感，负面情绪无法得到排解，10.9%的学生有过辍学的想法。可见，校长与老师的态度，对学生的社会心理状况具有明显影响。教师对学生缺少理解与尊重是导致学生厌学、辍学的重要原因。

（5）部分学校违背中等职业学校办学目的，以举办升学班、高考班、综合班为主要办学方式。调研发现，不少地方存在此类办学形式，学生在校期间多学习文化课，学校很少开设甚至不开设专业课，目标是高考、升学。学校的解释是，以高考、升学为名义招生比职业教育容易，从事职业教育投入大、专业建设复杂、专业教师的聘用与培养等成本较高、一些县属职校难以找到合适的企业进行实习等。这种情况需要引起重视。

（6）实习实训目的性不强。实习实训是职业教育的办学特色之一，是学生感受从业氛围的机会，也是学生学习技术技能的重要手段。中职学生的实习主要分为三类，即专业实习、顶岗实习和就业实习。从实习地点看，专业实习有的在学校，有的在企业，在学校一般为引企入校或者是承接企业委托工作；顶岗实习和就业实习均在企业。从实习时间看，专业实习不确定，由实际工作量决定；顶岗实习一般为一年；就业实习一般在半年左右。从实习待遇看，专业实习最低，一般为20~50元/天，就业实习最好。从实习专业对口情况看，就业实习最好，顶岗实习最差。学生最喜欢就业实习。

一些学校没有合理设计实习，将学生作为廉价劳动力使用，组织在校生去劳动密集型加工企业顶岗实习，劳动强度大，报酬低，工作内容与所学专业也不对口。调查发现，学生组装一个电子零件的市场价值为50~80元，每天组装100~120个，但日平均工资仅为20~40元。有的地方政府为了招商引资而做出承诺，然后通过行政干预，要求中职学校向那些劳动密集型加工企业输送实习生或毕业生。30.7%的学生表示，学校组织的实习与所学专业不对口，41.5%的学生对实习企业表示不满意。这不仅无益于技能培养，更损伤了学生对于职业发展的热情。尽管有14.2%的学校明确表示，拒绝与劳动密集型加工企业开展就业与实习合作，但这种流水线上的实习仍然比较普遍。

（7）技术人才上升渠道与发展空间受限。畅通的上升渠道与合理的发展空间有助于职业延续与发展。现在，中等职业教育人才培养体系不完善，学生继续深造或者转向接受普通教育的可能性还很低，这就降低了中等职业教育吸引力，也不利于满足经济发展对技术技能人才的需要。由于经济条件改善，多数家长已不希望孩子早早就业挣钱养家，中职学生及其家庭有较为强烈的继续求学的欲望。调查显示，有 10.2% 的学生能够进入大专及本科学校，这与 60.9% 的学生和 46.4% 的家长希望中职毕业后能够继续学习的需求差距较大。情况好的省份，每年从高校和高等职业学校拿出一定名额招收中职学生，但是，超过 80% 的学生无法获得参与升学的机会。以学前教育专业为例，调研学校中，仅有 7.7% 的学校此专业能够对口升学，23.1% 的学校不能对口升学，但可以参加教师资格证考试，其余学校的学生既不能升学，也没有渠道获得教师资格证。尽管学前教育招生时很受女孩子欢迎，但仍存在对口就业率不高、就业稳定性低、没有上升空间等不利影响因素。不少校长反映，学生选择中等职业学校就等于走了“断头路”。

（8）一些中职毕业生就业质量不高。中等职业教育的一个突出贡献是毕业生的高就业率，中职毕业生的平均一次就业率达到 97.6%，20.1% 的学校已实现 100% 的一次就业。但是，中职毕业生对口就业率不高，就业稳定性较差。国家示范校和国家重点学校的对口就业率平均为 62.1%，其他类学校的对口就业率平均为 40.5%，18.3% 的学校很难做到对口就业。对口就业率低有两方面原因：一方面，学校培养的学生的能力不符合企业和岗位需求；另一方面，企业经营和生产的层次低，岗位技术性差，待遇不合理，不符合中职毕业生预期。后者也是导致中职毕业生就业流失率高的主要原因。一些劳动密集型加工企业，新生入职半年内的流失率超过 70%。有的大型企业一线技术工人未纳入企业正式员工编制，采取“同工同酬不同待遇”的措施，也造成中职毕业生就业后流失。

2. 中等职业教育体系建设方面的问题

（1）地方政府的重视程度有待提高。地方政府对于中等职业教育的重视程度直接影响各地中等职业教育的发展。高考升入重点大学被多地纳入政府及有关部门的绩效考核目标。但是，中等职业学校办学成果、学生发展情况，如参加全国职业大赛获奖，却从未成为政府及有关部门的考核指标。除此之外，财政投入不足、对学校监管不力等，也是一些地方中等职业教育发展受限的重要因素。

（2）人均财政性教育经费投入不足。我国中等职业教育生均投入明显低于发达国家。根据国际经验，职业教育较普通教育需要更大投入，德国对职业高中的生均投入是普通高中的 2～2.5 倍，法国约为 3 倍。

而调查数据显示，我国2013年中等职业教育总财政性投入约为1655亿元，生均投入约为8606.34元。尽管较2012年有大幅增长，但仍未超过普通高中的生均投入。全国仅有12个省份的中等职业教育财政投入高于普通高中，东部地区生均中职财政投入最高，约为12553.37元，中部地区最低，约为6305.72元，差异巨大。

我国中等职业教育投入以政府投入为主，各级政府投入超过中等职业教育总投入的87%。2012年，国家财政性教育经费总支出为22236亿元，其中，义务教育阶段支出为11727亿元，占总支出的52.7%，普通本科支出为4025亿元，约占18.1%，普通高中支出2317亿元，占10.4%，职业教育国家财政性教育经费支出2392亿元，占10.8%，学前教育支出784亿元，占3.4%。职业教育支出中，中等职业教育支出约为1578亿，约占国家财政性教育经费支出的7.1%。中等职业教育经费总支出仍然无法满足教育发展的需要，明显低于同阶段普通教育，仍处于各教育阶段投入的末端。

2010~2012年各教育阶段人均财政性教育经费投入具体见图11。

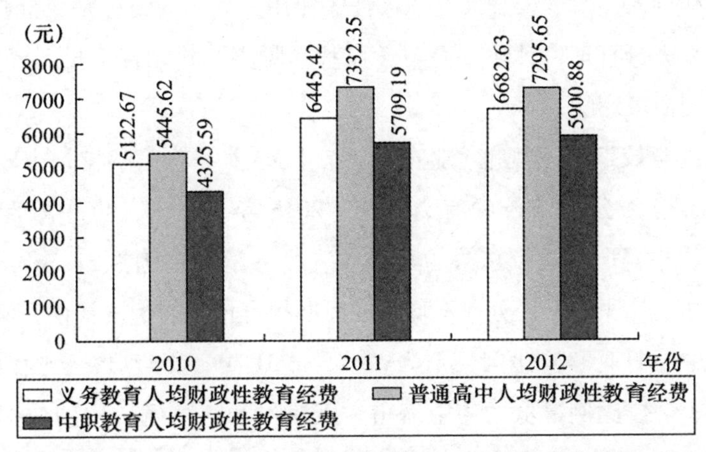

图11 2010~2012年各教育阶段人均财政性教育经费

资料来源：国家统计局网站。

(3) 学校办学资金分配不均。办学质量较高的学校更容易得到资金，办学质量差的学校经费难以维持生计。我们调研发现，国家示范校、国家重点学校、省级示范校较其他级别学校，省属学校较市、县属学校更容易得到各类资金。根据地方政府有关部门反馈，相关政策更易向国家示范校和省属学校倾斜，如生均公用经费拨款、地方教育附加费的使用等。有的国家示范校的生均投入约为未评上等级学校的3～4倍，办学经费相对充足，而一些未评上等级的学校和县属学校只能量入为出，不断压缩各种支出，直接影响教育教学质量。调研发现，有的学校连基本的学校建设经费都无法争取到，导致学校没有学生宿舍，只好安排学生寄宿在学校附近的民房中，不仅增加了学生家庭的教育支出，更增加了许多安全隐患。集中力量，先建示范，在资源有限的情况下可以理解；但如果长期持续，人为划分等级，则显失教育公平。

（4）学校管理体制不顺畅。中等职业学校实行以教育部门管理为主、多部门参与管理的多头管理体制。就全国而言，3.2%的中职学校由劳动部门管理，96.8%的中职学校由教育部门管理或业务指导。在教育部门管理或业务指导的学校中，约有11%的学校为行业办学。按现行规定，行业主管部门对中职学校有审批权，教育部门进行教育管理。但是，行业主管的学校发展不平衡，一类情况是，行业主管部门除对人事进行管理外，在专业设置、课程标准、资金投入等方面均有参与和投入，对学校发展有积极促进作用；另一类情况是，行业主管部门仅对学校人事进行管理，其他方面与学校基本脱离，并无资金投入或其他帮助，学校发展受到消极影响。

（5）民办学校发展不规范，监管不足。民办中等职业学校是中职学校的重要组成部分，应为公办学校的有力补充。2013年，全国公办中等职业学校有8423所，约占中等职业学校总数的66.3%，民办学校比例为33.7%。但是，各省公办、民办中等职业学校分布不均。在民办教育比较发达的江西、湖南、河南三省，民办中等职业学校比例分别为52.4%，51.4%和47.4%。除西藏和新疆外，民办中职学校比例最低的为上海市、天津市和江苏省，比例分别为8.3%，12.2%和16.2%。民办中等职业学校是否发达，与地方经济发展水平相关，更与地方政府的政策导向和监管力度有关。随着学校竞争的日趋激烈和监管力度的加强与完善，一些纯粹以赢利为目的或办学资质很差的民办学校不得不退出。我们调查发现，在民办学校中，教育质量较好的约占15%。但也约有15%的学校对学生不负责任，自身生存困难，其中一些民办学校因地方招商引资而成立，单纯以盈利或占用土地资源为目的，实际上误人子弟。其他约70%则处于中间状态。一些地方对民办学校进行教育质量评估，加大力度整改未达标学校，整改无效则要求停办，有些地方停办或撤并的民办学校甚至达到90%以上；与此同时，一些较好的、已达标的民办学校得以发展壮大。也有些地方对民办学校不闻不问，放任自流，一些资质较差的民办学校仍在努力维持生计，导致学生及家长怨声载道。民办职业学校正由大发展转向调整阶段。

2013年全国31省份公办、民办学校比例见图12。2004～2013年民办中职学校数量见图13。

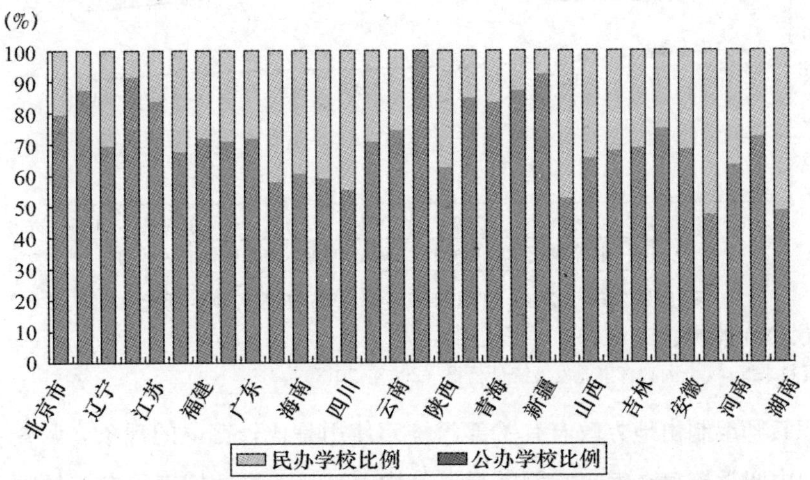

图12　2013年全国31省份公办、民办学校比例图

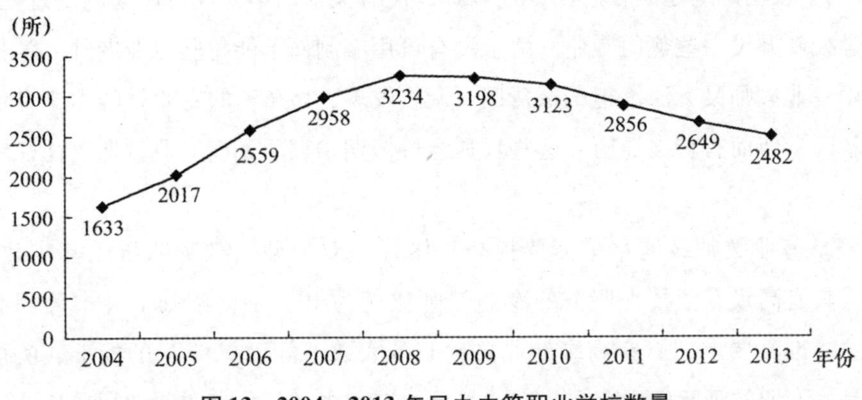

图13　2004～2013年民办中等职业学校数量

资料来源：《全国教育事业发展统计公报（2004－2013）》。

（6）教师队伍建设体系不完善。专任教师数量需要进一步增加。据统计，2013 年中等职业学校专任教师生师比为22. 97∶1，与 2012 年的24. 19∶1相比有明显改善，但仍未达到《中等职业学校设置标准》中规定的“生师比需达到20∶1”（见图 14）。专任教师占教职工编制数比例偏低。各类学校中，教职工数量是教职工编制数的96. 6%，其中专任教师占编制数的 72. 8%，专任专业教师占编制数的 43. 8%。1/4 以上的编制被非教学一线人员占用。

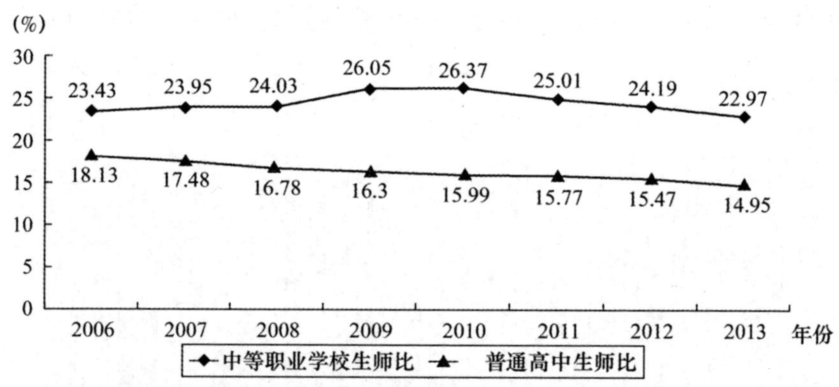

图 14　2006～2013 年中等职业学校与普通高中生师比

注：图中教师人数 =1。

资料来源：《全国教育事业发展统计公报（2006－2013）》。

中职教师编制由地方政府有关部门统筹使用是比较普遍的现象。调查发现，41. 2%的中职学校存在编制空闲情况；其中，21. 7%的学校表示专业教师不足，9. 6%的学校明确表示学校想招专业教师，但有关部门不允许占用编制。近些年，不少学校新开设一些热门专业，由于没有可用编制而不能招聘专业老师。学校自行聘用专业教师又无法承担全部费用。调查发现，15. 6%的专业教师由于专业取消和新开专业而有转岗经历，这些教师经过短期培训后到新专业教课，往往专业性较差。

（7）专业教师技能水平需要提高。尽管“双师型”教师队伍已基本建成，但是，具有高级专业技术职务的专业教师比例为 19. 1%，略低于《中等职业学校设置标准》要求“具有高级专业技术职务人数不低于 20%”的标准。值得注意的是，专业教师队伍中存在一定的水分，有相当一部分专业课教师是从公共基础课教师改行过来的，还有 28. 2% 的专业课教师所学专业与所授课程不对口。

专任专业课教师中，有实践经验的比例为16.2%，比例偏低。有实践经验的兼职专业课教师占专业课教师的14.1%。许多学校的专业课教师尤其是年轻教师为聘用制，没有进入学校正式编制，这部分教师流动性大、不稳定。总体上看，中职学校专业教师力量较以往明显加强，但距教学中的实际需要仍有差距。调查发现，几乎所有学校均为专业课教师的缺乏而叫苦。

专任教师对中等职业教育缺乏荣誉感与责任感。在当前的教育环境下，当一名中职教师和当一名普通高中教师，差距明显，其工资待遇、社会地位、工作热情大不相同。调查发现，不少教师，尤其是编制外的教师有另谋出路的想法，主要原因是工资偏低，最低的只有800元/月。有的教师反映，当中等职业学校教师，找对象都困难。40.4%的教师认为现阶段的职业教育质量不高，仅有36.7%的专业教师认为自身专业技能水平与行业先进水平差不多，27.7%的专业教师认为自身专业水平不能很好地适应专业需要。在中西部，仅有47.3%的教师认为中等职业教育对学生未来发展有帮助，客观上反映了教师对于中等职业教育的消极态度。

（8）专业设置机制需要加快改革。办学层次、办学质量与需求不对接是专业设置的突出问题。调查发现，财经商贸、旅游服务和农林牧渔是最不受学生欢迎的三大类专业。具体专业为会计相关专业、电子商务、物流相关专业、旅游服务与管理、烹饪、导游服务等。其主要原因是：专业办学定位不清，就业质量不高；一些高职院校开有相关课程，对中等职业学校形成挤压；一般中职毕业生就业没有明显优势，职业技能不强；毕业时获得职业技能证书困难。如中职会计专业的毕业生很难得到会计证，对口就业也多是从事平均月工资为1600元的前台收银工作。涉农专业也是如此，因就业定位不清晰，毕业生对就业去向多不满意。有的专业表现出“招生热，就业冷”，如学前教育专业，尽管其一次就业率接近100%，但半年内的就业流失率超过50%。原因有两点：第一，专业体系还未理顺，阻碍学生向上流动，使得选择类似专业的学生在职业教育体系中升学困难；第二，专业设置与就业准入没有有效结合，学生无法获得入职资格。

（9）专业实习实践条件需要进一步改善。一些中职学校重视专业硬件建设，只顾建设实训楼，采购实习、实训设备，但资源并没有得到有效使用。有的学校的数控机床常年不开机，甚至不少学校将校舍、设备等租赁给企业使用。实地调研发现，实习、实训设备得到充分使用的学校仅占39.1%。有的学校，实训实操设备匮乏，甚至收购报废器材作为专业教学器材和实训设备，这样的学校约占实地调研学校的4.0%。此类学校中，39.4%的学生认为在学校是浪费时间。

（10）一些学校对企业深度参与校企合作的吸引力不大。校企合作模式比较单一，主要集中于就业与实习合作。调查发现，56.2%的企业不愿意开展就业以外的校企合作，认为参与职业教育的投入大、责任大，回报低，成本远高于岗前培训。但是，单一的合作模式容易导致对口就业率低，半年内就业流失率高。优质企业，如技术密集型企业，不希望开展简单的顶岗实习与就业合作，更希望开展学徒制实习与订单培养。但是，此类企业认为，多数中职学校不符合企业合作标准，一些中职毕业生进入企业一段时间后会出现发展瓶颈。另有66.8%的学校认为职教集团没有为学校发展带来实际的利益，没有在校企合作和资源共享方面为学校提供便利条件。

五、政策建议

1. 加大财政性教育经费投入

各省份须积极制定生均公用经费标准，按时足额拨付，基本保证学年生均总支出达到14000元左右。各级财政部门应公开教育附加费总额，按规定比例使用，明确教育附加费使用方向。

2. 落实地方政府办好中等职业教育的责任

从政府层面转变重普通教育、轻职业教育的思想，将发展职业教育与高考本科上线率放在政府有关部门绩效考核的同等高度。地方政府应将中职学校的发展与城市化、农业现代化结合起来，对于外地生源的中职学生落户本地要给予相应的政策支持。

3. 提高中职学校质量，优化中等职业教育布局

在继续加强示范校建设的基础上，注重普通中等职业学校，尤其是未分等级学校的投资与建设。重新审视“一县一职教中心（中职学校）”的政策，取消一批办学定位不清、质量低、生存困难、学生不满意的学校的全日制办学资格，打造8000所左右质量合格的中等职业学校。

4. 完善免学费政策设计，提高免学费政策标准

实现全面教育公平，将中等职业教育全日制学生全部纳入免学费范围，实现全免学费。明确特殊学制免学费补助标准，三年级以上年级免学费资金由各级政府足额承担。为保障中等职业学校办学资金充足，提升办学质量，各地免学费补助标准应不低于3000元/年。

5. 完善资金安全监管机制，加强评估工作

降低监管成本，建立唯一学籍号，建设贯穿各教育阶段的统一学籍管理平台。对资助政策的落实和执行情况进行定期监督与评估，不断弥补资助体系存在的漏洞和不足。

6. 建立中等职业教育奖学金制度

参考高等职业教育奖学金制度，设立中等职业教育奖学金，按照全年级学生15%的比例发放，最高奖励标准不低于3000元/学年。

7. 建立统一招生平台，改革中等职业教育招生机制

适当调整普通高中与中等职业学校数量，同步所有初中毕业生信息，通过统一招生平台，实现教育公平，杜绝“一对一”招生方式，保证学校之间公平竞争，减少招生成本，增加招生工作透明度。

8. 完善职业人才培养体系

建设更加开放务实的职业教育体系，充分发挥职业培训的社会与经济功能，吸收更多有返学需求的在职人员。加强中高职衔接，以学校合作、专业合作等形式实现中职学生升学梦想。

9. 完善学校管理制度，创新学校治理模式

借鉴发达国家中等职业学校管理经验，实行与国际接轨的现代治理模式。明确校长责任，监督校长履行职责。已有行政级别不必取消，但应弱化。动员社会

各界关心、重视中职在校生，加强德育，丰富中职在校生的学习和课余生活，保证他们更好的成长。

10. 完善专任教师培养体系

改革教师编制制度，将教师编制向专业教师倾斜。改善中职教师待遇，增加中职教师荣誉感。提高有实践经验专业教师的比例。引入企业参与专业教师培训。加强国际交流与合作，实施“职业教育千人计划”，引进国外企业退休专业技术人员到学校任教。同时，提升教师职业道德修养，增强对学生的关注和认同。

11. 完善校企合作机制

以政府有关部门为牵头单位，对合作企业实行准入机制，以优质企业为主，加强校企深入合作。采取免税、政府财政补贴等经济手段，激发企业参与积极性。进一步开放职业教育体系，引入多方力量，加强与民办企业、外资企业的合作。

12. 完善产学结合机制

重新评估顶岗实习的合理性、专业性与劳动强度，加快推进现代学徒制和就业实习制度。建立中职学生实习权益保障制度。减少学生顶岗实习时间，避免企业和学校将学生作为“免费劳动力”创收。

执笔人：赵　晨　梁博姣

2015 年 12 月

参考文献

[1] 中国教育年鉴，1980，1985，2006～2013
[2] 全国教育事业发展统计公报，1990～2013
[3] 中国教育经费统计年鉴，2007～2012
[4] 国家统计局网站 http：//www. stats. gov. cn/
[5] 美国国务院. 教育与经济增长报告
[6] 经济合作与发展组织（OECD）. 教育概览，2013
[7] 经济合作与发展组织（OECD）. 德国职业教育调研报告
[8] 国家统计局. 全国农民工监测调查报告，2013

［9］麦可思．中国大学生就业率调查报告，2013
［10］王蓉主编．中国教育财政政策咨询报告（2005－2010）．北京：教育科学出版社，2010
［11］姜大源．职业教育学研究新论．北京：教育科学出版社，2007
［12］姜大源．当代德国职业教育主流思想研究：理论、实践与创新．北京：清华大学出版社，2007

附录

附表 1　　实地调研省、市、县学校名单

省	市（区）	县	学校
北京市			北京农业职业学院
			北京市幼儿师范学校
	海淀区		北京市信息管理学校
河北省			石家庄工程技术学校
			华北工业学校
	石家庄市		石家庄市职业财会学校
			石家庄第七中学
			石家庄现代科技中等专业学校
			石家庄市第一职业中专学校
	廊坊市		三河市职业技术教育中心
			廊坊九鼎工程技术学校
	保定市	安国市	安国市职教中心
			安国卫生学校
广东省	深圳市		深圳市行知职业技术学校
			深圳市第二职业技术学校
			深圳市新鹏职业高级中学
	惠州市		惠州商贸旅游高级职业技术学校
			惠阳新华印刷职业技术学校
	江门市	台山市	台山市培英职业技术学校
			台山市敬修职业技术学校
	潮州市	饶平县	饶平县贡天职业技术学校
			饶平县现代职业技术学校

续表

省	市（区）	县	学校
辽宁省	大连市		大连市计算机中等职业技术专业学校
			大连电子学校
			大连市旅游中等职业技术专业学校
			大连航运职业技术学院附属中等职业技术学校
	盘锦市		盘锦市经济技术学校
			盘锦鼎信商业学校
	本溪市	本溪县	本溪县职业高中（职教中心）
	铁岭市	西丰县	西丰县中等职业技术专业学校
浙江省			浙江发展技工学校
	温州市		温州市职业中等专业学校
			瓯海区职业教育集团
			瑞安市永久机电学校
	杭州市	建德市	建德市工业技术学校
			建德市新安江职业学校
山西省			山西省应用技术学校
	太原市		太原市财政金融学校
			太原旅游职业学院
			山西省四方中等技术学校
	运城市		运城市农业机电工程学校
			新绛县职教中心
			运城市职业技能学校
	临汾市	乡宁县	乡宁县职业中学
	阳泉市	盂县	盂县职业中学
安徽省			安徽能源技术学校
	滁州市		定远县职教中心
			定远县吴圩职业中学
			来安县高级职业中学
			滁州市职业技术学院
			明光市职业高级中学

续表

省	市（区）	县	学校
	宣城市		安徽材料工程学校
			安徽文源职业技术学校
	蚌埠市	五河县	五河县河口职业中学
			五河县职业教育中心
	六安市	霍邱县	霍邱县石店职业高级中学
			霍邱县淮河职业中专学校
江西省			江西省化学工业学校
	南昌市		南昌县职业技术高级中学
			南昌汽车机电学校普通中专
			南昌市新华电脑学校
			南昌市第一中等专业学校
	萍乡市		上栗县职教中心
			上栗县花炮职业学校
			江西萍乡卫生学校
	赣州市	会昌县	会昌县职业技术学校
甘肃省			甘肃金城理工中专
			甘肃农垦中等专业学校
	兰州市		兰州市女子中等专业学校
			榆中县理工职业学校
	定西市		定西工贸中等专业学校
			定西理工中专
			定西市高级职业学校
	天水市	秦安县	秦安县职业中等专业学校
			秦安县郭嘉农业中学
云南省			云南省水利水电学校
	昆明市		昆明市官渡区职业高级中学
			昆明市第一职业中等专业学校
			云南新华计算机中等专业学校
			云南昆明工业学校

续表

省	市（区）	县	学校
云南省	大理州		云南建设学校
			大理市中等职业学校
			大理农林职业技术学院
			剑川县职业高级中学
	曲靖市	麒麟区	曲靖农业学校
	楚雄州	大姚县	大姚县职业高级中学
重庆市	江津区		重庆市江南职业学校
			重庆市城市建设技工学校
			重庆工商学校
			重庆电讯职业学院
	渝北区		重庆市蜀都职业技术学校
			重庆市企业管理学校
			经济建设职业学校
新疆	阿勒泰地区		阿勒泰地区职业技术学校
			畜牧兽医职业学校
			卫生专业技术人员进修学校

附表 2　　调查样本情况

样本学校类型	抽样学校数量	实地调研学校数量	问卷调查教师数	问卷调查学生数	访谈学生数	访谈家长数
国家示范校	51	11	111	561	112	62
国家重点学校	140	27	228	1237	270	81
省级示范校	56	14	103	661	142	47
省级重点学校	99	14	143	804	138	59
未分等级学校	298	32	247	1587	320	137

附表 3　　各省执行免学费标准（不含新疆）

编号	省　份	最低免学费补助标准（元/学年）	最高免学费补助标准（元/学年）
1	北　京	2800	2800
2	天　津	2500	4000

续表

编号	省　份	最低免学费补助标准（元/学年）	最高免学费补助标准（元/学年）
3	河　北	1600	2300
4	山　西	2000	2500
5	内蒙古	2000	2000
6	辽　宁	2000	3600
7	吉　林	2000	2700
8	黑龙江	1000	3200
9	上　海	2600	4600
10	江　苏	2200	2400
11	浙　江	1500	4200
12	安　徽	700	2000
13	福　建	2100	2600
14	江　西	850	2750
15	山　东	1600	2500
16	河　南	820	2500
17	湖　北	1600	2600
18	湖　南	1200	2400
19	广　东	2500	4400
20	广　西	1500	2200
21	海　南	1500	2600
22	重　庆	2000	2000
23	四　川	1900	2000
24	贵　州	2000	2000
25	云　南	1000	2000
26	西　藏	3300	3300
27	陕　西	1600	4000
28	甘　肃	1600	2000
29	青　海	2000	2000
30	宁　夏	1500	2000

他山之石

第四届反贫困与儿童发展国际研
暨亚太儿童早期发展2015年会
Fourth International Conference on Poverty Reduction and Child Dev
ARNEC's 2015 Asia-Pacific Regional ECD Conference
阳光起点——为了每个孩子
A BRIGHT START FOR EVERY CHILD
阳光起点——为了每个孩子
A BRIGHT START FOR EVERY CHILD
主办
Hosts
和国教育部
ducation of the People's Repub
和国国家卫生和计划生育委
h and Family Planning Comm
和国国务院发展研
Research Center o

从许多国家实践来看，投资于儿童早期发展都收到了显著的反贫困和儿童发展成效。澳大利亚的“学前教育普及计划”、古巴的“教育你的孩子计划”、巴西的“亲爱的巴西”婴幼儿扶贫计划、英国的“确保开端计划”、美国的“开端计划”与“早期开端计划”等，都是此类典型项目。相关评估分析表明，参加早期发展干预的儿童在智力能力测试中得分更高，学校出勤率、学业成绩和总体行为相比未参加儿童更胜一筹。

国际范围内校餐计划对儿童营养和经济发展的作用

■ 苏珊·霍顿

哥本哈根共识中心营养专家

众多研究表明，提高年幼孩子的营养水平对其一生的发展有着深远影响。学术界针对这一话题有很多调查研究，对象包括儿童早期和学龄儿童。对于学龄前的幼儿，其生命的最初1000天是非常重要的时期。在这个时期进行营养干预，不仅能降低婴幼儿死亡率，对孩子未来的发展也至关重要。同时，学界没有忽视学龄儿童的营养干预，全球范围内的校餐计划，除了提高学生的营养水平，高质量的饮食健康和体育教育对学生一生的健康都有重要影响。

世界卫生大会为2025年儿童营养的四个方面（生长迟缓、贫血率、消瘦及促进母乳喂养）设定了具体目标，旨在降低儿童的死亡率和发病率。世界银行的报告指出，对儿童营养的四个全球目标进行投资，成效巨大，主要体现在能够避免6500万例的生长迟缓和370万例的儿童死亡（如图1）。

世界银行的报告同时指出，投资儿童营养也能带来高收益的经济回报。测算显示，在这四个方面每投资1美元，能收到大约15美元的平均回报。

营养除了对婴幼儿和低龄儿童有巨大作用，近年来学界也关注到营养干预，主要是校餐计划，对于儿童进入青春期后的快速发育的影响和作用。对于那些在早期没有很好完成发育和生长的孩子，如果在这一阶段为其提供营养补充，能够

苏珊·霍顿是滑铁卢大学的教授，也是巴尔西利国际关系学院全球经济卫生学的国际治理创新（CIGI）中心的主席。她曾为世界银行、亚洲发展银行、多个联合国部门和国际发展研究中心，在超过20个中低等收入国家的项目提供咨询。

图 1　儿童营养全球目标的巨大成效

资料来源：Shekar M et al. An investment framework for nutrition. World Bank，2016.

帮助他们弥补之前的营养缺失。

此外，提高未成年少女的营养补充，对她们今后的孕期健康和孩子健康也有好处。Lassi（2017）① 的研究表明，充足的营养能够让女孩们更健康，也能生出更健康的孩子。此外，更好的营养可以带来更强的认知能力，会直接影响人未来的收入水平。青少年时期摄入充足的营养，能够预防成年后各个阶段的慢性疾病，减少未来的医疗支出。

哥本哈根共识中心的 Snilstveit 等人，研究了提高学校出勤率的不同方式。图 2 横轴为三种方式，即提供现金转移支付、校餐计划及教师激励。

图上的点表示对干预手段所可能产生的最好结果的估计。如果点在 0 以上，位置越高说明效果越好。纵轴反映的是学校的出勤率。这三种方式中，现金转移支付的方式效果最好，提供校餐比起提供教师激励，效果更好。

---

① Zimmermann M et al. AJCN 2006：83：108 – 113；Waskins，K et al.，Chapter 8 and Lazzi Z et al. Chapter 11 in Bundy D，Bundy，D.，de Silva，N.，Horton，S.，Jamison D. and Patton，G.（eds.）Disease Control Priorities（3rd edition）. Volume 8：Child and Adolescent Health. Washington DC：World Bank. Forthcoming，2017.

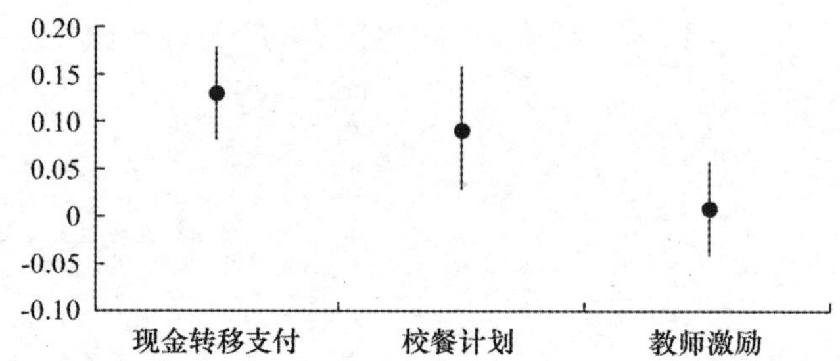

图 2　现金转移支付、校餐计划及教师激励对学校出勤率的影响比较

资料来源：Snilstveit et al. Interventions for improving learning outcomes and access to education in low and middle - income countries. London：3ie，2013.

同时，校餐对学生的认知水平提高也有很大作用。如图 3，比起现金转移支付、微量元素补充、教师激励和教师招聘，校餐对于学生认知水平的提高效果最好。

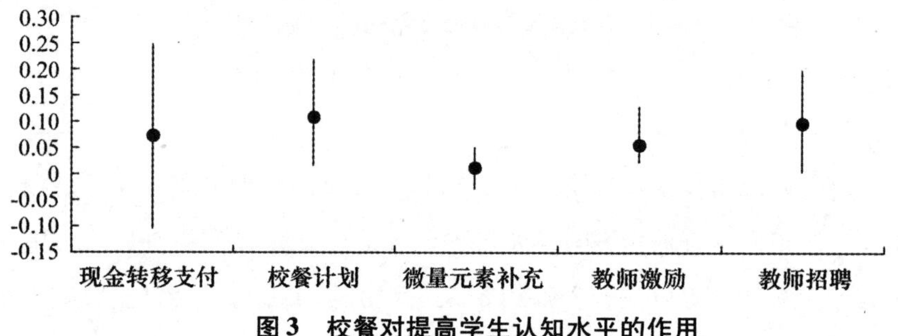

图 3　校餐对提高学生认知水平的作用

资料来源：Snilstveit et al. Interventions for improving learning outcomes and access to education in low and middle - income countries. London：3ie，2013.

比如，数学能力对孩子成人以后的职业生涯成功与否十分重要。从图 4 中可以看出，校餐计划也比其他干预方式更好地提高了孩子们的数学成绩。提高儿童和青少年进入劳动力市场后的收入水平，相当于促进了整个社会的经济发展。

校餐的成本效益分析显示，在低等收入国家里约为1∶3，即在校餐计划中投入 1 美元，将有 3 美元的回报。这个比例在中低等收入国家约为1∶7，而在中上等收入国家中，如中国，比例预计会更高。

另外，我们不仅需要在学校饮食方面为他们提供帮助，还需要教育孩子如何关注自己的健康。巴西已经关注到要教育孩子少吃油炸的食物，多吃蔬菜、水果

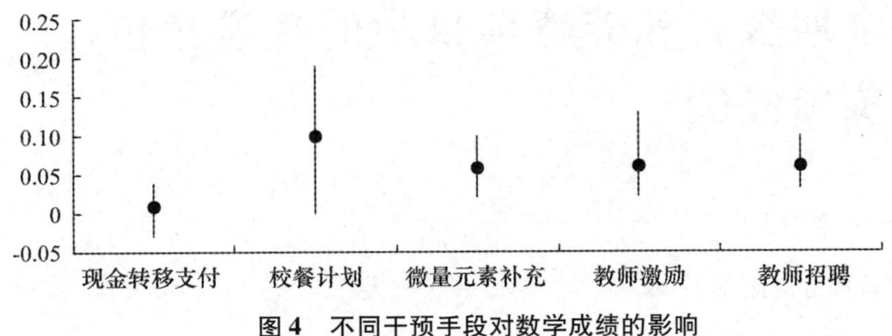

图4　不同干预手段对数学成绩的影响

资料来源：Snilstveit et al. Interventions for improving learning outcomes and access to education in low and middle – income countries. London：3ie，2013.

等。中国现在也在着手研究这些问题，逐步重视孩子的营养搭配。

未来，儿童营养与健康这一议题将会受到更多有志之士的关注，中国的“健康中国2030”也非常重视这个问题。

2017年6月1日

在农村学生营养改善专题研讨会上的发言

儿童早期教育和养育项目中的政府角色
——美国经验

■ 莉比·多格特

美国教育部前副司长

近年来，中国在幼儿保育和教育方面的项目规模不断扩大，投入不断增多，甚至超过美国。但是美国和中国都面临挑战，包括建立统一质量标准的儿童早期教育体系、填补主要的服务空白来更好地满足婴幼儿及其家庭的需求。美国在确保贫困地区、偏远地区、城市地区儿童享受平等、公平的早期养育和教育方面还面临很多挑战。

第一个值得深思的问题是政府用什么办法扩大儿童获取早教项目的机会，并确保项目质量。美国政府与研究机构和大学合作，制定了《学前早教项目质量标准》，规定了课程、教学和评估的一系列标准，提出扩大家庭参与、资金来源的方式，并表达了通过持续深入的研究来丰富标准制定的愿景。美国的学前教育发展补助计划制定了 12 个相关的质量标准，包括高标准的教师任职资格、高质量的教师职业发展路线、师生比、班级规模、全天制课程以及关爱身心障碍儿童等内容。

美国政府为 18 个州的早教项目提供资金，支持相关部门提升项目质量，培训更优秀的教师。全日制早教项目的班级规模不超过 20 人，课程使用适合孩子年龄阶段的教材和方法。除了保证较有竞争力的工资水平外，项目还尽量满足教师的个人需求。例如，有部分学校会为老师提供住宿，并根据教师家庭情况适当

莉比·多格特，美国教育部前副司长，长期负责联邦政府儿童早期教育和养育的相关项目。

调整补贴等，此类工作还在进一步完善中。

美国政府在早期教育和养育方面的投入不断加大，与早教项目质量的下降有很大关系。目前美国早期养育和教育的项目由于数量多、资金来源多、管辖权不一致，导致项目质量标准和资格审核的标准不一致，也导致了政府部门间的相互问责和效率低下。虽然政府提供了大笔资金进行质量控制并进行数据收集，但仍然没有全国性的、针对资金使用效果的有力评估。总体来说，美国早期教育和养育的公共支出占 GDP 的比重并不高，低于 OECD 国家的平均值，在 OECD 国家中排名并不靠前（如图 1）。

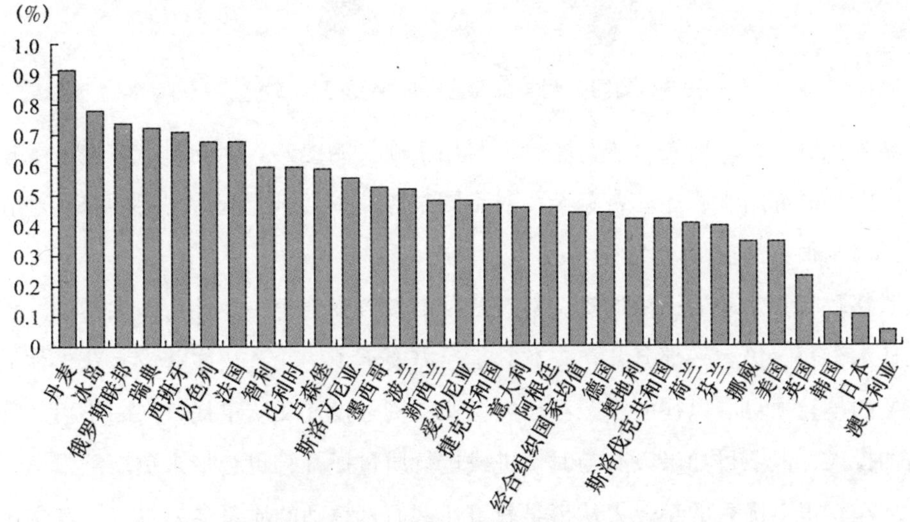

图 1　各国早期教育和养育和公共支出占 GDP 的百分比

联邦政府能够在统一标准和建立规则方面发挥一定的作用，即使不能把各个项目进行整合，也可以促进项目间的协调。但目前在美国，这种统一的标准以及资金支持的平均分配比较难以实现。如图 2，各个州给予儿童早期养育和教育的支持差异很大，导致各州 4 岁儿童入园的情况差别巨大。

如图 2 所示，深色标注的州对 4 岁儿童幼儿园的建设和资金支持相对来说较高，颜色越浅相应的支持也越少。由于美国无论是联邦政府还是州政府，单一的资金来源都无法保证在地方能够提供高质量的早期教育和养育服务。机构只能调动其他的资金来源，包括私营部门的资金。项目需要把这些来自私营部门的资金

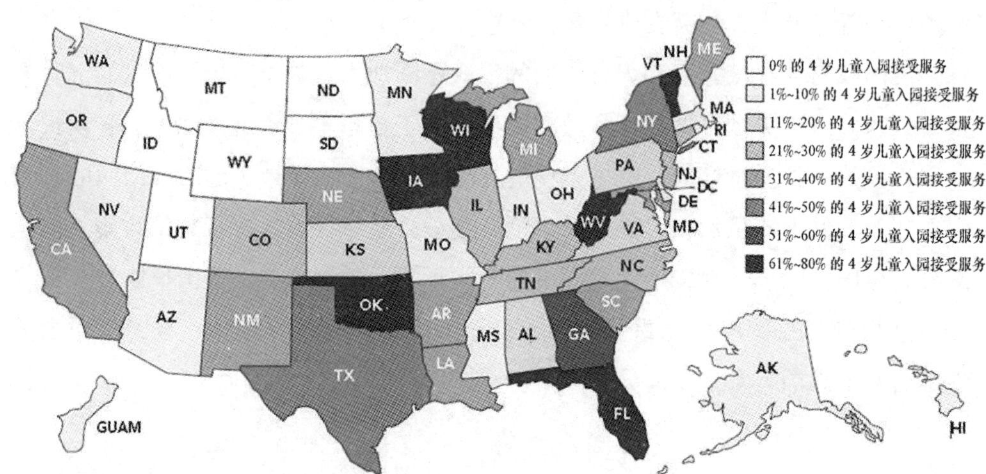

图 2　美国各州 4 岁儿童入园接受服务情况

与社会其他资金和政府资金进行整合，再用于项目的提升。但同时，在地方筹措资金牵涉到的部门和程序非常繁杂，对不同来源的资金进行统筹也对项目实施和管理提出了很大的挑战。

联邦政府和州政府提供的资金对提升早期教育和养育可及性有很大帮助，但仍然杯水车薪。仍有一部分儿童，尤其是最需要干预的儿童往往并没有获得他们所需要的早教项目。以往的实践和研究说明，资金投入和质量提升缺一不可，即使增加投入，但项目如果没有与时俱进或进行质量提升，也会带来负面结果。

现在有很多优秀的年轻人从事早教事业，但是教师的质量参差不齐。美国国家科学院——美国最高研究机构曾做过一项关于儿童出生后技能获得的研究，证明了对教师进行全面的素质和技能培训对提升儿童的认知、语言等方面都有很大作用。早期教育工作者十分关注自身业务水平的提高，对自身的提升和扩大项目规模方面都非常关注。扩大规模意味着需要更多的师资。岗前培训和持续培训也尤其重要，在这些方面政府可以有所作为。

再者，拥有师范文凭并不足以说明具备早教工作的条件，即使拥有本科学位，也需要进一步深造。例如，很多州都会要求从事早教事业的教师在拥有本科学历之外多修一个相关的学位。此外，在职的培训和发展，尤其是向这些教师提供附带、一对一的个性化辅助都十分重要。

数据的收集和研究也十分重要。我们需要有相关数据支持，需要根据数据和研究来证明效果。政府应该了解做了投入后是否有相应的效果。可以进行三方面的评估：首先是项目效果评估；其次是对教学现场的观摩；再次是通过质量评估与改进体系进行全面的监测，通过质量的评级来进行质量的持续改进。质量的评级依赖于数据的收集和使用者的观察，以便让政策的制定者和家长能够了解到早教项目的开展，这就需要政府支持相关的科研。政府不仅需要确定哪些方面的质量指标需要提升、判断所做的投入是否起到了效果，更需要尝试新的模式和做事方法。

以纽约州为例，三年之内，该州的早教项目受益儿童从 19000 人增长到 7 万人。在受益人数不断增长的同时，该州还调动了私人幼托机构、学校图书馆、博物馆等机构一同参与。同时，该州早教项目得到联邦政府 500 万美元的资金支持，用于资助参与这个项目的早教老师的职业发展和培训。

2017 年 9 月 20 日

在贫困地区农村学前教育专题研讨会上的讲话

儿童早期教育面临的挑战和应对
——OECD 国家经验

■ 安德烈亚斯·施莱克尔

经济合作组织教育与技能司司长

儿童在人口中所占的比例不大，但是他们的成长对未来至关重要。OECD 国家的儿童早教普及率很高。2014 年的数据显示，大部分的 OECD 国家能保证所有儿童享受至少一年的早期教育，这也是联合国新的可持续发展目标提倡的。

中国的例子能够说明国家层面的政策会迅速让情况得到改善。2010 年之后中国的幼儿毛入园率突飞猛进，不论从入园儿童的绝对数量，还是相对增长，中国的进步是有目共睹的。

儿童早期教育在政策的成文和接纳上并没有太多阻力，主要的阻力和挑战来源于相关资源，包括资金的投入，以及政策的制定是否合理与有效。现在应该注意将资源更多地投入到处于弱势地位的儿童和家庭。如果儿童来自贫困的家庭，家庭和学校很难为其提供高质量的早教机会。由此，处于不利境地的儿童与生于富裕家庭的儿童，在教育方面的鸿沟将会越来越大。虽然人的一生有很多机遇，但多项研究证明，儿童早期发展是一个难以通过后天来弥补的窗口期。在这个窗口期内对弱势儿童、困境儿童进行干预，很有可能帮助他们逐渐走出困境，打破贫困的代际传递。

安德烈亚斯·施莱克尔是经济合作组织（OECD）教育和技能司司长。该组织是由 35 个市场经济国家组成的政府间国际经济组织，旨在共同应对全球化带来的经济、社会和政府治理等方面的挑战。

我们现在看到，在 OECD 国家的一些测试中，接受过正规的早期教育的孩子在长大后更加健康。比如，儿童 3 岁以前（2005 年数据）接受过正规的早期教育的比例越高，在儿童 11 岁时（2014 年）测得的“超重”或“肥胖”率就越低（如图 1）。

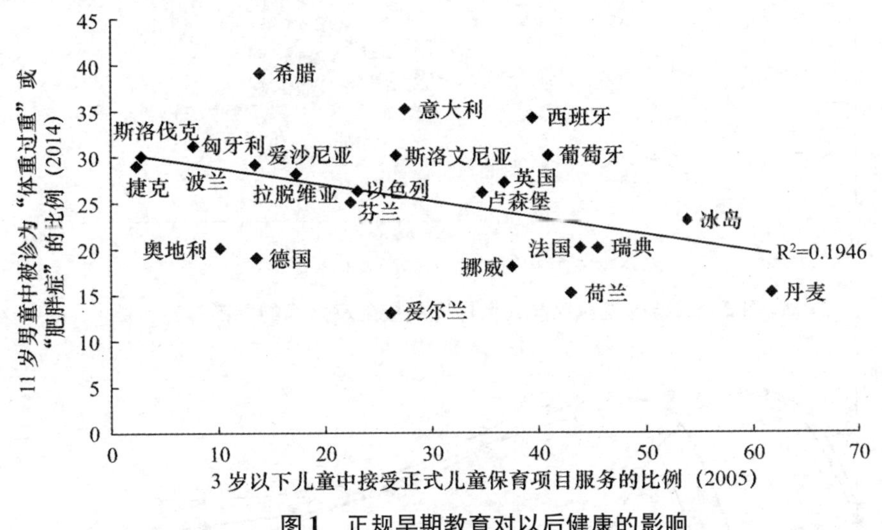

图 1　正规早期教育对以后健康的影响

什么样的因素会影响儿童接受早期教育和养育？OECD 的一些研究发现，母亲的就业率与儿童保育的接受率之间的关系是明显的，特别是对于那些最小的孩子在 3 岁以下的母亲来说（如图 2）。

同时，儿童早期教育和养育需要关注质量，而不仅仅是数量。所谓的质量提升不是依靠幼儿园小学化，把小学教育的方式和内容在幼儿园阶段推广。根据大脑发展理论研究，早期教育能让儿童在生命的初期获得相关的技能，并且在大脑发展的诸多能区，包括语言能力、计算能力、社交能力、情绪控制等方面得到极大的发展。如果错过了这个窗口和机遇，后果难以弥补。

儿童关键发育领域的大脑敏感度，如情绪控制、社交技能、语言和计算能力，在孩子生命的前三年达到峰值（如图 3）。

国际学生学业水平测试（PISA）的结果显示，接受过早期发展干预的儿童，他们在后来的学业测试中，表现远远超过没有接受过早期教育的儿童，在社交能力和情感控制能力方面尤为明显。

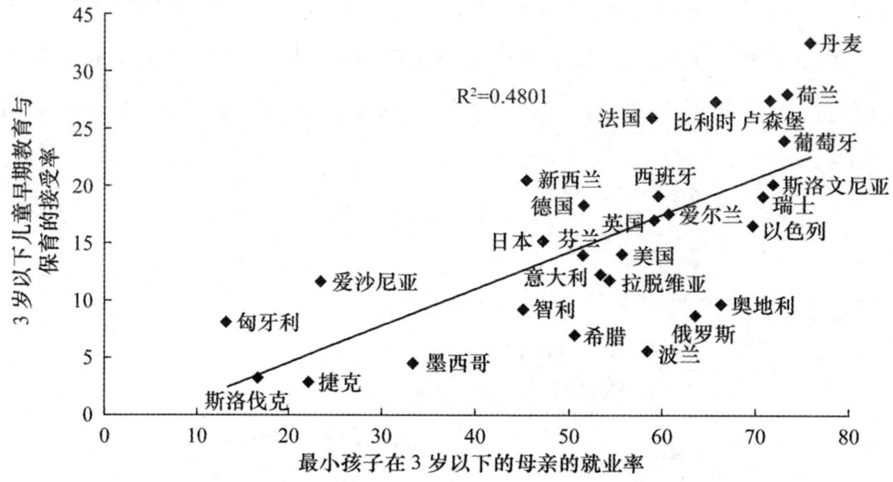

图2　母亲的就业率与儿童保育的接受率之间的关系

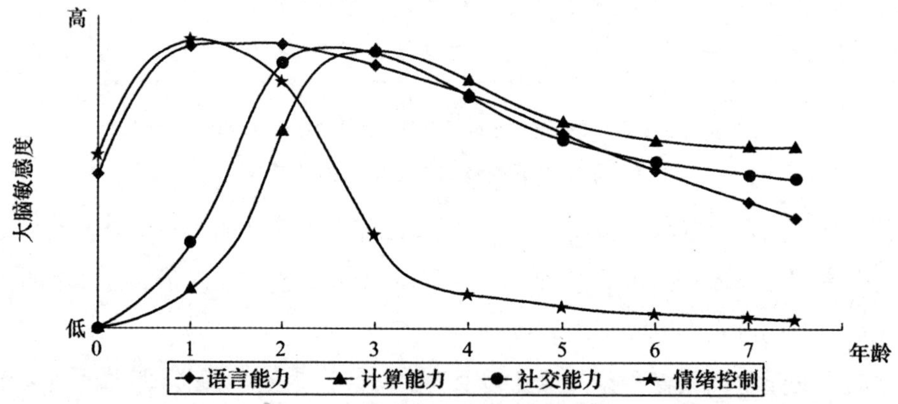

图3　情绪控制、社交技能、语言和计算能力在孩子生命的前三年达到峰值

资料来源：Adapted from Council for Early Childhood Development，（2010），in Naudeau S. et al.（2011）.

同时，进一步推动儿童早期教育需要关注教师的质量和待遇。OCED 国家儿童早期教育项目的师生比大约是1∶14，即每14名学生配备1名老师。班级规模的大小并不是最为关键的，但是老师与学生之间的社会关系意义重大。学前教育机构给老师开的工资，和10年前相比有了很大的变化。10年前从事早教工作的人员收入很低，现在小学老师和学前教育老师的工资基本上是持平的。

要在儿童早期教育方面取得突破，必须要加大这方面的工作，否则小学阶段的教育工作将很难取得突破。这些没有接受良好早教的儿童在小学的学习中会举步维艰，对自己的期望值、自信心也比较低。老师与家长的关系可能也不会具有建设性，而且这些儿童所在的家庭和社区环境，可能都会影响到他们在小学进一步的学习。这些数据都表明需要重视早期教育，早期教育和小学的办学质量之间有一个自然的延伸关系。

很多国家已经丰富了学前教育的课程，把一些正在出现的新的技能领域，像健康和幸福技能、公民技能、社会科学、新技术、外语等课程纳入学前。这些均为多年前或者几年前学前教育课程里没有的内容。同时，家长在早期教育中的参与度也在逐步提高。家长的支持对儿童早教的成败至关重要，甚至比家庭的富裕程度或者家长的教育程度所起的作用更大。所以需要有相应的政策和机制让家长能够参与到儿童早教工作中，使其成为一个全社会的工作。

OECD 国家也面临由早教到小学的过渡所带来的挑战。首先要有一套共同的理念，对于不同阶段的学习有一个统一的认知，而不是把学前教育简单地理解为提前开展小学教育。儿童在特定发展年龄阶段所需要的教学方法和学习的方式均不同。应当逐步促进小学和学前老师之间的信息交流，共享儿童发展的信息，尤其对于处于不利境地的儿童。在学前教育中已经取得的成绩或者进步，如果这些信息没有及时传达给小学老师，可能之前学前阶段取得的成绩就会付诸东流。

家长、社区、老师、学校都要进行定期沟通，鼓励他们参与到这项事业中。共同的分享是非常重要的，现在学前教育项目之间还是比较孤立的，没有成为全社会的项目，还需要进一步加强。

2017 年 9 月 20 日

在贫困地区学前教育专题研讨会上的讲话

韩国普及儿童早期教育的经验和挑战

■ 文默英

韩国儿童保育与教育研究所趋势研究和国际合作部主任

众所周知，韩国的生育率很低。因此，在韩国普及儿童早期服务至关重要，做不好儿童早期养育和教育的服务普及，大家就更不会积极地生育，这也是韩国政府提高生育率一系列措施中十分重要的一环。

韩国5岁以下儿童早期教育和养育项目的参与率大约是64%～65%，这个数字相比以往来说有很大的进步，反映出早期教育和养育在韩国的逐渐普及。由于韩国有相当部分的幼儿园是私营幼儿园（大约占幼儿园总数的47.6%），他们追求商业利润，不愿意到最偏远的农村提供服务，因此公共机构在韩国的乡镇地区开展早期服务，以填补私营部门留下的空白。

在韩国，政府在儿童早期方面的公共投入占GDP的比重已经达到1%，这个数字比OECD的平均值略高。韩国有两个独立的体系来保障5岁以下的儿童接受早期教育和养育。一个是为3～5岁儿童设立的早期教育中心，也就是幼儿园体系。这个体系由教育部统筹管理；另一个是为0～5岁的儿童设立的儿童保育中心，此类中心由韩国卫生和福利部门统筹管理。这两个体系所依据的法律不同，管辖部门不同，对老师的资质和能力要求也不尽相同，因此产生了一些协调和管理上的冲突，这是政府下一步需要注意的问题。

韩国政府制定了儿童早期发展的五年规划，旨在为儿童、家长和老师创造快乐的儿童早期发展环境，并且承诺通过机制建设，为所有儿童提供平等的机会。五年规划的主要政策调整目标是，为所有0～5岁儿童提供免费的教育和养育。在达到目标的过程中，注意提高教育和养育服务的质量，培养儿童独立的个性，

并且注重培养良好的家庭养育环境和氛围。

我们十分重视教育和养育的质量。五年规划中指出，要进一步加大政府对学前教育的投入力度。新的政府在竞选的时候表示会加强公立资源在学前教育中的比重，目前公共财政资源是23%，希望在五年的时间内能够提高到40%。

普及学前教育是一个漫长的过程，韩国大概花了15年的时间。1999～2013年，针对低收入人群早期教育的普及，政府投入了资源和人力，逐步实现了针对0～5岁低收入人群儿童早期教育和养育服务的普及。韩国政府认为，儿童早期教育比高中阶段的教育更为重要，因此投入了资金、制定了一系列的标准来保证教育和服务的可及和质量。如图1，韩国早期教育所占的公共财政资源在逐年增加。

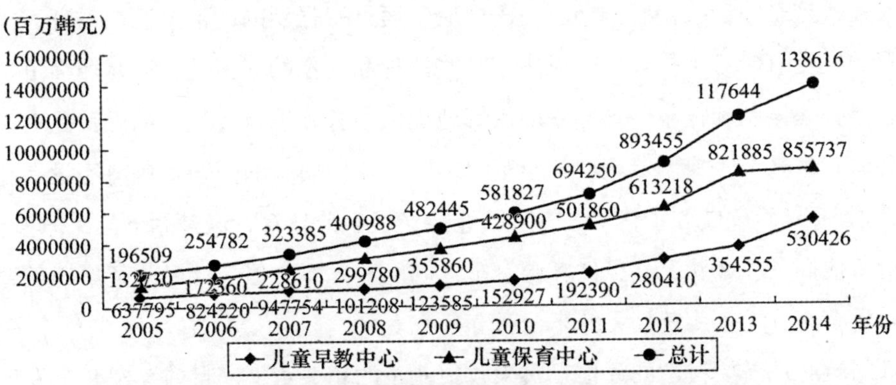

图1　2005～2014韩国早教教育占用的公共财政资源

资料来源：Ministry of Education，Sciences and Technology（2010－2012），Ministry of Education（2013－2014），Annual report on early childhood education，2009－2014；Ministry of Health and Welfare（annually），internal report on child care budget.

从2003年开始，韩国教育部在农村增加了投资，派出高质量的早教教师团队，在农村开展了一系列早期教育和养育的干预计划。与此同时，在招募高素质、合格的教师方面，农村地区存在很大的问题，因此我们从2007年开始给农村地区的学前教育的教师提供补贴。

同时，农村地区的幼儿园只有1～2个班，老师时常会觉得自己需要外界的帮助。韩国政府建立起一整套的儿童早教机构网络，提供可以共享的资源和教师培训材料。另外，也有加强教师的职业发展、父母的教育等其他计划，包括提供财政支持来建立从学前教育到中学的相关机构网络。同时，政府还引入了家访服务。虽然家访的成本较高，但是对于那些处于最弱势群体孩子来说，家访能够提供尽可能多的服务和干预。

韩国政府在早期教育和养育方面也面临挑战。首先，是资金不足的问题，我们也想实现学前教育的普及化，但要想在覆盖面和质量之间取得平衡并不是件容易的事情。同时，我们在给教师工资提供补贴方面也存在一些困难。虽然我们给家长提供了一些补贴，但是仍然无法满足现实的需求。还有一个问题就是学前教育的获得和质量之间存在差距。因为质量参差不齐的原因，仍有部分父母不相信政府所办的学前教育机构。

从经验上来说，我们有以下几点心得：在过去 15 年中我们实现了学前教育的普及化，这是因为我们有强而有力的政府，而且有强烈的政治意愿。另外，学前教育的投资有时不可持续，会取决于某些议程和工作的紧迫性，需要加强可持续性，建立起体制和框架，这样才能更好地提供服务和进行拨款。最后就是对于最弱势的儿童来说，要制定相应的政策目标。但我们面临的问题是目前还没有扎实的数据。3 ~5 岁的儿童中大约 91% 已经接受了学前教育，但是剩下的 9% 政府并不清楚他们是什么状况。虽然韩国有统计制度和保障，但是针对儿童早期教育这块并没有充分地利用统计系统来分析和研究。

韩国政府也需要科学的评估工具来收集儿童的相关数据。目前关于儿童发展的各类数据掌握在不同部门的手里，我们需要把数据进行整合并且加以利用。不仅是教育部，文化部、财政部、劳动部、卫生福利部都有自己的数据库，也都有针对儿童发展的相关政策和项目。政府应当加强跨部门合作，利用精准的数据和研究，使儿童早教的服务惠及最需要帮助的人群。

2017 年 9 月 20 日

在贫困地区农村学前教育专题研讨会上的发言

儿童早期发育从科学理论到实践：加拿大队列研究的经验和政策建议

■ 米歇尔·博伊文

加拿大拉瓦尔大学心理学院儿童社会发展研究中心主任

谈论儿童发展，首先需要了解人类发展的生物、社会的模型，明确哪些是敏感时期。加拿大魁北克地区的研究是从儿童发展的各个方面着手来研究此问题的。如图 1 所示，早期敏感时期如果成长在极端的环境或伴随严重的问题，会对儿童后期的人生轨迹产生负面的影响，包括增加抑郁、焦虑、易冲动的倾向等，同时也会造成肥胖等健康问题。

儿童的发展轨迹在生命的早期就已经形成，并与儿童早期及其家庭的多种风险因子有关。不同的发展轨迹是由基因和复杂的外部环境相互作用决定的，这种相互作用还会随着人的发育不断变化。图 2 展示了儿童早期发展的四个不同的发展轨迹，横轴表示儿童的年龄（月龄），纵轴是行为（包括暴力行为、多动症、焦虑与抑郁、分离焦虑）倾向性分数。

如果儿童在早期经历了肉体的暴力、被忽视或者分离的焦虑，在他们长大的过程中这种趋势会一直持续下去（倾向性得分居高不下）。另外值得注意的是，类似的发展轨迹有可测量的变化规律。在对双胞胎的队列研究中，因为两个孩子同时出生、在同样的家庭被抚养长大，而以不同的时间进入社会、在相同的阶段经历了不同的人生历程，所以是非常有力的研究发展过程的工具，可以帮助研究

米歇尔·博伊文是加拿大儿童发展研究中心的讲座教授，也是加拿大拉瓦尔大学心理学院儿童社会发展研究中心主任。

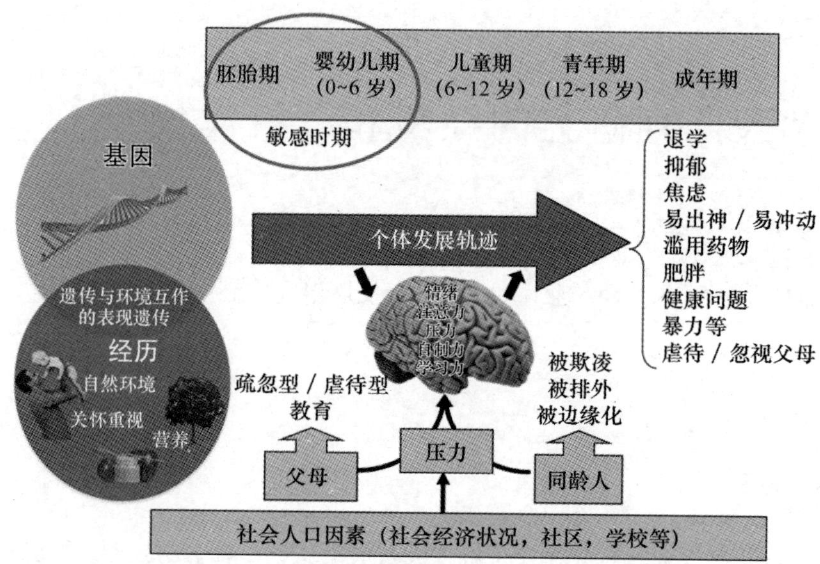

图1　人类发展的生物、社会模型

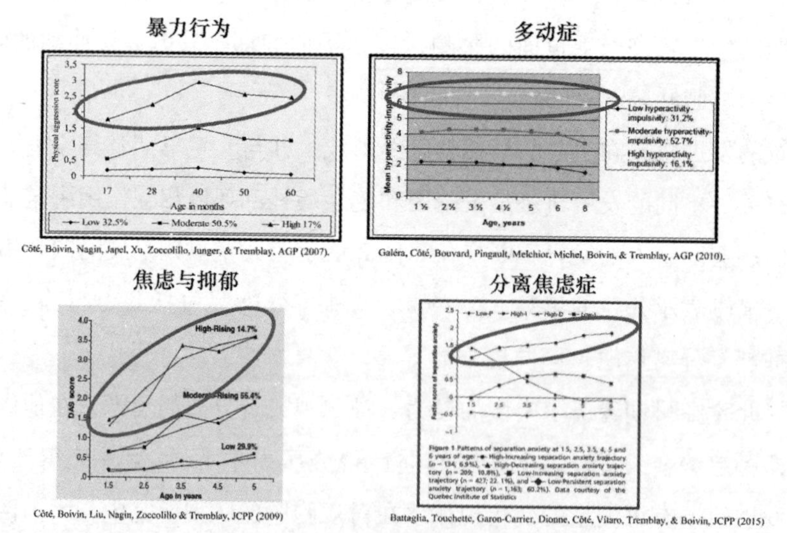

图2　儿童早期发展的四个轨迹

资料来源：Côté，Boivin，Nagin，Japel，Xu，Zoccolillo，Junger，& Tremblay，AGP（2007）；Galéra，Côté，Bouvard，Pingault，Melchior，Michel，Boivin，& Tremblay，AGP（2010）；Côté，Boivin，Liu，Nagin，Zoccolillo & Tremblay，JCPP（2009）；Battaglia，Touchette，Garon-Carrier，Dionne，Côté，Vitaro，Tremblay，& Boivin，JCPP（2015）.

者检验基因和环境对儿童发展产生的不同影响，理清家庭因素和个体因素。通过双胞胎队列研究可以评估基因的影响，从而破解基因在家庭教育中的作用。研究发现，双胞胎队列所表现出来的特征总是会有基因和环境的相互作用，环境影响着基因发挥作用的程度。同时，基因发挥的作用由数以千计的基因共同产生，每个基因发挥的作用可能是微乎其微的。

基因与环境相互作用对研究者理解儿童早期发展十分重要，原因有以下三点。第一，遗传暗含着脆弱性以及可恢复性，这意味着基因上的脆弱性或者部分儿童的不利处境，并非是绝对的宿命。第二，预防措施应该在儿童生命的早期就开始实行，并持续预防可能出现的风险因素。有的儿童的确因为基因的原因在受孕时就有一定的脆弱性，但是如果及早采取措施，仍有挽回的余地。第三，研究中发现高变异性的基因意味着需要风险评估，需要注意此类风险的预防和持续监测。

基于加拿大魁北克地区长期的纵向队列研究，国家应当采取及时的带有服务性质的干预措施。统一的儿童早教和保教项目有一定的效果，但是对不同阶层的孩子产生的效果并不相同。如果孩子来自于一个社会中低收入阶层，哪怕接受了托儿所的教育，其产生的影响依然有限。因此，需要进行有针对性的干预①。在提供早期教育普及服务的时候，不应只做宽泛的、一般化的学前教育，而应当对弱势儿童、不利处境的儿童，开展有针对性的、特殊的学前教育和保教，这样带来的效果会比宽泛的早期干预项目更好。所以，对于我们所强调的扩大学前教育的规模，让所有儿童都能获得学前教育——很多国家这方面都有进展，但同时也要关注特殊的教育，做到普遍和特殊的结合。

儿童早期教育领域未来前进的方向在哪里？国家和组织应当如何开展工作？

首先，可持续的儿童早期发展政策和服务应该有明确的事实和提供路径。

其次，因为儿童的人生发展轨迹在早期阶段已经基本确立，所以应该特别关注 3 岁以前的儿童并争取在 3 岁以前就进行干预，让他们的人生发展轨迹在早期的时候就清晰、明确。另外一方面是横向跨部门的合作。不同的主管部门应该通

① 加拿大皇家协会/加拿大健康科学院，儿童早期发展专家组：《Marmot report，2010》，2012 年。

力合作，共同参与儿童早期发展的研究。与此同时，应该有纵向时间上的跨越，不仅要尽早干预，而且要长时间干预。

再次，政府需要整合信息体系以更好地开展儿童早期发展的研究。这一领域内的工作人员要理解儿童发育的理论和科学，这也是开展长时间纵向研究的意义之一。从公共卫生角度对儿童的发展状况进行监测，要求对我们的服务和政策进行针对性的评估，并对起到积极作用的项目进行支持。评估本身是有难度的，所以更需要整合的信息体系收集数据，以提供支持。与此同时，我们应该对儿童早期发展项目在不同人群之间实施的情况进行记录，因为社会有不同的分层，不同的社会阶层获得社会服务的情况千差万别。此外，需要有相应的工具，对相关的知识和信息进行标准化的处理，进行传播和发布。

过去的 15 年里，儿童发展研究中心一直致力于从事评估及干预工具的研究和发布（这些资料免费向研究者、公众开放）①。研究中心已经将相关的知识整理了 70 个章节，并在不断地扩大；同时也在逐渐推出不同的翻译版本，很快中文的版本就会问世。

2017 年 9 月 20 日

在贫困地区农村学前教育专题研讨会上的发言

① 加拿大皇家协会：http：//rsc-src. ca/en/expert-panels/rsc-reports/early-childhood-development-rsccahs；儿童早期发展百科全书：http：//www. child-encyclopedia. com/en-ca/home. html 。